# Siam

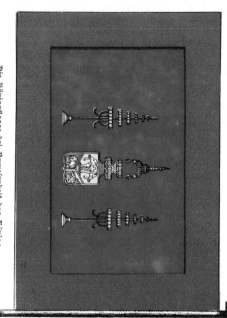

Die Königsflagge bei Anwesenheit des Königs.

Handelsflagge.

Siamesische Flaggen.

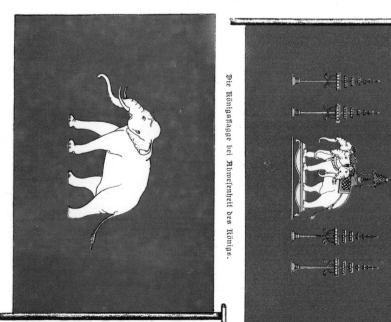

Marineflagge.

Die Königsflagge bei Abwesenheit des Königs.

# Siam

## das Reich des weissen Elefanten

von

## Ernst von Hesse-Wartegg.

Mit 120 in den Text gedruckten und 18 Tafeln Abbildungen
sowie 1 Karte von Siam,
und mit einer Einleitung von
Klaus Wolterstorff

White Lotus Co., Ltd. Bangkok, Thailand
1986

White Lotus Co., Ltd.
P.O. Box 1141
Bangkok, Thailand

© by White Lotus Co.,Ltd.

Reprint published 1986
Printed in Thailand
ISBN 974 - 8495 - 16 - 7
Printed by Samchareonpanich Ltd., Part.

# Siam

## das Reich des weissen Elefanten

von

## Ernst von Hesse=Wartegg.

Mit 120 in den Text gedruckten und 18 Tafeln Abbildungen,
sowie 1 Karte von Siam.

Leipzig
Verlagsbuchhandlung von J. J. Weber
1899.

Tschulalongkorn, König von Siam.

# Einleitung

Ernst von Hesse-Wartegg, einer der bekanntesten Reiseschriftsteller der wilhelminischen Ära, bietet seinen Lesern mehr als ein Abbild der faktischen Verhältnisse in Hinterindien aus europäischer Sicht. Wahrnehmung, Deutung und Darstellung sind durchdrungen von "Fiktionen", Bildern von Asien, die der europäischen Tradition entstammen und die Auswahl und die Komposition des Geschilderten mitbestimmen. Sein Werk gehört zur "imaginären Länder- und Völkerkunde"[1] des 19. Jahrhunderts, einer populären Form der Aneignung fremder Kulturen, die die politisch-wirtschaftliche Expansion Europas im Zeitalter des Imperialismus begleitet. Als geschichtlich-ethnographische Quelle für das Siam der Jahrhundertwende ist das Buch von zweifelhaftem Wert, wie zum Beispiel die folgenden Sätze zeigen:

*Bangkok kann mit Recht das buddhistische Rom genannt werden. Nirgends in den vielen Ländern Asiens, deren Bevölkerung den Lehren Buddhas huldigt, geschieht dies eifriger als im Reiche des weißen Elephanten.* *(75)*

In der Religion tritt dem Beobachter die Andersartigkeit und Eigenheit einer Kultur besonders konzentriert gegenüber. Die falschen Analogien, Klischees, Halbwahrheiten und Übertreibungen, in die der Verfasser ausweicht, zeigen seine Schwierigkeiten, die fremde Kultur aus ihren eigenen Voraussetzungen zu verstehen und eine Sprache zu entwickeln, mit der sich diese Sachverhalte ausdrücken lassen. Der alte Vorwurf, die vorwissenschaftlichen Schilderungen sagten mehr über die Denkweise ihrer Verfasser als über die beschriebenen Länder und Völker, trifft auch auf dieses Buch zu. Die Frage nach der Angemessenheit der Darstellung, ihrer "Wahrheit" bezogen auf die empirische Wirklichkeit, wird man quellenkritisch negativ beantworten müssen, zumal die Erfahrungsgrundlage des Buches schmal ist. Hesse-Wartegg besucht Siam 1898 auf der Rückreise von "Deutsch-China", wie er das deutsche "Schutzgebiet" Tsingtau, im Jahr zuvor erworben, nennt. Eigene Beobachtungen während des Aufenthalts in Bangkok und Umgebung kombiniert er mit "Lesefrüchten" aus der Siamliteratur und dem, was er in Gesprächen mit in Bangkok ansässigen Ausländern erfährt, zu einem landeskundlichen Kompendium. Trotz dieser Mängel ist seine Siambeschreibung mehr als ein kurioser Bilderbogen für die nostalgische Lektüre: Sie dokumentiert die Einstellung und Denkweise des Verfassers und indirekt das Bewußtsein der Gesellschaft, aus der er kommt und für deren Leser er schreibt. Reisebeschreibungen sind unfreiwillige Selbstdarstellungen der Ausgangskultur, hier also der deutschen Gesellschaft der neunziger Jahre. Aspekte dieser Selbstdarstellung, auf die hier aufmerksam gemacht werden soll, sind der deutsche kolonialpolitische Standort und eine Haltung gegenüber der siamesichen Welt, die zwischen Verklärung und ökonomischen Pragmatismus schwankt.

Wenn Hesse-Wartegg tropische Landschaften und siamesiche Verhältnisse im Volk und am Hof schildert und seinen Lesern durch Vergleich und Kontrast zu vermitteln sucht, dann geschieht dies stets vor dem Erfahrungshintergrund der sich entwrickelnden industriellen Zivilisation der Gründerjahre Die Erfahrung der fremden Welt wird zum Auslöser, eigenkulturelle Sichtweisen und Maßstäbe zu aktivieren. Im Spiegel der anderen Welt sieht man sich selber. Verdrängte Sehnsüchte werden lebendig; ein Feld der Bewährung für die Deutschen eröffnet sich, um ihre nationale Lebenskraft in Übersee zu erproben. Im Unterschied zu anderen deutschen Reisenden, die in Siam eine rückständige, "verkehrte" Welt sehen, vor der sich die eigene zivilisatorische Überlegenheit um so deutlicher abhebt[2], ist Ernst von Hesse-Wartegg immerhin bemüht, die siamesischen Zustände unvoreingenommen und "tatsachengetreu" wiederzugeben. Die Reiseliteratur wirkt bestätigend und übernimmt eine propagandistisch-nationale Funktion.

Nach dem Sturz Bismarcks gibt im Jahr 1890 Kaiser Wilhelm II. die Parole aus: "Weltpolitik als Aufgabe, Weltmacht als Ziel, Flotte als Instrument." Das Deutsche Reich schickt sich an, wenn auch verspätet, einen "Platz an der Sonne" zu erobern, bevor Großbritannien und Frankreich die Welt unter sich aufgeteilt haben. Es ist zugleich die Blütezeit der Reiseschriftstellerei. Deutsche Kolonialforscher, Diplomaten und Kaufleute schildern dem daheimgebliebenen Publikum ihre abenteuerlichen Reisen, die vorzugsweise in die Weltgegenden führen, in denen das Deutsche Reich

wirtschaftliche und koloniale Interessen hat. Die Leser der Reiseliteratur, zumeist stammen sie aus dem Bildungsbürgertum, stellen
zugleich die Mitgliedschaft der imperialistischen Agitationsvereine
wie der "Deutschen Kolonialgesellschaft" (gegründet 1888) und des
"Flottenvereins" (gegründet 1898). Eine Verlagsanzeige des Jahres
1885 formuliert bündig diesen Zusammenhang zwischen Information
und Nationalstolz und verspricht "Orientierung in den so regen
kolonialpolitischen Fragen" in Anbetracht des "Interesse(s) für
unsere schnell erstarkende Marine, wie der steigenden Anerkennung
der deutschen Flagge im Ausland."[3]

Eine solche "Orientierung" hat auch Hesse-Wartegg im
Sinn, der nach dem Besuch König Chulalongkorns in Deutschland 1897 auf ein gestiegendes Interesse in der deutschen Öffent-
lichkeit rechnen kann. Ausführlich wird die Lage Siams zwischen den rivalisierenden Kolonialmächten Großbritannien und
Frankreich erörtert. Vom Standpunkt nationaler "Weltpolitik"
greift der Verfasser die "Ausdehnungspolitik" Frankreichs in
Indochina an. Nach der Annexion von Annam 1883 und den
französichen "Militärexpeditionen" am Mekong kommt es 1893
zum Konflikt in der sog. "siamesischen Frage". Die Franzosen
entsenden Kanonenboote, die vor dem königlichen Palast ankern
und die Abtretung der tributpflichtigen Staaten in Laos und
Kambodscha erzwingen. Im Vertrag von 1896 einigen sich die
Großmächte auf Einflußsphären und garantieren, ohne daß Siam
an den Vertragsverhandlungen beteiligt gewesen wäre, die Unabhängigkeit und Neutralität des Königreiches gegenüber dritten Staaten.
Die Kritik an der Politik der "Nimmersatte" erwächst bei Hesse-
Wartegg nicht aus einer prinzipellen Ablehnung des Imperialismus,
sondern aus der Konkurrenz zu Frankreich und Britannien:

> *Die Unabhängigkeit Siams liegt im Interesse des Deut-*
> *schen Reiches, und wenn dieses Interesse an maßgeblicher*
> *Stelle richtig erkannt worden ist, so wird Siam keinen*
> *besseren Freund in Europa haben als Deutschland.*
> *Siam kann sich aus eigenen Kräften gegen die Fangarme*
> *des gallischen Oktopus nicht schützen. (249)*

Hinter diesem wohlwollenden Eintreten für Siams Unabhängigkeit
steht die Absicht, das Deutsche Reich auch politisch stärker ins
Spiel zu bringen, während der Verfasser Siam empfiehlt, "sein

zukünftiges Schicksal (...) am besten den in Ostasien interessierten Mächten (zu) überlassen" (249). Ein Grundmuster der "imaginären Ethnographie," der Gegensatz "wir" und "die anderen", fächert sich daher auf: Die "anderen" sind nicht nur die "Exoten", die Siamesen ("harmlos, leichtsinnig, träge") und die Chinesen ("lebenskräftig, fleißig, habgierig"), sondern auch die europäischen Konkurrenten, die in ihrer "völkerpsychologischen" Typisierung sozio-kulturelle Andersartigkeit darstellen.

Wenn wir Hesse-Warteggs Buch auf der Suche nach unfreiwilligen Selbstdarstellungen "gegen den Strich" lesen, dann fällt auf, daß er einige "malerische" Aspekte der siamesischen Wirklichkeit verklärt, während er Adminstration und Wirtschaft ganz handfest pragmatisch nach europäischen Kriterien der Rationalität und Nützlichkeit beurteilt. Die Schilderungen der "Märchenstadt" Bangkok, der Pracht des Hofes und der bizarren Sitten des Volkes entsprechen populären Vorstellungen von Asien und passen sich den Seh- und Lesegewohnheiten der Leser an. Der Mythos von Asien als geheimnisvoll-wunderbarer Raum, voll der Verlockungen, des Luxus und der raffinierten Sinnesreize, aber auch Despotismus, Grausamkeit, Elend und Trägheit gehören zu den Klischees, mit denen Hesse-Wartegg ebenso spielt, wie mit dem Traum vom verlorenen Paradies:

*Für den Reisenden, der auf der Suche nach ursprünglichen Sitten und Gebräuchen, von Weltteil zu Weltteil pilgert, erscheint das Reich des weißen Elephanten wie eine Oase. (49)*

Die "Sehnsüchte" nach "Oasen" einer "eigenartigen Kultur" von "reizvollster Ursprünglichkeit" gehen aber nicht so weit, fremde Lebensformen wie Feste, Buddhismus und Geisterglaube anzuerkenhen, selbst dann, wenn man sie nicht versteht. Die kulturelle Eigenart wird nur insoweit akzeptiert, wie sie westlichen Rationalitätskategorien nicht widerspricht und sich auf folkloristische Randbereiche beschränkt.

Im Mittelpunkt des Interesses steht die Inventarisierung des Landes nach seinem Nutzen für Handel und Industrie. Hier gibt es keine Illusionen mehr, sondern es gelten die ökonomischzweckrationalen Kategorien wie Verwertbarkeit, Arbeitsdisziplin, Konkurrenz, Leistung und Gewinn, wie sie dem Selbstverständnis der Industriekultur entsprechen. Hesse-Wartegg denkt hier pragmatisch, beschreibt Handelsbedingungen und "Investitionsklima" und schlägt der deutschen "Finanzwelt" vor, sich am Eisenbahnbau zu beteiligen.

Politisch-wirtschaftliche Expansion, "Bereicherung" durch fremde Kulturen und Sehnsüchte nach einem "anderen" Leben in exotischen Welten verbinden sich zu einer paradoxen Haltung der Europäer gegenüber Asien, die genau der Situation Europas zwischen Modernisierung und Tradition in der Umbruchzeit der Jahrhundertwende entspricht. Die (unbeabsichtigte) Aktualität dieses Buches könnte darin liegen, dem heutigen Leser in der geschichtlichen Distanz die Beharrungskraft und die Veränderung solcher Muster "kolonialer" Wahrnehmung zu zeigen.

*Bangkok, 1. September 1986*                    *Klaus Wolterstorff*

---

[1] Vgl. dazu Kramer, Fritz: Verkehrte Welten. Zur imaginären Ethnographie des 19. Jahrhunderts. Frankfurt/M., 1981.

[2] Vgl. z. B. Lindenberg, Paul: Um die Erde in Wort und Bild. Berlin, 1899.

[3] Vgl. dazu Anhang zu Bock, Carl: Im Reiche des weißen Elephanten. Deutsche Ausgabe besorgt von E. M. Schröter. Leipzig, 1885.

# Vorwort.

Im Sommer des Jahres 1897 kam der König von Siam nach Europa. Er war der erste souveräne Herrscher eines ostasiatischen Reiches, welcher das Abendland besuchte, und deshalb sowohl, wie auch wegen des Rufes, der ihm voranging, erregte er ungewöhnliches Interesse. Siam gehört zu den am wenigsten bekannten, von Europäern nur selten besuchten Ländern Asiens; die Litteratur über dasselbe ist keineswegs umfangreich, und besonders in deutscher Sprache ist seit den aus den sechziger Jahren stammenden hochinteressanten Schilderungen Bastians mit einer Ausnahme kein selbständiges Werk über das wunderbare Reich des weißen Elefanten erschienen. Und doch besitzt das Deutsche Reich große und berechtigte Handelsinteressen an den Ufern des Menam. Die politischen Interessen dagegen teilen sich hauptsächlich zwischen England und Frankreich, deren hinterindische Besitzungen nur noch durch Siam voneinander getrennt werden, denn alle anderen hinterindischen Königreiche sind der rücksichtslosen Ausdehnungspolitik der genannten Mächte längst zum Opfer gefallen. Begreiflicherweise sind die letzteren schon seit Jahren bestrebt, ihren Einfluß auch hier mit allen Mitteln zu vergrößern, so daß sogar die Selbständigkeit Siams ernstlich in Gefahr steht. Besonders in Bezug auf die französische Politik hat es den Anschein, als würde jede Gelegenheit herbeigezogen, Konflikte hervorzurufen, das Wasser zu trüben, um darin desto sicherer fischen zu können. So bot auch die Ankunft des Königs von Siam einem Teil der englischen und französischen Presse die Gelegenheit, bei der Unvertrautheit Europas mit den Verhältnissen in Siam dieses Reich als verlottert und zerfallend darzustellen und nicht nur die Regierung, sondern auch die Person des Königs in wenig verlockenden Farben zu schildern.

Gelegentlich meiner letzten Reise um die Welt habe ich auch Siam besucht. Dank meinem Verkehr mit allen Kreisen der dortigen Bevölkerung, sowie dank der Zuvorkommenheit des Hofes und der Regierung bekam ich Gelegenheit, die dortigen Verhältnisse trotz der Kürze meines Aufenthaltes kennen zu lernen, wobei mir auch meine langjährigen Erfahrungen im Studium fremder Länder und Völker von erheblichem Nutzen waren. Sind auch die Zustände in Siam keineswegs mustergültig, so lehrten mich doch meine Beobachtungen, daß die Regierung, und vor allem der hochgebildete, hochherzige und weitblickende König das ernste Bestreben haben, Siam der abendländischen Kultur zu erschließen, und daß es gefehlt wäre, das heutige Siam in einen Topf zu werfen mit den anderen unabhängigen Reichen Asiens.

Als nun die Anwesenheit des Königs von Siam in Europa, wie bemerkt, ganz ungerechtfertigte Angriffe in einem Teile der ausländischen Presse hervorrief, hielt ich es für meine Pflicht, in den angesehensten deutschen Blättern dagegen Stellung zu nehmen und die Zustände in Siam, wie sie den Thatsachen entsprechen, in einer Reihe von Aufsätzen zu schildern. Zu meiner Genugthuung nahmen diese Aufsätze ihren Weg durch Hunderte anderer Blätter und wurden auch in fast alle europäischen Sprachen übersetzt, so daß die anfänglich Siam und seinem Herrscher keineswegs günstige Stimmung bald in das Gegenteil umschlug. Dies wurde auch in einem Dankschreiben anerkannt, welches der König bei seiner Abreise von Europa an mich richten ließ.

Das vorliegende Buch bringt einen großen Teil meiner Aufsätze über Siam, erheblich vervollständigt und durch Originalarbeiten vermehrt, um so im Verein mit zahlreichen Abbildungen eine möglichst vollständige Schilderung des siamesischen Reiches von heute zu geben. Bei dieser Arbeit wurde ich durch Auskünfte unterstützt, die mir zunächst Ihre königl. Hoheiten die Prinzen Devawongse, Damrong und Swasti in bereitwilligster Weise erteilten und denen ich hiermit meinen tiefgefühlten Dank ausspreche. Ebenso gebührt dieser Dank dem Generalratgeber der siamesischen Regierung, Sr. Excellenz Minister Rolin-Jacquemyns, dem Admiral von Richelieu, dem siamesischen Konsul N. Anderson rc., vor allem aber dem königl. preuß. Baurat und Generaldirektor der siamesischen Eisenbahnen Bethge, welcher das vorliegende Werk durchsah und mich, gestützt auf seinen langjährigen Aufenthalt und seine großen Reisen in Siam, auf verschiedene Irrtümer aufmerksam machte, die nach Thunlichkeit noch im Text oder in dem „Nachtrag" berichtigt wurden. Solche Irrtümer entstehen häufig dadurch, daß Zustände von heute durch einen Entschluß des energischen, allmächtigen und weisen Königs schon morgen geändert oder gänzlich abgestellt werden. Besonders seit seiner Rückkehr nach Siam hat der König seine in Europa gesammelten Erfahrungen und Beobachtungen zum Besten seines Volkes und zum Segen seines Landes verwertet. So wurde, um nur ein Beispiel hervorzuheben, im Frühjahr 1899 eine königliche Verordnung erlassen, die es den siamesischen Frauen bei Strafe verbietet, sich auf der Straße mit unbekleidetem Oberkörper zu zeigen, und über Nacht sozusagen änderten sich die Bilder, wie sie das Straßenleben von Bangkok bisher aufwies. Aehnlich rasch geht es auch mit den Reformen auf anderen Gebieten.

Die vorliegenden Schilderungen stellen die Zustände in Siam erheblich günstiger dar, als es bisher geschehen ist, allein sie fußen auf Thatsachen und meiner in keiner Weise beeinflußten Ueberzeugung. Ich habe auf allen meinen bisherigen Reisen niemals irgend eine pekunäre Unterstützung von Staaten, gelehrten Gesellschaften oder Privaten begehrt oder erhalten und mir auch nach jeder anderen Richtung meine volle Unabhängigkeit bewahrt, die in meinen Schilderungen zum Ausdruck kommt und ihnen dadurch vielleicht einigen Wert verleiht.

Die Photographien, nach denen die diesem Bande einverleibten Abbildungen angefertigt wurden, stammen hauptsächlich von den Photographen Lenz in Bangkok und Schumann in Kissingen, andere wurden von mir selbst mit dem Eastman Kodakapparat aufgenommen.

**Ernst v. Hesse-Wartegg.**

# Inhaltsverzeichnis.

# Litteratur über Siam von 1627 bis 1899.

Mendez Pinto, J. Historia oriental de las peregrinaciones de J. Mendez Pinto ... en ...
    Sornao, que vulgarmente se llama Siam. pps. 481. (Diego Flamenco) Madrid 1627.
Chaumont, Mons. de. Relation de l'ambassade de ... à la Cour ... de Siam. 3ᵐᵉ edn.
    p. 260. Paris (Arnoul Seneuze) 1687.
Mandelslo, J. A. de. Voyage ... Contenants une description ... de Siam. p. 807. Amsterdam
    (Michel Charles le ce'ne) 1727.
Finlayson, G. The Mission to Siam ... in 1821—2. p. 427. London (John Murray) 1826.
Crawfurd, J. Journal of an Embassy to ... Siam. 2 vols. pp. 475 & 459. London (Richard
    Bentley) 1830.
Earl, G. W. The Eastern Seas ... comprising ... visits to ... Siam. p. 461. London
    (W. H. Allen) 1837.
Moor, J. H. Notices of ... Siam. pps. 274 & 117. Singapore 1837.
Pallegoix, Mgr. Description du Royaume Thai ou Siam. 2 vols. pps. 488 & 425.
Bowring, Sir J. The Kingdom & People of Siam. 2 vols. pp. 482 & 446. London
    (Parker & Son) 1857.
Mouhot, H. Travels in the Central Parts of Indo-Chine. London (J. Murray) 1864.
Bastian, A. Die Voelker des Oestlichen Asien &c. (Vol. 3. Reisen in Siam. 1863.) p. 540.
    Jena (H. Costenoble) 1867.
Gréhan, A. Le Royaume de Siam. 3ᵐᵉ edn. p. 131. Paris (Challamel Ainé) 1869.
Scherzer, Karl v. Fachmännische Berichte über die österr.-ungar. Expedition nach Siam,
    China und Japan. (Stuttgart 1872.)
Vincent Frank jr. The Land of the White Elephants. New York 1882.
— — Siam and Laos by Presbyterian Missionaries. Philadelphia 1884.
Bock, Carl. Temples and Elephants: the Narrative of a Journey of Exploration through
    Upper Siam and Lao. London (Low & Co.) 1884.
Colquhoun, A. R. Amongst the Shans. With an Historical sketch of the Shans, by Holt
    S. Hallett. Preceded by an Introduction on the Cradle of the Shan Race, by Jerrien
    de Lacouperie. London (Field & Juer, &c.) 1885.
Coit — Siam, on the Heart of Farther India. New York 1886.
Alabaster — The Wheel of the Law. London?
Satow, E. M. Essay towards a Bibliography of Siam. Singapore (Government Printing
    Office) 1886.
Younghusband, Lieut. G. J. Eighteen Hundred Miles on a Burmese Jat, through Burmah,
    Siam, and the Eastern Shan States. London (W. H. Allen & Co.) 1888.
Chevillard, Abbé Similien. Siam et les Siamois. Paris (E. Plon, Nourrit et Cie.) 1889.
Anderson, John. English Intercourse with Siam in the Seventeenth Century. London
    (Kegan Paul & Co.) 1890.
Hallett, Holt S. A Thousand Miles on an Elephant in the Shan States. Edinburgh
    & London (W. Blackwood & Sons) 1890.
Grindrod, Mrs. Siam: a Geographical Summary. London (E. Stanford) 1895.
Child, Jacob T. The Pearl of Asia. Chicago 1892.
Christmas, W. Et Aar i Siam. Kopenhagen 1894.
Vournereau, Lucien. Le Siam ancien, Archéologie, Epigraphie, Geographie (Annales du
    musée Guimet). Paris 1895.
Smyth, H. Warrington. Notes of a Journey on the Upper Mekong, Siam. London 1895.
Macgregor, John. Through the Buffer State. London 1896.
Sommerville, M. Siam on the Menaam. London 1897.

———————— ‖ ❖ ‖ ————————

# Siam

# Der Menamſtrom.

Wer nach dreitägiger Dampferfahrt durch den weiten, einſamen Golf von Siam die Küſten dieſes intereſſanteſten Landes von Aſien zu Geſicht bekommt, wird nicht wenig enttäuſcht. Der Mündung des großen Menam, dieſer Hauptverkehrsſtraße von Siam, iſt eine Schlammbank vorgelagert, welche auch kleineren Seedampfern die Einfahrt in den hinterindiſchen Nil nicht jederzeit geſtattet. Selbſt zur Flutzeit hat dieſe Bank nur etwa dreiundeinhalb, höchſtens vier Meter Waſſer, und die Dampfer aus Europa, aus Singapore, Saigon und Hongkong, welche einen regelmäßigen Verkehr mit Bangkok, der Hauptſtadt Siams, unterhalten, müſſen vor der Barre auf offener See die Flut abwarten, wollen ſie ihre Ladung nicht auf der Rhede der Inſel Kohſi-tſchang im Golf von Siam, außerhalb der Barre gelegen, löſchen. Es wäre ein leichtes, durch ähnliche Arbeiten, wie ich ſie an der Mündung des Miſſiſſippi geſehen, das Waſſer an der Barre zu vertiefen, aber der Menam, zu deutſch „Mutter der Ströme“, gehört nicht einer ſo gewaltigen Großmacht wie der „Vater der Ströme“ in Nordamerika, und für Siam, das von den Kolonien zweier ſo habſüchtigen Mächte wie England und Frankreich umſchloſſen iſt, konnte es bisher keinen beſſeren Schutz gegen gewaltſame Handſtreiche dieſer Mächte geben als die Barre des Menam. Freilich erſchwert es damit den direkten überſeeiſchen Handels- und Schiffsverkehr mit Bangkok, aber es erſchwert auch die Einfahrt der kanonenſtarrenden Panzerſchiffe, mit welchen England und Frankreich ihre aſiatiſche Politik zu treiben pflegen.

Endlich konnte unſer Dampfer Tſchau-fa ſeinen Weg nach dem Menam fortſetzen. Es war ein herrlicher, milder Tropenabend, und eben ging die Sonne in einem Bett purpurner Wolken unter, gegen welche die lange Linie der dunkeln Mangrovebäume an der flachen Seeküſte ſcharf hervortrat. Kaum waren wir in den meilenbreiten, ſchmutziggelben Strom eingefahren, ſo grüßte uns ſchon aus der Mitte des Strombettes ein phantaſtiſches Wahrzeichen des märchenhaften Landes des weißen Elefanten. Aus

1*

den Fluten erhoben sich in blendender Weiße die Tempel, Säulenhallen und Pagoden eines herrlichen Buddhistentempels, den König Mongkut, der Vater des regierenden Königs, hier an der Einfahrt in sein Land erbauen ließ, um die Geister des Stromes zu versöhnen. Gebadet in das goldige Licht der untergehenden Sonne, erschienen diese seltsamen und doch so zierlichen, reich ornamentierten Bauten selbst wie ein Werk dieser Flußgeister, denn sie steigen anscheinend direkt aus den Fluten, die sie umspülen, empor, und leise murmeln die an das weiße Gemäuer schlagenden Wellen, als sängen sie ein Requiem vergangener sagen= und ereignisreicher Zeiten, als es noch keine modernen Kriegsflotten und Kruppschen Kanonen gab. Diese Pioniere der europäischen Kultur haben wie überall in Asien, so auch hier schon Eingang gefunden, denn rings um die zauberhafte Tempelinsel, die einer hinterindischen Lorelei als Wohnsitz dienen könnte, erheben sich an den Stromufern dräuende Forts mit schwarzen Geschützmündungen. Im Hintergrunde zeigen sich die mit tropischem Gewächs umwucherten Ruinen älterer Festungs= werke, welche in früheren Zeiten von den damaligen Herren der Meere, den Holländern, erbaut worden sind. Die Kapitäne der Hunderte von englischen Dampfern, welche heute den Handelsverkehr Siams in Händen haben, nennen sie deshalb spöttischerweise Dutch folly, „holländische Narrheit".

Beinahe könnte man einen ähnlichen Namen auch den benachbarten modernen, mit Kruppschen Geschützen armierten Festungswerken geben, denn sie haben es nicht ver= hindern können, daß im Jahre 1893 französische Kanonenboote doch an ihnen vorbei bis nach der Hauptstadt des Landes aufwärts fuhren und vor dem königlichen Palast vor Anker gehend, Siam einen so rücksichtslosen, harten Frieden aufzwangen. Noch sah ich aus den trüben Schlammfluten des Menam die Mastspitzen der versenkten Schiffe aufragen, mit denen man damals den Fluß gegen die Franzosen sperren wollte.

Nicht weit davon gewahrt man am östlichen Ufer des Menam die weißen Häuser der ersten siamesischen Stadt, Paknam, in der viele siamesische Prinzen und Man= darine ihre Sommersitze haben. Auch weiter stromabwärts und längs der Seeküste befinden sich zahlreiche, von schönen Gärten — die Siamesen sind geborene Ziergärtner — umgebene Wohnsitze, nur liegen jene von ihnen, die schon vor ein oder zwei Jahrzehnten erbaut wurden, nicht mehr an der Seeküste. Der Menam setzt nämlich die Schlamm= und Erdmassen, die er mit sich von Norden bringt, hier wieder ab, und ein großer Teil des heutigen Siam ist auf diese Art dem Meere abgerungen worden.

Die luftigen, verandenumgebenen Sommerpaläste der siamesischen Großen nehmen sich in dem dunkeln Grün der Kokosnuß= und Arecapalmen ungemein reizend und wohn= lich aus; dazu verleihen die großen Regierungsgebäude, vor allem das Zollamt und das auf einer Insel gebaute Quarantänehospital der etwa 8000 Einwohner zählenden Stadt vom Flusse her ein viel stattlicheres Aussehen, als der Wirklichkeit entspricht, denn die Einwohner, soweit sie nicht Regierungsbeamte sind, wohnen in ärmlichen Holzhäuschen, die mit Attapblättern eingedeckt und entweder in den Fluß hineingebaut sind oder auf Teakholz= pfählen meterhoch über dem sumpfigen Boden stehen. Indessen, hier unter der glühenden Tropensonne, umgeben von üppigen Palmengruppen und Reisplantagen, den fischreichen

Strom zu ihren Füßen, bedürfen die genügsamen, leichtlebigen Siamesen keiner anderen Wohnungen. Sie bringen ja doch den größten Teil der Zeit im Freien zu, fischend und badend, oder an der Arbeit in den Reisfeldern, welche ihnen ihr wichtigstes Nahrungsmittel und dem Lande seine reichsten Einkünfte liefern. Während die Zollbeamten auf unserem Dampfer weilten, um den dreiprozentigen Einfuhrzoll auf die Waren zu erheben, unternahmen wir wenigen Passagiere einen Spaziergang die Stromufer entlang. Muntere Affen spielten in den Laubkronen der hohen Fruchtbäume, und kreischend flatterten große Schwärme fliegender Hunde zwischen den Baumgruppen umher; Reiher und Pelikane fischten sich auf dem breiten Strome ihre Nahrung, während unter den überhängenden Mangrovebäumen und Bambusstauden graue Wasserbüffel in der schlammigen Flut standen, nur an den daraus hervorstehenden Hörnern und Nüstern erkennbar. Zwischen ihnen tummelten sich Hunderte badender Siamesen beiderlei Geschlechts und jeglichen Alters im Wasser umher.

Mit dem ersten Dämmerschein setzten wir nach einer wegen der zahlreichen Stechmücken elend verbrachten Nacht die Fahrt auf dem majestätischen Strome gegen Norden fort. An den Ufern zeigte sich die denkbar üppigste Tropenvegetation mit hohen Palmenkronen, zwischen denen hier und dort vergoldete Pagoden und seltsame Buddhatempel mit dreifachen, hornförmig auslaufenden Dächern hervorlugten. Das breite Strombett selbst war mit Hunderten von Fahrzeugen bedeckt: malerische chinesische Dschunken mit ihren fächerartigen, aus Matten hergestellten Segeln und den großen, auf den Bug gemalten Fischaugen, malayische Sampans, zahlreiche Fischerboote, deren Eigentümer, mit ihren Familien auf ihnen wohnend, den Ertrag ihres nächtlichen Fischfangs nach Bangkok führten, und die Ufer entlang kleine Ruderboote, in welchen die Buddhapriester mit ihren kahlgeschorenen Schädeln und langwallenden gelben Gewändern von Haus zu Haus ruderten, um sich von den Einwohnern ihren täglichen Reis zu erbetteln. Mitten in diesem malerischen, seltsamen Strombilde erschien auch ein europäischer Dampfer, auf der Heimfahrt nach dem Abendlande begriffen.

Hier und dort zweigten schattige Kanäle, besetzt mit auf Stelzen stehenden Häusern, vom Hauptstrome ab, und wir konnten, dieselben entlang blickend, die Orangengärten, Areca- und Kokospalmenplantagen sehen, welche sich zwischen den grünen Reisfeldern dieses reichgesegneten Landes erheben. Etwa halbwegs zwischen Paknam und Bangkok beschreibt der Menamstrom eine etwa zwanzig Kilometer lange Krümmung, die durch einen engen, kaum drei Meter breiten Kanal abgeschnitten wird. Die Dschunken und Fischerboote allein können diesen schmalen und seichten Kanal benutzen, der von der Stadt Paklat an seinen Ufern seinen Namen erhalten hat. Hauptsächlich von Peguanen und Laoten bewohnt, ist sie mit ihren acht- bis zehntausend Seelen nicht viel mehr als eine Vorstadt von Bangkok, denn kaum hatten wir die große Krümmung des Menam durchfahren, so zeigten schon die zahlreichen Reis- und Sägemühlen an den Ufern, die langen Reihen von Hütten und schwimmenden Häusern die Nähe der großen Hauptstadt von Siam.

Hier erst konnten wir recht erkennen, daß der Menam nicht nur die Hauptverkehrsader, sondern geradezu eine Lebensbedingung des ganzen Reiches ist. In den

Der Menamstrom in Bangkok.

Gebirgen von Laos entspringend, durchfließt er Siam von Nord nach Süd, und seine zahlreichen Nebenflüsse, seine Seitenarme und Kanäle, welche diese untereinander verbinden, bilden die einzigen Verkehrswege des Landes, das eigentlich nur aus dem Stromgebiet des Menam besteht. Jenseit der Bergzüge, die es begrenzen, liegen Birma, die Laos- und Schanstaaten, Anam und Kambodscha. Wie ein hinterindisches Holland lebt auch Siam halb vom Wasser, halb im Wasser; wie ein hinterindisches Aegypten verdankt es die ganze Kultur, den ganzen Reichtum des Landes nur dem segenspendenden Nil von Siam, dem Menam, und ohne Menamstrom gäbe es auch kein Siam. Die Meeres- flut dringt in ihm bis weit oberhalb der alten Hauptstadt des Landes, Ajuthia, hinauf, geradeso wie sie im Nil bis oberhalb Kairo und Memphis aufwärts dringt. In Bangkok erreicht der Unterschied zwischen Ebbe und Flut je nach den Zeiten zwei bis drei Meter, und der Strom besitzt in der Hauptstadt eine durchschnittliche Geschwindigkeit von etwa fünf Kilometern in der Stunde. Auf seinem in Bangkok eine halbe englische Meile breiten Rücken schwimmen die Produkte des Nordens herab zur See, kommen die Massen von Reis und Pfeffer, von Fischen und Vieh, die mächtigen Flöße von Teakholz aus den Urwäldern von Laos. Ist Bangkok das Herz von Siam, so sind die Stromläufe und Kanäle des Menam die Arterien, durch welche das Leben bis in die entferntesten Gebiete des Reiches strömt; Siam könnte wohl das Herz vermissen, nicht aber diese Arterien.

Wie der Nil, so hat auch der Menam an seinem Unterlaufe Tausende von Quadrat- kilometern Land angeschwemmt; wie der Nil, so tritt auch der Menam alljährlich aus seinen Ufern, überflutet und befruchtet das ganze Land, und so wird auch der hinter- indische Strom geradeso wie der afrikanische von den Einwohnern als heilig verehrt.

Ansicht von Bangkok von der Pagode des Wat Tscheng.

# Bangkok, die Märchenstadt.

Es war einmal ein König, der lebte in einem Feenpalaste von schönstem Marmor und Kryſtall; er hatte tauſend der holdeſten Frauen und zweitauſend Sklaven, alle bereit, den geringſten ſeiner Wünſche zu erfüllen. Er lebte in Pracht und Herrlichkeit; ſeine ſiebenfache Krone ſtrahlte und blitzte von Diamanten; ſeine koſtbaren Gewänder waren ganz mit Rubinen bedeckt, und wie er, ſo beſaßen auch ſeine Mägdlein die köſtlichſten Geſchmeide. Sie waren nur da, um ihm die Zeit zu vertreiben; ſie tanzten und ſangen; er ſpeiſte mit ihnen von goldenen Geſchirren, er fuhr mit ihnen auf dem großen Fluß in goldenen Booten ſpazieren, und wünſchte er eine Reiſe zu machen, flugs ſtanden Dutzende von Elefanten, geſattelt und mit koſtbaren Decken behängt, für ihn und ſein glänzendes Gefolge bereit. Ein Page fächelte ihm mit Straußenfedern Kühlung zu; ein zweiter hielt den neunfachen ſeidenen Schirm über ihn; ein dritter trug den goldenen, rubinenbeſetzten Spucknapf. Sein Volk liebte ihn, und wenn die Leute ihren König aus der Ferne kommen ſahen, ſo warfen ſie ſich vor ihm nieder. Hunderte von Prinzen waren an ſeinem Hofe, jeder mit ſeiner eigenen glänzenden Haushaltung, dazu Hunderte von ſchönen Prinzeſſinnen, aber ſie durften ihre Schönheit und ihre Reichtümer niemand zeigen, denn ſo wollte es die Sitte des Hofes. Sie alle aber, König und Prinzen und Volk, wohnten in einer großen Stadt inmitten von herrlichen Palmenhainen; ungeheure Tropenbäume, die großblättrige Brotfrucht, Durian, Mangroven und andere immergrüne Waldriesen beschatteten die Häuser der Stadt. Wunderbare, fremdartige Pagoden und Türme und Pyramiden erhoben sich über die Palmblattdächer der menschlichen Wohnungen, alle strotzend von Gold oder in den buntesten Farben prangend. Eine Pagode war ganz aus Porzellanrosen zusammengesetzt, eine andere aus Lotos, eine dritte aus Lilien. Ein breiter Strom durchzog die Stadt, und auf seinem Rücken schwammen Tausende und Abertausende von Booten. Weiter draußen aber, in der Umgebung der Stadt, hausten Elefanten und Tiger; zu Tausenden hingen fliegende Hunde an den Bäumen; zwischen den Lianen, die sich von Ast zu Ast, aufwärts und abwärts hinzogen und die Wälder zu einem undurchdringlichen Gewirr machten, schlängelten sich große giftige Schlangen, und in den Flüssen und Sümpfen hausten Massen von Krokodilen.

Es war einmal ...... so hatte meine Mutter mir ein Königsmärchen erzählt, als ich noch ein kleiner Junge war und noch nicht zur Schule ging, und gar oft mußte die Mutter das Märchen wiederholen, und dann träumte ich mich hinein in diese ferne, feenhafte Märchenwelt der Tropen und wünschte jedesmal, sie in Wirklichkeit zu sehen, wenn ich einmal groß geworden war, denn wie konnte ich damals wissen, daß Märchen Gebilde der Phantasie sind?

Aber dieses Königsmärchen meiner frühen Jugend ist kein solches. Nicht „Es war einmal" soll es heißen, sondern „Es ist", es ist in Wirklichkeit vorhanden, im fernen Hinterindien, an den Ufern des großen Menamstromes; gerade auf jener entlegenen Halbinsel Asiens, auf welcher man es am wenigsten vermuten würde. Wohl haben einzelne Reisende Bangkok, die Hauptstadt des Königreichs Siam, geschildert, aber dennoch traut man seinen Augen kaum, wenn man wirklich das breite Bett des hinterindischen Nilstromes aufwärts fährt und plötzlich die Märchenstadt mit ihren zahlreichen Pagoden, Palästen und vergoldeten Türmen sieht, die sich hier, einige Stunden oberhalb der Mündung, inmitten der üppigsten Tropenvegetation ausbreitet.

Der König dieser Stadt und dieses Reiches ist nach Europa gekommen, um die Wunder des Abendlandes kennen zu lernen, doch wird er, dessen Auge von den Herrlichkeiten seiner Residenz verwöhnt ist, hier vergeblich nach etwas suchen, das sich an Seltsamkeit, Reichtum und Farbenpracht mit den königlichen Tempeln Bangkoks vergleichen ließe.

In Europa hat er auf seiner Reise zuerst Venedig berührt, und gerade diese Stadt ähnelt Bangkok am meisten. Denn ganz wie sie, so ist auch Bangkok eine Stadt der Kanäle. Zu beiden Seiten der gelben, trüben Fluten des Menam, die sich in derselben Breite wie etwa der Rhein bei Mainz dem Golf von Siam zuwälzen, zieht sich ein scheinbar unentwirrbares Labyrinth von Kanälen über die vierzig Quadratkilometer Tiefland, auf welchem innerhalb einer weißen, mit Türmen besetzten Ringmauer Bangkok liegt. Ja, es sind hier sozusagen zwei Städte übereinander: zunächst die Stadt des Flusses und der Kanäle, auf welchen Tausende und Abertausende von Häusern schwimmen und auf denen in kleinen und großen Booten ein so reger Verkehr herrscht, daß man

Schwimmende Häuser auf dem Menam.

nur mit der größten Mühe und dank der Geschicklichkeit der eingebornen, halbnackten Ruderer durchkommen kann. Ein Stockwerk höher erhebt sich auf dem Festlande eine zweite Stadt mit steinernen oder hölzernen Häusern und einem dichten Gewirr von festen Straßen, welche die Kanäle mittels Brücken übersetzen. Weiter hinaus von der inneren Stadt werden die Festlandsstraßen immer spärlicher, die Kanäle immer zahlreicher, dabei immer schmäler, bis schließlich nur mehr ein paar Quadratmeter große Reisfelder vorhanden sind, jedes einzelne auf allen Seiten von Kanälen umgeben. Und dahinter erhebt sich die düstere, dunkle Mauer des tropischen Urwaldes mit den seltsam geformten, großblättrigen, von Lianen umwundenen Baumriesen.

Alles ist ebenes, angeschwemmtes Land, ohne die geringste natürliche Erhebung, ein Werk des großen Menam, der hier, wie der Nil in Aegypten, das Land befruchtet und zeitweilig nebst einem großen Teil der Stadt unter Wasser setzt. So sind auch die Menschen, die hier wohnen, eine Art Amphibien geworden. Die auf dem Festlande hausen, bringen ihr halbes Leben auf oder im Wasser zu; die auf dem Wasser wohnen, ihr ganzes. Bangkok mag über eine halbe Million Einwohner zählen, und von ihnen wohnt gewiß ein Drittel, wenn nicht mehr, auf dem Wasser. Soweit man den gewaltigen Strom auf= und abwärts blicken kann, sind an seinen Ufern sowie an den Ufern seiner Kanäle schwimmende Häuser verankert, in doppelten, dreifachen, vierfachen Reihen, eines dicht am andern. Und wie malerisch, wie seltsam nehmen sie sich aus mit ihren steilen, in spitzen oder geweihartigen Giebeln auslaufenden Dächern, von denen manches dieser schwimmenden Häuser zwei nebeneinander besitzt. Rings um die Häuser laufen Veranden, die Vorderwand des Hauses kann nach aufwärts gedreht werden, bis sie, wagerecht stehend, eine Art Schutzdach bildet, und das Ganze ruht auf einem Floß von Bambus= rohren oder Balken. Da der Menam je nach der Jahreszeit und den tropischen Regen= güssen steigt und fällt, so müssen auch dementsprechend die Häuser verankert sein. Auf den in langen Reihen längs der Ufer eingerammten Ankerpfählen laufen eiserne Ringe auf und ab, und an diese werden die Häuser mit Ketten befestigt. Ueber diesen schwimmenden Häusern stehen auf den festen Ufern noch mehrere Reihen anderer, größerer, darunter zahlreiche Faktoreien europäischer Kaufleute, Wohnhäuser und Konsulate, über= höht von hohen Mastbäumen mit bunten Flaggen, jedes einzelne umgeben von großen, zum Teil prächtigen Gärten.

Alles ist dem Fluß zugewendet, denn dieser ist die Hauptverkehrsader, das Leben, die Ursache von Bangkok. Ohne Fluß gäbe es auch keine Stadt. Nach Hunderten zählen die Boote und Frachtschiffe, welche täglich mit Lebensmitteln und Waren, mit Fischen und Reis vom oberen Menam herabkommen und vielleicht wochen= lange Flußreisen hinter sich haben. Sie sind auch dementsprechend zum Wohnen für ganze Familien eingerichtet, die eine Hälfte offen für die Waren und für die Ruderer, die andere Hälfte wie eine weitbauchige Tonne, deren Inneres ein kleines Wohnzimmer bildet. Wie diese Reiseboote, so sind auch die schwimmenden Wohnhäuser des Menam eingerichtet, nur daß sie viel größer sind und der vordere Teil als Kaufladen dient. Kilometerweit ließ ich mich dieselben entlang rudern, wie in einer lebhaften

Geschäftsstraße. Porzellanwaren, Geschirre, Kleidungsstücke, Krimskrams, Lebensmittel, alles Erdenkliche wird in ihnen feilgeboten, und die Waren sind in geschmackvoller Weise wie in unseren Schaufenstern aufgestellt, während hinter ihnen gewöhnlich Siamesinnen mit kurzgeschnittenem schwarzen Haar, über den nackten Oberkörper nur eine bunte Schärpe geworfen, als Verkäuferinnen kauern.

Zwischen diesen Kaufläden fahren die Käufer in winzigen Booten, die sie selbst rudern, auf und ab, so sicher und rasch, als schritten sie auf fester Straße einher. Ich kam über ihre Geschicklichkeit nicht aus dem Staunen heraus, denn jede Sekunde schossen ihnen andere der unzähligen kleinen Boote in den Weg, und dabei standen auch noch die meisten Insassen in den schmalen, schlanken Nußschälchen aufrecht und drückten mit beiden Händen ihre Ruder nach vorwärts. Dazu fuhren zwischen ihnen Dutzende von kleinen Dampfbooten pustend, pfeilschnell auf und ab, denn jedes europäische oder chinesische Geschäftshaus von einiger Bedeutung hat seine Dampfbarkasse. Zeitweilig keuchten auch gewaltige Seedampfer aus China, Singapore, Indien, den Sundainseln oder Philippinen durch den Strom, in dessen Mitte Kriegsschiffe verschiedener Flaggen verankert lagen; chinesische Dschunken mit großen glotzenden Augen am Bug und Segeln wie Flügel gewaltiger Fledermäuse fuhren auf und nieder, dazwischen Malayenboote und andere Fahrzeuge, mit einem Worte: ein Strombild, wie es in so malerischer Art und Lebhaftigkeit wohl nur an den wenigsten Orten des fernen Orients zu erblicken ist.

Warum diese Hunderttausende von Menschen, Siamesen, Laoten, Malayen, Tamals, Chinesen, Kambodschaner, Birmanen, auf dem Wasser und nicht auf dem Festlande wohnen? Wer je in den Tropen gelebt hat, braucht die Antwort nicht zu suchen. Bei der erdrückenden Schwüle, die hier während des ganzen Jahres tags= und auch nachts= über herrscht, ist der kühle Lufthauch des breiten, stets bewegten Stromes eine erquickende Wohlthat; das Baden mehrmals des Tages gewährt den größten Genuß, und die Bewohner der schwimmenden Häuser leben wie in Badeanstalten. Sie können unmittelbar aus ihren Schlafräumen ins Wasser springen, und in der That sieht man auch besonders morgens und abends die ganze Bevölkerung, Männer, Frauen und Kinder, mit wahrer Wollust wie Fische im Wasser sich herumtummeln. An= und Auskleiden erfordert bei ihrer spärlichen Bekleidung nicht viel Zeit; ein Lendentuch, Panung, zwischen den Beinen durchgezogen und mit den Enden an den Hüften befestigt, ein bunter Shawl, Pahum, wie eine Schärpe leicht um den Oberkörper geworfen, das ist alles.

Der Menam ist der Hauptboulevard von Bangkok. Ließ ich mich von dort in das Gewirr der Seitenkanäle rudern, so fand ich ähnliches Leben, nur in kleinerem Maßstabe. Zu beiden Seiten der schlammigen Wasserstraßen erheben sich kleine eben= erdige Holzhäuser, zwischen denen sich die üppig wuchernde Tropenvegetation hervordrängt, dann kommt hier und dort ein größerer Platz mit fremdartigen bunten Pagoden und Tempeln, mit künstlichen Felsengruppen und Wassertümpeln, in welchen Dutzende von Krokodilen oder riesigen Schildkröten, heiligen Tieren der Buddhisten, ungestört schlafen. Wir fuhren unter zahlreichen Brücken hindurch, auf welchen der regste Verkehr herrschte;

nach allen Seiten zweigen sich wieder Kanäle ab, die zu anderen führen oder irgendwo an einem Buddhistenkloster oder in einem mit hohen Sumpfpflanzen bedeckten Schlamm= felde enden, umgeben von köstlichen Tempelbauten, die hier wie ein Traum aus „Tausend und eine Nacht" hervortreten.

Wie in der Wasserstadt, so herrscht auch in der über und zwischen ihr befindlichen Landstadt das regste Leben, nur daß hier das starke chinesische Element der Bevölkerung mehr hervortritt. Ich war überrascht, in dieser ursprünglichen Stadt von Hinterindien einzelne moderne Straßen zu finden, mit netten Ziegelhäusern, Straßenbeleuchtung, Wasserleitung, ein Werk des gegenwärtigen Königs, der in seiner feenhaften Palaststadt weiter aufwärts am Strome residiert. Je näher man ihren weißen Umfangsmauern kommt, desto reinlicher, breiter werden die Straßen, desto häufiger sieht man elegante Reiter und moderne Equipagen, Militär und Polizisten in europäischen Uniformen; aber das Volk und selbst die Großen des Reiches tragen noch ihre ursprüngliche Landestracht, nur daß zu dem Panung bei den letzteren noch helle Seidenstrümpfe und glänzende Schnallenschuhe kommen und an Stelle der bunten Schärpe weiße oder goldgestickte Jäckchen getragen werden. Herren sowohl wie Damen zeigen sich in dieser kleidsamen Tracht.

Häufig durchzieht in dieser Stadt der ewigen Festlichkeiten ein malerischer Aufzug die Straßen: Hunderte von Menschen in phantastischen, ungemein reichen Gewändern, Pagen, Priester mit kahlrasierten Schädeln, in lange gelbseidene Togen gehüllt, gold= strotzende Prunkwagen, vergoldete Sänften, getragen und umgeben von uniformierten Sklaven mit Palmenwedeln, Fahnen und hohen Sonnenschirmen, hier und da ein mit bunten Decken behängter Elefant. Auf weiten grünen Rasenflächen tummeln sich Tausende in den buntesten Farben gekleideter Menschen umher, kauern scherzend auf dem Boden, spielen Ball oder lassen seltsam geformte Papierdrachen steigen, von denen man zuweilen Hunderte hoch in den Lüften schweben sieht. Als Rahmen dieses phantastischen, überraschenden Bildes dienen die herrlichsten Pagoden, Tempel, Pratschedis (Opfersäulen), Statuen; über die weiße Mauer des Königspalastes streben ihrer Dutzende himmelan, schimmernd und leuchtend; die ewigen Sonnenstrahlen spielen in ihren zahllosen goldenen Spitzen, ihren buntfarbigen Porzellanblumen, ihrem Glas= und Goldmosaik, mit denen sie über und über bedeckt sind, daß sie blitzen und funkeln, als wären sie lauter Edelsteine. Auf dem jenseitigen Ufer des Menam erhebt sich als Wahrzeichen und höchstes Bauwerk der Stadt die großartige Spitzpyramide des berühmten Wat Tscheng über das ganze fremdartige Bild.

Tempel um Tempel erheben sich überall in dieser Stadt des Buddha. Manche von ihnen bedecken mehrere Morgen Land, manche liegen verborgen zwischen Häusern und Kanälen, manche an den Straßenecken oder auf künstlich aufgeworfenen Erdhügeln. Sie zeigen verschiedene, aber immer phantastische Formen und werden bewacht von grotesken Riesenstatuen, die scheußliche Teufelsfratzen, Krieger, Tiergestalten, ja Menschen in modernen europäischen Trachten, in Frack und Cylinderhut, darstellen. Um die einzelnen Höfe dieser Tempel ziehen sich gedeckte Galerien, deren Wände mitunter ganz vorzügliche Wandmalereien bedecken oder an denen entlang Tausende und Abertausende von Buddhastatuen stehen, in den verschiedensten Größen, von Fingerlänge bis zur zwanzigfachen Lebensgröße. In Seitengebäuden dieser Tempelhöfe hausen Dutzende von Büßern, in lange weiße Gewänder gehüllt, wochen= und monatelang. Andere Tempel enthalten buddhistische Heiligtümer oder nur vergoldete Schränke, in welchen Tausende von Gebeten und Predigten, auf lange Palmblattstreifen mit der heiligen Palischrift geschrieben, aufbewahrt werden; in wieder anderen wird das Auge des Besuchers geblendet von den größten Kostbarkeiten: hier liegen Häuflein Diamanten und Rubinen, Kronen, Ringe, blitzende Geschmeide aller Art, ragen lebensgroße Buddhastatuen aus getriebenem Golde, alles aufgespeichert zur größeren Ehre dieser indischen Gottheit, und Dutzende von Priestern in ihren langwallenden gelben Gewändern hüten diese Schätze und diese Tempel. In anderen Gebäuden, beschattet von den dunklen Laubkronen des heiligen Bodibaumes, sieht man Buddhas in liegender Stellung, aus Bausteinen und Mörtel aufgemauert, die zu den größten Statuen der Welt gehören, eine sogar siebzig Schritte lang und ganz mit dünnen Goldplättchen vergoldet. An manchen Stellen der weiten Tempelhöfe erheben sich steinerne Altäre, überhöht von säulengetragenen Dächern, und auf diesen glimmen Holzscheite, dichte, übelriechende Rauchsäulen zum Himmel empor=sendend, die Verbrennungsstätten der Menschenleichen. Im Wat Saket, diesem schreck=lichsten aller Tempel, die ich auf dem Erdball gesehen, befindet sich eine ganze Anzahl solcher Verbrennungsaltäre, und das Feuer erlischt dort niemals.

Aber der Tod hat für die Buddhisten — und es giebt keine eifrigeren, als es die Siamesen sind — keine Schrecken, sie begrüßen ihn als Erlösung, als die notwendige Vorstufe zur Erreichung des köstlichen Nichts, des Nirwana. So herrscht denn auch um die Begräbnisstätten ebenso wie in der ganzen Stadt sorglose Fröhligkeit, Vergnügen, Liebe und Spiel, denn ein sorgloseres Volk ist wohl kaum zu finden, auch keines, in welchem die irdischen Glücksgüter ungleicher verteilt wären, wo es größere Reich=tümer, aber auch größere Armut gäbe. Und doch herrscht kein Elend. Die Siamesen sind bedürfnislos, ihre leichten Wohnungen aus Bambusrohr und Palmenblättern, ihre mehr als einfache Kleidung, ihre Nahrung aus Reis, Fischen, Gemüsen erfordern keine großen Geldopfer, keinen Kampf ums Dasein, und arbeiten sie mehr, als sie für ihres Leibes Notdurft brauchen, so wird der Verdienst häufig dem Spiel geopfert. Sie sind leidenschaftliche Spieler. Bei Tag und Nacht, auf den Straßen oder in den zahllosen, von Chinesen gehaltenen Spielhöllen wechseln die silbernen Ticalmünzen unausgesetzt die Hände. Die Siamesen spielen um ihre Habe, mitunter sogar um ihre Frauen und Töchter, um ihre eigene Person. Ist alles fort, so begeben sie sich leichten Herzens in die Schuldsklaverei und spielen als Sklaven weiter, um vielleicht das Geld zu gewinnen, sich damit wieder loszukaufen.

Sie sind kein Industrievolk, das sieht man auf einem Gang durch den großen Bazar von Sampeng, wo der größte Teil des Handels und der Industrie in den Händen von Chinesen liegt. Die Siamesen sind zumeist Ackerbauer, Fischer, Schiffer, Diener, Sklaven der großen Herren, die in dem Stadtteil rings um den Königspalast wohnen. Welcher Kontrast zwischen dem Gewirr schmutziger Gäßchen mit den Tausenden winziger Kaufläden und den Zehntausenden von fremdartigen, bunt gekleideten, fröhlichen Menschen, die sich dort drängen, und dem vornehmen königlichen Stadtteil! Der Wille des aufgeklärten, von staatsmännischer Weisheit und Sorge für sein Volk erfüllten Königs hat dort Wunder geschaffen. Ohne viel von der altangestammten Kultur des Landes aufzugeben, hat er viele der das Volk bedrückenden Lasten und Einrichtungen beseitigt; er hat dafür den Segnungen der europäischen Kultur Eingang verschafft und damit bei sich selbst begonnen. Rings um die Palaststadt mit ihren phantastischen Pagoden und Tempeln erheben sich moderne Schulen, Hospitäler, Post- und Telegraphenämter, Regierungsbauten, und von oben herab, vom König und den zahlreichen Prinzen angefangen, macht die Aufklärung immer mehr Fortschritte.

# Tschulalongkorn, König von Siam.

Monogramm auf den Brief-
bogen des Königs.

Der eigentliche Name der hinterindischen Majestät lautet: Phra
Paramindr Maha Tschulalongkorn Badinohr Dhebaya Maha Mongkut
Phra Tschula Tschom Klau Tschau In Hue Phandin Sayam Lao Pen
Baroma Radschah Thirabschi Haang Malava Prabhet Malabschu Prabhet,
und mit diesen Worten unterschreibt er alle wichtigen Staatsdokumente.

Ebenso seltsam wie sein Name ist auch sein ganzer Hof, ja seine Haupt=
stadt, aber man würde fehlgehen, würde man in dem König von Siam eine Persönlichkeit
erwarten, wie es etwa die Könige des an Siam grenzenden, unter französischer Herrschaft
stehenden Kambodscha oder Anam sind. Ebensowenig schmeichelhaft für den König wäre es, ihn
in dieselbe Kategorie zu stellen wie etwa Schah Nasr=eddin von Persien, der einzige sou=
veräne Herrscher eines asiatischen Reiches, der vor der siamesischen Majestät das alte
Europa mit seinem Besuch beglückt hat. König Tschulalongkorn ist unstreitig einer der
größten und aufgeklärtesten Fürsten, welche jemals auf einem asiatischen Thron gesessen
haben, ein Mann von europäischer Bildung und ebensolchen Manieren, der englischen
Sprache vollkommen mächtig, ein Regent von staatsmännischer Weisheit, dem Volk und
Reich unendlich viel zu verdanken haben, und das ist um so höher zu schätzen, als
er inmitten des prächtigsten, fremdartigsten Fürstenhofes aufgewachsen ist, den es heute über=
haupt auf dem Erdenrund giebt, und in seinem Lande der Begriff der Königswürde ein
so hoher und allumfassender ist. Der König von Siam ist ein Selbstherrscher im
wahren Sinne des Wortes, und auf keinen Fürsten paßt das geflügelte Wort: „L'Etat,
c'est moi" mehr wie auf ihn. Der König ist thatsächlicher Besitzer des ganzen Landes,
wie bei uns etwa der Besitzer eines Gutes, die gesamten Einnahmen fließen in seine
Kassen, er ist auch Herr über Leben und Tod aller seiner Unterthanen. Das will viel
sagen, denn obwohl die beiden Nimmersatte, die kolonialen Mächte England und Frank=
reich, ohne andere Veranlassung als schnöde Habsucht im Vertrag von 1896 Siam
einen großen Teil seines Gebietes abgezwackt haben, ist es immer noch größer als Deutsch=
land und die Schweiz zusammengenommen, und seine Bevölkerung ist etwa dreimal so

Prinz Dewawongse,
Minister des Aeußern.

groß wie jene der Eidgenossenschaft. Alles konzentriert sich in Siam in der Person des Königs, seine Macht ist unumschränkt, und Prinzen wie Minister liegen vor ihm im Staub. Bis zum Regierungsantritte Tschulalongkorns war dies wörtlich zu nehmen, denn niemand durfte vor dem König erscheinen, ohne auf Knieen und Ellbogen zu liegen.

Man darf aber nicht glauben, daß der König von Siam, wenn er auch eine ganze Menge europäischer Einrichtungen, Verkehrsmittel, Schulen, Hospitäler u. s. w. in seinem Reiche geschaffen hat, etwa mit der hinterindischen Kultur gänzlich gebrochen hätte. An Vorbildern dazu hätte es ihm ja nicht gefehlt. Man braucht nur an Japan zu denken, das in seiner Europäisierungsmanie mit wahrer Wut alles Althergebrachte, Eigenartige seiner Kultur zerstört und dadurch dem Lande wie der Bevölkerung vieles von dem einstigen malerischen Reiz geraubt hat. Dieser Civilisierung seines Volkes mittels Lackschuhen, Miedern, Schleppkleidern und Cylinderhüten ist König Tschulalongkorn glücklicherweise abhold. Er führte in seinem Reiche nur das ein, was seiner Ueberzeugung nach zur Bildung und zum Wohlstande des Volkes beitragen könnte, sonst aber rührte er nicht an der alten Kultur seines Reiches, und vor allem hat er die angestammten Sitten an seinem eigenen glänzenden Königshofe beibehalten.

Wie es kam, daß König Tschulalongkorn eine so merkwürdige Ausnahme unter seinen vorder- und hinterindischen, malayischen, chinesischen und japanischen Brüdern auf Fürstenthronen bildet? Zunächst hat er dies der gütigen Mutter Natur zu danken, die ihm ein ungewöhnliches Maß von Begabung, Geist und Scharfsinn aus ihrem Füllhorn eingetrichtert hat, dann aber seinem Vorgänger und Vater, König Mongkut.

Bis zur Thronbesteigung dieses weisen Herrschers im Jahre 1851 besaß Siam etwa dieselbe Kultur, wie sie die andern hinterindischen Reiche seit einem Jahrtausend be-sessen hatten. König Mongkut war es, der Siam zuerst den Europäern und dank ihnen auch dem auswärtigen Handel erschloß, der eine eigene Handelsflotte schuf, europäische Faktoreien begünstigte und die ungeheuren Reichtümer dieses hinterindischen Aegyptens auf die Märkte brachte. Sobald er sich durch Reisende, Kaufleute und Missionare mit der abendländischen Kultur vertraut gemacht hatte, erkannte er auch deren Ueberlegenheit rück-haltslos an und berief europäische Lehrer, um seine Kinder zu unterrichten. Dabei war aber Mongkut doch noch ein recht orientalischer Herr. In seinem Harem besaß er etwa sechshundert Frauen und außerdem noch gegen dreitausend andere Schönheiten. Von seinen einundachtzig Kindern wurden etwa die Hälfte vor seiner Thronbesteigung geboren, die andere Hälfte erst nach seinem vollendeten vierundfünfzigsten Lebensjahre, und da dieser beneidenswerte Vater schon 1868 im Alter von 64 Jahren starb, so konnten nur wenige seiner Kinder von dem europäischen Unterricht Nutzen ziehen, der in den Händen zweier Engländer, des Kapitäns John Bush und einer Dame, Mrs. Leonownes, lag. Glücklicher-weise für Siam wählte Mongkut zu seinem Nachfolger den aufgeweckten, besten Schüler des englischen Lehrers, Tschulalongkorn.

Als dieser das Knabenalter erreicht hatte, mußte er gerade so wie alle siamesischen Knaben in ein Buddhistenkloster treten; dazu wurden ihm die Kopfhaare abrasiert und seine goldstrotzenden Königsgewänder mit langwallenden gelben Priesterkleidern vertauscht.

Im Kloſter wurden ihm die alten buddhiſtiſchen Lehren von der Enthaltſamkeit und Keuſch=
heit beigebracht, er lernte die alte Paliſprache und die ganze umfangreiche buddhiſtiſche
Liturgie. Das verhinderte ihn aber nicht, daß er, ins öffentliche Leben zurückgekehrt,
ſchon in ſeinem dreizehnten Lebensjahre Vater eines kräftigen Jungen wurde, den ihm
ſeine frühere Amme gebar. Am 1. Oktober 1868 ſtarb König Mongkut, und der damals
fünfzehnjährige Knabe Tſchulalongkorn wurde zum König gekrönt. Seine erſte Pflicht
war es, die Leiche ſeines Vaters zu verbrennen, was er mit Entfaltung von ganz beſonderem
Glanze in feierlichſter Weiſe that.

Das Ceremoniell bei der Beſteigung eines hinterindiſchen Königsthrones iſt von
jenem in europäiſchen Ländern grundverſchieden. Sobald ein König geſtorben iſt, begiebt
ſich ſein Nachfolger zur Leiche, und nachdem er derſelben ſeine Verehrung bezeigt hat,
wäſcht er dieſelbe mit ſeinen eigenen Händen. Hierauf begiebt ſich der neue König in
den herrlichen Thronſaal, welcher in der an Pracht aller Beſchreibung ſpottenden Palaſt=
ſtadt von Bangkok ein eigenes, mit Gold überladenes Gebäude einnimmt, und in dieſem, Maha
praſatr genannt, empfängt er den Treuſchwur der Prinzen und Würdenträger des Reiches.
Im Namen aller Anweſenden verlieſt der erſte Miniſter eine Formel, welche die ſchreck=
lichſten Strafen und Foltern auf jene herabbeſchwört, welche die Treue brechen ſollten.
Hierauf taucht der König das Reichsſchwert in ein goldenes Gefäß mit Waſſer, welches
durch die Brahminen und Buddhiſtenprieſter unter allerhand geheimnisvollem Ceremoniell
geweiht worden iſt. Von dieſem Waſſer müſſen alle Anweſenden trinken.

Schon eine Woche vor dem von den Aſtrologen gewählten „glücklichen“ Krönungs=
tage giebt ſich das Volk von Bangkok Tag und Nacht den rauſchendſten Feſtlichkeiten
auf Koſten des Königs hin. Es wird in Siam überhaupt kein Feſt am Hofe gefeiert,
an welchem nicht auch die ganze Einwohnerſchaft der Hauptſtadt teilnehmen würde, und
die Bewirtung muß dem König bei der großen Zahl von Feſtlichkeiten in jedem Jahre Un=
ſummen Geldes koſten. Das Ceremoniell am Krönungstage beginnt damit, daß die Aſtro=
logen eine Goldplatte in das Königsſchloß bringen, auf welcher ſämtliche Namen und Titel
des neuen Königs verzeichnet ſind. Um dieſe in einer goldenen Kaſſette eingeſchloſſene
Platte müſſen neun hohe Würdenträger mit brennenden Lichtern neunmal herumgehen,
während draußen auf dem Palaſtplatze ſämtliche Muſikkorps des Königs auf ihren alt=
ſiameſiſchen Inſtrumenten ſpielen und ſich der ganze Hof verſammelt.

Hierauf betritt der König den Thronſaal und wird dort von den Prieſtern in lang=
wallende weiße Seidengewänder gekleidet. Dann beſteigt er den goldenen, mit herrlichen
Edelſteinen beſäeten Thron, wo ihn zwei Prinzen mit geweihtem Waſſer beſprengen.
Prieſter reichen ihm nun zwei goldene Waſſergefäße, welche er über ſich entleert. Darauf
werden die naſſen Seidengewänder mit dem ganz aus Goldfäden gewebten ſchweren
Krönungsgewand vertauſcht, und ſo angethan begiebt ſich der König in einen zweiten
Saal, wo er auf einer achteckigen Plattform Platz nimmt. Prieſter reichen ihm hier
eine mit Weihwaſſer gefüllte goldene Schale, in die er ſeine Hände taucht, um ſich das
Geſicht zu benetzen. Dieſer Vorgang wird auf jeder der acht Seiten der Plattform
wiederholt.

Damit hat der König die Weihe empfangen und nimmt nun auf dem eigentlichen Königsthron Platz, wo der oberſte Prieſter, ſelbſt ein königlicher Prinz, den König als den neuen Beherrſcher preiſt und ihm das Königreich übergiebt. Dann werden ihm von Mahat-lek (Würdenträger) die Attribute ſeiner Würde dargereicht: zunächſt der goldene neunſtöckige Sonnenſchirm, die Liſte ſeiner Namen auf Gold geſchrieben, das Halsband, Scepter, Reichsſchwert und die acht altſiameſiſchen Waffen. Der König hält nun eine Anſprache an die Verſammelten und begiebt ſich hierauf auf einen Balkon, um in die denſelben umdrängenden Volksmaſſen koſtbare Geſchenke, Münzen, Juwelen und dergleichen zu werfen.

Dafür empfängt er ſeinerſeits von ſeinen Verwandten, den Miniſtern, Edelleuten und hohen Beamten, wertvolle Geſchenke der verſchiedenſten Art, darunter auch Mädchen für ſeinen Harem. Die erſten Familien des Landes rechnen es ſich zur beſonderen Ehre an, dem Könige ihre ſchönſten Töchter und Nichten im jugendlichen Alter anzubieten, und an ſeinem Krönungstage könnte der junge Herrſcher vielleicht über hundertmal Gatte werden. Sind die Geſchenke dargereicht, ſo begiebt ſich der König in den herrlichen Buddhatempel, um dem Palladium des ſiameſiſchen Reiches, dem ſmaragdenen Buddha, ſeine Verehrung zu bezeigen, ſodann auch den Geiſtern ſeiner Vorfahren, deren Aſche, in goldene, juwelenbeſetzte Urnen eingeſchloſſen, zuvor in den Buddhatempel überbracht wurde.

Endlich giebt der König auch den Haremsdamen Gelegenheit, ihm ihre Huldigung zu bezeigen. Es geſchieht dies dadurch, daß zwei Damen ihm die Füße waſchen und einen goldenen Blumenſtrauß, ſowie allerhand Süßigkeiten überreichen.

Bei dem geſchilderten Ceremoniell war kein Europäer gegenwärtig, allein zu den Feſtlichkeiten der folgenden Tage wurden nicht nur die fremden Geſandten, ſondern auch Miſſionare und die angeſehenſten Kaufleute eingeladen. Der König empfing ſie ſehr gnädig, überhäufte ſie mit Geſchenken und gab ihnen dadurch vor ſeinen Unterthanen einen ſichtbaren Beweis ſeiner Zuneigung, die er ihnen auch bis auf den heutigen Tag bewahrt hat.

Während ſeiner Minderjährigkeit beſorgte ein Regent die Regierung des Landes; der König trat nochmals für kurze Zeit in ein Buddhiſtenkloſter ein und unternahm dann, ein bis dahin in Oſtaſien unerhörtes Ereignis, eine längere Reiſe nach Indien und den holländiſchen Kolonien auf den Sundainſeln. Erſt bei erlangter Volljährigkeit, im November 1873, kam Tſchulalongkorn wirklich zur Regierung und wurde hierzu zum zweitenmale mit der ſiebenfachen Krone Siams gekrönt. Damals gab es neben dem erſten König in Siam auch noch einen zweiten König, ähnlich wie der Schogun in Japan, aber als dieſer in den erſten Jahren der Regierung Tſchulalongkorns ſtarb, ernannte der letztere keinen Nachfolger mehr, und die Würde des zweiten Königs erſcheint damit in Siam endgültig abgeſchafft. Aber auch ſonſt zeigten die Maßnahmen Tſchulalongkorns, aus welchem Holze er geſchnitzt iſt. Obſchon die Siameſen ihr Land Muang Thai, das „Königreich der Freien“, nennen, war der größere Teil des Volkes bis dahin im Zuſtande abſoluter Sklaverei; Kriegsgefangene waren die Sklaven des Königs; andere Sklaven wurden von verſchiedenen Stämmen durch Kauf erworben; Schuldner wurden bis zur Tilgung ihrer Schuld Sklaven, junge Mädchen wurden in die Harems der Großen verkauft, Männer verkauften ihre Frauen und Töchter, ja ſie

2 *

verkauften sich selbst aus den verschiedensten Gründen. Kaum hatte Tschulalongkorn die Regierung angetreten, so schaffte er die Sklaverei im ganzen Reiche ab, trotz des Widerstandes seiner Minister, welche in dieser tief einschneidenden Maßregel große Gefahren für den Staat fürchteten. Nur die Schuldsklaverei besteht heute noch mit gewissen Einschränkungen offiziell, ist aber keineswegs drückend.

Unter den früheren Königen krochen, wie bereits erwähnt, Prinzen und Minister, Edelleute und das Volk vor ihren Fürsten auf allen Vieren, und ebenso Untergebene vor ihren Vorgesetzten. König Tschulalongkorn schaffte diese entwürdigende Unsitte schon am Tage seines Regierungsantritts ab. Ebenso bot Tschulalongkorn alles auf, um an Stelle der früheren recht spärlichen Bekleidung seines Volkes eine halb europäische einzuführen. Da sich die zehn bis zwölf Millionen der siamesischen Bevölkerung aus den verschiedensten Rassen und Volksstämmen, hauptsächlich Siamesen, Malayen, Chinesen, Laoten, Peguans und Birmanern zusammensetzen, erließ der König einen Befehl, daß kein Bewohner seines Landes einem anderen wegen nationaler oder religiöser Differenzen nahetreten solle. Ja noch mehr, er forderte das Volk auf, die „wahre Religion zu suchen, welche schon in diesem Leben eine Zufluchtsstätte sein soll, und sie nicht leichtfertig oder wegen althergebrachter Ueberlieferungen auszuüben, sondern ihr zu folgen aus wahrer und tiefer Ueberzeugung". Es braucht deshalb gar nicht besonders hervorgehoben zu werden, daß sich die christliche Religion in Siam des besonderen Schutzes des Königs erfreut und daß ihre Missionare sich in keinem Lande Ostasiens freier bewegen können wie in Siam. Tschulalongkorn sorgte aber noch weiter für die Wohlfahrt seines Volkes; er ließ eine ganze Reihe europäischer Schulen und Hospitäler errichten, Straßen und Eisenbahnen bauen, um die ungeheuren Hilfsquellen des Landes noch weiter zu entwickeln, er organisierte die Armee nach europäischem Muster, erweiterte die von seinem Vater geschaffene Handelsflotte und schuf eine Kriegsflotte. Dank seiner Fürsorge besitzt Siam heute ein geordnetes Münzwesen, einen genügenden, über das ganze Reich ausgedehnten Post= und Telegraphendienst, die Hauptstadt ist elektrisch beleuchtet und mit einem vor= trefflichen Polizeikorps und sanitären Einrichtungen versehen; durch die Hauptstraßen laufen Pferdebahnen, und in den an den neuen königlichen Palast angrenzenden Vierteln erheben sich zahlreiche europäische Bauten. Der König liebt und begünstigt die Europäer trotz des höchst fragwürdigen Vorgehens der Engländer und Franzosen ihm gegenüber, und in keinem Lande Asiens bringt man ihnen so aufrichtige Sympathien und Achtung entgegen wie hier. Der König hat selbst eine ganze Reihe von Europäern, vorzugsweise Dänen, Engländer und Deutsche, in die verschiedenen Verwaltungszweige, sowie in die Armee und Flotte aufgenommen. Seine Garde ist nach europäischem Muster uniformiert und gedrillt und präsentiert sich ganz vortrefflich. Eine große Zahl der Prinzen und Großen des Reiches sind dem Beispiel des Königs in Bezug auf abend= ländische Civilisation gefolgt; viele von ihnen sprechen fremde Sprachen, Hunderte von Siamesen sind in Europa erzogen und ausgebildet worden, und in Asien bin ich nur in Japan so ernsten Kulturbestrebungen begegnet, wie ich sie in Siam unter den maßgebenden Persönlichkeiten gefunden habe.

Dieſer ganz ungeahnte und noch vor dreißig Jahren gewiß für unmöglich gehaltene Fortſchritt iſt hauptſächlich dem König zuzuſchreiben und zeigt ebenſoſehr von ſeiner Begabung und Energie wie von der Tüchtigkeit ſeiner früheren europäiſchen Lehrer. In den letzten Jahrzehnten wurden die Reformen in Japan wie ein blaues Wunder angeſtaunt und der Anlaß zu dieſen dem Mikado zugeſchrieben, während man Siam gar nicht beachtete, ja wenn nicht in den Jahren 1893 und 1894 Frankreich den blutigen Streit mit Siam vom Zaune gebrochen hätte, ſo wären wahrſcheinlich auch noch für ein Jahrzehnt länger die Nachrichten aus dieſem fernen Lande auf die Feuilletonſpalten unſerer Zeitungen beſchränkt geblieben. Um wie viel mehr haben Siam und ſein König ſtolzer zu ſein auf die gemachten Fortſchritte als Japan! Freilich ſind ſie nicht entfernt ſo groß wie in dem letzteren, aber ſie ſind dafür um ſo anerkennenswerter. In Japan hat eine ganze Reihe von Männern für die Aufſchließung des Landes gearbeitet, ja die guten Japaner ſind ein wenig zu weit gegangen, ſie haben nicht nur in Bezug auf die Ausnützung der Europäer krumme Wege eingeſchlagen, ſie haben auch

Eingang zum königlichen Palaſthofe.

das Kind mit dem Bade ausgegoſſen und viel von der alten Kultur des Landes mit wahrer Wut beſeitigt, zerſtört, um der neuen Kultur des Abendlandes Platz zu machen. In Siam iſt niemand anders als der König allein der Schöpfer der bisherigen Fortſchritte und hat darin, was noch bemerkenswerter iſt, weiſes Maßhalten bewieſen.

Das Volk bringt ſeinem König wahre Liebe und Verehrung entgegen, und niemals gab es auf einem hinterindiſchen Königsthron einen Mann von ſolcher Popularität, die mit jedem Jahre noch mehr zunimmt. Der König ſelbſt iſt ein mittel= großer Mann, von ſehr gewinnenden liebenswürdigen Manieren, der auf alle, die ihm begegnet ſind, den beſten Eindruck gemacht hat. Sein Haar und der kleine Schnurrbart, der ſeine Lippen beſchattet, ſind ſchwarz, ſeine großen, glänzenden Augen ſind voll Feuer und Lebhaftigkeit. Wie alle Siameſen der beſſeren Stände, ſo trägt auch er ein Gemiſch von europäiſcher und ſiameſiſcher Kleidung, einen weißen Uniformrock nach öſterreichiſchem Schnitt und an Stelle der Beinkleider Strümpfe und Schnallenſchuhe, während um die Hüften und Schenkel das Lendentuch, Panung, geſchlungen iſt. An der Bruſt prangen die juwelenbeſetzten Sterne der drei höchſten von den fünf ſiameſiſchen Orden.

Hauptpalaft des Königs.

# Die Residenz des Königs.

An den Ufern des Menam erhebt sich eine Stadt von Tempeln und Paläften, wie sie in solchem Glanze, in so verschwenderischer Pracht auf dem Erdenrund kaum ihresgleichen findet. Eine starke Mauer schließt diese Stadt gegen das Gewirr von Straßen und Kanälen des asiatischen Venedig ab und zieht sich auch die belebten Fluß=nfer entlang. Aber sie ist nicht hoch genug, um die zahllosen Türme und Pyramiden, die eigentümlich geschwungenen Dächer und Riesenstatuen zu verbergen, welche in den Strahlen der heißen Tropensonne glitzern und leuchten und das Auge des verwirrten, entzückten Reisenden blenden: Türme, bis an die höchsten Spitzen vergoldet, Pagoden und Tempelbauten mit dem herrlichsten Porzellanmosaik, mit kleinen Figürchen,

Ornamenten, Türmchen, in allen Farben des Regenbogens prangend, Dächer mit sonderbaren, hirschgeweihartig zulaufenden Giebeln und Tausenden silberner Glöckchen, die im Windhauch ihren melodischen Klang ertönen lassen; die Köpfe fratzenhafter Riesen mit großen Stoßzähnen; dazwischen hohe Pagoden, ganz mit Porzellanrosen oder mit blauen oder gelben Blumen bekleidet, von denen jedes Blättchen aus Porzellan nachgeahmt ist; die dunkeln Laubkronen des heiligen Baumes der Buddhisten dienen als Hintergrund, und über alles erhebt sich ein hoher Mast, auf welchem eine rote Flagge mit dem weißen Elefanten weht.

Diese Palaststadt ist die Residenz des letzten Fürsten von Indien, der als absoluter Herrscher über ein unabhängiges Reich gebietet; rings um ihn, vom Himalaja bis an die Südspitze von Malakka, von Tonkin bis Ceylon haben all die Könige und Sultane, die Maharadschas, Gaikaurs, Nizams und Radschas ihre Unabhängigkeit längst verloren. Nur der König von Siam hat sie zu bewahren gewußt. Nicht nur das: er hat auch die ganze Pracht der orientalischen Fürstenhöfe bis auf den heutigen Tag erhalten, und nirgends anderswo kann der Reisende so viel Glanz, so viele absonderliche Sitten und Gebräuche, in so großartiges Ceremoniell gekleidet, kennen lernen wie hier. Nirgends wird er auch, wenn gut eingeführt, mit solcher Gastfreundschaft und Herzlichkeit empfangen und in dem Herrscher sowohl wie in den zahlreichen Prinzen und Persönlichkeiten seines Hofes unter dem Gewande der Orientalen so viel Bildung und Gesittung finden.

An einem der Eingänge zu der Palaststadt des Königs von Siam ist ein Basrelief zu sehen, das den Kopf einer ungeheuren Sphinx darstellt, mit einem durch den Mund gesteckten Schwert. Die siamesische Inschrift darüber besagt: „Lieber soll dein Mund durch das Schwert geschlossen werden, ehe du ein Wort äußerst gegen den, der auf der Höhe herrscht" Frühere Könige von Siam bedurften dieser Drohung, allein seit der gegenwärtige König Tschulalongkorn den goldenen Thron seiner Väter inne hat, ist wohl von keinem seiner Unterthanen ein Wort gegen ihn geäußert worden. Er wird von seinem Volke verehrt wie keiner seiner neununddreißig Vorgänger, und diese Verehrung wird ihm auch von seiten aller in Siam wohnenden Europäer zu teil.

Die europäische Bildung des gegenwärtigen Herrschers und seine Vorliebe für das Abendländische drückt sich auch in der malerischen Palaststadt aus, in welcher er residiert, der Sitz einer gerechten, teilweise nach europäischem Muster geleiteten Regierung, gleichzeitig aber der herrlichste Wohnsitz eines prachtliebenden Monarchen und der Schauplatz der glänzendsten und rauschendsten Festlichkeiten, welche heute als Erbstücke vergangener Zeiten überhaupt noch gefeiert werden. Ihnen gegenüber verblaßt verhältnismäßig der Glanz der Höfe von Peking und Tokio, des Türkensultans wie der Fürsten von Indien.

Den Mittelpunkt der ausgedehnten Palaststadt nimmt ein weiter, sonniger Platz ein, bei dessen Betreten ich überrascht und geblendet stehen blieb. Vor mir erhob sich der eigentliche Palast des Königs, ein großartiger Millionenbau mit imposanter, zwei Stockwerke hoher Fassade, durch Eckpavillons und hervorstehenden Mittelteil gebrochen

und von drei pagodenartigen Türmen überhöht, die sich ähnlich der siamesischen Königs=
krone in siebenfachen Absätzen zu einer Spitze verjüngen. Zwei breite Treppen führen
zu dem ersten Stockwerk des Mittelbaues empor, in welchem sich die Empfangssäle des
Königs befinden. Weite Rasenplätze mit sorgfältig gepflegten Blumenbeeten und eigen=
tümlichen, nach chinesischer Art in kuriose Formen geschnittenen Fichten nehmen den
Vorplatz ein. Von einem Adjutanten des Königs geführt, betraten wir den Palast.
Zu beiden Seiten der Eingangshalle stehen Leibwachen des Königs zwischen großen
metallenen Gongs in Trommelform, welche angeschlagen werden, wenn der König

Der Palasthof.

Audienzen erteilt oder den Palast verläßt. In der Nähe fielen mir zwei etwa meter=
hohe offene Bronzebecken auf, die nichts weiter sind als Spucknäpfe. Siam ist das
Land der Betelkauer, und vom Herrscherpaare herab bis zum niedrigsten Lastträger oder
zur Bootsfrau kaut alles die Betelnuß, gewöhnlich in ein mit Kalk bestrichenes Pfeffer=
blatt gewickelt. Deshalb sind auch Spucknäpfe in allen Wohnungen sehr notwendige
Gegenstände, und ich fand deren sogar in den Gemächern des Königs, allerdings aus
getriebenem Golde und mit kostbaren Edelsteinen besetzt.

    Den mittleren Teil des untersten Stockwerkes nimmt der große Audienzsaal ein
mit einem Thron aus massivem Gold, überhöht von dem neunstöckigen Sonnenschirm,
dem Zeichen der höchsten Würde im Reiche. Ich habe diese Schirme in allen Malayen=

und Mongolenstaaten, nur mit weniger Stockwerken, als Symbol der Autorität wieder=
gefunden, selbst in Korea wird er dem Könige und den Mandarinen bei Ausgängen
nachgetragen. Nur in Japan fehlt er in dieser Bedeutung. Rings um den Thron
befinden sich die alten symbolischen Waffen Siams, darunter die dreispitzige Lanze in
der Form einer Neptunsgabel, Mahatschakri genannt, ferner eine ganze Anzahl von
goldenen und silbernen Bäumchen, bis ein Meter hoch, in Blumentöpfen. Diese ebenso
seltsamen wie wertvollen Bäume bilden den Tribut, welchen die unter der Oberhoheit
Siams stehenden Fürsten der Malakkahalbinsel und des nördlichen Teils von Hinter=
indien dem König zu leisten haben. Aehnliche Tributbäume fand ich auch in den großen
Empfangsälen des Palastes zur Linken des Audienzsaales. Diese sind ganz in euro=
päischem Stile mit viel Geschmack und großem Reichtum ausgestattet. An den
Wänden prangen vortrefflich gemalte lebensgroße Porträts früherer Könige von
Siam, sowie auch jenes der ersten Königin Sawang Wabdhana in der ungemein kleid=
samen siamesischen Tracht. Ueber die mit Ordenssternen und Straußenfedern bedeckte
Taillenjacke schlingt sich von der linken Schulter zur rechten Hüfte das Pahum (Brust=
shawl); die Lenden bis herab zu den Knien bedeckt das zwischen den Beinen durch=
gezogene Panung aus kostbarem Goldbrokat; von den Knien abwärts sind die Beine
nackt, und die ebenso nackten Füße stecken in goldgestickten Pantöffelchen; das hübsche
liebenswürdige Gesichtchen wird von schwarzem, nach siamesischer Art kurzgeschnittenem
Haar umrahmt. Auf einem mit Kostbarkeiten gefüllten Glasschrank unter ihrem
Porträt liegen Schatullen mit den Photographien der zahlreichen Kinder Seiner
Majestät. Die Siamesen huldigen nämlich, wie alle asiatischen Völker, der Viel=
weiberei, und je angesehener ein Siamese, desto mehr Frauen besitzt er auch, obschon
als rechtmäßige Königinnen nur zwei, die Königin der rechten und die Königin der
linken Seite, fungieren. Sie allein werden mit dem seltsamsten Ceremoniell gekrönt.

Längs der Wände und auf den Tischen in den herrlichen Empfangsräumen
sind zahlreiche Geschenke fremder Souveräne aufgestellt, darunter zwei große Porzellan=
vasen mit den Porträts von Kaiser Wilhelm I. und Kaiserin Augusta.

Zur Rechten des Audienzsaales öffnen sich weite Flügelthüren zu dem großen
Ratssaal, in welchem die Sitzungen der Prinzen und Minister unter dem Vorsitz des
Königs stattzufinden pflegen. Die gewöhnliche Beratungsstunde ist Mitternacht, einer
alten orientalischen Sitte entsprechend, welche es den Fürsten nahelegt, alle Regierungs=
geschäfte so zu besorgen, daß sie am Morgen, wenn das Volk für das Tagewerk erwacht,
erledigt sind. Zuweilen finden diese Beratungen an warmen Sommernächten auch im
Freien bei Fackelschein statt, und es kann keinen seltsameren Anblick geben als die in
prachtvollen Hoffkleidern und Uniformen strotzenden Gestalten auf diesen von pittoresken
Gebäuden umgebenen Höfen rings um ihren König gelagert. Im Ratssaale nimmt
der König nicht auf einem Thron, sondern auf einem breiten Ruhebett Platz,
während die Prinzen, die Minister und Edelleute sich auf Stühlen und gepolsterten
Bänken niederlassen. Bis zum Regierungsantritt des jetzigen Königs war es niemand,
auch den Prinzen nicht gestattet, vor dem König zu sitzen oder zu stehen. Sie mußten

sich vor ihm auf den Boden werfen oder niederkauern, ohne ihn jemals anzublicken, und die gefalteten Hände an die Stirne führen. Als König Tschulalongkorn auf den Thron kam, war es seine erste Maßregel, diesen knechtischen Gebrauch, wie es in der Thron=
rede hieß, zu verbieten. Niemand solle sich in Zukunft vor einem Höhergestellten zu Boden werfen. Allein das Volk ist nur schwer von dieser Unterwürfigkeit abzubringen.

Noch größerer Reichtum als in den unteren Räumen des Prachtschlosses von Bangkok ist im ersten Stockwerk wahrzunehmen. Die drei an den Speisesaal anstoßenden Salons sind eher Schatzkammern zu nennen, denn in den Glasschränken an den Wänden

Aufbau zum ersten Haarschneidefest des Kronprinzen.

blitzen und funkeln die köstlichsten Geschmeide, daumengroße Diamanten und Rubinen, siebenfache Kronen mit Edelsteinen im Wert von Millionen besetzt, Waffen, Goldgeschirre, Kunstwerke, altes chinesisches und japanisches Porzellan in solchen Mengen, wie ich sie etwa im Kreml von Moskau oder im alten Serail in Stambul gesehen habe. Bei Festgelagen zu Ehren europäischer Fürstlichkeiten wird der ganze feenhafte Pomp ent=
faltet. Die Prinzen und Hofwürdenträger erscheinen in ihren ebenso kostbaren wie male=
rischen Hoftrachten aus schwerem Goldbrokat, mit Orden bedeckt, an Stelle von Bein=
kleidern das Hüftentuch um die Hüften geschlungen, in Seidenstrümpfen und Schnallen=
schuhen. Ueber die blau, rot oder grün schimmernden Goldbrokatröcke in europäischem Schnitt winden sich mit Diamanten besetzte Goldketten, auf welchen das siamesische Wappen mit dem dreiköpfigen Elefanten prangt. Die Mahlzeiten werden ebenso wie am japanischen

Kaiserhofe ganz nach europäischer Art auf köstlichem Porzellan aufgetragen. Auch wenn der König allein speist, werden zwei Mahlzeiten, eine französische und eine siamesische, zubereitet und von Pagen in goldenen, mit spitzen Deckeln verschlossenen Schüsseln auf= getragen. Sobald der König seine Wahl getroffen hat, bricht der Hausoffizier das Siegel der betreffenden Schüsseln und kostet die Speise, bevor sie dem Herrscher vorgesetzt wird.

Dem Königspalaste gegenüber, auf der entgegengesetzten Seite des Palastes, er= heben sich der Palast des 1895 verstorbenen Kronprinzen und jener der königlichen Hofhaltung. Das Gebäude, das mir jedoch am meisten ins Auge fiel, war gewiß das seltsamste, das ich jemals gesehen. Auf der rechten, gegen die Tempelstadt zu gelegenen

Der Kronprinz bei der Wassertaufe.

Seite des Hofes gewahrte ich einen phantastischen Aufbau, so hoch wie der Palast selbst, in Form und Aussehen einem spitzen Bergkegel ähnlich mit absonderlichen Felsengruppen, Baumpflanzungen, goldglitzernden Grotten und rauschenden Wasserfällen. Ein Weg führte um die Seiten des goldenen Berges herum zu einem reizenden kleinen Kiosk, der sich auf der Spitze erhob. Verborgen in dem Felsen befand sich eine Badewanne aus purem Golde, in welche vergoldete Tierfiguren, Löwen, Elefanten, Schlangen klare Wasser= strahlen spieen. Der ganze Aufbau machte einen ungemein phantastischen Eindruck, wie die Verwirklichung irgend eines der Königsmärchen, welche ich in meiner Jugend gehört.

Auf meine Frage, was dieser goldene Berg bedeute, sagte mein Führer, er wäre für die Ceremonie des Haarschneidens des Kronprinzen errichtet worden. Wie alle An= lässe im Leben eines Siamesen, so wird auch das Haarschneiden mit dem denkbar größten

Pomp gefeiert, zumal bei einer Persönlichkeit wie der des Kronprinzen. In ihrer Kind=
heit haben die Siamesen kahlrasierten Schädel, nur die Scheitelhaare bleiben stehen und
werden mit Leinwandstreifen zusammen zu einem kleinen Kreis gerollt. Je nach ihrer
Entwicklung müssen sie zwischen dem achten und zehnten Lebensjahre zu ihrer Erziehung
in ein Buddhistenkloster eintreten, wozu sie geradeso wie ihre Lehrer, die Buddhistenpriester,
auch ihre Scheitelzöpfchen opfern müssen. Da der Kronprinz das erforderliche Alter er=

Thronhalle. (Vordere Ansicht.)

reicht hatte, wurde gerade
während meiner Anwesenheit
in Bangkok von seinem Vater,
dem König, die Ceremonie des
Haarschneidens anbefohlen.

Schon mehrere Tage vor
dem von den Brahminen fest=
gesetzten glücklichen Tag, an
welchem das Fest stattfinden
sollte, durchzogen Hunderte von
festlich geschmückten Kindern,
den verschiedenen Völkerschaften
des Königreichs angehörig, die
Stadt, gefolgt von ungemein
malerischen Prozessionen der
Hofwürdenträger mit ihren
großen Prunkschirmen und
Ehrengarden. Während dieser
Tage verehrte der Kronprinz
die in goldenen Urnen auf=
bewahrte Asche seiner Vor=
fahren in dem herrlichen Maha=
Prasatr = Tempel. In diesem
Tempel wurde auch am vierten
Tage dem Kronprinzen der

Kopf zum letztenmal rasiert. Brahminen nahmen dem Fürstensohn dann seine roten Prunk=
gewänder ab und kleideten ihn in ein langes Gewand. In der Zwischenzeit hatte sich im
großen Palasthofe rings um den goldenen Berg alles versammelt, was das Königreich an hohen
Würdenträgern und offiziellen Persönlichkeiten aufzuweisen hat, all die Hunderte von Prinzen
der königlichen Familie, die Mitglieder des Senabodi (Ministerrat), der Adel, die Leibgarden
und die ganze heute bereits nach europäischem Muster uniformierte Garnison mit sämtlichen
Musikkorps, unter welchen sich auch einige mit den alten siamesischen Instrumenten und
Muschelbläsern befanden. Auch das diplomatische Korps und die angesehensten Europäer
Bangkoks waren geladen. Endlich erschien der Kronprinz, begleitet vom König im vollen
Krönungsornat, von den vier Paten, den Hohepriestern, Brahminen und buddhistischen

Talapoins in langen wallenden Gewändern aus gelber Seide, alle barhäuptig mit glatt=
rasierten Schädeln und begleitet von Pagen, welche ihnen den Ceremonienschirm und
das zweite Symbol ihrer Würde, den Palmblattfächer, nachtrugen.

Unter dem betäubenden Lärm der Musikkorps wurde der Kronprinz nun den
goldenen Berg emporgeführt, zu dem Kiosk, wo sein Haarzopf gelöst und in vier Stränge
abgeteilt wurde. Jeder der vier Paten schnitt ihm nun einen der Stränge mit einer
goldenen Schere ab. Hierauf begab sich der Prinz in das Goldbassin, um sich den
Wasserstrahlen der Tierfontänen auszusetzen, dann wurde er in frische Gewänder gekleidet
und vom König quer über den Palasthof nach der herrlichen Thronhalle geführt, vor
welcher sich beide in einer Nische aufstellten und die Huldigung der vorbeidefilierenden
geladenen Gäste entgegennahmen. Aber damit waren die Festlichkeiten noch lange nicht
beendigt, denn während der folgenden Tage waren der Hof sowie die ganze Bevölkerung
der Hauptstadt im Freudentaumel. Glänzende Banketts, Empfänge, Volksfeste, Feuerwerk,
Bewirtungen u. s. w. drängten einander vom frühen Morgen bis in die späte Nacht
hinein. Selbst der König nahm daran teil, und eine der merkwürdigsten Gepflogenheiten
an seinem Hofe ist das Verteilen von Geschenken, für welche der König bei solchen mehr=
mals im Jahre stattfindenden Festen Hunderttausende opfert. Er begiebt sich dazu auf
einen Balkon, vor welchem Tausende und Abertausende von Menschen, allen Klassen
angehörig, Prinzen sowohl wie Bettler, Minister und gemeine Arbeiter versammelt sind,
und von dort wirft er zahllose Früchte unter die Menge, in welchen Gold= und Silber=
münzen oder auch die Nummern einer Lotterie stecken. Die fröhliche, aufgeregte, lärmende
Menge drängt und reißt sich um diese Geschenke, denn sie sind in der That königlich.
Unter den Preisen, die in einem der Palastgebäude zu sehen sind, befinden sich alle er=
denklichen Gegenstände, die reizenden, aus Gold oder Silber gehämmerten siamesischen Thee=
service, Uhren, Ringe, Edelsteine, Gewänder, Waffen, Schmuckgegenstände, auch Anweisungen
auf Häuser, Boote, Ländereien u. s. w. Sie alle werden an die glücklichen Gewinner verteilt.

Die große Thronhalle befindet sich in einem goldschimmernden, in Kreuzesform an=
gelegten hohen Gebäude mit mehreren übereinanderliegenden Dächern und nach oben
geschwungenen Spitzen. Rings um das Gebäude zieht sich eine Terrasse, und an einer
Seite erhebt sich auf dieser eine weithin schimmernde Pagode für den König, wo er bei
besonderen Anlässen im vollen Krönungsornat sich zeigt. Das Innere dieses wunder=
baren Baues strotzt von Gold. Die Wände und Säulen sind damit bedeckt, und an
der Kreuzung der vier Schiffe erhebt sich der etwa zwei Meter hohe Thron, ähnlich
jenem des Kaisers von China oder des Königs von Korea aus einer würfelförmigen
Terrasse bestehend, zu welcher auf beiden Seiten Stufen emporführen. Das Ganze ist
aus Ebenholz mit Gold= und Perlmuttereinlagen hergestellt. Auf der von drei Seiten
mit einer niedrigen Balustrade eingefaßten Plattform befindet sich an Stelle des Thron=
sessels eine goldgestickte Matratze mit mehreren Kissen aus Goldbrokat, und hier läßt
sich der König mit verschränkten Beinen nieder. In den zwei Seitentransepten befinden
sich Buddhaaltäre, und in dem Mitteltransept hinter dem Thron, durch einen falten=
reichen dunklen Vorhang verschlossen, erhebt sich ein Thron für die erste Königin.

Als ich nach meinem ersten Besuche dieser Halle wieder auf den Palastplatz trat, zeigte sich mir ein Bild, wie es wohl in Tausend und eine Nacht geschildert wird, wie ich es aber niemals wirklich zu erblicken hoffte. Von den Verwaltungsgebäuden her kam ein seltsamer Menschenzug, voraus einige Priester in ihren gelben Talaren unter den hohen, von Pagen getragenen Ceremonienschirmen, und hinter ihnen Diener, in weiße Gewänder gekleidet, mit nackten Beinen, goldene Gefäße auf den Köpfen tragend. Ihnen folgend gelangte ich in einen weit geöffneten Tempel, in dessen Mitte sich eine etwa zwei Meter hohe, reich ornamentierte Pagode von Gold und Krystall erhob. In

Große Thronhalle. (Seitenansicht.)

Nebenräumen befanden sich ähnliche kostbare Pagoden, und zur Linken öffnete sich ein Saal, auf dessen erhöhtem Fußboden eine Anzahl buddhistischer Talapoins (Priester) kauerten. Eben wurde auf den großen roten Trommeln vor dem Eingange mehrmals angeschlagen, worauf die Priester sich zu Boden warfen und Gebete murmelten. Auffällig war es nur, daß vom Munde des Oberpriesters ein weißer, armdicker Schlauch in die erste Goldpagode führte. Als ich mich darnach erkundigte, wurde mir die Antwort zu teil, daß sich in der Pagode die Leiche einer verstorbenen Prinzessin befände und der Schlauch zu ihrem Munde führe, damit die Gebete auch zu ihr kämen. Die Leichen der Vornehmen werden präpariert und in zusammengekauerter Stellung, mit an den

Leib gezogenen Knieen, ähnlich wie ich es bei den Inkas und Azteken in Amerika gesehen, in die nachher hermetisch verschlossenen Pagoden gethan. Dort bleiben sie bis zu ihrer mehrere Monate später stattfindenden Verbrennung, aber sie werden von den Angehörigen behandelt, als ob sie noch am Leben wären. Eben der vorhin

Pagoden der königlichen Tempelstadt.

geschilderte Zug war jener, der ihnen ihre täglichen Lebensmittel brachte. Der Reihe nach warfen sich die Diener vor den Pagoden nieder und stellten die goldenen Schüsseln mit den Speisen vor sie hin. Es waren darunter allerhand in grüne Blätter gewickelte Süßigkeiten, mit wohlriechenden Blumen bedeckt, Betelnüsse, Cigaretten mit Streich= hölzchen, ja sogar die Servietten fehlten nicht, nur waren diese sorgfältig gefalteten Tücher wegen des roten Auswurfs der Betelkauer knallrot.

In Glasschränken rings um die Wände dieser eigentümlichen Totenhäuser befanden sich die Prunkgewänder, Trinkgefäße und andere Artikel, deren sich die Verstorbenen zu Lebzeiten bedient haben. In einem der Räume befand sich die Leiche einer kleinen Prinzessin, und rings um sie waren auch die Federhüte, Spielzeuge und Puppen, die sie auf ihrer langen Wanderung nach dem Jenseits zurücklassen mußte. Bei jeder Leichenpagode standen auch die dem Range der Verstorbenen entsprechenden Ceremonienschirme.

Aehnlich wie den Verstorbenen wurden auch den wachehaltenden Priestern die Speisen gebracht, nur befanden sich auf den Schüsseln für jeden Einzelnen noch gelbe Tücher für neue Gewänder, Geschenke des königlichen Hofes. Als die Priester ihre Gebete beendet hatten, kauerten sie sich wieder auf ihre Matten zurück, aßen, tranken, rauchten oder spielten das in Siam so beliebte Schach, als wären sie Soldaten in der Wachtstube, aber nicht Diener Gottes. So bleiben sie während der ganzen Zeit bis zur Verbrennung bei den Leichen.

Die Verbrennung selbst wird mit dem großartigsten Ceremoniell abgehalten, und der Pomp, der dabei entwickelt wird, die Festlichkeiten, die damit bei Hof und beim ganzen Volke verbunden sind, spotten jeder Beschreibung.

Aber auch sonst giebt es am Hofe von Siam zahlreiche Veranlassungen zu Festlichkeiten, wie sie im folgenden Kapitel geschildert werden. Darunter sind viele, welche mit der buddhistischen Religion zusammenhängen, und ihr Schauplatz sind die an Pracht und Fremdartigkeit des Baues sowie an kostbarer Einrichtung geradezu einzig dastehenden Tempel in der phantastischen Tempelstadt Wat Pra Keo, welche sich an den königlichen Palast anschließt. Was dort an Pagoden, Türmen, Statuen, Tierfiguren, Schmuck und Kostbarkeiten aufgehäuft ist, grenzt an das Unglaubliche, und auch die nebenstehenden Abbildungen können nur einen schwachen Begriff davon geben. Der Glanz und die Großartigkeit des Eindrucks wird noch erhöht durch den vorzüglichen Zustand, in welchem sich die Tempel befinden, trotz der Millionen und Millionen von winzigen Glas- und Porzellanstücken, aus welchen ihre Mosaikwände zusammengesetzt sind. Einzig in seiner Art ist der große Pra Ubosut oder Tempel des Smaragdbuddha mit seinen Goldstuckwänden, seinen mit goldenem Schnitzwerk bedeckten Säulen, übereinander vorspringenden, geschwungenen Dächern und mit Perlmutter eingelegten kostbaren Ebenholzthüren. Auf dem mit Marmorplatten gepflasterten Hof befindet sich ein Marmorbad, in welchem der König zur Zeit des Neumondes badet, und diesem gegenüber ist in der Tempelwand eine große schwarze Marmorscheibe eingelassen, welche den Neumond darstellt.

Um in den Tempel zu gelangen, mußte ich durch Massen von knieenden und mit gefalteten Händen betenden Andächtigen schreiten, die in ihre nationalen Festgewänder gekleidet waren, Birmanen, Laoten, Siamesen aus allen Teilen des Reiches. Die Wände sind mit Malereien, mythologische Scenen darstellend und von erstaunlich guter Ausführung, bedeckt. Der Boden ist mit Bronzeplatten bekleidet. Von der dunklen Decke hängen Hunderte von Lüstres aus Gold, Silber, Krystall und Bronze, ähnlich wie in

Feſtlicher Aufzug im Königspalaſt.

der Grabeskirche in Jerusalem. In der Mitte des Raumes aber erhebt sich eine mit Glas überdeckte Pyramide mit allerhand Opfergaben für Buddha, von Juwelen und

Inneres des Königstempels Wat Pra Keo.

Goldstücken herab bis zu Lebensmitteln, Eiern und Früchten. Ein Tempelhüter sitzt nebenan und trägt jedes Geschenk in ein Buch ein.

Der große Buddhaaltar ist ein Aufbau aus Gold und Edelsteinen, bei dessen Anblick ich förmlich geblendet war. Zu seinen Füßen stehen unter mehrstöckigen Ceremonienschirmen große Buddhastatuen mit erhobenen Händen. Jede Statue ist aus purem Gold und über 300 Kilogramm schwer. Auf den Fingern blitzen Ringe mit kostbaren Diamanten, und auf den Absätzen des pyramidenförmigen Aufbaus liegen Kronen, Edelsteine, Ringe, Schmucksachen, Opfergaben aller Art und von hohem Wert aufgespeichert. Ganz oben auf dem Altar thront das Palladium des siamesischen Reiches, die etwa 60 Centimeter hohe Statue des sitzenden Buddha aus einem Stück grünen Nephrit (Jade); den Kopf aber bildet ein einziger Smaragd, der größte, welcher jemals gefunden wurde. In diesem heiligsten Raume Siams finden im Jahre zweimal seltsame Ceremonien statt. Der König begiebt sich mit den Prinzen, allen Würdenträgern und Edelleuten des Reiches, in ihre altsiamesischen Prunkgewänder gekleidet, hierher, um sich von ihnen, nachdem sie geweihtes Wasser getrunken haben, Treue schwören zu lassen.

Dem Buddhatempel gegenüber erhebt sich, gewiß als schönster und größter, der ganz mit Goldmosaik auf blauem Grunde bedeckte Putabrang Prasat oder Ordenstempel, in Kreuzesform gebaut und mit prächtigem Wandschmuck im Inneren. Hier werden alljährlich die Ordensfeste gefeiert, und die Ordenszeichen selbst sind in ungeheurer Vergrößerung auf der Decke der einzelnen Schiffe, in Gold und Edelsteinen glänzend, zu sehen. Es sind dies der Orden der neun Edelsteine, der Mahatschakri (nur Souveränen und Prinzen verliehen), der Orden des weißen Elefanten, der siamesischen Krone und der Orden Tschulalongkorns, von denen der dritte und vierte auch Ausländern verliehen wird.

In anderen ebenso kostbaren Tempeln werden die Aschenurnen der verstorbenen Könige, die heiligen Schriften Buddhas (auf Palmblattstreifen in Palischrift geschrieben) und andere Heiligtümer aufbewahrt. Bei manchen ist der Fußboden aus Silberplatten und das Innere mit Edelsteinen geschmückt, bei allen stehen außerhalb auf den Terrassen Türme und Pagoden aus köstlichem Mosaik, Statuen von Fratzengestalten, alten Kriegern, Tieren, darunter vier vorzüglich ausgeführte Bronzeelefanten und eine Kuh von wunderbarer Naturtreue. Jedes weitere Eingehen auf die tausenderlei Einzelheiten dieser gewiß merkwürdigsten und kostbarsten Tempelstadt der Erde wäre zwecklos; ich bin selbst Tage in ihr umhergewandert, ohne auch nur die Hälfte wirklich gesehen zu haben, und wenn irgend etwas meine Erwartungen nicht weitaus überstieg, so waren es die vier weißen Elefanten, welche unter vergoldeten Baldachinen von eigenen Dienern abgewartet und von den Siamesen für heilig gehalten werden.

Wenn der König von Siam nicht nur einen Palast, sondern eine ganze Stadt von Palästen und Tempeln und den herrlichsten, mit Tropenpflanzen und Orchideen gefüllten Gärten besitzt, so hat dies seinen Grund in der großen Menge von Prinzen und Frauen, welche zum Hofe gehören.

Die erste Königin im Gesellschaftskleid.

# Die Königinnen und der Harem.

Ebenso wie das seiner „europäischen" Kultur wegen gepriesene Japan und das große China, so ist auch Siam ein Land der Vielweiberei, und was der holden Weiblichkeit im Reiche des weißen Elefanten an Qualität abgehen mag, wird durch Quantität reichlich ersetzt. Seit undentlichen Zeiten verlangte es die siamesische Sitte, daß die Großen des Landes desto mehr Frauen halten, je höher ihr Rang ist, und dementsprechend ist auch der Harem des Königs am reichsten mit Schönen ausgestattet.

Wie viele Frauen der regierende König in der verschlossenen, jedem Europäer unzugänglichen Haremsstadt, die sich hinter dem feenhaften königlichen Palaste ausdehnt, besitzt, ist nicht zu ergründen. Der Vater des Königs, der berühmte König Mongkut, besaß deren achthundert und war in seinem 64. Jahre, als er starb, der glückliche Vater von siebzig bis achtzig lebenden Kindern. Sein gegenwärtiger Nachfolger

3*

König Tschulalongkorn ist heute erst 44 Jahre alt und hat es bereits, die verstorbenen Kinder mit eingerechnet, vielleicht auf die gleiche Zahl gebracht. Aber Schlüsse trügen, und man dürfte weit über das Ziel schießen, wenn man die Zahl seiner Nang-ham d. h. verbotenen oder verschleierten Frauen auf dieselbe Zahl schätzen würde wie jene seines Vorgängers. In Wirklichkeit mögen allerdings gerade so wie unter diesem auch unter dem regierenden König einige Tausend Frauen im Harem wohnen, die Tanten, Schwestern und Töchter mit ihren vielen Sklavinnen inbegriffen, aber nur eine kleine Zahl sind wirklich Frauen des Königs.

Ich habe mir während meines Aufenthaltes in Bangkok alle Mühe gegeben, um Näheres über die gegenwärtigen Verhältnisse zu erfahren, aber trotz des liebenswürdigsten und gastfreiesten Entgegenkommens seitens des Königs wie seiner Brüder darüber nichts Bestimmtes erfahren können. Die Zahl thut indessen nicht viel zur Sache, denn die vielen Damen sind ja nicht wirkliche Königinnen. Von diesen darf der König nur eine oder zwei haben, die Königin der rechten und die der linken Hand. Sie allein werden gekrönt, sie allein müssen königliches Blut in ihren Adern haben. Da es aber in ganz Indien kein selbständiges Königshaus mehr giebt, so ist der König gezwungen, seine Königinnen aus der eigenen Familie zu wählen. Beide sind in der That seine Schwestern, von demselben Vater, aber von verschiedenen Müttern.

Die erste Königin hat es in vieler Hinsicht besser als die Landesmütter in anderen Ländern, wo Harems bestehen. Während dort die Fürstinnen den Augen ihrer Landeskinder und der Fremden entzogen bleiben, braucht sich die Königin von Siam nicht zu verschleiern, sie erscheint bei vielen offiziellen Gelegenheiten an der Seite ihres Gemahls, und kommen distinguierte Fremde in das Land des weißen Elefanten, so werden sie, nachdem die Vorstellung beim König vorüber ist, auch der Königin vorgestellt. Leider ist sie keiner europäischen Sprache mächtig.

Die gegenwärtige erste Königin Sawang Waddhana rückte zu dieser hohen Würde vor einigen Jahren empor, als die bisherige erste Königin bei einer Bootausfahrt im Menamstrom ertrunken war. Die hohe Frau war des Schwimmens unkundig, ihr königlicher Gatte war nicht zur Stelle, und kein anderer hätte es gewagt, die geheiligte Person der Königin zu berühren, selbst nicht, um sie aus dem Wasser zu ziehen. Ihr Denkmal steht heute im königlichen Garten von Bangkok.

Die Königin Sawang Waddhana, um einige Jahre jünger als ihr Gatte, hat diesem zwei Söhne geschenkt, den im vergangenen Jahr verstorbenen Tschaufa, d. h. Kronprinz, und einen zweiten Sohn, dessen Gesundheitszustand jedoch seiner Nachfolge auf dem Königsthron hindernd im Wege steht. Deshalb ernannte der König den ältesten Sohn ihrer Schwester, der zweiten Königin, zum Kronprinzen.

Ihre Majestät Sawang Waddhana ist eine stattliche Frau in den vierziger Jahren, von einnehmendem, hoheitsvollem Äußern, mit viel Anmut, gepaart mit Ernst und Würde in ihrem Auftreten. Wie alle andern Frauen Siams, so trägt auch die Königin ausschließlich die siamesische Nationaltracht, die glücklicherweise für die Liebhaber des Eigentümlichen und Fremdartigen in Siam auch bei Hofe noch beibehalten worden ist. In

Japan hat man bei der Eröffnung des Landes für die europäische Kultur nicht dasselbe weise Maß eingehalten wie in Siam, und die Damen des japanischen Hofes erscheinen heute nur mehr in Miedern und modernen Schleppkleidern. Ach, wenn die zierlichen, putzigen, drolligen Musmis nur wüßten, wie abschreckend sie in diesen modernen abend=ländischen Trachten aussehen! Der weise König von Siam, ein Frauenkenner comme il faut, hat das eingesehen; er hat wohl Telegraphen, Eisenbahnen und elektrisches Licht in seinem großen Reiche eingeführt, aber die altangestammte Frauentracht beibehalten. Eine andere würde die hübschen, kleinen prallen Siamesinnen nicht nur schlecht kleiden, in den heißen Tropen wäre sie auch gar nicht gut möglich. So sind denn Mieder, Unter=röcke, Schleppkleider, Federhüte bei den Siamesen noch unbekannte Dinge. Die Frauen des Volkes tragen, wie schon früher gesagt ist, nur ein von den Lenden bis zu den Knien fallen=des Hüftentuch, das zwischen den Beinen durchgezogen wird, und ein zweites Tuch zieht sich wie eine Schärpe von der linken Schulter zur rechten Hüfte. Das genügt wohl nicht, um allerhand Blößen zu bedecken, aber es ist wenigstens luftig und leicht. Aehnlich zeigt sich auch Ihre Majestät die Königin, die bei Audienzen gewöhnlich ohne Hofdamen oder irgendwelche weibliche Begleitung erscheint. Das Kostüm ist reichlicher als das des unteren Volkes und dabei so pikant und malerisch, daß es von manchen Damen, welche die Be=schreibung desselben lesen, beim nächsten Kostümfest gewiß adoptiert werden dürfte.

An Stelle der Schärpe trägt die Königin eine Art europäischer Damenbluse aus dem prachtvollsten Goldbrokat, bis zum Hals geschlossen und mit Perlenstickereien besäet; die bauschigen Aermel sind an den Schultern mit Straußenfedern geschmückt, und von der linken Schulter zur rechten Hüfte schlingen sich die Bänder der verschiedenen siamesischen Ordens = Großkreuze. Um die Hüften liegt das Lendentuch, ein etwa zwei Meter langes, zweidrittel Meter breites Stück herrlichen Goldbrokats. Es wird angelegt, indem man es mit der Mitte rückwärts an jenen Teil des Körpers legt, an dem der Rücken aufhört; dann werden die beiden Enden nach vorn genommen, zwischen den Beinen durchgezogen und hinten an der Taille befestigt. Es sind keine Hosen, es ist kein Kleid, aber es bedeckt doch den Körper bis etwa an die Knie. Die Waden werden von feinen, durchbrochenen Seidenstrümpfen bedeckt, und an den kleinen Füßchen stecken juwelenbedeckte Goldbrokatschuhe.

Damenhüte sind in Siam unbekannt, ebenso auch Haarfrisuren, weil die Siame=sinnen ihr Haar bis auf die Länge eines kleinen Fingers abschneiden lassen. Das stets rabenschwarze üppige Haar steht dann allerdings borstenartig vom Kopfe ab, das macht aber nichts, ja im Gegenteil, die Damen setzen eine gewisse Koketterie darein, das Haar mit allerhand Geheimmittelchen recht steif zu machen. Ich habe während meines Auf=enthaltes in Siam Hunderte von ihnen gesehen und fand diese Haartracht ganz ansprechend.

Aehnlich wie Ihre Majestät, die natürlich bei festlichen Gelegenheiten mit den kostbarsten Kolliers und Armbändern geschmückt ist, sind auch die anderen Damen des Königs gekleidet, nur ist diese Kleidung in ihren Haremsgemächern noch einfacher, und die vielen jungen Mädchen tragen bis zum Alter ihrer Reife, die etwa im zehnten bis zwölften

Jahre eintritt, überhaupt nichts anderes als ein goldenes, mit Edelsteinen geschmücktes Blättchen in Herzform, das mit einem goldenen Kettchen um die Hüften befestigt ist. Dazu kommen wohl massenhaft Arm= und Fußspangen, prächtige Halsketten, aber nicht das geringste Stückchen Stoff. Die Mädchen sind ausschließlich in Metall gekleidet.

Das gilt nicht nur von den Kindern des königlichen Harems, sondern auch von allen anderen in Siam, nur daß in den unteren Volksschichten an Stelle von Gold nur silberne oder kupferne Feigenblätter verwendet werden. Ich habe in den Straßen und auf den zahllosen Kanälen von Bangkok sehr viele Mädchen in solch einfacher Tracht gesehen. Dafür, daß die Kleidung auch im Königspalast keine reichere ist, bürgt das Wort eines Begleiters des Herzogs von Penthièvres. Dieser französische Prinz besuchte den siamesischen Königshof zwei Jahre vor der Thronbesteigung des jetzigen

Kleid eines jungen Mädchens.

Königs, und dessen Vater, König Mongkut, war in einer schwachen Stunde so gnädig, dem Prinzen und seinem Begleiter seinen Harem zu zeigen. Dieser sagt in seiner „Voyage autour du Monde" folgendes darüber:

„Gruppen von fünfzehn bis zwanzig Frauen, überrascht von diesem unerwarteten Besuche, warfen sich sofort auf die farbigen Matten nieder, welche den Boden bedeckten; auf den Knien und Ellbogen liegend, schienen sie sehr erschrocken; andere, wohl hundert=sechzig an der Zahl, flohen bei unserem An=blick auf die Treppen, die Balkone und in die Seitenkioske; wieder andere verschwanden wie der Blitz zwischen den schattigen Alleen des Gartens, und die Ritzen der nicht ganz geschlossenen Thüren zeigten eine Menge schwarzer, funkelnder, neugieriger Augenpaare. Die einen, alte Matronen mit runzeliger Haut und verwelkten Reizen, drückten sich zur Seite; andere, zarte, schokoladenfarbige Nymphen, junge schmachtende Sultaninnen, mit einem handbreiten Band als einziger Bekleidung des Oberkörpers, einem kurzen blauen Röckchen, Diamanten auf dem Halse, den Armen und Beinen, schmiegten sich überrascht aneinander. Der König lenkte seine Schritte zunächst zu einer Gruppe überreifer Königinnen, und eine von ihnen bei der Hand fassend, zog er die vor Schreck Zitternde vor uns hin. Mit seiner Rechten die Königin beim Arm haltend, mit der Linken eine unserer Hände ergreifend, legte er sie in die Hand der Königin. Ich will nicht unehrerbietig sein, aber diese antike Huri würde in jedem anderen Lande der Welt als ein Affenweibchen taxiert werden.

‚Gutes Weib,' sagte der König, indem er sie nach diesem unfreiwilligen Hände=druck wieder fortschickte, ‚sie hat mir drei Kinder gegeben.' Dann ging er, um eine zweite, ebenso häßliche zu holen; derselbe Shake=hand mit Madame Nr. 2: ‚Sehr gutes Weib,' fuhr der König fort, ‚sie hat mir zehn Kinder gegeben.'

So stellt man Prinzessinnen in Siam vor! Da alle Begleiter des Königs jedesmal, wenn sie zu sprechen begannen, eine Phrase hersagten, deren fortwährende Wiederholung von so vielen Lippen uns schließlich auffiel, erklärte uns Pater Larnaudie (ein in Siam ansässiger Missionar), daß jede Anrede und Antwort im Verkehr mit dem König mit folgender geheiligten Formel beginnen müsse: ‚Ich Erdenwurm, ich Staub deiner Zehen, ich Haar, bezeuge meine Ehrfurcht vor dem Herrn der Welt!‘

Während einer Stunde setzten wir unseren unbeschreiblichen Rundgang durch den Harem fort. Lebende Bilder, Gärten und Bäder, Kioske und Schlafräume geben diesem Flügel des Palastes gleichzeitig einen poetischen Charakter. Es giebt dort mehr als achthundert Frauen, unter verschiedene Titel gruppiert, unter denen der König Rangerhöhungen oder Degradationen vornimmt. Authentisch ist die Zahl seiner Kinder dreiundsiebzig. Wie viele nebenbei noch gestorben sind, konnte ich nicht erfahren. Jeden Neujahrstag trägt der König das Budget des Ertrages, gegenwärtig oder zukünftig, in ein großes Buch ein.“

Die Angaben des Franzosen wurden mir in Bangkok von älteren Europäern, welche den König Mongkut gekannt haben, bestätigt. Aber in einer Hinsicht scheint sich der Begleiter des Herzogs von Penthièvres doch geirrt zu haben: Er spricht von einer Amazonengarde von über hundert „Mann“, mit Lanzen und Schwertern bewaffnet, welche den Dienst im Harem wie im ganzen Palaste versehen haben sollen. Ja er behauptet, sie selbst gesehen zu haben. Ich habe mich eifrigst darnach erkundigt, aber ihre Existenz wurde von allen Seiten in Abrede gestellt. Die Amazonengarde besteht weder jetzt, noch hat sie unter König Mongkut bestanden. Dagegen ist die Unmenge der Haremsfrauen bis auf den heutigen Tag geblieben, und es wird von niemandem bestritten, daß ihre Zahl in der „verschleierten Stadt“ mehrere Tausend erreichen muß. Bei den Hoffestlichkeiten bekommt man allerdings davon nur das Ballettkorps des Königs zu sehen. Hunderte von jungen Mädchen, welche vor den erstaunten Europäern ihre ebenso eigentümlichen wie reizvollen Tänze aufführen.

Ueber das Leben und Treiben in diesem größten Harem der Erde giebt auch eine Europäerin interessante Aufschlüsse, Mrs. Leonowens, welche jahrelang als Erzieherin im Harem des Königs Mongkut beschäftigt war und auch den gegenwärtigen König zu ihrem Schüler hatte. Sie sagt von seinem Vater folgendes:

„Der König will sich von seinen Regierungsgeschäften ein wenig ausruhen. Er nimmt zuvor ein Bad, bedient von seinen Frauen, die seinen Körper parfümieren und ihn ankleiden. Dann begiebt er sich in einen Salon seines Palastes. Es ist Abend, und die von der Decke hängenden Kandelaber verbreiten ein magisches Licht rings umher. Etwa zwanzig junge Mädchen, auf das reichste mit Juwelen geschmückt, liegen auf den Knien vor ihrem Herrn, bereit, seine leisesten Wünsche zu erfüllen. Eine andere Mädchengruppe, mit Musikinstrumenten, spielt leise siamesische Weisen. Etwa zwölf Mädchen kommen hinter einem Vorhang hervor, mit großen, juwelenbesetzten Straußenfächern, um dem König Kühlung zu bereiten, dann erscheinen zwei Reihen Tänzerinnen und führen einen mimischen Tanz auf, bei welchem jede Bewegung, jede

Stellung ein Gedicht von Anmut und Leidenschaft ist, und er, der Herr, bleibt unbeweglich und kalt wie eine Bronzestatue. Er hat kein Lächeln für all diese frische Jugend, diese Reize, diese Harmonie der Töne, der Farben und Formen! Die Tänzerinnen sind erschöpft und halten inne. Er erhebt sich, und stumm, wie er gekommen, verschwindet er!"

Woher stammen alle diese Mädchen? Werden sie gekauft, geraubt, als Säuglinge im Harem selbst aufgezogen? Ich fand in dem siamesischen Staatskalender für das Jahr 1888, also zur Regierungszeit des gegenwärtigen Königs, die von einem siamesischen Verfasser stammende Erklärung:

„Wünscht der König eine Nang-ham (Haremsmädchen), so sendet er nicht etwa eine Gesandtschaft zu einem Fürsten von gleichem Rang, um ihre Hand zu begehren, noch heiratet er sie formell und läßt eine Wohnung für sie einrichten. Manchmal erblickt er ein Mädchen, das ihm gefällt, oder einer seiner Agenten berichtet ihm von einem schönen Mädchen, dessen Eltern von edler Abstammung sind. Dann sendet der König einen Boten zu ihnen und ersucht sie um die Erlaubnis, die Tochter in seinem Palast erziehen und dann unter die Nang-ham einreihen zu dürfen. Die Erlaubnis wird natürlich niemals verweigert."

„Die Aussicht, den König zu einer Art Schwiegersohn zu haben und aus dieser Verbindung allen möglichen Nutzen zu ziehen, veranlaßt häufig Familien, ihre schönste Tochter oder Enkelin oder Nichte dem König für die ehrenvolle Stellung einer königlichen Konkubine anzubieten. Das ist eine ganz gewöhnliche Art, auf welche der König seine vielen Frauen bekommt."

„Noch eine andere ergiebige Quelle für den königlichen Harem ist der alt-angestammte Gebrauch, daß bei der Thronbesteigung eines Königs alle seine Edelleute, bis herunter zu den Kuns und Muns (die niedrigsten Adelsklassen) ihm ihre schönste Tochter oder Nichte zum Geschenk machen. Infolge dieser Sitten waren die Harems-damen der Könige von Siam zu allen Zeiten sehr zahlreich, und jeder besaß deren mehrere Hundert, ja sogar über tausend."

Als eine Art Entschuldigung fügt der siamesische Verfasser diesen Aufklärungen folgendes bei: „Die allgemeine Sitte für Siamesen von irgend welchem Rang, selbst wenn sie nicht Prinzen sind, ist es, viele Frauen zu haben. Kann jemand ein König oder auch nur ein Edelmann sein und nicht eine Menge von Haremsdamen besitzen?"

Dann sagt er weiter: „Die Töchter von Edelleuten, welche dem König geschenkt werden, sind stets in sehr jugendlichem Alter. Im königlichen Palast werden sie unter die vom König ernannten Gouvernanten und Matronen gestellt, deren heiligste Pflicht es ist, sie zu unterrichten und für die hohe Stellung, zu der sie bestimmt sind, vorzubereiten, bis sie ihre Reife erreicht haben. Unter früheren Königen sind nur sehr wenige dieser Mädchen nicht königliche Konkubinen geworden. Aber unter der gegen-wärtigen Regierung beliebte es dem König, nur eine kleine Minorität auf solche Weise zu ehren. Der Rest wird für den Haremsdienst verwendet, mit dem Recht, in ihr Elternhaus zurückzukehren, wenn sie es wünschen sollten."

Sehr interessant sind die Aufschlüsse, welche über die Auswahl von wirklichen Königinnen und über die Vermählung mit dem König erteilt werden:

„Wünscht der Herrscher eine Dame zur Königin zu erheben, so ist es Gebrauch, eine Prinzessin vom allerhöchsten Rang unter den dem Königshaus entstammenden Familien auszuwählen; und auch dann ist sie ihrer Ernennung nicht sicher, bis sie nicht eine Zeitlang mit dem König gelebt hat und erfolgreich genug war, einen hinlänglich großen Platz im königlichen Herzen zu gewinnen. Ist dies der Fall, so bestimmt der König einen Tag für ihre Weihe als Königin, aber die damit verbundenen Ceremonien sind keine öffentlichen, weshalb es schwer war, bestimmte Mitteilungen zu erlangen."

Der siamesische Geschichtschreiber führt nun aus, wie zunächst die höchsten Hofchargen, Minister, Aeltesten der Prinzen und des Adels, dann vierzig bis fünfzig buddhistische Hohepriester, die höchsten Brahminen und die königlichen Astrologen in den Palast entboten werden. Die ersten beiden Tage werden mit der Weihe des Badewassers für Ihre zukünftige Majestät verbracht, während die weltlichen Würdenträger dem Tempeldienst, Gebeten und Festgelagen beiwohnen. Brahminen und Buddhistenpriester sammeln Zweige von Bäumen und Sträuchern, die besonders segensreiche Eigenschaften für den menschlichen Körper haben sollen, legen diese Zweige in reines Wasser und nehmen allerhand Beschwörungen vor. So entsteht das Nam mong k'on, d. h. Wasser des Segens. Für das Bad wird im königlichen Harem ein Aufbau von etwa zwei Meter Höhe errichtet, zu welchem Stufen emporführen. Auf diese Plattform wird ein goldener Thron gestellt und über dem letzteren eine Art Thronhimmel aus weißem, mit Blumen reich gesticktem Musselin errichtet. Der Wasserbehälter wird so gestellt, daß durch das Drehen eines Hahnes das Wasser durch den Musselinhimmel regenartig auf die den Thron einnehmende Dame läuft.

Der Morgen des dritten Tages vergeht mit Festgelagen und der feierlichen Ueberreichung von Geschenken an die teilnehmenden Priester, hauptsächlich gelbe Priester= gewänder, Fächer, Ceremonienschirme. Am Nachmittag wird die zukünftige Königin, ganz in Weiß gekleidet, zu dem Throne geführt. Die Buddhistenpriester liegen längs den Wänden auf dem Boden und beten; die Brahminen sind auf ihren Posten für die Wassertaufe, während außerhalb die Musikkorps des Palastes aufgestellt sind. Auf ein Zeichen des Königs wird der Wasserregen über die Prinzessin gelassen, und während des etwa fünf Minuten dauernden Bades spielen die Musikkorps mit altsiamesischen Instrumenten bestimmte Weisen. Schwestern des Königs führen dann die Prinzessin, durch einen Schirm dem Anblick der Anwesenden entzogen, in ein Gemach, wo sie ihre Bade= gewänder mit dem königlichen Ornat vertauscht. Mit den kostbarsten Juwelen bedeckt, erscheint sie dann vor dem versammelten Hofe und empfängt die Huldigung aller Anwesenden.

Nicht nur die Königin, auch die Schwestern des Königs und königliche Prinzessinnen überhaupt dürfen bei Festlichkeiten, wie bei dem Verbrennen königlicher Leichen und den Ceremonien des Haarschneidens königlicher Prinzen, erscheinen. Allein es ist ihnen verboten zu heiraten. Da eine Prinzessin nur einen Mann von ihrem Range ehelichen dürfte, so würden die Kinder derselben auf diese Weise von väterlicher wie mütterlicher

Seite königlichen Geblütes sein und dadurch möglicherweise den Königsthron für sich in Anspruch nehmen wollen. Durch das Eheverbot wird dieser Gefahr vorgebeugt.

Man darf nicht glauben, daß die Tausende von weiblichen Wesen, welche den königlichen Harem bevölkern, ihr Leben in ähnlicher Unthätigkeit verbringen wie etwa die Haremsdamen mohammedanischer Fürsten. Nur die Geschwister und die Tanten des Königs haben ihre eigene Hofhaltung und brauchen nicht zu arbeiten. Ihr Leben vergeht mit Lektüre, Ausfahrten zu Wasser und zu Lande, der Pflege von Blumen und Singvögeln und vor allem mit dem Spiel. Wie alle Siamesen, so sind auch die Damen des Hofes leidenschaftliche Spieler, und ungeheure Summen wechseln fortwährend die Besitzer. Während die Männer dabei eingefleischte Raucher sind, nehmen die Damen nur höchst selten Cigaretten zwischen ihre Lippen, aber dafür huldigen sie einer anderen Unsitte. Von der Königin abwärts bis zu den Sklavinnen sind alle Siamesinnen, auch jene des Hofes, Betelkauer. Fortwährend ist das Betelpriemchen im Munde, und Prinzessinnen werden stets von Dienern begleitet, welche den gewöhnlich goldenen, mit Edelsteinen besetzten Spucknapf, eine Schale mit Betelnüssen und kalkbestrichenen Pfefferblättern sowie das scharlachrote Taschentuch nachtragen. Mit der Zeit färbt sich das Zahnfleisch dunkel, die Zähne aber ganz schwarz. Es wird erzählt, daß gewisse vornehme Herren in Bangkok zweierlei falsche Gebisse haben. Gehen sie in siamesische Gesellschaft, so legen sie das schwarze Gebiß an, in europäischer Gesellschaft tragen sie das weiße Gebiß.

Die jungen Mädchen im königlichen Harem werden nicht nur in Musik, Tanz und Deklamation unterrichtet, sondern sie lernen auch nützlichere Dinge, vor allem die englische Sprache, welche die Verkehrssprache des siamesischen Hofes, ebenso wie des chinesischen, japanischen und der vielen indischen Höfe mit den Europäern ist. Die Annahme, daß dort französisch gesprochen wird, ist irrig. Französisch ist nur bis an das Rote Meer die vorherrschende Hof- und Diplomatensprache. Jenseits des Roten Meeres durch ganz Asien bis nach Amerika ist es ausschließlich das Englische, selbstverständlich sind dabei die französischen Kolonien nicht mit inbegriffen.

Eine große Anzahl der Geschenke, welche der König bei verschiedenen Gelegenheiten den Hofleuten, Priestern und Europäern macht, werden im königlichen Harem von geschickten Frauenhänden angefertigt. Dort werden die Blumensträuße und Guirlanden zur Ausschmückung der Festräume gebunden, die Sandelholzzweige für königliche Leichenverbrennungen geschnitzt, die Gewänder für die Priester wie für die Haremsdamen selbst genäht, Ceremonienschirme gemacht, Stickereien, Reparaturen aller Art ausgeführt, so daß die für den Haremsunterhalt erforderlichen großen Summen auf der anderen Seite wieder eingebracht werden.

Eine große Zahl von weiblichen Wesen hat auch die Wartung und Erziehung der königlichen Kinder unter sich, von denen heute, wie eingangs erwähnt, jetzt schon eine so stattliche Zahl vorhanden ist.

# Die weißen Elefanten.

—•—

Siam heißt vielfach auch das Land des weißen Elefanten. In den spärlichen Reisewerken, die über dieses hochinteressante hinterindische König=reich erschienen sind, werden mitunter Wunderdinge erzählt von der großen Verehrung, die diesen lang=ohrigen Dickhäutern von allen Siamesen entgegen=gebracht wird, von ihrer kostbaren Behausung und ihrer zahlreichen Dienerschaft, die, nur auf den Knien einherrutschend, die wohlschmeckendsten Lecker=bissen auf goldenen, juwelenbesetzten Schüsseln dar=reichen dürfen. Der weiße Elefant ist das Wappentier von Siam; es prangt auf rotem Felde in der siamesischen Flagge, und der König hat sogar einen dreiköpfigen Elefanten in seinem Wappen.

Wem die abendländische Bildung des gegenwärtigen Königs Tschulalongkorn und die modernen aufgeklärten Anschauungen bekannt sind, denen er huldigt, der wird es wohl kaum für möglich halten, daß der König den weißen Elefanten wirklich jene ab=göttische, abergläubische Verehrung zu teil werden läßt, über die so viel geschrieben wird. Thatsächlich haben die meisten Dickhäuter am siamesischen Hofe ihre frühere so angesehene Stellung eingebüßt, und die vier gewaltigen Rüsseltiere, die ich in der feenhaften Palaststadt des Königs von Bangkok gesehen habe, führen heute ein recht trauriges, lang=weiliges Dasein.

Der Name „weißer Elefant" ist eigentlich nicht richtig. Weiße Elefanten giebt es in Siam nur auf der Leinwand der Staatsflaggen aufgemalt, es giebt auch in Däne=mark weiß emaillierte, mit Diamanten besetzte Elefanten, die vom Großkordon des Ele=fantenordens herabbaumeln, aber in Wirklichkeit hat es einen lebenden Elefanten, der die Bezeichnung „weiß" verdient hätte, niemals gegeben. Ich habe in den Bänden des siamesischen Staatsjahrbuches, in dem jeder weiße Elefantenfang haarklein geschildert ist, nachsuchen lassen. Kein einziger war wirklich weiß, selbst der berühmte Phra Intra, der im Jahre 1658 unter König Phra Narai gefangen wurde, war nur weiß gefleckt.

Es ist auch unrichtig, daß der weiße Elefant als eine Gottheit verehrt wird. Die Achtung, in der er nicht nur in Siam, sondern auch in Birma und anderen buddhistischen Ländern steht, stammt aus der frühesten buddhistischen Geschichte. Es war durch die Einwirkung eines weißen Elefanten, daß Maya Devi das Glück hatte, Mutter des Buddha zu werden, und nach dem Prinzip der Seelenwanderung soll die Seele Buddhas einmal in einem derartigen Dickhäuter gewohnt haben. Bei einer so großen Seele war es selbstverständlich, daß sie einen so viele Kubikmeter umfassenden Elefanten zum zeitweiligen Wohnort wählte; kleinere Buddhistenseelen begnügen sich auch mit kleineren Tieren, und in den Augen der Anhänger Buddhas ist nicht nur der weiße Elefant, sondern überhaupt jedes Tier heilig und unverletzlich, selbst der Floh. Ich habe es häufig selbst gesehen, wie fromme Buddhisten diese hüpfenden Peiniger in ihrem Frühstück dadurch störten, daß sie sie sorgfältig vom eigenen Leibe fortnahmen und fröhlich weiterhüpfen ließen. "Heiliger Florian, schütz' mein Haus und zünd' das andere an." Tierschutzvereine hätten in Hinterindien wenig zu thun.

Wenn der König von Siam heute noch vier weiße Elefanten in seinem Palast unterhält, so thut er es nicht aus demselben Aberglauben, von dem sein Volk in dieser Hinsicht noch heute befangen ist, sondern nur aus Rücksicht und Schonung für diesen Aberglauben; denn er ist ein gar weiser Herr und will mit den alten Ueberlieferungen seines Volkes nicht in so grausamer Weise brechen, wie es die Regierenden in Japan gethan haben. Wahrscheinlich wird der weiße Elefant auch noch in künftigen Generationen im Königspalast Bananen fressen, wenn auch nur als Wappentier. Werden nicht auf dem Kapitol zu Rom noch die Wölfe gefüttert, deren Vorfahren die Gründer der ewigen Stadt säugten? Und halten nicht auch die Berner eine ganze Anzahl Petzen im Bärenzwinger ihrer Hauptstadt?

Mit einer gewissen Spannung betrat ich in der Palaststadt von Bangkok die hohen Gebäude, in denen die vier weißen Elefanten untergebracht sind. Es wäre noch Platz für mehr da, denn ihre Zahl wechselt, und je mehr ihrer in den Dschungeln von Siam während einer Regierung gefangen werden, desto glückverheißender ist es für die letztere. Vier ist schon eine ganz achtbare Zahl, aber dafür ist die Qualität der gegenwärtigen weißen Elefanten recht minderwertig, woraus man nicht auch seine Schlüsse auf die Regierung ziehen darf. Die ungeheuren pachydermischen Majestäten zeigten sich mir in nichts weniger als weißer Farbe. Sie sind von etwas hellerer, wärmerer Farbe als die übrigen Elefanten des Königs und zeigen hinter den Ohren, auf dem Bauche und den Seiten quadratmetergroße, schmutzigfleischfarbene Flecken. Ihre Augen sind gelblichrot, ihre wenigen Haare weiß, ähnlich wie bei den Albinos, und in der That sind diese weißen Elefanten nichts weiter als Albinos. Dafür waren alle vier Wappentiere im Vollbesitz ihrer elefantischen Reize: ihre flügelartigen ungeheuren Ohrlappen waren von den Stacheln der Kornaks nicht zerfetzt, alle vier hatten ihre putzigen, kleinen Rattenschwänze, die in der Wildheit bei Kämpfen mit anderen Elefanten häufig flöten gehen, und vor allem anderen besaßen sie ihre gewaltigen Stoßzähne. Bei einem der Elefanten waren diese Stoßzähne von Manneslänge, allein schon den Wert eines siamesischen Rittergutes repräsentierend, und nicht parallel nach vorne auslaufend, sondern so gekrümmt und verschlungen, daß die Spitze des linken Zahnes auf der rechten, die des rechten Zahnes auf der linken Seite des Elefanten war. Die armen Bestien waren durch starke, zähe Rotangschlingen an den Vorderfüßen gefesselt, und außerdem war noch je ein Hinterfuß durch eine Kette an einen starken Teakholzpfahl festgemacht.

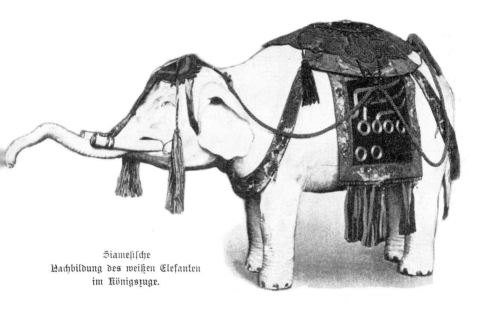

Siamesische
Nachbildung des weißen Elefanten
im Königszuge.

Jedes Tier hatte seinen eigenen, geräumigen, lichten Stall und stand auf einer kleinen Erhöhung; beschmutzte Malereien an den Wänden und ein früher vergoldeter, jetzt aber sehr verblaßter Baldachin über jedem Elefanten zeigte von der Herrlichkeit, in der sie in früheren Zeiten gelebt hatten. Einige Wärter, in weiße Jacken und Panungs gekleidet, reichten ihnen, auf den Knien liegend, Heubündel zum Fraß. Als ich mich den Tieren nähern wollte, wehrten sie mich ab, und mein Begleiter, ein mir vom Obersthofmeisteramte zugewiesener Kammerherr, erklärte mir, die Tiere wären an den Anblick von Europäern nicht gewöhnt und könnten mir möglicherweise übel mitspielen.

Monsieur de Beauvoir, der vor etwa zwanzig Jahren den Herzog von Penthièvre auf seiner Reise nach Siam begleitet hat, erzählt in seiner Reisebeschreibung, der weiße Elefant, den er gesehen, sei bedeckt gewesen mit goldenen Spangen, goldenen Halsbändern,

Amuletten und Edelsteinen. Man reichte ihm seine Mahlzeiten auf großen Schüsseln aus kostbarem Metall, fein ziseliert, und das für ihn bestimmte Trinkwasser sei in prachtvollen Gefäßen aufbewahrt gewesen.

Von diesen Herrlichkeiten habe ich nichts bemerkt. Die berühmten „weißen Gottheiten", diese Embleme des Königreichs, vor denen das ganze Volk zu Boden liegt, standen da gerade so wie andere Elefanten. Sie werden täglich einmal spazieren und baden geführt, und dann begleitet sie allerdings ein Troß von Beamten und Dienern, die auch dafür zu sorgen haben, daß die Tiere zeitweilig mit Tamarindenwasser gehörig abgerieben werden. Dadurch soll nämlich die Haut eine hellere Färbung erlangen. Ob das erwiesen ist, weiß ich nicht, aber jeder, den es interessiert, kann es am ersten besten Neger probieren.

Nur wenn bei festlichen Gelegenheiten die weißen Elefanten in den großartigen Königszug eingereiht werden, erscheinen sie in ihrer Paradetoilette mit all ihrer mythologischen Dekoration. Dann tragen sie reich vergoldetes Geschirr und prächtige, mit Edelsteinen geschmückte Decken und werden von einem reich gekleideten Kornak mit kostbarem Leithaken, aus Gold und mit Edelsteinen eingelegt, geleitet, während je vier in Scharlach gekleidete Pagen zu seiner Seite einherschreiten. Jedem Elefanten folgt sein Hofstaat, Kammerherren und Diener, die auf großen silbernen Platten allerhand Leckerbissen, hauptsächlich Zuckerrohrstöcke und Bananen, einhertragen. Das liebe Volk hat seine Freude daran und wirft sich vor den vierfüßigen Majestäten ehrfurchtsvoll zu Boden.

Großartig ist der Empfang eines neugefangenen weißen Elefanten, groß auch die Freude im ganzen Reiche, denn der Fang eines derartigen Dickhäuters wird allgemein als glückbringend angesehen. Unter allerhand Ceremoniell wird das Tier zunächst nach der alten Hauptstadt von Siam, nach Ajuthia, gebracht, das überhaupt das Hauptquartier aller siamesischen Elefanten ist, denn ich sah dort nicht nur die Kriegselefanten des siamesischen Elefantenkorps, sondern auch die seltsamen Vorrichtungen und Einzäunungen zum Fang wilder Elefanten. Dorthin begeben sich die vom König zum Empfang der vierbeinigen Majestät bestimmten Würdenträger und Mandarine. An dem von den Astrologen festgesetzten, glückverheißenden Tage wird der Elefant auf ein eigens für ihn gezimmertes Floß gebracht und den Menam abwärts nach Bangkok verschifft, wo inzwischen die Vorbereitungen zu seinem festlichen Empfang getroffen wurden. In der Nähe des Haupteingangs zum königlichen Palast gewahrte ich zwei rotlackierte, fußdicke Teakholzpfähle in den Boden gerammt; an diese wird der neue Ankömmling befestigt, aber da er zu seiner Reinigung von allen bösen Geistern, die ihn begleiten könnten, noch zwei Monate lang außerhalb des Palastes weilen muß, wird über die roten Pfähle ein eigener Pavillon gebaut. In der Stadt herrscht allgemeine Aufregung, und viele Tausende drängen sich um die Landungsstelle und auf den Weg von dieser zum Königspalast, mit Mühe von den Truppen in Ordnung gehalten. Sobald die Boote mit dem Elefanten und seiner Mandarinbegleitung die Stadt erreicht haben, begibt sich der König und der ganze Hof zum Empfang an die

Landungsstelle, wo sich in der Zwischenzeit auch Priester in ihren gelben Gewändern versammelt haben. Den Zug eröffnet ein Musikkorps mit abendländischen Instrumenten, dem ein zweites mit siamesischen Instrumenten folgt. Die Musiker des letzteren sind ganz in Rot gekleidet, und hinter ihnen schreiten gravitätisch die königlichen Elefanten einher im vollsten Staat mit golddurchwirkten, funkelnden Decken; dann folgen Garden, Pagen, Herolde, Schirmträger und Kammerherren in ihren bunten Goldbrokatgewändern, endlich erscheint der König selbst in seinem mit Orden bedeckten Staatskleid, auf einem vergoldeten Thron sitzend, der von acht in Scharlach gekleideten Dienern auf den Schultern getragen wird. Ein ganzer Troß von Pagen folgt ihm, mit dem hohen Ceremonienschirm, einem großen Fächer, um ihm Kühlung zuzuwedeln, der Betelnußbüchse und dem goldenen Spucknapf, dann andere Pagen, die goldene und silberne Gefäße, Theetöpfe, Schalen, Kleidungsstücke als Geschenke für die Priester tragen. Zuletzt kommt der Meister der weißen Elefanten, gewöhnlich ein königlicher Prinz; unter dessen Aufsicht erfolgt die Aus=schiffung des neugefangenen Tieres, das nun, von dem ganzen Zuge begleitet, nach dem Gebäude vor dem Königspalast geführt wird. Hier erfolgt seine Einsegnung durch die Priester und seine Taufe dadurch, daß ihm ein Priester das Blatt eines Zuckerrohrs darreicht, auf dem sein neuer Name geschrieben steht. Natürlich wird dieses Blatt ge=fressen, und nun wird eine rote Tafel mit dem Namen an den Pavillon gehängt, damit das Volk ihn auch kennen lernt. Je weißer das Tier ist, desto höher ist der Titel, der ihm vom König ver=

Der Sattel
des königlichen Leibelefanten.

liehen wird. Hat er nur wenige weiße Flecken, so wird er nur zum Phya, d. i. etwa Ex=cellenz, ernannt; sind die Flecken größer und zahlreicher, so erhält er den Titel Tschau=Phya, welchen nur die höchsten Würdenträger des Reiches führen, und wäre er ganz weiß, so würde er in diesem Lande zur „Majestät" werden.

Mit der Taufe des Elefanten sind eine ganze Menge von Festlichkeiten und Volksbelustigungen verbunden, freie Theatervorstellungen, Bewirtungen, Feuerwerk und Geschenke für das Volk. Die glücklichen Finder oder Fänger des Elefanten werden aber vom König noch besonders belohnt. Sie erhalten Adelstitel, Befreiung vom Frohndienst bis in das dritte Glied, ein Stück Land, so weit als man die Stimme des neuen Elefanten hören kann, und außerdem Geldgeschenke, deren Höhe von der Geschicklichkeit der Betreffenden selbst abhängt. Man giebt ihnen die Enden einer kurzen Schnur in die Hände, und diese müssen sie durch einen Haufen Goldstücke ziehen; alles Gold, das sie auf solche Art mit der Schnur erfassen, gehört ihnen, gewöhnlich zwei= bis vierhundert Ticals (den Tical zu etwa zweiundeinhalb Mark gerechnet). Der Gouverneur der Provinz, in der der vierbeinige Mandarin gefangen wurde, erhält einen höheren Rang.

Im Volke hat sich, wie gesagt, der Glaube an die Göttlichkeit und die Macht der weißen Elefanten noch erhalten, ja mitunter kommt es vor, daß Leute, die vom König etwas zu erbitten haben, die Bittschrift dem weißen Elefanten übergeben, weil sie sich dadurch die Erfüllung ihrer Wünsche versprechen; auch bei den Priestern hat sich dieser Glaube erhalten, da Gautamas Seele in einem weißen Elefanten gesteckt hat und Indra selbst, der Gott des Firmaments, auf einem dreiköpfigen Elefanten geritten ist. Aber für den König und die Mehrzahl der Prinzen, die in Europa studiert haben, scheint die Sache mit den weißen Elefanten doch nur mehr fauler Zauber zu sein.

Verbrennung der Leiche eines königlichen Prinzen.

# Festlichkeiten
## am Königshofe.

⸺∘⸻⟩∘⸺

Für den Reisenden, der auf der
Suche nach ursprünglichen Sitten und
Gebräuchen, leider zumeist vergeblich, von
Weltteil zu Weltteil pilgert, erscheint das
Reich des weißen Elefanten wie eine
Oase. Mir war es förmlich eine Er
quickung, auf unserem Erdball mitten
unter den Frack und Beinkleider tragenden
Völkern endlich im fernen Siam auf ein wenigstens teilweise civilisiertes Volk zu stoßen,
das noch keine Hosen trägt und wo die Damen in Wadenstrümpfen spazieren gehen;
ein Volk, das noch keine allgemeine Wehrpflicht und Gesangvereine kennt und bei
welchem man mitten unter vielen Anzeichen einer eigenartigen Kultur auf Schritt und
Tritt die reizvollste Ursprünglichkeit findet, vom König abwärts bis zum ärmsten Fischer.
In dieser Hinsicht ist das hinterindische Königreich vielleicht das merkwürdigste Land der
Welt, am merkwürdigsten aber sind dort die Festlichkeiten am Königshofe, von denen
einige bereits in den vorhergehenden Kapiteln geschildert worden sind.

Nirgends in der Welt habe ich größere Fremdartigkeit und Eigenart der
Tempel und Palastbauten, selten größere Kostbarkeiten gesehen, selten auch glänzendere
Festlichkeiten, an denen nicht nur der König und sein Hof, sondern auch das Volk teilnimmt.
In Bangkok drängt zuweilen ein Fest das andere, jede Gelegenheit wird wahrgenommen,
um die rauschendsten Vergnügungen zu veranstalten, als würde statt einmal im Jahre,
wie im alten Europa, in jedem Monat ein Karneval abgehalten, der eine, zwei Wochen
dauert. Die Kosten trägt der König.

Als erstes im Jahre wird das Neujahrsfest gefeiert, daran schließen sich Feste
zur Vertreibung der bösen Geister aus der Stadt, zur Erinnerung an die Geburt und
den Tod Buddhas, zur Verehrung der Geister des Landes und des Wassers, Saat= und

Erntefeste, Geburtstage des Königs, des Kronprinzen, Erinnerungstage aller Art. Zu diesen alljährlichen Festen kommen aber noch zahlreiche zufällige: wird dem König ein neuer Prinz geboren, wird einem solchen zum erstenmale das Haar geschnitten, stirbt eine Königin, Prinzessin oder ein Prinz, wird im Lande ein weißer Elefant gefangen, so finden die prunkvollsten Hoffestlichkeiten statt, von deren Großartigkeit ein Europäer aus dem prosaischen neunzehnten Jahrhundert sich gar keine Vorstellung machen kann, selbst wenn er sich den dritten Akt der „Aïda" oder den vierten der „Afrikanerin" auf der größten Opernbühne unseres Kontinents vor Augen zaubert. Und Veranlassungen wie die genannten kommen am Hofe von Bangkok gar viele vor.

In der That häufen sich die Geburten und Vermählungen, die Haarschneidefeste und Todesfälle bei dem Familiensegen der Herrscher von Siam in einer Weise, daß kein Tag ohne Fest verliefe. Um doch einige Ruhepausen — auch der Karneval ermüdet — eintreten zu lassen, werden, wenn immer möglich, gleich mehrere Geburten oder mehrere Todesfälle, je nachdem, auf einmal abgefertigt.

Man wird fragen, wie ein Todesfall die Veranlassung zu einem Freudenfeste bilden kann. Nicht der Todesfall ist es, denn dieser wird von der königlichen Familie ebenso tief betrauert wie von anderen, sondern die Bestattung der Leiche. Während wir uns im civilisierten Abendlande über die Feuerbestattung in den Haaren liegen, kennt man in Siam keine andere, ausgenommen das Auffressen der Leichen durch Aasgeier und Hunde. Durch die Verbrennung wird der Verstorbene dem Nirwana eine Stufe näher gebracht, und das ist die Veranlassung zu den Festlichkeiten.

Die großartigen Vorbereitungen, welche dafür getroffen werden müssen, erfordern mehrere Monate, oft über ein halbes Jahr, und in der Zwischenzeit werden die prinzlichen Leichen in goldenen, mit herrlichen Juwelen besetzten Särgen aufbewahrt. Kein Platz könnte für die Verbrennungen geeigneter sein als die weite Fläche, welche sich vor den Umfassungsmauern der königlichen Palaststadt ausbreitet. Dort erhebt sich bald, aufgeführt durch Hunderte von Arbeitern, eine ganze Reihe feenhafter Bauten von seltsamer Architektur, mit zahllosen Türmchen und Spitzen, bedeckt mit den reichsten Vergoldungen. Das größte Gebäude ist die Premane, ein weitläufiger Tempel mit künstlichen Felsengruppen, Galerien, Sälen, Gebeträumen und einer fürstlich eingerichteten Wohnung für den König. Auf der höchsten Spitze dieses grotesken Bauwerkes erhebt sich eine kostbare Pagode, in welcher sich der Scheiterhaufen befindet. Aus allen Provinzen des Reiches werden wohlriechende Hölzer, vor allem das Paradiesholz (lignum aloes), dafür zusammengetragen, und jedes Holzstück wird vergoldet. Rings um die Premane entstehen eine ganze Reihe anderer Bauten, Galerien, Kioske, Chalets, Tempel, zahlreiche Pagoden, alle mit Vergoldungen, bunten Tüchern, Lampions, Guirlanden und Festons aus künstlichen Blumen auf das reichste geschmückt; selbst der Raum zwischen ihnen wird in einen Blumengarten verwandelt, mit künstlichen Bächen, Fontänen und Wasserfällen, so daß sich der ganze weite Platz etwa ähnlich zeigt wie der Paradeplatz einer unserer größeren Ausstellungen, natürlich ins Orientalische übersetzt, denn eine derartige Verschwendung von Gold und Kostbarkeiten, von Tropenpflanzen, Flaggen,

Pagoden, drei=, fünf= und ſiebenſtöckigen Ceremonienſchirmen, Lampions und Paradeſtücken der ſeltſamſten Art kann ſich nur ein indiſcher Fürſt erlauben. Alle dieſe Bauten wer=den ausſchließlich für die Verbrennung der prinzlichen Leichen aufgeführt, und ſobald dieſe ſtattgefunden hat, wieder niedergeriſſen.

Das iſt aber noch lange nicht alles. Denn rings um ſie entſteht bald der ganze Jahrmarktszauber unſerer Ausſtellungen: zahlloſe Buden, Zelte und Hallen mit Theatern, Schattenſpielen, Muſik, Tanz und Geſang, Theehäuſern, Reſtaurants und Spielhäuſern.

Königliche Prozeſſion in Bangkok.

Wenn ſo umfaſſende Vorbereitungen auch für das Volk getroffen werden, ſo geſchieht es deshalb, weil die Feſtlichkeiten nicht etwa auf einen Tag beſchränkt ſind, ſondern ſich über ein bis zwei Wochen ausdehnen. An einem beſtimmten Tage werden die königlichen Leichen aus den Palaſttempeln nach der Premane übergeführt, einige Tage ſpäter findet ihre Verbrennung ſtatt, und daran ſchließen ſich noch allerhand Gedenk=feiern und Feſte.

Den Glanz und die Seltſamkeit des Aufzuges, welcher die goldenen Särge zu der Verbrennungsſtätte begleitet, iſt wieder nur mit den Schauſtellungen zu vergleichen, welche wir in unſeren großen Opernteatern allein, aber nirgends anders zu ſehen bekommen. Nicht nur die Särge mit den Leichen, auch die goldenen Aſchenurnen der verſtorbenen Könige

4*

der Dynastie werden auf haushohen, über und über vergoldeten Wagen in Pagodenform zur Premane übergeführt. Militär, Hofchargen, Prinzen und Würdenträger begleiten sie, scharlachrot gekleidete Diener ziehen die Wagen, andere Prunkwagen sind mit Nachkommen des Königshauses, alle schneeweiß gekleidet, gefüllt, denn sie stellen Engel dar. Jeden Wagen umgeben Gestalten in phantastischen Trachten mit Fahnen und Standarten, allerhand symbolischen Waffen und Trophäen, Thronhimmeln und vor allem jene fünf bis acht Meter hohen Ceremonienschirme aus Gold und Seide tragend, mit neun sich nach oben verjüngenden Schirmen in Trommelform übereinander, dem Zeichen der königlichen Würde. Dann folgen Träger mit allerhand bunten Fratzen und symbolischen Tieren, Elefanten, Drachen, Schlangen.

An der Spitze des ganzen fremdartigen Zuges, umgeben von derartigen Schirmträgern und Pagen mit allerhand goldenen, juwelengeschmückten Abzeichen seiner Würde, befindet sich der König. Er sitzt mit zweien von seinen in Weiß gekleideten Kindern auf einem großen Thron, der von einer Anzahl von Dienern mittels vergoldeter Stangen auf den Schultern getragen wird. Ihm folgen eine Reihe von Sänften, in welchen die Geschenke für die Buddhistenpriester, zumeist rote und gelbe Stoffe, liegen. Dann kommt hinter einem Korps von Paukenschlägern, Pfeifern und Muschelbläsern der Hohepriester, ein Bruder des Königs, auf einem hohen vergoldeten Prunkwagen sitzend, überhöht von einem schwarzseidenen Ceremonienschirme. So geht das fort, und es nimmt geraume Zeit in Anspruch, ehe in Gegenwart des ganzen Hofes die Leichen auf dem Scheiterhaufen aufgestellt sind.

Am Abende dieses Tages erreichen die Volksfestlichkeiten rings um die Premane ihren Höhepunkt; der ganze Platz ist mit elektrischen Lichtern und unzähligen buntfarbigen Lampions erleuchtet, während sich in unzählbarer Menge Siamesen, Männer, Frauen und Kinder, in ihrer bunten malerischen Nationaltracht um die Schaubuden drängen in solcher Fröhlichkeit und Lebhaftigkeit wie auf einem unserer Jahrmärkte.

Die Premane selbst ist für die königliche Familie und die geladenen Gäste reserviert, und dort bewegen sich ungezwungen die Prinzen, Gesandten und vornehmen Europäer inmitten der prachtvoll erleuchteten Gärten. Wohin das Auge fällt, wird es durch reizende fremdartige Bilder gefesselt. Die Chalets sind gefüllt mit Blumen und bunten Vögeln oder enthalten siamesische Musikkorps, deren ganz ansprechendes Spiel leise durch die laue Abendluft dringt; in den grotesken Kiosken ladet alles zur Ruhe, Erfrischung oder Unterhaltung ein; die durch den tropischen Garten sich schlängelnden Pfade sind von großen chinesischen Vasen mit seltenen Palmen und Orchideen eingefaßt; zwischen den Lampenpfosten hängen Blumenguirlanden und Ketten von bunten Lampions, der Mehrzahl nach rot, mit dem weißen Elefanten. Der König selbst hält Cercle und begnügt sich nicht mit freundlichen Worten und Händeschütteln. Nach altsiamesischer Hofsitte werden bei allen größeren Festlichkeiten auch Geschenke verteilt; jeder Anwesende erhält aus seiner Hand einen Fächer mit dem Bildnis der Premane oder einen silbernen, mit weißen Bändern geschmückten Zweig mit mehreren Wachsfrüchten. Beim Oeffnen dieser Früchte findet der Empfänger ein Lotteriebillet mit einer Nummer. Damit begiebt er sich in einen großen Saal der Premane, wo eine Unzahl der verschiedensten Gewinne ausgestellt sind; und jeder Nummer ohne Ausnahme entspricht ein Gewinn.

Während diese Festlichkeiten unten vor sich gehen, ruhen auf der Spitze der Premane die Leichen der Verstorbenen auf dem Scheiterhaufen, umgeben von hohen Ceremonienschirmen und Blumensträußen in goldenen Vasen. Der ganze Raum ist mit kostbaren und frembartigen Juwelen behängt, und in den Zugängen knien Andächtige inmitten schlafender oder betelkauender Priester.

Zwei Tage dauern die Festlichkeiten fast ohne Unterbrechung unter massenhafter Beteiligung des Volkes, bis endlich am Abend des dritten Tages die Verbrennung der Leichen vor sich geht. Der ganze Hof, die Königinnen mit den anderen Damen des Harems, die Prinzen und die Staatsmänner, alle in den reichsten Prachtgewändern und mit Juwelen bedeckt, füllen die Tribünen und Galerien. Endlich erscheint der König selbst, getragen auf einem goldenen Thron und umgeben von dreihundert Kammerherren, Dienern und Pagen. Vor der Premane verläßt er den Thron und steigt, von den Prinzen gefolgt, zu den Katafalken empor, um mit einem von den Priestern dargereichten brennenden Span die Scheiterhaufen anzuzünden. Nach ihm werfen alle Anwesenden nach ihrer Rangordnung ebenfalls brennende Späne in das Feuer; die Gesandten und europäischen Gäste erhalten für diesen Zweck schön geschnitzte Hölzer aus Sandelholz.

Bald lodert das Feuer hoch empor, dichte Rauchwolken steigen zum Himmel, die drückend schwüle Atmosphäre, die in Bangkok fast das ganze Jahr über herrscht, füllt sich mit dem eigentümlichen Parfüm der wohlriechenden Hölzer, der aber den widerlichen Geruch der vom Feuer langsam verzehrten Leichen nicht unterdrücken kann. Die ganze Gesellschaft harrt in Schweigen versunken, bis die Asche der verbrannten Leichen von den Priestern in eine Urne gethan wird. Das ist das Signal für die wildesten Freudenausbrüche, denn die Seelen der Verstorbenen haben nun das ersehnte Ziel erreicht. Die Musikkorps spielen, das Volk verteilt sich in die verschiedenen Theater und Tanzbuden, Restaurants und Theehäuser oder drängt sich erwartungsvoll um die königliche Tribüne, auf welche sich der König mit seinem Hofe nun begiebt. Vor ihm stehen Körbe, hoch gefüllt mit Früchten aller Art, jede ein Geschenk oder eine Lotterienummer enthaltend. Mit beiden Händen holt der König diese Früchte heraus und wirft sie unter das jauchzende, schreiende, drängende Volk, aber auch rechts und links unter die Prinzen und Edelleute auf den Tribünen.

Der Anblick dieser Scene, inmitten der prächtigen Bauten, von deren höchster immer noch die Rauchsäulen der verglimmenden Feuer zum Himmel steigen, ist so fremdartig und malerisch, daß sie wohl jedem eine Erinnerung fürs ganze Leben bleibt. Aber sie wird noch übertroffen, wenn beim Anbruch der Dunkelheit die zahlreichen Lichter aufleuchten und der König mit eigener Hand das großartige chinesische Feuerwerk anzündet, das den Schluß der Festlichkeiten unter freiem Himmel bildet. Die Chinesen, und sie bilden einen beträchtlichen Prozentsatz der Bevölkerung von Bangkok, sind die geschicktesten Meister in der Zusammensetzung von Feuerwerkskörpern: Drachen und Schlangen, fliegende Feuertiere, Sonnen und Fontänen, Funkenregen und Sterne mit Fallſchirmen erſcheinen gleichzeitig, als ſolle ihr Licht den in der Finſternis umherirrenden Seelen der Verſtorbenen den Weg zum Nirwana weiſen.

Die geladenen Gäſte und der ganze Hof verbringen den Abend noch mit Feſtlich= keiten im Innern des königlichen Palaſtes, unter denen die Vorführungen des königlichen Ballettkorps die frembartigſten ſind. Hunderte von jungen, hübſchen, geſchmeidigen Mädchen, in lange Kleider von durchſcheinenden weißen Stoffen gehüllt, mit Kronen und Juwelen bedeckt, fingerlange ſpitze Silberhüte auf jedem Finger, tanzen die eigentümlichen malayiſchen und javaniſchen Tänze, hauptſächlich in zierlichen Bewegungen und Ver= drehungen beſtehend, oder ſie bilden, weiße Lampions in den Händen tragend, maleriſche Gruppen.

Draußen aber, rings um die Premane, dauern die lärmenden Feſtlichkeiten für das Volk, Muſik, Tanz, Böllerſchießen, Glockengeläute, Fechten, Ballwerfen, noch die ganze Nacht hindurch. Am folgenden Tage werden all die prächtigen, koſtbaren Gebäude von Arbeitern abgetragen, um vielleicht ein oder zwei Monate ſpäter für eine neue Verbrennung wieder errichtet zu werden.

Vermählungen, Geburten, Ereigniſſe, bei welchen die Königin und die zahlloſen Frauen und Nang=ham, d. h. verſchleierten Mädchen des Königs direkt beteiligt ſind, vollziehen ſich in einfacherer Weiſe innerhalb des Harems, deſto großartiger aber ſind die religiöſen Feſtlichkeiten, welche außerhalb des Palaſtes, in der Hauptſtadt oder auf der wichtigſten Verkehrsader derſelben, dem mächtigen Menamfluß, gefeiert werden. Unter dieſen Feſten iſt wieder das Katin, d. h. die Verteilung von Geſchenken an die Buddhiſten= prieſter, das glänzendſte, und man wird im ganzen Orient, vom Mittelmeer bis nach Japan, wohl nirgends Aehnliches zu ſehen bekommen. Mitte des elften Monats dürfen die weit über hunderttauſend Buddhiſtenprieſter des Landes ihre Tempel und Klöſter verlaſſen und nach Belieben auf die Wanderſchaft gehen. Ueberall werden ſie mit Geſchenken bedacht, ja der König ſelbſt iſt es, der damit beginnt, indem er ihnen im großen Staat Prieſtergewänder nach den verſchiedenen Tempeln bringt. Am Abend vor dem erſten Tempelbeſuch wird noch ein ſeltſames Opferfeſt gefeiert. An den Ufern des Menamſtromes wird eine koſtbare große Pagode gebaut, überhöht von zahlreichen Türmchen und Spitzen, mit einem Thron für den König und Galerien für den Hof. Sobald der König bei einbrechender Dunkelheit erſchienen iſt, flammen auf beiden Ufern dieſes breiten Stromes und auf ihm ſelbſt eine Unmenge von Lichtern auf. Liegen doch an den Ufern allein Tauſende von ſchwimmenden Wohnhäuſern, und nicht nur dieſe, ſondern jedes einzelne der zahlloſen Schiffe bis zum ärmſten Fiſcherboot iſt mit zahlreichen Kerzen oder Lampions bedeckt. Nur in der Mitte des Strombetts bleibt ein breiter dunkler Fahrweg frei. Auf dieſem erſcheint nun eine ſchwimmende Pagode von phantaſtiſcher Form, drei bis vier Meter hoch, mit allerhand Fratzen und ſymboliſchen Tieren und erleuchtet von Hunderten vielfarbiger Lampions. Langſam, geſpenſterhaft gleitet dieſes ſeltſame Fahrzeug, nur von der Strömung getrieben, an dem Königspavillon vorüber, den Fluß abwärts. Ihm folgt eine große Anzahl anderer von den verſchiedenſten Größen und Formen, bemannt oder unbemannt, aber alle hellleuchtend durch die zahlloſen

Lampions, welche ſie bedecken. Wie eine meilenlange Feuerſchlange treiben dieſe leuchtenden Maſſen beim König vorbei, und noch auf Meilen abwärts ſieht man die Flußufer und den Himmel von ihrem Widerſchein gerötet. Viele dieſer Boote verſchwinden in der Brandung des Meeres, andere werden von den Dienern des Königs wieder herausgefiſcht und nach Bangkok zurückgebracht. Sobald das letzte Fahrzeug den königlichen Pavillon paſſiert hat, entzündet der König ſelbſt das Feuerwerk, das in der Mitte des Stromes auf verankerten Flößen angebracht iſt. Damit wechſelt plötzlich das Bild, ein anderes, womöglich noch prächtigeres erſcheint, denn auf dem Strome zeigen ſich nun hohe brennende Bäume

Königliche Regatta auf dem Menamfluß.

welche mit ihrem Scheine das ganze Weichbild der Stadt mit ihren zahlloſen turmartigen Pagoden erleuchten. Sind ſie ausgebrannt, ſo erſcheint plötzlich ein feuriges Gebüſch, das ſichtlich wächſt, ſich entfaltet und Blüten treibt, alles aus Flammen und Myriaden von Funken zuſammengeſetzt. Dann folgen Raketen, Feuergarben und all die prächtigen Bilder, welche die chineſiſchen Feuerwerker mit ſo großem Geſchick zuſammenſetzen.

Aber noch feenhafter als dieſes farbenprächtige Nachtbild der Tropenſtadt iſt der Aufzug des Königs, wenn er am folgenden Morgen mit ſeinen Tempelbeſuchen den Anfang macht. Auf dem breiten Menamſtrom mit den unzähligen Seitenkanälen, welche die Stadt durchfluten, erſcheint, vom Königspalaſte kommend, die Flottille der herrlichen, phantaſtiſch geformten Ruderboote, die an Größe, Zahl und Ausſchmückung ſelbſt die glänzendſten Fahrzeuge der alten Dogen Venedigs in den Schatten ſtellen. Die meiſten dieſer großen

Staatsbarken sind trotz ihrer großen Länge von fünfzig bis siebzig Metern aus einem einzigen Holzstamm geschnitzt, mit hoch emporstehendem Bug, auf welchem, mehrere Meter über dem Wasserspiegel, reich vergoldete mythische Figuren, Drachen, Schlangen, Elefanten und dergleichen prangen. Ebenso sind sie auch hinten stark nach aufwärts geschweift, nach Art der venetianischen Gondeln, nur daß sie die sechsfache Länge derselben besitzen. In der Mitte jeder einzelnen Staatsbarke erhebt sich ein spitzer, reich mit Schnitzereien und Vergoldungen geschmückter Thronhimmel, unter welchem sich die Sitze für die Prinzen befinden. Jede Barke wird von sechzig bis hundert Mann gerudert nach Art der römischen Galeeren, die Ruder selbst sind poliert und vergoldet. Zwei Mann mit langen vergoldeten Stäben stehen auf dem Bug und geben den Takt für das Einsetzen der Ruder, das mit wunderbarer Gleichmäßigkeit erfolgt. Pfeilschnell gleiten diese ungeheuren Barken in regelmäßigen Reihen den Strom hinab, voran jene, welche die Prinzen enthalten, dann jene des Königs, welche natürlich alle anderen an Pracht weitaus übertrifft. Sie besteht eigentlich aus zwei aneinander befestigten Barken, auf deren Mitte sich der hohe, reichvergoldete Thron erhebt, überschattet von einem prunkvollen Thronhimmel. Hier sitzt der König in seinem vollen Ornate, die siebenfache, diamantenblitzende Krone auf dem Haupte und ganz mit den kostbarsten Juwelen besäet: ja sogar der Thron selbst enthält deren eine große Zahl. Rings um den funkelnden und im Sonnenlichte strahlenden Thron sitzen vier Mandarine, ebenfalls in den reichsten Prachtgewändern, mit Orden bedeckt, während Pagen dem König mit mächtigen Straußenfächern Kühlung zufächeln. Ueber das Ganze erhebt sich der neunfache, hohe Ceremonienschirm.

Das folgende Fahrzeug, ebenfalls aus zwei aneinander befestigten Riesenbarken bestehend, enthält die königlichen Geschenke für die Priester. Sie liegen auf einem hohen prächtigen Katafalk, der von einem Dom überdeckt wird.

Hinter diesen an Pracht und Seltsamkeit aller Beschreibung spottenden Fahrzeugen kommen wieder andere in Kolonnen einher, alle mit Vergoldungen und Holzschnitzereien geschmückt, alle mit fünfzig bis sechzig Ruderern bemannt, dann folgen kleinere, aber ebenso prächtige Barken für die Haremsdamen und den ganzen Hof.

Bei den einzelnen Königstempeln wird Halt gemacht, der König begiebt sich in dieselben und empfängt dort von den Oberpriestern den Segen, während er die Geschenke für diese von seinen Dienern abgeben läßt. An den folgenden Tagen, bei dem Besuch der innerhalb der Stadt an den schmalen Kanälen gelegenen Tempel, ist der Aufzug des Königs natürlich einfacher, aber immerhin so glänzend, wie man ihn sonst wohl nirgends zu sehen bekommt.

In Siam, wo der Buddhismus heute noch die üppigsten Blüten treibt, werden den Priestern zu verschiedenen Zeiten des Jahres noch viele andere Aufmerksamkeiten von seiten des Königs zu teil. So wird z. B. Mitte des sechsten Monats siamesischer Zeitrechnung das Visaka-Buxa oder Fest der Opfergaben gefeiert, für welches der König den Talapoinen (Priestern) durch Mandarine mit großem Pomp Lebensmittel und andere Geschenke verschiedener Art übersendet. Stets sind aber dabei kleine Päckchen von Zahnstochern aus wohlriechendem Holz und andere Päckchen mit größeren Hölzern, welche einen weniger appetitlichen, nicht näher zu bezeichnenden Zweck haben, aber für denselben

Ein königlicher Prinz im Festkleide.

als wohlriechende Mittel gerade am Platze ſind. Der Gebrauch der Hölzer wird durch
die Spärlichkeit des Papiers in Siam hinlänglich erklärt.

Zweimal im Jahre findet in der königlichen Palaſtſtadt noch ein anderes Feſt
ſtatt, welches ſämtliche Prinzen, Miniſter, Edelleute und hohe Würdenträger vor dem
Tempel des ſmaragdenen Buddha, des Wahrzeichens und Palladiums von Siam, ver=
ſammelt. Dort, inmitten feenhafter Pracht dieſer ſchönſten Tempelgruppe des Erdballs,
ſteht ein Waſſerbaſſin, in welches die höchſten Talapoinen des Reiches die ſymboliſchen
Waffen des alten Siam getaucht haben: Lanzen, Schwerter, Pfeile, Dolche. Mit dieſem
dadurch geweihten Waſſer benetzen alle Verſammelten Lippen und Stirne und leiſten auf
ſolche Weiſe den Eid der Treue ihrem Landesherrn gegenüber. Sie wollen damit zum
Ausdruck bringen, daß die Waffen ſie treffen mögen, wenn ſie irgendwie ihre Treue brechen
ſollten. Kein Europäer wird zu dieſem Feſte, bei welchem die Teilnehmer in den alten ſiame=
ſiſchen Trachten aus Goldbrokat, Filigrangold und Juwelenſchmuck erſcheinen, zugelaſſen.

Königliche Barke auf dem Menamfluſſe.

So reiht ſich an dem glänzenden Märchenhofe des ſiameſiſchen Königs Feſt an
Feſt, und jedes einzelne davon hat eine eigentümliche Beſtimmung, einen eigentümlichen
Verlauf. Der dabei entwickelte Prachtaufwand muß jährlich große Summen verſchlingen,
aber das Volk iſt damit zufrieden und vergöttert ſeinen König. Im Grunde genommen fließt
ja das Geld doch wieder großenteils in dieſelben Taſchen zurück, denen es entnommen
wurde. Mit der Zeit dürfte die Zahl der Feſte und ihre Pracht doch abnehmen, denn
auch Siam ſchreitet vorwärts, und die Europareiſe des Königs wird vorausſichtlich auch
dazu beitragen, an Stelle koſtſpieliger Feſte und Feuerwerke Nützlicheres zu ſchaffen.

Aber noch die Einſetzung einer Regentſchaft während der Abweſenheit des Königs
bildete kurz vor ſeiner Abreiſe von Siam die Veranlaſſung zu einer fremdartigen Feier=
lichkeit. An dem feſtgeſetzten Tage verſammelten ſich in der großen Thronhalle des
Königspalaſtes alle Prinzen der königlichen Familie, die Miniſter, Großwürdenträger,
Generale und ausländiſchen Geſandten, alle in prächtigen, mit Orden bedeckten Feſt=
gewändern. Die Halle war nach ſiameſiſcher Sitte mit Blumenguirlanden behängt worden,
und von den Decken hingen zahlloſe Blumengebinde in der Form von Körben, mit

langherabhängenden Blumenketten, was dem Saal ein ungemein reizvolles Aus=
sehen gab. Im Hintergrunde standen auf einer mit Teppichen belegten Plattform
zwei Thronstühle für den König und die erste Königin. Der ganze mittlere
Saalraum war dichtgefüllt mit Edelleuten und Würdenträgern, zur Linken jene der Civil=
verwaltung und des Hofes, zur Rechten die militärischen. Längs der linken Saalwand
zog sich eine lange Plattform, auf welcher buddhistische Priester und Brahminen mit
kahlgeschorenen Schädeln und faltenreichen gelben Seidengewändern kauerten, und ihnen
gegenüber, längs der rechten Saalwand, sah man die königlichen Prinzen in glänzenden,
juwelenbedeckten Trachten, begleitet von ihren Pagen, sowie das gesamte diplomatische
Korps (darunter der deutsche Ministerresident v. Hartmann) und die zahlreichen im
königlichen Dienst stehenden Europäer. Der König betrat den Saal im vollen Krönungs=
ornat, ihm folgten die erste Königin und Sowabba Phongsri, die Mutter des Kronprinzen.
Nachdem beide auf den Thronstühlen Platz genommen hatten, verlas der König seine
Anrede, in welcher er hervorhob, daß er zum Besten des Landes sowie im persönlichen
Interesse eine längere Reise nach Europa antrete und seine erste Gemahlin zur Regentin
während seiner Abwesenheit ernenne. Merkwürdig für europäische Anschauungen ist folgende
Stelle seiner Rede: „Wir haben Ihrer Majestät befohlen, jene Vorschriften der Wahrheit
zu beobachten, welche die Herrscher dieses Landes stets befolgt haben, und sich vor allem
von jenen vier Uebeln frei zu halten, welche unser Herr Buddha bezeichnet hat, nämlich
Habsucht, Feindseligkeit, Feigheit und Eigennutz. Wir haben ihr befohlen, nachsichtig
und gnädig zu sein und ihren Schutz Unserm königlichen Hause, Unsern Edlen und
Beamten, den Samanen und Brahmanen sowie den Lehrern und dem Volke selbst an=
gedeihen zu lassen; ferner gastfrei und gerecht gegen alle Fremden in diesem Lande zu
sein und alle Verträge zu befolgen, wie Wir selbst es während Unserer neunundzwanzig=
jährigen Regierung gethan haben.“ Nachdem der König geredet hatte, salbte er die
Königin und überreichte ihr die königlichen Siegel, während die Priester sangen. Hierauf
verlas der Sekretär des geheimen Staatsrates die Liste der fünf Regentschaftsräte, deren
Namen hier fortbleiben mögen, denn sie würden mehrere Zeilen einnehmen. Der erste
heißt beispielsweise Tschau Fa Tschaturont Rasmi Krom Phra Tschakrabatipongse. Nach
der Verlesung der nähern Regentschaftsbestimmungen hielt der Prinz Narisaranuwatti=
wongse im Namen aller Mitglieder der königlichen Familie eine Ansprache an den König,
in welcher unverbrüchliche Treue gelobt wurde. Hierauf folgte ein Mitglied des Adels
mit einer ähnlichen Adresse. Der König dankte jedes Mal in freier Rede, und während die
Priester sangen, unterhielt sich das Königspaar mit den Prinzen und den fremdländischen
Vertretern. Als endlich die Stunde der Abfahrt gekommen war, geleitete die Königin ihren
Gemahl den Menam abwärts bis nach Paknam, um dort von ihm Abschied zu nehmen.

# Die vornehme
# Gesellschaft von Bangkok.

Mehr als in irgend einem anderen Lande Ostasiens drängt sich in Siam die vornehme Gesellschaft in der malerischen, eigenartigen Hauptstadt des Landes, in Bangkok, zusammen, denn dort residiert der König. „Siam, c'est son Roi": niemals war ein König mehr Roi soleil als eben König Tschulalongkorn. Sein Thron stützt sich nicht auf sein Volk, sondern das Volk stützt sich auf seinen Thron. Der König wird gewissermaßen für göttlich, in höheren Sphären schwebend, angesehen, von ihm kommt aller Segen, Glanz, Wohlstand, Reichtum, um ihn dreht sich deshalb auch das ganze Siam mit allem, was drum und dran hängt. Opposition, Parteien, Volksvertretung giebt es nicht. Wer in der Gnade des Königs steht, ist geehrt und angesehen, wem diese entzogen wird, der fällt in das Nichts zurück, und wäre er auch ein königlicher Prinz.

Die Familie des Königs spielt dabei seltsamerweise eine viel geringere Rolle, als man bei der halbgöttlichen Stellung ihres Oberhauptes, des Königs, anzunehmen geneigt wäre. Vielleicht weil sie so zahlreich ist. König Tschulalongkorn ist der vierunddreißigste Herrscher seit Beginn der Selbständigkeit Siams. Wie er und sein Vater, so waren auch alle Vorgänger mit der siebenstöckigen Königskrone vorzügliche Familienväter. Jeder König besaß eine große Zahl von Haremsdamen, zahlreiche Söhne betrauerten seinen Tod und hatten, sobald sie erwachsen waren, auch wieder ihre reichbesetzten Harems, die eine fruchtbare Pflanzstätte weiteren Kindersegens waren. Nun denke man sich dieses reiche und fruchtbare Familienleben mit allen Seitenlinien durch dreiunddreißig Generationen fortgesetzt. Siam müßte ja fast nur von königlichen Hoheiten bevölkert sein; das ist aber, allen Erwartungen entgegen, nicht der Fall, denn in Siam herrschen in Bezug auf die Nachkommen der königlichen Familie ähnliche Abstufungen, wie sie in manchen abendländischen Herrscherfamilien, zum Beispiel in der russischen, eingeführt sind. Nur die wirklichen Brüder und Söhne eines Königs mit einer Frau aus königlichem Blut sind wirkliche Prinzen mit dem Titel „Königliche Hoheit", im Siamesischen „Tschau=Pha", das heißt etwa „göttlicher Prinz", genannt. Die Söhne eines Königs und einer Kon= kubine heißen „Pra Tschau luck d'Höh"; die Söhne der letzteren führen den Titel „Mun Tschau"; deren Söhne den Titel „Mun Luang"; die männlichen Nachkommen der „Mun Luang" heißen „Mun Radscha Mun", das heißt etwa „Fürstensöhne", und deren Nach= kommen heißen nur mehr Khun. Damit erlöschen die königlichen Titel. Die männlichen Nachkommen der Khun werden vom Volke wie jeder andere freigeborene Gentleman von Siam einfach Nai genannt und gar nicht mehr als zur königlichen Familie gehörig betrachtet. In China fand ich unter den Prinzen der Kaiserfamilie zwölf verschiedene Abstufungen. Die Siamesen sind, wie man sieht, darin noch strenger, denn die Titel beschränken sich auf fünf Generationen. Wer im Gothaschen Hofkalender oder in den sehr spärlichen Werken über Siam blättert, wird darin Mandarine der vierten und fünften Klasse mit den zwei letztgenannten königlichen Prinzentiteln Luang und Khun bezeichnet finden, ja diese werden sogar auch Europäern, die im Dienste des Königs stehen, ver= liehen. So ist beispielsweise der Oesterreicher Herr Erwin Müller, welcher eine Art Kammerherrenstelle im königlich siamesischen Hofmarschallamte bekleidet, Khun. Wer mit den Verhältnissen an dem seltsamen Königshofe nicht vertraut ist, könnte glauben, Herr Müller sei königlicher Prinz, denn er führt nicht nur den Namen Khun, sondern heißt auf siamesisch Luang Pratibat Radschah prasong. Das klingt so wunderschön, daß man Herrn Müller mindestens mit Hoheit anzusprechen geneigt wäre. Aber der Khuntitel des Herrn Müller und der Khuntitel der Fürstensöhne sind zwei verschiedene Dinge. Geschrieben werden beide gleich, doch werden sie verschieden ausgesprochen, und man muß schon eingehende Kenntnisse der merkwürdigen siamesischen Sprache besitzen, um die feinen Abstufungen unterscheiden zu können. Dasselbe Wort hoch, mittel, tief, in verschiedenen Tonarten gesungen, bekommt dadurch total verschiedene Bedeutungen. Man nehme z. B. den Satz: „K'hai, K'hai, Kai, K'hai, Na Khai? Ha, Nai, Khai, Pha=Khai, Khai." Das ist nicht etwa dasselbe, als wenn ein Europäer eine Melodie ohne Worte mit La la la la sänge. Der vorstehende siamesische Satz wird in verschiedenem Tonfall von den Ein= geborenen abgesungen und heißt dann: „Verkauft in der Stadt niemand Eier? Der Verkäufer ist krank." Aehnlich wird der Siamese, welcher mit einem Fürstensohn redet, sich natürlich zuvor auf die Waden hocken und das Wort Khun in der gewöhnlichen Tonlage aussprechen; redet er aber mit Herrn Müller, so wird er sich nicht auf die Waden hocken und das Wort Khun in einer höheren Tonlage singen.

Mit den vorstehenden Prinzentiteln ist es noch lange nicht abgethan. Es giebt noch zahlreiche andere Abstufungen. So heißen nur die Söhne des regierenden Königs Tschaufa; die Söhne des verstorbenen Königs, welche aus dessen Ehe mit einer könig= lichen Prinzessin herrühren, heißen Krom Phra; jene, die eine Konkubine zur Mutter haben, heißen Krom Khun, und je nach ihrem Range haben sie auch Anrecht auf Cere= moniensonnenschirme, siamesisch Tschatra genannt, von verschiedenen Stockwerken. Dem König wird ein Schirm mit neun Stockwerken nachgetragen, dem Khun ein gewöhnlicher einstöckiger, wie wir ihn tragen, nur aus farbiger Seide und mit Goldverzierungen hergestellt.

Ein Prinzentitel ist zwar auch in Siam sehr schön, indessen will er nicht viel sagen, wenn der König dem betreffenden Prinzen nicht noch einen Extratitel verleiht, und dieser letztere ist es, welcher dem Träger erst eine hohe Stellung giebt. Die höchste Stellung nach dem Könige besitzt der Kronprinz; ihm zunächst stehen im Range die Krom Phra, dann die Krom Luang, dann kommen die Krom Khun und schließlich die Krom Mun. Von jeder dieser Abstufungen giebt es in Siam im ganzen vier oder fünf. Die meisten dieser so ausgezeichneten Prinzen führen noch das Prädikat „Sombetsch", was etwa im Werte dem europäischen Titel „Königliche Hoheit" entspricht, und die Europäer, welche jeden das Abendland besuchenden siamesischen Prinzen mit „Königliche Hoheit" ansprechen, machen sich ebenso lächerlich, wie wenn man in Siam jedem deutschen Baron etwa den Titel „Durchlaucht" geben würde.

Die Siamesen haben die Schwierigkeiten ihres verzwickten Titelsystems auch eingesehen und bedienen sich im Verkehr mit den Diplomaten und europäischen Kauf=leuten, Beamten und Missionaren in Bangkok sehr viel schon der englischen Sprache. Siamesisch zu lernen, wäre ein sehr undankbares Geschäft, und bisher war in der That nur ein Europäer, der in den sechziger Jahren verstorbene Bischof Pallegoix, des Siamesischen vollkommen mächtig. Die Sprache im Lande des weißen Elefanten besteht eigentlich aus drei voneinander scharf getrennten Sprachen: jene, welche man mit einem Untergebenen spricht, jene für den Verkehr mit Gleichgestellten und endlich die Hofsprache, welche mit dem alten Sanskrit sehr große Aehnlichkeit besitzt. Wer Siamesisch lernt, muß also drei verschiedene Sprachen reden oder vielmehr singen lernen, denn Siamesisch wird, wie vorhin erwähnt, gesungen, ähnlich wie das Chinesische. Es wäre ein arger Verstoß gegen den Anstand, sich etwa im Verkehr mit dem Könige der Volkssprache zu bedienen. Auch wir sagen ja zu unseren Souveränen nicht: „Stehe auf", sondern „Geruhen Euer Majestät, sich zu erheben", aber der letzte Satz besteht wenigstens aus Wörtern derselben Sprache. Im Siamesischen ist nicht nur die Satzbildung eine andere, sondern auch die Wörter sind von jenen der Volkssprache verschieden. Man kann am Hofe auch nicht von der Nase des Königs sprechen, sondern der Titel „Majestät" wird jedem einzelnen Körperteile des Königs, ja sogar seinen Haushaltungsartikeln beigefügt, so daß man sagen muß, „Seine Majestät die Nase", worunter die Nase des Königs gemeint ist, oder „Seine Majestät das Bett", das heißt das Bett des Königs. Es kann also nicht gerade einen besonderen Genuß gewähren, sich am siamesischen Königs=hofe in der siamesischen Sprache zu unterhalten. Wie gesagt, die Mehrzahl der Prinzen, Minister und Hofwürdenträger sind des Englischen mächtig, und dieses Volapük hilft über alle Schwierigkeiten hinweg.

Auch die in den meisten Aufsätzen und Büchern über Siam zu findende Behauptung, Siam besäße einen Adel, ist unrichtig. Japan hat einen solchen, China kennt ihn in sehr beschränktem Maße, in Siam aber giebt es ebensowenig einen Adel wie in den mohammedanischen Ländern. Die Titel Tschau Phya, Phya, Phra, Luang und Khun, die in Siam vorkommen, sind nicht etwa Adelstitel, sondern einfach Titel wie unsere Hofräte, Geheimen Räte, Excellenzen, und vererben sich nicht von Vater auf Sohn, sondern werden dem betreffenden Beamten vom Könige verliehen. Der Sohn des höchsten Tschau Phya ist einfach Nai (Herr), und erst wenn er in den Regierungsdienst eintritt, erhält er den mit seinem Posten verbundenen Titel, unter dem er bekannt ist. Tritt er in einen anderen Verwaltungszweig über, so erhält er einen anderen Titel, der gleich= zeitig sein Name ist, so daß er diesen im Laufe seines Lebens mehrmals wechselt. Aehnlich geht es ja auch in England bei Standeserhöhungen. Als beispielsweise der bekannte Staatsmann Sir Stafford Northcote in die Pairswürde erhoben wurde, erhielt er den Titel Lord Joddlesleigh und Sir Stafford Northcote hatte plötzlich aufgehört zu existieren. Immerhin sind das in England Adelstitel, in Siam aber stets nur die Titel der Aemter, niemals eines Adels.

Die vornehmsten Prinzen Siams wohnen heute, ebenso wie jene Japans, in europäischen Häusern, die ihnen auf Kosten des Königs gebaut wurden, und empfangen dort auf halbeuropäische Art, geben Diners und Abendgesellschaften, bei welchen leider die vielen Damen ihrer Harem nicht immer anwesend sind. Die hohen Mandarine, Generale und niederen Prinzen wohnen noch in siamesischen Häusern, aus Teakholz erbaut, mit Ziegeldächern und siamesischer Einrichtung, die recht dürftig ist, denn Tische, Stühle, Möbel nach unserer Art finden nur langsam Eingang. Auch der Mandarin empfängt seine Besucher auf den hübschen geflochtenen Matten oder Teppichen, mit denen der Boden seines Hauses belegt ist, die Besucher kauern auf diese nieder und lehnen sich auf kostbare seidene Kissen mit Stickereien und Goldzieraten, welche ihnen von Sklaven hinter den Rücken oder unter die Ellbogen geschoben werden. Zu den Familienfestlichkeiten bei Hofe und in den hohen Mandarinsfamilien werden Europäer häufig eingeladen, und es herrscht in Siam die schöne Sitte, daß geehrte Gäste bei ihrem Eintritt in das Haus mit Blumenguirlanden bekränzt werden. Derlei Familienfeste kommen ungemein häufig vor, denn bei jeder Geburt, jedem Eintritt eines Jungen in das Buddhistenkloster, Ver= mählungen und Leichenverbrennungen finden glänzende Feierlichkeiten statt, mit Banketten, Trinkgelagen, Tanzvorführungen und Theater. Prinzen und Mandarine legen einen gewissen Stolz darein, ihre eigenen Ballettmädchen und eine Garderobe mit den herrlichsten Kleidungsstücken und Juwelen für dieselben zu besitzen, dazu ein eigenes Musikkorps, und die Abende, die man in dem Hause eines siamesischen Großen auf dem Lande oder zu Wasser zubringt, vergehen in der angenehmsten Weise.

Die Siamesen sind ein sehr höfliches, zuvorkommendes und gastfreies Volk, und in Bezug auf die Veranstaltung von Festlichkeiten sind sie wahre Meister, ja sie gehen darin weit über ihre Mittel hinaus. In vielen Häusern der Großen, besonders bei jenen, welche in Europa oder in ihrem Heimatslande von europäischen Lehrern erzogen worden sind, hat man auch schon Gelegenheit, die siamesischen Damen zu bewundern. Viele von ihnen sprechen englisch, musizieren vortrefflich und gestatten recht anregende Unterhaltung. Zum Glück ist man in Siam in Bezug auf die Mode nicht so weit gegangen wie in Japan, wo die herrlichen altjapanischen Trachten der abendländischen Kleidung haben weichen müssen. Diese, den ostasiatischen Völkerschaften keineswegs passenden, geradezu scheußlichen Trachten haben bei den Siamesen noch nicht

Eingang gefunden, und das Gemisch von europäischen und siamesischen Moden ist ungemein ansprechend und pikant. Sind die Herren der siamesischen Gesellschaft unter sich, so tragen sie ein kurzes weißes oder farbiges Jäckchen aus Seide, dazu Seidenstrümpfe und Schnallenschuhe, und an Stelle der eigentlich dazugehörenden Kniehosen den Panung. Kommen die Mandarine und Prinzen, selbst die höchsten von ihnen, zu Europäern, um an Diners oder Damengesellschaften teil zu nehmen, so tragen sie an Stelle unserer Hosen auch nur den Panung und Wadenstrümpfe, aber dazu weiße

europäische Hemden, schwarzen Frack und Weste. Der König erscheint bei Gelegenheiten, wo er nicht seinen goldenen, juwelenbesetzten Ornat trägt, ebenfalls so gekleidet, und da er ein hübscher, wohlgewachsener Mann mit kräftiger Muskelentwicklung ist, so steht ihm dieses Kostüm vortrefflich. Noch besser steht es den Damen; man möchte wünschen, daß unser schönes Geschlecht seine Moden nicht den Parisern, sondern den Siamesen abgucken würde. Teilweise ist es ja schon geschehen, denn das Fahrradkostüm, das manche unserer, sagen wir fortschrittlichen Damen anlegen, erinnert einigermaßen an die siamesische Damentracht. Nur ist es noch viel zu einfach, farblos und faltenreich. Würden an Stelle der schottischen Strümpfe und hohen Schnürschuhe aus gelbem Leder zarte hellblau- oder rosaseidene Strümpfe und enge

Vornehme Siamesin.

Ballschuhe mit Diamantenschnallen genommen werden, an Stelle der Cheviot- oder Tuchpumphosen solche aus heller Seide, an Stelle der Jacken desselben Stoffes Taillen, wie unsere Damen auf Bällen oder in der Oper tragen, dann würden sie beiläufig so aussehen wie die Siamesinnen der vornehmen Stände, aber noch lange nicht so pikant und anziehend. Wir kennen in Europa nur ein Kostüm, das sich mit dem siamesischen vergleichen ließe, etwa das des Debardeurs. Vielleicht kommt es noch dazu, vorausgesetzt, daß unsere Damen mit derselben Sicherheit auf die Eleganz ihres Wuchses zählen können wie die Siamesinnen. Alles bleibt bei uns unter dem Faltenwurf von so und so viel Kleidern verborgen, was nicht nur nicht schön, sondern den Damen auch beim Gehen, Tanzen, Reiten ungemein hinderlich ist. Schwer schleppen sie diese vielen Meter vollständig überflüssigen Stoffes mit sich herum, verursachen den Männern große Auslagen und laſſen, ſtatt ſich ſelbſt, nur ihre Kleider bewundern. Sie mögen ſich doch an den Siameſinnen ein Beiſpiel nehmen. Man könnte ja die Pumphoſen beibehalten, denn das Lendentuch der Siameſinnen, das etwa bis zu den Knien reicht, verſchiebt ſich beim Gehen oder Sitzen doch bisweilen und läßt vom Wuchs etwas mehr erblicken, als vielleicht beabſichtigt wird. Aber dennoch iſt es ſchön, maleriſch, pikant, zumal da die Damen Siams über die ſchönen Jacken mit Puffärmeln noch ſeidene, goldgeſtickte Schärpen von der rechten Schulter zur linken Hüfte tragen, auf die Puffärmel ver=ſchiedenfarbige Straußenfedern aufſetzen und ihre hübſchen Köpfchen niemals mit einem

Das Oriental Hotel in Bangkok.

Hut bedecken. Dafür tragen ſie ſehr viel Schmuck, reiche Kolliers, Armbänder, Ohr=ringe, Broſchen, Ringe; ich habe in keinem Lande Aſiens ſo ſchöne Juwelen geſehen wie in Siam.

Indeſſen, ich habe ſchön predigen; es wird ja doch nicht dazu kommen, denn ſelbſt die Europäerinnen, welche in Bangkok wohnen, klammern ſich an ihre Steifröcke und Schleppkleider feſt, als würde ihr Leben davon abhängen. Sie leiden darunter fürchterlich, denn Tag und Nacht über herrſcht in dem Lande des weißen Elefanten erdrückende Hitze, und man ſteckt fortwährend in einem Schwitzbad. Zu Hauſe würde man am liebſten den Rat des engliſchen Humoriſten Sidney Smith befolgen: „Take off your flesh, and sit in your bones“, „Sein Fleiſch auszuziehen und in ſeinen Knochen daſitzen.“

Staatsminister M. Rolin-Jacquemyns,
Generalratgeber der siamesischen Regierung.

(Siamesischer Titel: Tschao Prayah Abhai Rakha.)

Dennoch unterhalten sich die Europäerinnen in Bangkok ganz vortrefflich. Es sind ihrer etwa achtzig, während die Zahl der Europäer männlichen Geschlechts zwischen vier- und fünfhundert schwankt. Es bestehen in Bangkok zwei Klubs, der United Club und der Deutsche Klub, ja es giebt bereits einen deutschen Gesang- und einen Turn-verein. Der letztere besitzt noch keine eigene Turnhalle, aber die äußerst zuvorkommenden Siamesen haben ihm ihre eigene Halle zur Verfügung gestellt, ja sogar mit großen Kosten dafür herrichten lassen. Etwa zweihundert Europäer stehen im Dienste des Königs; sie werden im Hofmarschallamt, in den Ministerien, beim Zoll-, Post- und Telegraphenamt verwendet, ja einige von ihnen sind Minister, Generale, Admirale und stehen mit den Siamesen in lebhaftem gesellschaftlichen Verkehr. Neben den fremdländischen Gesandten führt das vornehmste Haus wohl der Belgier, Se. Excellenz Rolin-Jacquemyns, der, in den achtziger Jahren königlich belgischer Minister des Innern, als eine der berühmtesten Autoritäten des Völkerrechtes vom König von Siam als Berater an seinen Hof gezogen wurde. Neben ihm muß das Haus des Dänen de Richelieu genannt werden, welcher die Stelle eines siamesischen Admirals bekleidet und sich der persönlichen Freundschaft des Königs erfreut. Dasselbe gilt von dem Hafenkommandanten von Bangkok, Admiral John Bush, der in der Jugend des Königs die Erziehung desselben leitete. Zahl-reiche Großkaufleute verschiedener Nationen frequentieren ebenfalls die Gesellschaft; sie werden mitunter zu den glänzenden, feenhaften Fest-lichkeiten am Königshofe gezogen, veranstalten Diners und musika-lische Abende, an welchen vornehme Siamesen teilnehmen, auch werden alljährlich von den Europäern so-gar Kostümbälle veranstaltet, die in dem großen Saale des Zoll-hauses stattfinden. Die Gesandt-schaften Englands und Frankreichs sind in wahren Palästen unter-gebracht, den breiten Menamstrom entlang stehen inmitten üppiger Tropengärten die stattlichen Villen der Kaufleute, und es giebt in Bangkok schon ein ausgezeichnetes Hotel, das Oriental Hotel, mit dessen Erbauung sich der angesehene, in der besonderen Gunst des Königs

Hesse-Wartegg, Siam.

## ORIENTAL HOTEL

Bangkok, 20th April. 1894.

### TIFFIN

1.     Sellery Soup.
2.     Fried Fish, Red Sauce.
3.     Fried Veal, Caper.
4.     Stewed Chicken.
5.     Cold Beef, Salad.

Potatoes.

6.     Siamese Curry.
7.     Baked Custard.

Cheese.
Fruit.
Coffee.

Speisekarte des Oriental Hotel in Bangkok.

stehende Großkaufmann Kapitän H. N. Andersen, ein geborener Däne, ein großes Verdienst um die Europäer erworben hat.

So herrscht inmitten der fremdartigen, malerischen Hauptstadt des Reiches des weißen Elefanten ein, man könnte sagen, großstädtisches Gesellschaftsleben, das vielleicht bewegter und anziehender ist als in so mancher Stadt des Abendlandes oder gar erst als in den japanischen Städten Tokio, Kioto, Yokohama oder Kobe. In diesen bleiben die europäischen Kolonien fast ausschließlich unter sich, denn zwischen Europäern und Japanern besteht dort keine übergroße Liebe, die Japaner hassen die Europäer und fürchten sie. Auch in Shanghai, Peking, Hongkong herrscht kein Verkehr zwischen den Europäern und Chinesen, weil diese zu abgeschlossen und konservativ sind, ihre Kultur auch zu eigenartig und steif ist, aber dafür sind in Shanghai und Hongkong die Europäer doch zahlreich und wohlhabend genug, um ein gewisses Großstadtleben zu schaffen. In Bangkok dagegen herrscht zwischen den vornehmen Siamesen und den Europäern der besseren Stände ein sehr herzlicher, aufrichtiger, ungezwungener Ton, die Siamesen stehen der europäischen Kultur sympathisch gegenüber, und giebt es dort eine konservativ-siamesische Partei, so sind die Siamesen doch viel zu wohlerzogen, höflich und zuvorkommend, um ihre Privatansichten dem Europäer gegenüber merken zu lassen. Zu diesem freundlichen Verhältnis hat die Haltung des Königs unendlich viel beigetragen, und dasselbe wird durch die Brüder des Königs, vor allem durch den Minister des Aeußern Prinz Devawongse und den Minister des Innern Prinz Damrong, sowie einigen andern noch genährt. Man würde diesen vornehmen Herren von hoher Bildung und vollkommen europäischen Manieren es kaum ansehen, daß ihre Wiege im fernen Hinterindien gestanden hat, und neben ihnen wächst eine ganze Anzahl junger Prinzen und Mandarinsöhne in Europa heran, welche, nach Siam zurückgekehrt, das dortige gesellschaftliche Leben noch weiter entwickeln dürften.

# Wie Siam regiert wird.

An dem glänzenden Königshofe von Siam geht es dem fremden Besucher etwa ähnlich, wie wenn man in die Sonne blickt. Ihr Glanz überstrahlt alle Einzelheiten, und man muß geschwärzte Gläser und Teleskope zu Hilfe nehmen, will man ihr Wesen, ihre Eigenart, die Protuberanzen, feurigen Nebelmassen und Sonnenflecken sehen, die auch das glänzendste aller Gestirne des Firmaments in fortwährender Unruhe erhalten.

So sieht auch der Fremde in der Palaststadt von Bangkok nur goldglänzende Tempel, Glanz, Reichtum, Üppigkeit, und rings um diese Sonne von Siam ein Volk, das seinem Herrscher abgöttische Verehrung entgegenbringt. In der That hat das seltsame Königreich niemals einen so vortrefflichen König gehabt, niemals war die Regierung so stark, die Herrschaft über die zerstreuten Provinzen des weiten Reiches so sehr in der Hauptstadt oder vielmehr in der Hand des Königs vereinigt, niemals waren die Einnahmen so groß, die Zustände so geregelt und fortschrittlich.

In vieler Hinsicht haben die europäischen Einrichtungen zum Vorbilde gedient, aber der ganze Regierungsorganismus ist doch eigenartig national geblieben. Man kann ihn nicht einmal mit jenen vergleichen, wie sie in den mohammedanischen Ländern bestehen. Auch diese werden despotisch regiert, doch nirgends ist die Gewalt des Herrschers so groß, so allmächtig wie in Siam. Die mohammedanischen Herrscher fürchten sich vor den Mitgliedern ihrer eigenen Familie, sie verbannen ihre Brüder und Söhne in entlegene Provinzen, lassen sie vielleicht gefangen halten, stets aber beobachten, um ihnen alle Gelegenheit zu nehmen, nach ihrem Thron zu streben. Der Thronfolger tritt gänzlich in den Hintergrund, und es wäre ein arger Verstoß fremder Diplomaten oder Staatsmänner, von seiner Person irgendwie Notiz zu nehmen. In Siam werden die zahllosen Prinzen der königlichen Familie nicht nur nicht ferngehalten, im Gegenteil, der König betraut sie mit den wichtigsten Regierungsämtern, und seine Onkel, Brüder, Neffen sind Minister, Gouverneure, Gesandte, Generale, alle bereit, dem König zu dienen, ihn zu unterstützen. Gegenparteien, Nebenströmungen, Opposition u. dergl. sind in Siam unbekannt. Es giebt nur eine Gewalt, den König, und seine Brüder und Söhne zittern vor ihm ebenso wie seine geringsten Unterthanen, denn eine Laune, ein Wort des Königs kann sie aus ihren Posten in die Vergessenheit zurückversetzen. Daß sie königliche Prinzen sind, spielt gar keine Rolle, nur die Thatsache allein, daß der König sie in ihre hohen Stellungen eingesetzt hat, ist maßgebend. Sobald sie diese verlieren, beachtet sie kein Mensch mehr. Der König hat bei seinem Regierungsantritt im Jahre 1873 die bis dahin bestehende unwürdige Begrüßung Höherer durch Untergebene abgeschafft. Sie bestand darin, daß die letzteren sich vor den ersteren auf die Knie und Ellbogen niederwarfen und in dieser Stellung verharrten, bis sie entlassen wurden. Aber eine andere nicht minder entwürdigende Unsitte hat dafür am Königshofe Eingang gefunden und blieb bis auf die letzte Zeit erhalten. Beim Erscheinen des Königs hockten sich alle anwesenden Siamesen, ob Prinzen oder Sklaven, auf ihre Waden. Die Brüder des Herrschers, die höchsten Würdenträger, Inhaber der einflußreichsten Stellen standen aufrecht, solange der König nicht in ihrer Gegenwart war oder sie nicht anblickte. Fiel sein Blick auf sie, flugs klappten sie zusammen und blieben auf ihren Waden hocken. Wandte er sich um, so erhoben sie sich wieder.

Das ist das wahre Bild der Regierung von Siam: ein moralisches Auf-den-Waden-Hocken vor dem Willen und den Launen des Königs. Wäre König Tschulalongkorn ein grausamer Despot, ein Wüstling oder Dummkopf, er könnte unfaßliches Unheil stiften, sein Volk in Elend stürzen, die Unabhängigkeit des Reiches auf das Spiel setzen. Es ist ein Glück, daß die Geschicke Siams sich in den Händen eines so ausgezeichneten Monarchen befinden, denn er ist mehr als Monarch, er ist der ausschließliche Besitzer des Landes, alles gehört ihm, das Land, die Flüsse, die Reichtümer auf und in der Erde, die Bevölkerung, und Siam ist sozusagen eine Familiendomäne, die vom König und seinen Verwandten bewirtschaftet wird.

Der Plan, seine männlichen Verwandten auf alle einflußreichen, einträglichen Posten zu setzen, ist ausgezeichnet, denn welch ungeheure Summen würden sonst die Apanagen all der Hunderte von Prinzen und Prinzlein verschlingen, die außerdem durch Nichtsthun auf falsche Wege geraten könnten. Müßiggang ist aller Laster Anfang. So beziehen nur die vollbürtigen Prinzen und die Söhne des Königs, sobald sie erwachsen sind, als solche eine kleine Apanage von einigen Tausend Ticals und bekommen ihren Hofstaat. Alle anderen erhalten Regierungsposten oder müssen irgend ein Handwerk oder Handelsunternehmen beginnen. Und es sind ihrer so viele! Statt sich mit Ministern aus dem Volke zu umgeben, ernennt der König seine eigenen Brüder und Oheime zu Ministern und erspart sich dadurch nicht nur die Fütterung dieser Drohnen, sondern er kann auch mit ihnen viel leichter, vertraulicher und widerstandsfreier sein Reich regieren.

Bis vor etwa einem Jahrzehnt bestand, wie bereits erwähnt, in Siam die Würde eines zweiten Königs, von den Siamesen Wang Nah genannt. Als der letzte Träger dieser Würde, Seine Majestät Nr. 2 Georg Washington, — das war sein Name — starb, ernannte König Tschulalongkorn keinen Nachfolger mehr, sein Palast wurde in eine Kaserne umgewandelt, und seither gilt das Königtum Nr. 2 als abgeschafft. Anstatt dessen wurde die Regierung teilweise nach abendländischem Muster eingerichtet, indem der König elf Ministerien schuf und an die Spitze der meisten seine Brüder setzte. Die letzteren sind dem König für alle Einzelheiten ihrer Verwaltung verantwortlich, aber in ihren Aemtern sind sie allmächtig und können das Personal derselben nach Belieben auswählen. Natürlich bevorzugen sie wieder ihre eigenen Kinder, Verwandten, ihre vielen Frauen, Anhänger und Sklaven, so daß die „Familiendomäne" bis in die untersten Beamtenstellen reicht.

Eine eigene Beamtenhierarchie ist in Siam bisher unbekannt, und darin erinnert dieses seltsame absolutistische Königreich Hinterindiens an die größte Republik des Abendlandes, an die Vereinigten Staaten. Wechselt dort der Präsident, so wechseln auch die große Mehrzahl der fünfzig= bis sechzigtausend Beamten Nordamerikas, bis herab zu den Briefträgern. Wechselt in Siam die Person des Ministers, so wechselt auch das ganze Personal seines Ministeriums. Prinz A. ist heute Unterrichtsminister, morgen Kriegsminister. Da er sein Personal mitnimmt, so kann es vorkommen, daß der Spitalwärter oder Lehrer der englischen Sprache morgen zum Adjutanten des Kriegsministers oder daß ein Konstruktionszeichner des Militärarsenals morgen Apotheker= gehilfe wird. Was so ein siamesischer Beamter alles wissen muß!

Die Ministerien befinden sich sämtlich in der Nähe des königlichen Palastes, manche sogar innerhalb der Umfassungsmauer der Palaststadt. Morgens sind diese Aemter gewöhnlich wie ausgestorben, in den weiten Räumen schlafen wohl einige Diener, aber die Amtsstunden beginnen erst des Nachmittags und werden mit einigen Stunden Unterbrechung zur Nachtzeit fortgesetzt. Dann sitzen die Schreiber Betel kauend, spuckend rauchend an der Arbeit, vielleicht bis in die frühen Morgenstunden. In früheren Zeiten war in diesem Lande der verkehrten Welt das Papier, auf dem geschrieben wurde, schwarz, und man schrieb mit weißer Tinte. Die Staatsarchive enthalten noch Massen derartiger Dokumente. Heute ist das weiße Papier auch in Siam eingeführt, und man schreibt mit schwarzer Tinte und Stahlfeder, geradeso wie wir. Auch wird nicht, wie von der Mehrzahl der ostasiatischen Völker, von oben nach unten und von rechts nach links geschrieben, sondern wie bei uns von links nach rechts, allerdings mit eigentüm= lichen, verzwickten Schriftzeichen.

Wenn die Amtsstunden der Ministerien seltsamerweise erst gegen Mitternacht anfangen, so hängt dies mit der Lebensweise des Königs zusammen. Der König schläft bei Tage, häufig bis in die Nachmittagsstunden. Dann beschäftigt er sich mit allerhand Arbeiten, liest englische Zeitungen, erteilt Audienzen, übersetzt europäische Bücher ins Siamesische (so u. a. auch die Märchen von Tausend und eine Nacht), spielt mit seinen zahlreichen Kindern und verbringt einige Stunden in seinem Harem mit seinen hübschen Frauen.

Wohnte ich in Bangkok irgend einem großen Abendessen oder einer Festlichkeit bei, an der auch die Prinzminister teilnahmen, so konnte man auf ihre Gesellschaft nur bis gegen zehn Uhr abends zählen. Gerade wenn die Unterhaltung lebhaft und allgemein zu werden anfing, erhoben sie sich und verschwanden. Um diese Stunde hat nämlich auch der König sein Diner beendet und erwartet seine Minister an fünf Abenden der Woche zur Berichterstattung. Gewöhnlich findet dieser Ministerrat in dem großen Saale statt, der das untere Stockwerk des linken Palastflügels einnimmt. In demselben erheben sich zu beiden Seiten der Stuhlreihen für die Minister und Mandarine hohe neunstöckige Ceremonienschirme, das Symbol der königlichen Würde, und den Stühlen gegenüber, auf der dem Eingang entgegengesetzten Seite des Saales, liegt ein etwa drei Quadratmeter großes, kniehohes

Palasthof. (Im Hintergrund der Aufbau zum Haarschneidefest.)

Podium, mit einer seidenen Matratze und goldgestickten Kissen bedeckt. Sind die Minister versammelt, so erscheint der König und legt sich auf diesen bettartigen Thron.

Darauf beginnt die Berichterstattung. Der König interessiert sich für die geringsten Einzelheiten der Vorkommnisse in der Hauptstadt und beweist dabei ein ungemein scharfes Gedächtnis, richtiges Urteil und rasche Entscheidung. Man sollte glauben, daß es den eigenen Brüdern des Königs gestattet wäre, Einwendungen zu erheben, um Abänderung der Willensmeinung ihres Souveräns zu bitten, aber das wäre nach siamesischen Sitten geradezu unerhört. Hat der König sein Wort gesprochen, so ist die Entscheidung unwiderruflich gefallen, außer der König selbst ordnet Aenderungen an, vielleicht auf Einflüsterungen durch Haremsdamen oder andere Hofintriguen hin.

An schwülen Nächten finden die Sitzungen des Ministerrats in dem feenhaften Palasthofe unter freiem Himmel bei Lampenschein statt. Dazu wird auf den Palasthof ein eigener, pagodenartiger Pavillon mit einem Ruhebette gerollt, auf welchem der König Platz nimmt. Die Minister in ihren von Juwelen blitzenden eigentümlichen Gewändern kauern im Kreise um ihn auf den Matten, während zahlreiche, buntgekleidete Diener, Garden und Palastwachen sich in achtungsvoller Entfernung halten, ein Bild wie herausgerissen aus Tausend und eine Nacht.

Jeder Minister legt dem König die verschiedenen Angelegenheiten seiner Abteilung vor, der König erteilt die entsprechenden Befehle, und alsbald begeben sich die Minister in ihre Aemter, um diese Befehle noch in derselben Nacht ausarbeiten zu lassen. Mit= unter bleiben die Beamten bis zum Morgengrauen an der Arbeit.

Bis vor kurzem hatte jeder Prinzminister in der Verwaltung der Gelder voll= kommen freie Hand. Von Jahr zu Jahr erbat er sich vom König für die Bedürfnisse seines Ministeriums so viel Geld, als er nur erhalten konnte, und brauchte keinerlei Rechnung zu legen, so daß es auch mit der Verwendung des Budgets nicht besonders ernst genommen wurde. Im Jahre 1891 wurde der König auf vielfache Mißstände aufmerksam gemacht, welche dieser Mangel an Kontrolle zur Folge hatte, und er traf deshalb die Einrichtung, daß jeder Minister das Budget für das kommende Jahr dem gesamten „Senabodi", d. h. Ministerrat, zur Prüfung und Annahme vorlegen muß. Die Stimmenmehrheit entscheidet über die Höhe des Budgets, selbstverständlich immer mit Vorbehalt des königlichen Willens. Ueberdies muß jeder Minister monatlich eine genaue Zusammenstellung der wirklichen Ausgaben an das Finanzministerium abliefern, bevor er die Gelder angewiesen erhält, so daß in allen Verwaltungszweigen theoretisch ein einmonatlicher, in Wirklichkeit aber ein viel längerer Rückstand herrscht, denn sobald das Finanzministerium Unrichtigkeiten vorfindet, selbst wenn es sich nur um einige Flaschen Tinte handelt, wird die ganze Rechnung zur Umarbeitung an das betreffende Ministerium zurückgeschickt; dadurch entstehen mitunter mehrwöchige Verzögerungen.

Eines der bestgeleiteten Ministerien ist wohl jenes der auswärtigen Angelegen= heiten, dem Prinz Devawongse, ein Halbbruder des Königs und Vollbruder der ersten und zweiten Königin, vorsteht. Prinz Devawongse ist einer der fähigsten, intelligentesten und einflußreichsten Staatsmänner von Siam, ein Prinz von großer Bildung und Viel= seitigkeit, dessen Rat das Königreich sehr viel zu verdanken hat. Obgleich er nur sechs Monate in Europa war und bei dieser Gelegenheit den König bei dem fünfzigjährigen Regierungsjubiläum der Königin von England vertrat, spricht er doch vortrefflich eng= lisch, dazu etwas französisch und deutsch und bewegt sich mit der Sicherheit eines voll= endeten europäischen Gentleman. Während der letzten zwei Jahrzehnte war er der ver= trauteste und zuverlässigste Ratgeber des Königs, und obschon in der letzten Zeit, wie man mir in Bangkok erzählte, durch Haremseinflüsse eine kleine Verstimmung eingetreten sein soll, so weiß der König doch, daß er sich in jeder Hinsicht unbedingt auf den Prinzen Devawongse verlassen kann.

Die Strahlen der königlichen Gnade scheinen in den letzten drei Jahren besonders auf den Prinzen Swasti Sobhana gefallen zu sein, und zwar verdientermaßen, denn Prinz Swasti ist gleich Prinz Devawongse einer der intelligentesten und fähigsten Männer

Hinterindiens. Professor Max Müller in Oxford, dessen Schüler Swasti war, äußerte sich mir gegenüber in günstigster Weise über seine Fähigkeiten und Kenntnisse, und ein Urteil aus solchem Munde ist mehr wert als alles Lob der Höflinge. Prinz Swasti war dazu ausersehen, als Botschafter seines Königs in Europa die Schwierigkeiten mit England und Frankreich im Jahre 1893 zu regeln, was er auch mit großem Geschick gethan hat. Er war es auch, welcher die letzte Europareise des Königs vorbereitet und mit außerordentlicher Umsicht geleitet hat. In Oxford sowohl wie bei seinem letzten Besuch in Europa hat er sich viele Freunde erworben, und nach seiner Rückkehr in sein Vaterland ist ihm gewiß eine der machtvollsten Regierungsstellen bestimmt.

Als Dritter im Bunde ist Prinz Damrong zu nennen, der augenblicklich den wichtigen Posten eines Ministers des Innern bekleidet. Damrong war lange Jahre in Europa, um das Unterrichtswesen zu studieren, und ihm war es auch vorbehalten, den Unterricht der Siamesen zu regeln und in Bangkok einige Musterschulen zu gründen, die in vieler Hinsicht vorzüglich genannt werden können. Man würde den hochgebildeten, eleganten Mann für einen Franzosen oder Engländer halten, denn weder aus seinen Gesichtszügen noch aus seinem Benehmen oder seiner ganzen Unterhaltung könnte man erraten, daß seine Wiege in Hinterindien gestanden hat. Kam ich zu ihm, dann empfing er mich mit liebens= würdiger Einfachheit, unterhielt sich

พระองค์เจ้า สวัสดิโศภน

Visitenkarte des Prinzen Swasti Sobhana.

in vorzüglichem Englisch über europäische Persönlichkeiten oder Verhältnisse, mit denen er so vertraut ist, als wäre er auf dem Boulevard des Italiens oder in Piccadilly aufgewachsen. Auf seinem Schreibtisch liegen die neuesten Zeitungen aus Europa, die er täglich geradeso liest wie der König. Seine Geradheit, Pünktlichkeit und Arbeitskraft scheint er auch seinem untergebenen Personal eingeflößt zu haben, denn in keinem Ministerium geht es so, ich möchte sagen „europäisch" zu wie in dem seinigen.

Hätte Siam noch viele solcher Männer wie die Prinzen Devawongse, Swasti und Damrong, dann würde seine Kultur mit Siebenmeilenstiefeln vorwärtsgehen.

Die einzigen Vollbrüder des Königs sind den Europäern in Siam unter den Namen Ong Yai und Ong Noi bekannt. Ong Yai, der ältere, wäre nach hergebrachter Sitte der eigentliche Thronfolger. König Tschulalongkorn hat aber die Thronfolge mit mächtiger Hand abgeändert, indem er seinen ältesten, von einer königlichen Prinzessin geborenen Sohn zum Kronprinzen ernannte. Dadurch wurde sein Bruder Ong Yai kaltgestellt, und ob= schon die Wahl des Kronnachfolgers in Siam der Bestätigung durch die Prinzen und den Geheimen Rat unterliegt, so ist die Allmacht des Königs doch zu groß, als daß irgend jemand auch nur ein Wörtchen geflüstert hätte, als die alte Thronfolge umgestoßen wurde.

Ich erwähnte, daß der Thronfolger der älteste Sohn des Königs und einer königlichen Prinzessin sei, denn nur Kinder, die von Vater und Mutter königlichen Geblüts sind, können den siamesischen Herrscherthron besteigen. Der gegenwärtige Kronprinz, Sohn des Königs und seiner Schwester, der zweiten Königin, besitzt wohl mehrere ältere Brüder, aber ihre Mütter sind nicht königlichen Geblüts, sondern nur Konkubinen des Königs.

Der jüngere Vollbruder des Königs, Ong Noi, eigentlich Prinz Bhanurangse, war zur Zeit meines Besuches von Siam Kriegsminister. Wenn auch nicht so unterrichtet wie die früher genannten Prinzen, so ist er doch ein liebenswürdiger, jovialer

König und Kronprinz, im Begriff den Tragstuhl zu besteigen.

Herr mit den Manieren eines vollendeten Gentlemans, und man könnte ihn den Vergnügungskommissar des siamesischen Königshofes nennen, denn in theatralischen Prozessionen, Festlichkeiten und Schaustellungen hat er sich bisher mehr ausgezeichnet als in der Reorganisierung der Armee.

Diese letztere ist indessen unter dem gegenwärtigen König doch für hinterindische Verhältnisse auf eine recht annehmbare Höhe der militärischen Ausbildung gebracht worden. König Tschulalongkorn hat auf seinen Reisen nach Vorderindien, Singapore, Java gut beobachtet und viel gelernt. Er hat gesehen, daß die Macht der Engländer in Indien auf einer kleinen, aber wohlgeschulten Armee beruht und daß die eingeborenen indischen Fürsten durch Residenten geleitet werden, denen Abteilungen dieser Armee zur Unterstützung beigegeben werden. Nun ist der König von Siam gleichzeitig auch der Souverän einer ganzen Reihe von Schan=, Laos= und Malayenstaaten, deren Zugehörigkeit zu Siam in früheren Zeiten und noch unter dem letzten König Mongkut eine recht lose war. Im Königsschlosse und in den feenhaften Tempeln des Wat Pra Keo zu Bangkok sah ich eine ganze Menge meterhoher Bäumchen, deren Stamm, Geäste und Blätter ganz aus Gold oder Silber hergestellt sind. Diese Bäume bildeten den einzigen Tribut, den die benachbarten kleinen Fürsten und Sultane dem König von Siam zahlten, sonst aber leisteten sie ihm weder Zahlungen noch Heerfolge.

Das hat sich im letzten Jahrzehnt ganz erheblich geändert. Der König sah ein, daß er seine Tributstaaten viel enger unter seine Centralgewalt bringe müsse, sollten sie nicht durch den losen Zusammenhang mit Siam eine Beute der beiden habgierigen Nachbar= mächte England und Frankreich werden. Deshalb gab er den bisher ziemlich unabhängigen kleinen Fürsten nach englischem Vorbilde Residenten bei, die den Titel königliche Kommissare führen und zu denen er eine Anzahl seiner Brüder und anderer Verwandten ernannte. Durch ihre hohe Stellung, ihre Beziehungen zum Königshause und die Militärmacht, die ihnen beigegeben wurde, üben diese königlichen Kommissare in den Provinzen und Tributstaaten höhere Macht aus als die Fürsten selbst. Diesen wurde wohl die Lokal= regierung und die Erhebung von Steuern für die lokalen Bedürfnisse belassen, aber alle Ueber= schüsse werden an die Centralkassen in Bangkok abgeliefert, und die wichtigeren Angelegen= heiten in den kleinen Fürstentümern unterliegen nunmehr der Begutachtung der Kommissare.

Auf diese Weise wurde die Macht der Centralregierung verstärkt, und die Staats= oder vielmehr königlichen Einnahmen wurden erheblich vermehrt. Leider werden sie nicht ganz im richtigen Sinne verwendet. Nicht nur, daß die Mandarinenwirtschaft, wie sie in China vorhanden ist, auch in Siam üppige Blüten treibt und die Ausbeutung des Volkes durch die Provinzbehörden eine sehr große ist, es ist dem König mit dem besten Willen nicht möglich, ihr beizukommen, solange in Siam keine Verkehrswege bestehen. Bisher hat die europäische Kultur vornehmlich nur in der Hauptstadt Bangkok festen Fuß gefaßt. Sie blendet, überrascht und ruft die Bewunderung des europäischen Besuchers hervor. Aber man braucht nur etwas landeinwärts zu reisen, um zu sehen, daß dort alles beim alten geblieben ist. Die einzigen vorhandenen Verkehrswege sind die Flüsse, sonst giebt es weder Straßen noch Wege noch Pfade, und man muß sich in einzelnen Provinzen mit dem Beil den Weg durch den Urwald und die Dschungeln bahnen. Wohl ist eine kleine Eisenbahn von Bangkok an die Mündung des Menamstromes und eine zweite nach Khorat gebaut worden, die zu Beginn des Jahres 1897 in feierlicher Weise eröffnet worden ist. Aber sie stehen im Vergleich zu der Größe des Reiches etwa so, als gäbe es im ganzen Deutschen Reiche keine anderen Verkehrswege als etwa eine Eisenbahn von Berlin nach Hamburg. Hoffentlich wird dem König seine gegenwärtige Europareise in dieser Hinsicht als Lehre dienen.

Solange es keine Verkehrsmittel in Siam giebt, werden alle Versuche des Königs zur Besserung der Zustände auf unfruchtbaren Boden fallen, und der Wohlstand des Volkes wird unter der Bedrückung der Lokalmandarine in den Provinzen sich niemals vermehren können.

Typen siamesischer Würdenträger.

Die siamesischen Mandarine sind in verschiedene Klassen abgeteilt, deren höchste die Sombetsch-tschau-phia sind; ihnen folgen die Tschau-phia mit einigen Unterabteilungen, dann die Phia, Phra und Luang, von denen es mehrere Tausende giebt. Die beiden ersten Mandarinklassen liefern gewöhnlich die Kandidaten für die Gouverneursposten der verschieden großen, verschieden wichtigen 41 Provinzen des Königreichs. Jeder Gouverneur ist gleichzeitig, ganz wie in China, Präfekt und oberster Richter seiner Provinz und hat ein Tribunal unter sich, das aus einem Balat oder Vizepräsidenten, einem Dschokabat oder Staatsanwalt, einem Mahathai (Volksvorsteher), einem Sassadi, einem Luang-Muang, einem Luang-Pheng, einem Khun-Khueng und verschiedenen Schreibern besteht. Die wichtigste und einträglichste dieser Beamtenstellen ist jene des Sassadi, denn ihm liegt die Aushebung für den in Siam bestehenden Frohndienst ob, dem alle Männer während dreier Monate im Jahre unterworfen sind. Sehr häufig werden seine Hände „geschmiert", um Verschiedene von dem Frohndienst zu befreien, und sie sowie die anderen Beamten fallen den Versuchungen leicht zum Opfer, denn ihre Bezüge sind keineswegs hoch bemessen. Die höchsten Beamten erhalten nur 3 bis 4000 Mk. jährlich, die Phia von 400 bis 2000 Mark, je nach der Wichtigkeit ihrer Posten, die Phra 200 bis 300 Mark und die Luang etwa 40 bis 100 Mark. Freilich ist das Leben in Siam so wohlfeil wie kaum in irgend einem anderen Lande, aber die Vielweiberei und die Genußsucht der siamesischen Beamten erfordern doch erheblich größere Mittel.

Wie man sieht, ist die Verwaltung des Königreichs trotz der großen Fortschritte, die in den letzten zwanzig Jahren vor allem in der Hauptstadt gemacht worden sind, noch recht im argen, und soll es in den Provinzen ebensogut werden, wie es in der Hauptstadt ist, so müssen Eisenbahnen gebaut werden. Der König ist längst davon überzeugt, seine Projekte dürften durch die Europareise zur Reife kommen, und es ist gar nicht einzusehen, warum die Eisenbahnen nicht durch deutsche Industrie gebaut werden sollen. Vielleicht dient dies an entscheidender Stelle als Anregung.

Namensunterschrift des Königs.

# Die Buddhistentempel der Hauptstadt.

Bangkok kann mit Recht das buddhistische Rom genannt werden. Nirgends in den vielen Ländern Asiens, deren Bevölkerung den Lehren Buddhas huldigt, geschieht dies eifriger als in dem Reiche des weißen Elefanten, und in keiner Stadt des buddhistischen Asien giebt es so viele Priester, so viele Tempel wie in Bangkok.

Die größten, schönsten und kostbarsten Gebäude von Bangkok sind Buddhatempel. Selbst in der Palaststadt des Königs übertreffen die Tempel an Pracht und Reichtum der Ausschmückung die Paläste, Thron- und Empfangshallen der siamesischen Herrscher, und eine größere Ansammlung von Edelsteinen und Kleinodien verschiedener Art wie jene, welche der Königstempel Wat Pra Keo besitzt, ist wohl in keiner Stadt Indiens zu finden. Aber auch die vielen inmitten des Straßen- und Kanalgewirrs von Bangkok gelegenen, für das Volk bestimmten Tempel zeigen so viel Glanz und so großartige Bauten, daß man bei ihrem Besuche überrascht und geblendet wird. Die Siamesen sind ein armes Volk, und ihr Kulturzustand ist nach dem, was man sonst in der Stadt, ausgenommen in den um den Königspalast gelegenen Vierteln, zu sehen bekommt, keineswegs ein besonders hoher. Um so merkwürdiger ist es, welche Kunst, welche Sorgfalt und Geldopfer sie für die zahlreichen Tempel verwenden. Man erzählte mir in Bangkok, die Stadt besäße nicht weniger als achthundert Tempel mit Klöstern, in welchen zwanzigtausend Priester wohnen. Auch in den spärlichen Büchern über Siam fand ich ähnliche Zahlen angegeben, allein nach meinen eigenen Nachforschungen dürfte die wirkliche Zahl der Tempel etwa dreihundert erreichen, immerhin ebensoviel, als Rom Kirchen besitzt.

Nur nehmen die Buddhatempel von Bangkok vielleicht den zehn- bis fünfzehnfachen Raum der letzteren ein, denn die Tempel sind nicht einzelne Gebäude wie unsere Kirchen, sondern befinden sich in ummauerten Tempelgründen, deren Größe in manchen Fällen zwanzig bis dreißig Morgen erreicht und nur selten geringer ist als ein Morgen. In jedem dieser mit Baumanlagen geschmückten Tempelgründe befinden sich eine Anzahl von Gebäuden, Türmen, Pagoden, Klöstern, Riesenstatuen, und in deren Mitte erhebt sich der eigentliche Tempel. Für die Einwohner von Bangkok sind diese weitläufigen

Tempelanlagen ein wahrer Segen, die eigentlichen Lungen der Großstadt, denn wären sie nicht vorhanden, so gäbe es in dem dichten Gewirre von übelriechenden Kanälen mit stagnierendem Wasser, in dem Labyrinth von engen Gäßchen zwischen ihnen und den dicht aneinander= gebauten Häuschen kaum einen freien Platz, um aufzuatmen oder spazieren zu gehen. Das Volk benützt sie auch mit Vorliebe dazu; die Kinder tummeln sich zwischen den grotesken Statuen und vergoldeten Pagoden umher, lassen Drachen steigen oder spielen Federball, Erwachsene schlafen im Schatten der hohen Bäume oder promenieren rauchend oder betelkauend auf und nieder, und Reisende finden nicht nur in Bangkok, sondern in ganz Siam hier in den Tempelgründen Unterkunft, denn jeder der letzteren enthält eine oder mehrere Säulenhallen, Sala genannt, welche für den Aufenthalt von Fremden bestimmt sind. Was die Hotels bei uns, die Funduks in Nordafrika, die Karawansereien in Persien, das sind die Sala in Siam. Freilich giebt es in diesen Sala keinerlei Wohnräume, Möbel und Küchen, aber die Säulenhallen sind wenigstens reinlich, gewähren Schutz gegen Regen und zur Nachtzeit Unterkunft zum Schlafen.

Dem europäischen Besucher von Bangkok sind die Tempelgründe von hohem, eigentümlichem Reiz, denn eine Zusammenhäufung so seltsamer Bauten, wie sie sich hier zeigen, wird er in keinem Lande des asiatischen Kontinents wiederfinden. Tagelang wanderte ich in den verschiedenen Tempelhainen umher, unbelästigt und unbeachtet von den Eingeborenen, und ich fühlte mich dort, umgeben von diesen massenhaften, prächtigen Pagoden, von Tausenden riesenhafter Buddhastatuen, von Teichen mit lebenden Krokodilen, Riesenschildkröten und Schlangen, von Hainen fremdartiger Bäume wie in einem Märchen= lande, der Wirklichkeit entrückt.

Ist der Tempelhain in der königlichen Palaststadt der schönste, mit den prunk= vollsten und besterhaltenen Bauten von ganz Asien, so ist jener von Wat Po der umfang= reichste. Auf einem Raume von über dreißig Morgen befindet sich hier ein wahres Labyrinth von Tempeln, Galerien, Säulenhallen, Pagoden, Pratschedis und Klöstern, so daß ich nach stundenlangem Umherwandern nur mit Mühe den Ausgang wieder= finden konnte. Obschon zu Ehren der buddhistischen Gottheit erbaut, macht die ganze Anlage einen ungemein befremdenden, unheimlichen Eindruck, als wäre sie der Sitz von Zauberern und Teufelsbeschwörern. Die buddhistische Religion ist eben nach Siam nur in verzerrter Form gekommen; dazu haben sich viele Gebräuche von der alten Brahmanenreligion erhalten, aber noch mehr kommt der heidnische Aberglaube und Götzen= dienst der Ureinwohner des Landes auch heute noch zum Durchbruch. Die Siamesen glauben Erde, Wasser und Luft von Geistern bevölkert, die sie durch allerhand Fetisch= dienst beschwören, denen sie Opfergaben darbringen und Feste veranstalten. An den Eingängen zu den verschiedenen Höfen oder verstreut in den schattigen Hainen stehen ungeheure Statuen von fratzenhaften Halbgöttern, aus Lehm aufgeführt und mit Mosaik bekleidet. Hier ein paar sechs Meter hohe Riesen mit glotzenden Augen und mächtigen Stoßzähnen, dort ebenso ungeheure Löwen, Drachen, Elefanten, Schlangen von grotesken Formen; anderswo stehen menschliche Riesenfiguren in moderner europäischer Kleidung, den Cylinderhut auf dem Kopfe, einen Spazierstock in der Hand, fratzenhafte Zerrbilder

der Wirklichkeit. Bäume und Sträucher besetzen die mit Steinplatten bedeckten Pfade auf beiden Seiten und wuchern hier in diesem feuchttropischen Klima mit solcher Ueppigkeit, daß es fortwährender Arbeit bedarf, um sie im Zaum zu halten. Ließe man sie nur ein Jahrzehnt unbeachtet, all die Statuen und Tempelchen, Pagoden und künstlichen Grotten wären dann gewiß mit einem undurchdringlichen Gewirr von Aesten und Zweigen und Laub umschlungen, gerade wie die Ruinenstädte von Südmexiko und Yukatan, die einen ähnlichen Eindruck auf mich gemacht haben wie diese Tempel der fremdartigen hinterindischen Welt. Unwillkürlich brachte ich beide miteinander in Verbindung,

Pagoden im königlichen Tempelhof.

und ich konnte mich des Gedankens nicht erwehren, daß stammverwandte Völker mit verwandten Kulturen sie erbaut haben.

Das mächtigste Gebäude des Wat Po ist eine hohe, geräumige Halle mit einem von vierundzwanzig Säulen getragenen Holzdache, unter welchem ein ungeheurer Buddha schlummert, eine der größten Statuen der Welt. Ein Priester öffnete mir bereitwillig die hohen, mit prachtvollen Perlmutterornamenten eingelegten Flügelthüren, sowie die Fenster, um Licht einzulassen, denn die siamesischen Tempel besitzen keine Glasfenster. Erst jetzt konnte ich die ungeheure, in der Dämmerung unförmliche Masse erkennen, die den ganzen inneren Raum einnimmt, und die Kunst bewundern, mit der die Siamesen aus gewöhnlichen Bauziegeln und Mörtel diese Riesenstatue hergestellt haben. Auf einer gemauerten, etwa zwei Meter hohen Plattform liegt Buddha, das mit einer Riesenkrone bedeckte Haupt auf einen Arm gestützt, in Meditation versunken. Der Koloß ist nicht weniger als fünfzig Meter lang und dreizehn Meter hoch, ist also nahezu dreimal so groß wie die Riesenstatue der Bavaria in München. Die Fußsohlen allein haben eine Länge von je fünf Metern und zeigen in schöner Zeichnung und Perlmutterinkrustation Darstellungen aus dem Leben der Gottheit. Die ganze Statue aber ist vom Scheitel bis zur Sohle reich vergoldet, glitzernd und strahlend im Lichte der durch die geöffneten Fenster dringenden Sonne. Es ist nicht etwa nur eine dünne Vergoldung, wie wir sie im Abendlande verwenden; ich überzeugte mich selbst mit dem Messer davon, daß auf der dicken Lackschicht, mit der das Mauerwerk der Figur überzogen ist, eine Lage Gold von der Stärke unseres Seidenpapiers liegt. Während ich überwältigt von der groß-artigen Masse dieses Riesenbuddha dastand, kamen Andächtige in den Tempel, suchten, dieselbe entlangschreitend, beschmutzte oder abgebröckelte Stellen und klebten frische Gold-blättchen über dieselben, um so „Tambuhn" zu machen, d. h. ein buddhagefälliges Werk zu vollbringen. Am Eingang zu den meisten Tempelhainen Bangkoks befinden sich Verkäufer von allerhand Fetischen, kleinen Buddhafiguren in den verschiedensten Formen und von Opfergaben, darunter auch Büchlein mit einer Anzahl Goldblättchen zum Be-kleben der vergoldeten Buddhas.

Am Fußende des Kolosses bemerkte ich ein großes hölzernes Pferd auf Rädern, ebenfalls ganz vergoldet. Wie mein Dolmetscher mir sagte, wird dieses Pferd bei Prozessionen mitgeführt, und opferwillige Buddhisten legen auf dasselbe die gelben Seidengewänder und Geschenke für die Priester. Rings um den mit Steinplatten belegten Platz, auf dem sich dieser Buddhatempel erhebt, ziehen sich lange, niedrige Galerien hin, in denen eine kaum zählbare Menge von Buddhastatuen in den ver-schiedensten Größen steht. Wohl an tausend dieser Statuen zeigen Buddha in über-lebensgroßer Gestalt mit verschränkten Beinen und gekreuzten Armen dasitzend, alle einander vollkommen gleich. Zwischen diesen seltsamen Figurenreihen, aber auch auf ihren Armen, Schultern und Köpfen stehen viele Tausende anderer kleiner Buddha-figürchen, Opfergaben der Tempelbesucher. Wie die Galerien, wahre Buddhakatakomben, so sind auch die Figuren selbst mit dickem Staub bedeckt, und als ich dieselben entlang durch diese unendlich scheinenden Gänge schritt, flogen überall Fledermäuse auf. In anderen dumpfen, finsteren Räumen kauerten weißgekleidete alte Weiber in Gebet ver-sunken oder auf ärmlichen Strohlagern ruhend, Büßerinnen, welche einige Wochen hier wohnen bleiben, um ein Gelübde zu erfüllen. Zwischen den Steinfiguren und mit Mosaik bedeckten oder vergoldeten Pagoden erheben sich auch Gebäude, welche in schlecht verschlossenen Schreinen die heiligen Bücher und Predigten der Priester, in Palischrift auf Palmblattstreifen geschrieben, enthalten. Nicht nur die Priester beschäftigen sich mit dem Abschreiben dieser Bücher, auch vornehme Frauen glauben ein buddhagefälliges Werk zu vollbringen, indem sie derartige Abschriften anfertigen und den Priestern schenken. Man hat mir erzählt, daß die Priester auf diese seltsamen Palmblatt-bibliotheken großen Wert legen und das Volk sie für heilig hält. Als aber der mich begleitende kahlgeschorene Priester das Interesse bemerkte, mit dem ich die verstaubten und vergilbten Streifen betrachtete, holte er eine Handvoll derselben heraus und reichte

Prinz Damrong,
Minister des Innern.

Der Tempel des smaragdenen Buddha.

sie mir dar, den dafür gebotenen Silbertical mit Dank annehmend. In der Nähe des Haupttempels erhob sich auch ein riesiger Baum, ein Prachtexemplar des Ficus religiosa, wie er bei jedem Buddhatempel Siams in einer gemauerten Umfassung steht. Mein Begleiter behauptete, er entstamme einem Zweig des heiligen Bodhabaumes von Gaya, unter dem Schakyamuni saß, als er die Buddhawürde erlangte. Dasselbe wird von jedem Bodhabaum in den unzähligen Tempeln Siams behauptet, obschon ich in manchen von ihnen nicht den Ficus religiosa, sondern den Banyanbaum (Ficus indica) erkannte, den die Brahmanen verehren. Wahrscheinlich ist die Pflege beider Baumarten in den Buddhistentempeln Siams ein Ueberrest der alten Baumverehrung, der früher jede Religionssekte Asiens gehuldigt hat.

Durch die feuchten, schattigen Avenuen des Wat Po schreitend gelangten wir auch zu einem kleinen, mit künstlichen Felseninselchen geschmückten Krokodilteich, in welchem sich bis vor mehreren Jahren ein ungeheures, als heilig verehrtes Krokodil befunden hat. Als der Bourbonenprinz Graf Bardi Bangkok besuchte, warf er dem Ungeheuer eine an einer Schnur festgebundene Speckschwarte zu, die er dem Tiere mehrere Male wieder aus dem Magen zog, nachdem es dieselbe verschlungen hatte. Schließlich wurde das Krokodil wütend über den Schabernack, den man mit ihm trieb, und die Gesellschaft hatte ihre liebe Not, dem Tier zu entgehen.

Wohin ich mich wandte, sah ich Tempel, Statuen, Pagoden, Hallen und die langen niedrigen Gebäude, in deren engen kahlen Zellen die Priester mit den ihnen zur Erziehung anvertrauten Siamesenjungen wohnen. Dreißig Morgen Landes sind, wie gesagt, mit derartigen grotesken Bauten bedeckt, und derlei Anlagen, wenn auch nicht von dieser Ausdehnung, giebt es in Bangkok etwa dreihundert. Neben dem Wat Po und dem königlichen Wat Pra Keo ist wohl Wat Tscheng die sehenswerteste Tempelanlage, denn Wat Tscheng enthält das imposanteste und fremdartigste Bauwerk nicht nur von Bangkok und Siam, sondern wohl von ganz Hinterindien, vielleicht mit der einzigen Ausnahme des großartigen Angkor Wat, dessen cyklopische Ruinen, von Gestrüpp umwuchert, an der Grenze zwischen Siam und Kambodscha in der Einsamkeit schlummern. Durch die blutigen Grenzstreitigkeiten zwischen den Franzosen und Siamesen wurde ich leider an dem Besuch dieser merkwürdigsten Ruinenstätte von Hinterindien gehindert, ich sah jedoch eine immerhin an hundert Kubikmeter große Nachbildung von Angkor in dem Tempelhaine von Wat Pra Keo. An Massenhaftigkeit mag Angkor den Wat Tscheng übertreffen, nicht aber an Schönheit. Wie eine von einem Turm gekrönte Riesenpyramide erhebt sich Wat Tscheng an den Ufern des breiten Menamstromes über das Weichbild von Bangkok, der höchste Bau und gleichzeitig das Wahrzeichen dieser merkwürdigsten Stadt Hinterindiens. Schon als ich an einem sonnigen Morgen, von Singapore kommend, den Menam aufwärts fuhr, leuchtete mir aus der Ferne diese glitzernde, funkelnde Pyramide entgegen; immer und immer wieder mußte ich mein Auge auf dieses malerische Bauwerk wenden, und einer meiner ersten Spaziergänge war ihr gewidmet. Zwei abstoßende fratzenhafte Riesenfiguren bewachen das Eingangsthor zu dem Tempelhain, der auf dem jenseitigen Menamufer, den goldenen Türmen und

Dächern der Königsstadt gerade gegenüberliegt. Durch den mit grotesken Mosaik- und Stuckverzierungen bedeckten Thorbogen schreitend, befand ich mich dem Hauptbau gegen= über, wie gesagt, eine spitze Pyramide, die mit dem aufgesetzten turmartigen Obelisken eine Höhe von hundert Metern erreicht. Nicht eine Pyramide mit glatten Wänden oder Treppenstufen, sondern ein entzückender Bau, unterbrochen von zahlreichen Terrassen und von oben bis unten bedeckt mit den reizendsten Ornamenten, Arabesken, Tier= und Menschenfiguren, Erkern, Vorsprüngen, Karnissen, einer solchen Unmenge von Details in allen möglichen Formen und Farben, daß es geraume Zeit in Anspruch nimmt, sie zu erkennen. Dabei ist die Gesamtform bei aller Fremdartigkeit ungemein ansprechend. Ob

Eingang zum Wat Tscheng.

am Morgen bei aufgehender Sonne, ob am Mittag oder beim Sonnenuntergang, immer leuchtet und blitzt und strahlt der ganze Bau, als wäre er mit lauter Edelsteinen bedeckt. In allen Farben spiegeln sich die Sonnenstrahlen darin wieder, und besieht man sich die Details näher, so ist man verblüfft über die einfache Lösung des Rätsels. Der ganze massive Bau ist aus Bauziegeln aufgeführt und mit Mörtel beworfen, die vermeintlichen Edelsteine aber sind Millionen kleiner Porzellanscherben. Chinesische Vasen, Teller, Schalen, Muscheln, Gläser, dazu Millionen von Glasmosaikwürfeln haben das Material zur Bekleidung dieser Pyramide geliefert. Die Scherben wurden einfach in den noch feuchten Mörtel gesteckt und bilden heute den originellsten Schmuck, den man sich denken kann. Dazu stehen in den zahllosen Nischen Statuen von Göttern und mythischen Helden, während aus den Hauptnischen an der Spitze der buntfarbigen Pyramide drei= köpfige Elefanten hervorlugen. Rings um dieses herrliche Bauwerk stehen vier andere

Pyramiden von derselben Form, aber nur von der halben Größe, also etwa fünfzig Meter hoch. Eine steile Treppe führt an der Außenseite der Hauptpyramide zwischen den Porzellanelefanten, Drachen, Löwen und Menschengestalten empor zu einer Terrasse, von wo man einen großartigen Rundblick auf Bangkok mit seinen unzähligen Pagoden, goldschimmernden Tempeldächern und Türmen genießt. Aber kein Anblick ist schöner als jener auf die Pyramidengruppe von Wat Tscheng, um die sich, wie in allen anderen Tempelhainen, ein Labyrinth von Klosterbauten, Hallen und Galerien lagert.

Fremdartiger noch als Wat Tscheng erschien mir der inmitten des ärmlichsten Stadtteils gelegene Wat Samplun. Es dämmerte bereits, als ich den übelriechenden, versumpften Klong Samplun (Kanal) entlang schritt, der zu diesem Wat führt. Der Weg bestand aus schmalen, auf hohen Pfosten im Kanal liegenden Brettern ohne Geländer, während an den Kanalufern eine Holzhütte die andere drängte, überragt und umwuchert von Bambusgestrüpp und anderen tropischen Gewächsen. Aus jeder der geöffneten Hütten drang dichter Rauch, nackte Männlein und Weiblein badeten zu Hunderten in dem schmutzigen Wasser, vor jeder Hütte saßen Menschen, rauchend, essend, betelkauend, und ich mußte, als ich schließlich wieder festen Boden erreichte, über sie hinwegsteigen, wollte ich nicht in den Kanal fallen. Ich fühlte mich inmitten dieser nach Tausenden zählenden fremdartigen, halbnackten Menschen, die mich umdrängten, unheimlich, immer dichter wurde das Gewühl an dem engen Kanal, bis ich einen weiten Platz erreichte, auf dem sich mir wohl eines der seltsamsten Bilder zeigte, die ich auf meinen vielen Reisen gesehen habe. Inmitten dieses elendesten und armseligsten Stadtviertels von Bangkok, zwischen den schmutzigsten, in Sümpfen und Gestrüpp stehenden Holzhütten, umgeben von stinkenden Kanälen erhoben sich vor meinen erstaunten Augen prächtige, blendendweiße Tempel und Pagoden, umgeben von Gärten mit der üppigsten Vegetation. Auf künstlichen Felsen thronen zierliche, reich= ornamentierte Pagoden in phantastischen Formen; in den Blumenbeeten erheben sich groteske Steinfiguren von mythischen Gestalten und Götzen, dahinter zeigte sich ein hoher Säulen= pavillon für die Leichenverbrennungen. Zwischen diesen mir geradezu märchenhaft erscheinen= den Schöpfungen dahinschreitend, bemerkte ich in der Dämmerung, daß auf den künstlichen Felsgruppen, die mich umgaben, riesige lebende Krokodile schlummerten, daß aus den schmutzigen Pfützen dazwischen die Köpfe zahlreicher anderer Krokodile hervor= ragten, daß in den künstlichen Grotten große Schildkröten lagen. Entsetzen erfaßte mich, und eiligst flüchtend stolperte ich über magere, wundenbedeckte Hunde, die schlafend mitten auf dem Wege lagen.

Nun erst sah ich, daß der ganze Tempelhain mit halbnackten Menschen gefüllt war, die jedes verfügbare Plätzchen inne hatten, um vor dem Schlafengehen in ihren elenden, finsteren, rauchigen Wohnungen noch etwas frische Luft zu schöpfen. Sie kümmerten sich nicht um die Krokodile, die Schildkröten, die Hunde, Schlangen und anderes Ungeziefer dieses heiligen Haines, ebensowenig wie diese sich um die Menschen zu kümmern schienen. Und dieses merkwürdigste Gemisch des Schönsten und Häßlichsten, des Anziehendsten und Abscheulichsten, von Reichtum und größtem Elend, von wahrer Kunst und üppigster Natur umgiebt ein buddhistisches Gotteshaus! Hier wollen, hier sollen die Armen von Bangkok Ruhe und Erbauung finden, hier um ihr Paradies, um das ewige Nirwana flehen!

Ein anderes Mal stieß ich, zwischen den Gärten und Lagerhäusern und schönen
Villen der europäischen Kaufleute von Bangkok den Menamfluß entlang wandernd, auf
einen andern Tempelhain, der in Bezug auf die Architektur seiner Gebäude noch eigentümlicher war und von dem ich nirgends eine Beschreibung gesehen habe.

Nahe dem Flußufer erhoben sich zwei große Sala, und zwischen diesen erblickte
ich einen Tempel, umgeben von freistehenden Grenzsteinen; hinter diesen erhob sich eine
riesige chinesische Dschunke von vielleicht fünfzig Meter Länge mit hoch emporragendem
Bug und Stern und an Stelle der Masten zwei schmucke schlanke Pagoden von der
eigentümlichen in Siam gebräuchlichen Form. Verwundert, wie dieses Seeschiff so weit

Wat Tscheng.

vom Flusse weg aufs Land gekommen sein mochte, schritt ich näher und bemerkte nun
erst, daß die Dschunke aus Ziegeln massiv aufgemauert war. Die Form, die Verzierungen,
selbst die beiden riesigen Fischaugen, welche jede Chinesendschunke auf dem Bug zeigt, waren
täuschend und in Farben nachgeahmt. Der Name dieses eigentümlichen Tempels, dessen
Ursprung ich nicht erfahren konnte, ist Wat Janovar. So könnte ich noch viele andere
Wats schildern, alle von den verschiedensten Formen, alle in verschiedener Weise überraschend.
Nur das Innere der eigentlichen Buddhatempel, die sich in jedem Hain befinden, ist überall
gleich. Ein weiter Raum, dessen Wände mit farbigen Darstellungen aus dem Leben
Buddhas, der Geschichte Siams oder des buddhistischen Himmels und der Hölle bemalt
sind; im Hintergrunde ein Altar, auf welchem ein sitzender Buddha thront, und vor diesem
eine Tafel zur Aufnahme allerhand Opfergaben. Allerdings ist der Reichtum der

Ausschmückung sehr verschieden. Ich habe in Bangkok Tempel gesehen, welche im wahren Sinn des Wortes von den herrlichsten Juwelen, diamanten= und rubinenbesäeten Kronen, Sceptern, Ringen und anderen Kleinodien strotzen, wo in Glaskästen zu den Seiten der goldenen oder silbernen Buddhafigur Goldbarren, Schmuckgegenstände der verschiedensten Art und von hohem Werte aufgestapelt liegen und wo neben dem Altar lebensgroße Buddhas aus Edelmetall, mit Diamanten besetzt, stehen. Andere wieder, wo alles von der größten Einfachheit ist und die Opfergaben aus geringen Kupfermünzen, Eiern, Früchten und Lebensmitteln bestehen, welche die Priester als Vertreter Buddhas für sich in Empfang nehmen. Wahre Frömmigkeit scheint wenig vorhanden zu sein, weder bei den Priestern noch bei den Gläubigen. Sie verbeugen und verneigen sich wohl vor dem Altar, klatschen beim Beten in die Hände und knieen nieder, um aber vielleicht gleich darauf Betel zu kauen, zu rauchen oder mit den Nachbarn eine lustige Unterhaltung zu beginnen. Ja sogar zum Spiel werden die Tempel benützt. Als ich in einem derselben vor dem Altar stand, um die Figur des Buddha zu betrachten, traten ohne weitere Umstände zwei Siamesen hinzu, und den auf dem Altar stehenden Würfelbecher ergreifend, ließen sie die darin befindlichen Würfel hin= und herrollen. Der Buddhismus ist in Siam entschieden im Niedergange begriffen, in Bezug auf die Religion herrscht trotz all der Herrlichkeit der Tempel und aller Opfergaben Gleichgültigkeit, und das einzige wirklich gefühlte Be= streben scheint es zu sein, durch Geschenke und buddhagefällige Handlungen, die mit der Religion gar nicht zusammenhängen, von ihrer Gottheit Einlaß in die buddhistische Glück= seligkeit zu erlangen.

# Klöster, Priester und Schulen.

———————❦———————

Die auffälligsten Erscheinungen im Straßenleben von Bangkok sind die Buddhapriester. Mochte ich des Morgens durch die Straßen den siamesischen Hauptstadt wandern
oder im schlanken Boote die zahlreichen Kanäle durchfahren, mochte ich tagsüber Besuche
machen, Sehenswürdigkeiten besichtigen, an Feierlichkeiten verschiedenster Art teilnehmen,
überall Priester, Priester, Priester. Im heiligen Rom dürfte es niemals so viele Priester
gegeben haben wie in Bangkok, dazu niemals so viele Tempel, so viele Klöster. Siam
mag im ganzen weit über tausend Klöster besitzen und über hunderttausend Priester.
Ja noch mehr. Jeder Siamese ist verpflichtet, eine gewisse Zeit seines Lebens in einem
Kloster zuzubringen, zum mindesten drei Monate, häufig mehrere Jahre. Nirgends auf dem
Erdball spielt die Religion eine so wichtige, ins öffentliche und gesellschaftliche Leben,
in das Staatswesen und in die Volkserziehung so tief einschneidende Rolle wie hier,
nirgends ist der Buddhismus zu größerer Blüte gelangt, ohne dabei wirklich eine Religion
in unserem Sinne zu sein. Die Tempel sind nicht Gotteshäuser, die Klöster sind nicht
für Mönchsorden bestimmt, die Priester sind nicht Seelsorger. Bei jedem Tempel
befinden sich Wohnungen für die dazugehörigen Priester, lange, ebenerdige oder einstöckige
Gebäude der einfachsten Art, zuweilen mit einem eigenen Wohnhause für den Abt. Auf
dem Lande wohnen durchschnittlich nicht mehr als zwölf Priester in jedem Tempelhofe,
in Bangkok aber giebt es Tempel, denen ein oder mehrere hundert Priester zugeteilt
sind. Im Gegensatz zu den Moscheen der Mohammedaner stehen Tempel und Klöster
der Buddhisten den Europäern offen, ungehindert konnte ich überall eintreten, die
Tempelräume, Gärten, Klöster, Bibliotheken und die Salas, d. h. Unterkunftsräume für
Pilger, besuchen, es wird nicht einmal verlangt, daß man den Hut vom Kopfe zieht
oder wie in den Buddhistentempeln von Japan die Fußbekleidung abnimmt und vor
die Thür stellt.

Bei diesen Tempel- und Klösterbesuchen war es mir auffällig, daß die Tempel
in den meisten Fällen ansehnliche, mitunter großartige Gebäude sind und wertvolle
Schätze und Kostbarkeiten enthalten, die in den Königstempeln von Bangkok Millionen

verschlungen haben mochten, während die Klöster ärmlicher und einfacher ausgestattet sind als unsere Armenhäuser. Selbst in den Klöstern der königlichen Tempel herrscht die größte Einfachheit; die kahlen Räume enthalten nichts weiter als niedrige Bettstellen mit dünnen, harten Matratzen, Truhen für die wenigen Habseligkeiten der Priester und ein paar Gerätschaften. Die Priester selbst gehen ärmlich gekleidet umher, und auch an den größten Festtagen tragen sie keinen Schmuck oder viel bessere Gewänder als ihre alltäglichen.

In Wirklichkeit sind die Buddhistenpriester oder, wie sie von den Europäern genannt werden, die Talapoinen, Bettler, den Mönchen unserer katholischen Bettelorden vergleichbar. Sie entsagen bei ihrem Eintritt in die Priesterschaft allen irdischen Gütern und sind während ihrer ganzen Priesterschaft auf die milden Gaben der Bevölkerung angewiesen. Sie müssen sich all ihre Bedürfnisse, Kleider, Lebensmittel, Gerätschaften auf der Straße erbetteln, und selbst wenn sie vom Könige neue Kleider erhalten, sind diese aus Stoffen verfertigt, welche zuvor in kleine Stücke zerschnitten und dann wieder zusammengenäht worden sind, denn die ersten Nachfolge: Buddhas waren nur in Lumpen gekleidet, und ihnen müssen alle Buddhistenpriester nachstreben. Sie dürfen mit Ausnahme von Sandalen keine Fußbekleidung tragen, sie müssen sich das Kopfhaar und die Augenbrauen in jedem Monate einmal mit kupfernen Messern abrasieren, die Barthaare einzeln ausrupfen, und jede Kopfbekleidung ist ihnen verboten. Sie dürfen von Mittag bis zum nächsten Morgen keine feste Nahrung zu sich nehmen, sie dürfen ihr ganzes Leben lang nichts essen, was irgendwie den Keim eines Lebens in sich tragen würde, sie dürfen nicht arbeiten, spielen, kein Geld annehmen und niemals eine Frau berühren oder auch nur anblicken. Und dennoch giebt es keinen Stand in Siam, dem die männliche Bevölkerung in größeren Scharen zuströmen würde, keinen, der mehr geachtet wäre, selbst von dem Oberhaupte der Buddhisten, dem Könige, als dieser geistliche Bettelstand.

Was ist der Grund dieses scheinbaren Widerspruchs?

Dem fremden Besucher Bangkoks zeigen sich die Talapoinen hauptsächlich am Morgen, wenn sie scharenweise durch die Straßen ziehen, um sich ihr tägliches Brot zu erbetteln. Sie tragen ein Lendentuch um die Hüften geschlungen und darüber ein langes, faltenreiches Gewand, der römischen Toga ähnlich, aus hellgelbem Stoffe, Krai-Set genannt. Das eine Ende dieses Gewandes wird über die linke Schulter geworfen, die rechte Schulter und Brust bleibt nackt. Von der linken Schulter hängt ein unter den Falten der Toga verborgener Eisentopf, an dem rechten nackten Arm ein Fruchtsack. Mit der rechten Hand halten sie einen Fächer aus einem Blatt der Talapatpalme vor das Gesicht. Es kann keinen seltsameren Anblick geben als diese stummen Gestalten mit ihren vollständig haarlosen Schädeln, hageren Gesichtern, aus denen die dunklen brennenden Augen um so kräftiger hervortreten, und ihren langen gelben Gewändern, wie sie von Haus zu Haus wandern und vor jeder Pforte stehen bleiben, um ihr Almosen in Empfang zu nehmen. Die Frauen erwarten sie gewöhnlich schon und begrüßen sie ehrfurchtsvoll mit vor die Stirne gehaltenen gefalteten Händen. Dann nehmen sie ein

paar Löffel voll Reis, allerhand Gemüse und Fischspeisen und schütten sie in den hin=
gehaltenen Eisentopf. Ohne ein Wort des Dankes, ohne einen Blick auf die Spenderin
ziehen die Mönche zum nächsten Hause und so weiter, bis ihr Topf gefüllt ist. Dann
kehren sie zu ihrem Kloster zurück, um die erste Mahlzeit seit dem vorhergehenden
Mittag einzunehmen.

Aehnlich ist es in den Hunderten von Klongs (Kanälen), an denen weit über die
Hälfte der Einwohnerschaft Bangkoks lebt, nur daß hier die Priester in ihren kleinen
Nachen von Haus zu Haus rudern. Ueberall wird ihnen mit offenen Händen gegeben,
überall wird ihnen Achtung und Verehrung bezeugt, und doch sind diese Bettelmönche

Buddhistenpriester bei der Totenandacht.

nicht wie in den christlichen Religionen Geistliche von Beruf, die ihr ganzes Leben lang
Geistliche bleiben; sie haben auch gar nicht viel größere Kenntnisse als jeder andere
Siamese und können zu jeder Zeit ihr Priestergewand mit dem weltlichen ver=
tauschen und in das gewöhnliche Leben zurückkehren.

Die Achtung, die ihnen gezollt wird, gilt dem Gewande oder dem Beruf, nicht
den Trägern selbst. Erfreuen sie sich auch persönlich eines gewissen Ansehens, so ist
es hauptsächlich deshalb, weil bis zum Regierungsantritte des jetzigen Königs die ganze
Erziehung und der ganze Schulunterricht des Volkes in ihren Händen lag, gerade so
wie bei uns im dunklen Mittelalter. König Tschulalongkorn hat in den letzten zwei
Jahrzehnten eine Reihe höherer Schulen ins Leben gerufen, aber den ersten Unterricht
im Lesen und Schreiben und in den vornehmsten Lebensregeln empfangen die
siamesischen Knaben heute immer noch in den Klöstern, die sozusagen die Elementar=
schulen von Siam sind.

Sobald der siamesische Junge das Alter von sieben bis acht Jahren erreicht hat, wird er von seinen Eltern in das Kloster geschickt und einem Priester des eigenen Verwandten- oder Bekanntenkreises zugeteilt. Dort muß er die gleiche Kleidung wie die Priester tragen, seine Lehrer bedienen, deren Boot rudern, allerhand Verrichtungen für sie besorgen, und dafür erhält er den ersten Schulunterricht, der freilich der Hauptsache nach ein religiöser ist. Dazu muß er die zehn Gelübde ablegen, deren wichtigste Armut und Keuschheit sind. Nach einer Reihe von Jahren, deren Zahl nicht bestimmt ist, kehrt er ins öffentliche Leben zurück und folgt gewöhnlich dem Berufe seines Vaters. Ein gewisser Prozentsatz der Novizen, Luksit genannt, widmet sich jedoch ganz dem Priesterberufe und bleibt im Kloster, um die heiligen Bücher Buddhas und die Palisprache zu studieren. Aber auch andere Männer aus jedem Lebensberuf können zu jeder Zeit in den Priesterstand treten, ebenso wie sie zu jeder Zeit wieder austreten können. Sie thun es aus verschiedenen Gründen. Zunächst ist es Thatsache, daß in Siam das Kloster sozusagen das Thor zu allen Mandarinsposten und hohen Staatswürden ist. Dann erfreuen sich die Priester gewisser Vorrechte. Sie sind des Militärdienstes, sowie der Frohnarbeit enthoben und brauchen keine Steuern zu zahlen, die in Siam drückend genug sind.

Dazu sind sie für den Rest ihres Lebens, oder solange sie eben Priester bleiben, aller Wohnungs-, Kleidungs- und Nahrungssorgen enthoben, brauchen nicht zu arbeiten und führen ein beschauliches, behagliches Dasein, ja sie brauchen nicht einmal in ihren Klöstern zu bleiben, sondern genießen die weitestgehende Freiheit in ihren Bewegungen. Nur während der dreimonatlichen Regenzeit müssen sie in ihren Klöstern wohnen; den Rest des Jahres können sie nach Belieben im Lande umherwandern, sich heute hierhin, morgen dorthin wenden. Ueberall finden sie in den Klöstern Unterkunft und bei der Bevölkerung, die ihnen auf dem Lande noch viel größere Verehrung zollt als in der Stadt, auch Kleidung und Nahrung. So könnten sie mit Schillers Räubern singen: „Ein freies Leben führen wir, ein Leben voller Wonne!"

Kein Wunder, daß beinahe ein Zwanzigstel der ganzen männlichen Bevölkerung Siams in den Klöstern steckt und daß Tausende von Männern bei verschiedenen Veranlassungen in den Priesterstand eintreten. Hat jemand Nahrungssorgen, fehlt ihm hinreichender Erwerb, will er sich von einer ihm lästigen Gattin trennen, ist er arbeitsscheu oder will er dem Militärdienst oder der Knechtung und Bedrückung durch die Mandarine entgehen, flugs läßt er sich in ein Kloster aufnehmen. Es bedarf dazu gar keiner besonderen Vorbedingungen, ja in den meisten Fällen ist der Eintritt in ein Kloster ein wahres Familienfest und wird vielleicht vom ganzen Orte mitgefeiert.

Hat sich ein junger Mann entschlossen Priester zu werden, so vertauscht er seine gewöhnliche Kleidung mit einer solchen von weißer Farbe, rupft sich seine Barthaare aus und läßt seinen Schädel und seine Augenbrauen rasieren. Seine Freunde und Verwandten begleiten ihn in das Boot, das ihn zu dem von ihm gewählten Kloster bringt, und häufig folgt eine ganze Flottille von andern Booten mit teilnehmenden Bekannten. Vor dem Kloster empfängt ihn ein Priester und geleitet ihn vor den Abt, der umgeben von zwölf anderen Priestern auf einem Teppich kauert. Bei seinem Eintritt wirft er sich vor dem Abt auf die Knie, hebt betend die gefalteten Hände vor die Stirne und bittet ihn um Aufnahme in das Kloster.

Hierauf rutscht er auf den Knien wieder zurück und erwartet die Fragen des Abtes. Dieselben sind zum Teil recht sonderbarer Art. Ob er männlichen Geschlechtes sei? Niemals verhext, verrückt, verschuldet, ein Sklave oder Flüchtling war? Ob er das zwanzigste Lebensjahr vollendet habe? Dann wird gefragt, ob er die Einwilligung seiner Eltern zum Eintritt in das Kloster besitze und mit der Priesterkleidung, sowie mit Eisentopf und Schnappsack versehen sei. Sind diese Fragen befriedigend beantwortet worden, so wendet sich der als Pate handelnde Priester an die Anwesenden, ob niemand einen Einwand gegen die Aufnahme des Kandidaten zu erheben hätte. Ist dies nicht der Fall, so wird sein Name mit dem Tage seines Eintritts in ein Register eingetragen, während der neue Priester zur Seite tritt, um die gelbe Toga anzulegen und den Eisentopf umzuhängen. Den Palmblattfächer in der Hand, tritt er nun wieder vor den Abt, der ihm die Ordensregeln vorliest, und damit ist die Ceremonie beendigt.

Altem Gebrauch nach mußte, wie gesagt, jeder Siamese, selbst wenn er als Knabe schon mehrere Jahre im Kloster war, bei vollendetem zwanzigsten Jahre für eine Zeit, zum mindesten während drei Monaten, in ein Kloster treten, aber heute geschieht dies nur mehr von den jungen Leuten der höheren Stände und den Prinzen der königlichen Familie. Auch der gegenwärtige König mußte, obschon er bereits zwei Jahre gekrönter König war, für drei Monate in ein Kloster eintreten und für diese Zeit dem Throne entsagen, um bei seinem Austritte aus dem Kloster ein zweites Mal gekrönt zu werden. Eheleute werden durch den Eintritt des Gatten in ein Kloster geschieden, und die Frauen können andere Ehen eingehen, während der Gatte das Gelübde der Keuschheit befolgen muß, solange er im Kloster bleibt. Sollte er sich während dieser Zeit mit irgend einer Frau in intime Beziehungen einlassen, so wird er auf das schwerste bestraft. Er wird aus dem Kloster gestoßen, erhält öffentlich eine Tracht Prügel und wird während drei Tagen durch die Straßen der Stadt geführt. Ein Gerichtsbeamter, der vor ihm einherschreitet, verkündet laut sein Verbrechen. Dann wird er, ebenso wie seine etwaigen Nachkommen, Sklave der Regierung und muß zeitlebens Gras für die königlichen Elefanten schneiden.

Nach dem Eintritte in den Orden ist der Novize noch nicht Priester, oder, wie er im Siamesischen heißt, Phra, d. h. Hochwürden oder Erleuchteter, sondern muß mindestens während drei Monaten „Nahn" sein. Als solcher hat er zweihundert der unzähligen Vorschriften des heiligen Buches, Patimok genannt, zu befolgen. Dann erst wird er Phra, und die Zahl der Vorschriften, nach denen er leben muß, schwillt damit auf fünfhundert. Die geringsten Einzelheiten seines Lebens, Thuns und Lassens, seiner Nahrung und Beschäftigung sind darin genau verzeichnet, und erfüllt er sie wirklich, dann verdient er wahrhaftig, ein Heiliger zu werden. Aber in neuerer Zeit wird es damit nicht so genau genommen, und die Priester führen ein recht behagliches, faules Dasein, denn auch der Tempeldienst ist ein sehr leichter. Die große Mehrzahl von ihnen können wohl die

Palisprache, in welcher die heiligen Bücher und Predigten geschrieben sind, lesen und ihre auswendiggelernten Gebete herplappern, aber sie verstehen den Inhalt ebensowenig wie ein Rabe das Latein. Dafür giebt es unter je hundert Priestern doch ein halbes Dutzend, welche ihren heiligen Beruf ernst nehmen und dann auch in der geistlichen Hierarchie emporsteigen, Phra Long, d. h. Hohe Priester oder Tschau Wat (Aebte) oder Somdetsch Tschau, d. h. Aebte der königlichen Klöster werden.

An der Spitze der ganzen Priesterschaft, die wie bemerkt über hunderttausend Priester zählt und heute vielleicht hundertzwanzigtausend erreicht hat (einige deutsche Armee= korps auf Friedensstärke!), steht der Sanka Radscha, d. h. Vater der Priester. Er wird

Der Oberpriester von Siam.

vom Könige ernannt und ist gewöhnlich ein älterer königlicher Prinz, der indessen keine Gerichtsbar= keit ausübt, sondern nur zeitweilig dem König Bericht zu erstatten hat. Die Gerichtsbarkeit über die Priester liegt in den Händen des Somdetsch Tschau Phra, d. h. etwa „königlicher Herr der Priester", dem wieder eine Anzahl von Sank= hari in den Provinzen, eine Art geistlicher Polizei= kommissare, untergeordnet sind und die allein Strafen an Priestern vollziehen können. Die weltlichen Gerichte haben über sie keine Gewalt. Neben den Phra und Nahn giebt es in den Klöstern noch die vorerwähnten Lukfit, d. h. Klosterknaben oder Schulkinder, welche von den Eltern zur Er= ziehung zu den Priestern geschickt werden und die persönliche Bedienung der Priester besorgen, und endlich die Ta=theu oder Klosterknechte.

In einzelnen Tempelhöfen von Bangkok, vor allem in dem riesigen Tempel Wat=Po, fand ich auch zahlreiche, weißgekleidete Frauen wohnen. Ihre Behausungen waren mehr als einfach. In weiten, niedrigen, finstern, feuchten Hallen lagen harte Strohsäcke, dazwischen waren weiße Lumpen aufgehäuft. Die alten, verrunzelten Weiber kauerten draußen an den Wänden und beteten einen Rosenkranz von mehreren hundert Kügelchen zwischen den hageren Fingern. Es waren Nang=Ksi, siamesische Nonnen, die, verlassen von aller Welt, ohne Mittel, ohne Lebensunterhalt, in diesen Klöstern eine Zufluchts= stätte finden und sich ihr tägliches Brot ebenso erbetteln müssen wie die Mönche.

Aber auch Mönche und Nonnen der Tierwelt beherbergen diese Klöster, wenn ich mich so ausdrücken darf. In jedem einzelnen Tempel= oder Klosterhofe, den ich besuchte, fand ich die verschiedensten Tiere, von mächtigen Krokodilen und Schildkröten bis herab zu massenhaften Holztauben. Zuweilen sieht man sogar Elefanten und Hirsche, prächtige Pfauen und Fasanen in diesen sonderbaren Räumen, Opfergaben von frommen Buddhisten. Die Mehrzahl der Tiere ließen mich glauben, die Priester befassen sich mit

Tierarzneikunde und richten ihre Höfe zu Tierspitälern ein, denn es war die reine
Invalidenmenagerie. Wie die Menschen, so nimmt das grausame Schicksal auch die
Tiere, wie es eben so geht, zuweilen recht hart mit, und wie sich die Menschen dann
in die stille Beschaulichkeit der Klöster zurückziehen, so auch die Tiere. Räudige, drei-
oder zweibeinige Hunde, Hunde ohne Schwanz, ohne Ohren, blind und lahm, alte
Kampfhähne, die auf den Schauplätzen der blutigen Hahnenkämpfe ihren Kamm, Flügel
oder Sporen eingebüßt haben, Schweine, denen man alle Knochen unter der Haut zählen
könnte, Affen, die in den ihnen gestellten Fallen unglücklicherweise ein Bein oder den
Schwanz verloren haben, all diese Unglücklichen der mannigfaltigen Tierwelt des hinterindischen Königreiches finden in den Klöstern ein letztes Asyl. Dem Buddhisten ist es

Buddhistenpriester, im Tempel betend.

verboten, Tiere zu töten, denn ihrem Glauben zufolge gehen die Seelen der Verstorbenen
in die Tiere über, ehe sie das Nirwana erreichen. Um keinen Preis würde ein frommer
Siamese ein Tier töten, denn möglicherweise lebt in dem Huhn oder Fisch oder Käfer
die Seele seines Vaters oder Großvaters. Er läßt die Hühner deshalb von Chinesen
töten, gefangene Fische legt er in die Sonne, bis sie von selbst sterben, und die alters-
schwachen, kranken oder verkrüppelten Tiere schickt er in die Klöster, wo die Talapoinen
sie bis zu ihrem Tode füttern.

Wenn auch den Vorschriften gemäß der siamesische Priester kein Geld annehmen
darf und dem Bettler gleich bescheiden und mäßig leben sollte, so werden diese Vorschriften
doch in viel zahlreicheren Fällen gebrochen als gehalten, und eine Menge von Männern
treten in die Klöster einfach aus Spekulation. Abgesehen von den Lebensmitteln erhalten
sie eine Menge Geschenke. Der König überbringt ihnen unter Entfaltung des größten
Pompes alljährlich selbst neue Kleider, Haushaltungsgegenstände und vielerlei andere

Dinge in die Tempel, und überdies werden täglich von ihm Hunderte befchenkt; auch die Mandarine und das Volk geizen ihnen gegenüber keineswegs. Direkt um Gaben betteln dürfen die Talapoinen nicht, aber fie kennen wohl die Häufer der Wohlhabenden oder jener, die fich bei den Himmelsmächten durch Wohlthaten ein Steinchen ins Brett legen wollen; „Tam buhn“, verdienftvolle Werke thun, ift ja das eigentliche Um und Auf der buddhiftifchen Religion. Der Talapoine ftellt fich in die Nähe diefer Häufer und wartet. Der Hausherr fieht den Mönch, tritt ehrerbietig auf ihn zu und fragt nach

Buddhiftenpriefter bei einem Verbrennungsaltar.

feinem Begehren. „Mein Leib ift in Not,“ erwidert ein Talapoine, „und bedarf eines Kleides“ (oder irgend eines anderen Gegenftandes).

Will der betreffende Hausherr ihm nichts fchenken, fo verbeugt er fich abermals tief, indem er die gefalteten Hände betend an die Stirne legt, und erwidert: „Herr der Gnaden, begebe dich gefälligft weiter und beglücke jemand anderen mit deiner Gunft.“ So zieht der Tala= poine weiter, bis er den gewünfchten Gegenftand doch erhält, den er möglicherweife bei der nächften Ge= legenheit wieder verkauft und das Geld behält.

Bei jeder Geburt, Hochzeit, bei den Haarfchneidefeften, Todes= fällen, Leichenverbrennungen find Talapoinen zugegen, und obfchon fie keine priefterliche Verrichtung haben, fondern nur zu beten brauchen, werden fie doch ftets reichlich be=

fchenkt. Häufig laffen Wohlhabende, die „Tam buhn“ machen wollen, Priefter in ihre Häufer kommen, um für fie zu beten, und befchenken fie dann in der Regel mit zwei Schüffeln, auf deren einer neue gelbe Kleider liegen, während die andere ein Pfund Silber enthält, denn gemünztes Geld dürfen fie nicht nehmen. Auf diefe Weife erwerben fich manche mit der Zeit doch ein kleines Vermögen, viele treten dann ins öffentliche Leben zurück und heiraten nach Belieben eine oder mehrere Frauen.

Unzweifelhaft üben die Mönche auf das öffentliche Leben einen großen und wohlthätigen Einfluß dadurch aus, daß fie die gefamte männliche Jugend Siams erziehen, ihnen einen gewiffen Grad von Schulunterricht erteilen, fie die Eltern und Lehrer achten und fonft auch höfliches, zuvorkommendes, fittfames Benehmen lehren, aber es find ihrer zu viele. Wenn der Unterhalt eines Talapoinen im Jahre nur fünfhundert Mark erfordern sollte, so macht dies bei 120 000 doch die stattliche Summe von 60 Millionen Mark Barausgaben. Dazu werden die besten und tüchtigsten Arbeitskräfte des Landes diesem entzogen. Jeder einzelne könnte doch im Jahre mindestens für ebensoviel Arbeit leisten, was den jährlichen Verlust auf 120 Millionen Mark vergrößert. In Wirklichkeit beträgt er jedoch viel mehr, und es ist deshalb kein Wunder, wenn bei einer so ungeheuren Zahl von Klöstern und Priestern das Land verarmt und nur durch seinen außerordent= lichen Naturreichtum über Wasser erhalten wird. Siam braucht einen hinterindischen Kaiser Josef II., und König Tschulalongkorn hat ganz das Zeug dazu. Bleibt er am Leben, so dürfte die bisherige verlotterte Klosterwirtschaft in Siam bald ein Ende nehmen.

# Wohnungen der Siamesen.

Was die malerische Hauptstadt Siams an schönen Bauten aufzuweisen hat, beschränkt sich auf die geradezu feenhaften Paläste des Königs, auf die Residenzen der zahlreichen Prinzen und Mandarine, sowie auf die Tempel. Der Rest der über eine halbe Million Einwohner zählenden Stadt ist aus recht ärmlichen Gebäuden zusammengesetzt: Holzhütten mit Palmblättern eingedeckt, Tausende schwimmender Holzhäuser auf dem großen Menamstrom und den vielen Kanälen, welche die Stadt durchziehen. Nur innerhalb der Ringmauern der innern Stadt ist in den letzten Jahren eine größere Zahl von Ziegelbauten entstanden, denn die Feuersbrünste waren so häufig und verderbenbringend, daß der König die Herstellung von neuen Holzhäusern dort gänzlich untersagt hat. Steht doch dort inmitten des Gewirrs von Hütten die wunderbare Palaststadt des Herrn der weißen Elefanten mit ihren prächtigen Thron- und Audienzhallen, ihren köstliche Juwelen und Schätze aller Art enthaltenden Tempeln, ihrer großen Zahl von Pagoden und Türmen. Die Holzhütten wären wohl nach einem Brande in zwei drei Wochen wieder aufgebaut, aber der Wiederaufbau der königlichen Palaststadt würde Jahrzehnte Zeit und viele Millionen Geld verschlingen, abgesehen von den unersetzlichen Verlusten an Kunstschätzen und Reichtümern aller Art, die dort, in der herrlichsten Königsresidenz von Asien, aufgestapelt sind. Deshalb wurde in den letzten Jahren auf Veranlassung des Königs auch eine Feuerwehr organisiert, so daß Bangkok voraussichtlich vor einer so furchtbaren Katastrophe verschont bleiben wird.

Wer die Pracht des siamesischen Hofes kennen gelernt hat, würde kaum die Armut und das Elend erwarten, in welchem das siamesische Volk selbst lebt. Nicht freudenlos, denn die Siamesen sind ein leichtlebiges, vergnügungssüchtiges, anspruchsloses Völkchen, dessen Armut, der Hauptsache nach, eine selbstverursachte ist. Es giebt wohl auch reiche Siamesen, aber die weitaus größte Zahl dieser letztern sind Prinzen, Würdenträger und Beamte. Sie wohnen in Palästen und behaglichen Wohnhäusern, welche

phot. STÜDDERS & KOHL

Pra Keo.

heute schon vielfach europäische Einrichtung zeigen; einen Mittelstand von Kaufleuten und Industriellen wie bei uns giebt es in Siam nicht. Was nicht im Regierungsdienst steht oder zu den zahlreichen Tempeln und Klöstern gehört, ist armes, unwissendes Volk, das sich durch Handlangerarbeit, Fischfang, Handel und kleinere Hausindustrie ernährt und die weitaus größte Hauptmasse der Bevölkerung bildet. Wer echt siamesisches Leben kennen lernen will, muß dieses Volk in seinen Hütten aufsuchen.

Das Zusammenleben großer Familien, wie es in China und Japan Sitte ist, kennt man in Siam nicht. Wächst der Knabe zum Jüngling heran, so wird allgemein, vom Königssohn bis herab in die ärmste Familie, das Haarschneiden gefeiert, d. h. dem Knaben wird sein Haarzöpfchen abgeschnitten, und bei dieser Gelegenheit erhält der Knabe von den geladenen Freunden und Verwandten, je nach ihren Mitteln, Geldgeschenke, die aufbewahrt werden, bis er die Klosterschule, in die er nun eintritt, wieder verlassen hat und zum Mann herangewachsen ist. Will er heiraten, so bleibt er nicht wie der Chinese und Japaner im Hause seiner Eltern und richtet sich dort mit seiner Braut seinen Hausstand ein, sondern baut sich in der unmittelbaren Nähe des Vaterhauses ein eigenes Haus, ja dieses wird ihm von den Eltern seiner Braut häufig zur Bedingung gemacht, ohne deren Erfüllung ihm die Braut nicht gegeben wird.

Die Sache ist nicht schwierig, denn die Bauplätze in der Umgebung der Stadt sind wohlfeil, und die wenigen Holzbalken und Matten, aus denen die siamesische Hütte besteht, sind auch zu erschwingen. Gewöhnlich wird eine Stelle an irgend einem der vielen Kanäle gewählt.

Soll ein Haus gebaut werden, so werden zunächst mehrere Meter hohe starke Pfähle aus dem harten, in Siam massenhaft vorkommenden Teakholz in den Boden gerammt. Auf etwa zwei bis zweiundeinhalb Meter Höhe über dem Erdboden werden Einschnitte in die Pfähle gemacht und in diese die Tragbalken für den Fußboden der Wohnräume befestigt, die sich stets in dieser Höhe über dem Erdboden befinden, denn die Flußniederungen sind häufig Ueberschwemmungen ausgesetzt. Ueber die Tragbalken werden starke Teakholzplatten gelegt, oder in ärmern Wohnungen auch nur solche aus gespaltenem Bambusrohr mit kleinen Zwischenräumen, durch welche man den untern freien Raum des Hauses sehen kann. Aehnlich haben auch die Pfahlbauer der Schweizer Seen gewohnt, und dieselben Wohnungen habe ich in den Malayenstaaten in Hinterindien, ja selbst in den Seen von Venezuela gesehen.

Der untere Raum des siamesischen Hauses erhält keine Seitenwände und wird nur durch die Tragpfähle des Hauses gebildet. Das obere Stockwerk wird gewöhnlich in zwei bis drei Räume eingeteilt, und die Zwischenwände sowie die äußern Hauswände werden durch geflochtene Bambusmatten, mit Lehm verschmiert, hergestellt.

An der Vorderseite des Hauses, zuweilen auch auf drei oder allen vier Seiten wird eine offene Veranda angelegt, und das Dach bedeckt nicht nur die Wohnräume, sondern auch diese Veranden, der beliebteste Aufenthaltsort der Siamesen, wenn sie zu Hause sind. Um das Dach herzustellen, wird auf die obern Enden der Teakpfähle ein Tragrahmen gelegt, und an diesem erheben sich auf den beiden Kurzseiten des Hauses die gewöhnlich noch mit einem hirschgeweihförmigen Ansatz versehenen Holzgerippe für das steile Dach. Diese werden durch Latten miteinander verbunden, darüber kommt eine dicke Lage von Palmblättern, die durch Rattan (eine Art Lianen) fest miteinander und mit den Latten verbunden werden, zuweilen wird auf dem First noch eine Reihe von Ziegeln befestigt, und das Haus ist fertig.

Nur in seltenen Fällen, hauptsächlich in der Hauptstadt, kommen Eisenteile und Nägel zur Anwendung. Ich habe Tausende von Häusern dieser Art gesehen, bei welchen nicht ein einziger Nagel, nicht eine Schraube vorhanden war. Die einzelnen Bestand= teile des Hauses waren mit Rattan fest miteinander verbunden, und wie man mir sagte, hält dies gerade so gut. Glasfenster sind in den Häusern des siamesischen Volkes unbekannt, und die wenigen Fensteröffnungen werden durch Holzläden verschlossen. Von der vorderen Veranda führt eine Holztreppe auf den Erdboden hinab.

Auch Mandarine und wohlhabendere Siamesen wohnen häufig in ähnlich gebauten Häusern, nur sind die ihrigen geräumiger, fester gebaut und besitzen noch eine Anzahl von Nebengebäuden für die Dienerschaft und Sklaven. Ihre innere Einrichtung ist aber, besonders in der Provinz, auch nicht viel reicher als in den Häusern des Volkes. Den Siamesen sind Tische, Betten, Stühle, Schränke, mit einem Worte, unsere europäischen Einrichtungsstücke unbekannt, und nur in den Häusern der Vornehmen gelangen solche, wie gesagt, in neuerer Zeit zur Einführung. Der mittlere Raum des siamesischen Hauses ist der eigentliche Wohnraum, kahl, ohne Wandschmuck, ohne Möbel, nur mit einigen schön geflochtenen Matten auf dem Boden, einigen Kissen und vielleicht ein paar Truhen, welche bei den Siamesen wie bei den Japanern die Stelle unserer Wandschränke ver= treten. Die wertvollsten Einrichtungsstücke sind gewöhnlich ein Theekessel mit dazu gehörigen Tassen, jedenfalls aber die Gefäße für die Aufbewahrung und Herrichtung der Betelnuß zum Kauen, dann ein mehr oder minder kostbarer Spucknapf. Wie wir unsere Cigarrentaschen, Streichholzbüchsen und Spitzen oder Tabakspfeifen mit uns tragen, so tragen die Siamesen ihren Betelapparat mit sich, und vornehme Mandarine lassen sich die zuweilen sehr kostbaren Gefäße, darunter auch den silbernen oder goldenen Spucknapf, bei Ausgängen durch Sklaven nachtragen. Bei Besuchen ist es das erste, dem Ankömm= ling einen Sitz auf dem mattenbedeckten Boden anzuweisen und einige Kissen als Stütze unter die Arme und hinter den Rücken zu schieben. Gerade wie wir unseren Besuchern dann eine Cigarre anzubieten pflegen, so bieten die Siamesen den ihrigen Betel zum Kauen dar und schieben den schönsten Spucknapf des Hauses vor sie hin. Nur gilt dies im Lande des weißen Elefanten nicht allein von den männlichen Besuchern, denn die Frauen sind ebenso eingefleischte Betelkauer und beginnen mit dieser scheußlichen Gewohnheit schon im zarten Mädchenalter. Ebenso einfach wie die Wohnräume ist auch das Schlafzimmer, welches alle Mitglieder der Familie miteinander teilen. Die Lager= stätte besteht aus über den Boden gebreiteten Matten, auf welche vielleicht noch dünne harte Matratzen, mit Binsen gefüllt, gelegt werden. In vielen Häusern sind wohl auch Bettgestelle vorhanden, oder vielmehr Holzpritschen, etwa ein Meter breit, gegen zwei Meter lang und einen Fuß hoch. Ueber die Bretter wird eine zwei Finger dicke Matratze

gebreitet, und als Kopfkissen dienen entweder bauziegelgroße Holzklötze oder Bambus=
gestelle, die mit einem Binsenkissen etwas gefüttert werden. Wie man sieht, sind die
Siamesen von ähnlicher Anspruchslosigkeit wie die Chinesen und Japaner.

Was in einem von Mücken, Fliegen, Eidechsen, Tausendfüßlern, Spinnen und
anderem Getier erfüllten sumpfigen Tieflande beim Schlafen vor allem not thut, ist ein
Mückennetz, und ein solches aus weißem oder blauem Gewebe ist fast in jedem Hause
zu finden. Rings um die so geschützten Lagerstätten sieht man Truhen, welche die
wenigen Habseligkeiten der Einwohner enthalten, an den Wänden sind Fischereigerät=
schaften, häufig auch Waffen aufgehängt, in einer Ecke liegen ein paar Werkzeuge für

Partie an einem Kanal von Bangkok.

Zimmer= und Tischlerarbeit, für welche die Siamesen besonderes Geschick zeigen,
das ist alles.

Waschschüsseln, Bäder, Seife, Handtücher und verschiedene andere Toilettegerät=
schaften, welche wir verwöhnten Europäer für unentbehrlich halten, kennt der Siamese
nicht, und nach dem verwahrlosten Zustande seines Hauses zu schließen, ist er der Rein=
lichkeit recht abhold. Und doch badet sich kein Volk mehr und häufiger als der Siamese.
Erhebt er sich morgens von seinem Lager, so ist es sein erstes, die Holztreppe hinab=
zueilen, wo neben dieser auf dem Erdboden ein großer Wasserbottich steht. Er schöpft
mit einem Holzlöffel oder einer Kokosnußschale Wasser aus dem Bottich und begießt
sich damit den Körper. Merkwürdigerweise folgen auch die Europäer jener Länder ganz

den Sitten der Eingeborenen, und sogar in der größten Stadt der malayischen Welt, in
Singapore, giebt es in den vornehmsten europäischen Hotels keine Bäder, sondern nur
Waschräume mit großen Bottichen, aus welchen man das Wasser mittels Löffeln schöpft
und über sich gießt.

Liegen die Häuser an Flüssen oder Kanälen, so steigt die Einwohnerschaft zu
einem Frühbad einfach in diese, selbst wenn sie, wie es häufig in Bangkok der Fall ist,
nur etwa fußtiefes, schlammiges Wasser enthalten sollten. Morgens und abends zeigte sich
mir der Menamstrom wie eine ungeheure offene Badeanstalt mit vielen Tausenden von
nackten Menschen, die sich ohne viel Scheu im Wasser herumtummelten und wie Fische
schwammen. Aber auch tagsüber wird häufig ein Bad genommen, selbst in den Kanälen
des vornehmen Stadtteils in der Nähe des königlichen Palastes. Während Prinzen
den Kanal entlang in glänzenden Equipagen fahren, Europäer, Herren und Damen, auf
und ab wandeln, steigen die Siamesen ins Wasser und kümmern sich nicht um die
Umgebung.

Der dritte Raum des siamesischen Hauses, wenn ein solcher überhaupt vorhanden
ist, dient als Küche. Bei der magern Kost der Siamesen, die noch keine Braten, Trüffel-
tunken, Fruchtkuchen und andere Leckereien unseres verwöhnten Europäergaumens kennen,
ist ein Küchenherd nicht erforderlich und demgemäß auch kein Schornstein. Kein siamesisches Haus besitzt einen solchen. In der Mitte des Küchenraumes steht ein mit Erde
gefülltes Gefäß, auf welchem das Feuer angemacht wird. Der Rauch erfüllt den Raum,
schwärzt Wände und Decke und zieht durch die Ritzen und Spalten des Daches ins
Freie. Fleisch wird von den Siamesen sehr wenig gegessen. Die Fische werden auf
einfachen Pfannen gebraten, der Reis in Kesseln über dem Feuer gekocht. Und was
sie sonst an Gemüsen und Gewürzen für ihren täglichen Reis benötigen, kaufen sie
bereits zubereitet auf den Märkten oder von wandernden Händlern. Die Zubereitung
der Speisen liegt nicht etwa ausschließlich in den Händen der Frauen. Wer gerade
Hunger verspürt, macht sich ans Werk, Papa, Mama, Sohn oder Tochter. In einigen
Körben sind Lebensmittel aufbewahrt, in anderen, innen und außen gut verpicht, wird
das Wasser herbeigetragen. Ein paar Kupferschalen und Schüsseln vervollständigen die
Kücheneinrichtung, denn Gabeln und Löffel sind überflüssige, größtenteils unbekannte Dinge.

In den besseren Ständen speisen die Männer zuerst, dann die Frauen und
schließlich die Sklaven. In den unteren Ständen werden die Mahlzeiten gemeinschaftlich
eingenommen. Die ganze Familie setzt sich im Kreise auf den Boden, in die Mitte wird
ein etwa fußhohes Tischchen gestellt, das in manchen Häusern vorhanden ist, und auf
dieses kommen die Schüsselchen mit den Gewürzen, Fischen und Gemüsen. Jeder holt
sich einige Handvoll Reis aus dem gemeinschaftlichen Kessel, langt mit den Fingern die
Gemüse oder Fische heraus und schaufelt sich mit der Hand den Reis in den Mund.
Chinesen und Japaner bedienen sich bei ihren Mahlzeiten der Eßstäbchen, was aber
nicht viel appetitlicher ist, denn auch diese werden abwechselnd in den Mund gesteckt und
dann zum Herausholen von Fleischstückchen aus der gemeinschaftlichen Schüssel benutzt.

Dabei spülen die Siamesen sich wenigstens vor und nach den Mahlzeiten sorgfältig den Mund aus.

Während der Mahlzeiten wird selten getrunken. Gewöhnlich befriedigen die Siamesen ihren Durst erst nach den Mahlzeiten, und zwar hauptsächlich nur mit Wasser. Dann spült jeder Teilnehmer sein Eßgeschirr mit Wasser aus und stellt es umgekehrt in einen Küchenkorb. Ebensowenig wie ihre Körper trocknen sie auch ihre Geschirre ab, und ein Trockentuch in ihren Händen würde nie zu diesem Zweck verwendet werden.

Tonnenboote und schwimmende Häuser.

Das unter den Wohnräumen gelegene Tiefparterre wird gewöhnlich als Hühner-, Schweine- oder Viehstall benutzt, und dort befinden sich auch die gröberen Hausgerätschaften, wie die Handmühle und der große Mörser zum Zerstoßen von Reis, etwaige Ackergeräte und Ruder für die Boote, deren jedes Hauswesen eines besitzt. Zum Aufenthalt oder Schlafen werden diese unteren Räume niemals benutzt, schon wegen der zahlreichen Schlangen, Tausendfüßler, Eidechsen und mitunter auch Raubtiere, die sich zur Nachtzeit einschleichen.

Der arbeitsamere, fleißigere Teil der Familie ist bei den Siamesen entschieden der weibliche. Die Söhne tummeln sich bis zu ihrem ersten Haarschneiden auf den Flüssen und Kanälen herum, spielen, treiben allerhand Schabernack und sind den Eltern, trotz der Ehrfurcht, die sie ihnen bezeugen, doch so lästig, daß diese froh sind, wenn das Haarschneiden vorüber ist und die Söhne in die Klosterschulen kommen, wo sie ein, zwei oder mehr Jahre bleiben. Die Töchter dagegen helfen fleißig zu Hause mit, arbeiten, sticken, kochen und besorgen die kleinen Geschwister. Solange die letzteren noch nicht gehen können, werden sie von den älteren Schwestern getragen, indem diese sie auf die rechte Hüfte setzen und mit dem rechten Arm umschlingen. Zu Hause schlafen sie in eigentümlichen Wiegen: ein viereckiger Holzrahmen wird mit einem starken Netz überzogen, in dessen Mitte sich ein kleines Brett befindet. Auf dieses wird das Kindchen gelegt, das Netz senkt sich und bildet eine Art Sack, so daß der junge Weltbürger nicht herausfallen kann. Der Rahmen selbst hängt mittels Stricken an der Zimmerdecke.

Bei den Hunderttausenden von Siamesen, die auf dem Flusse in ihren eigentümlichen Tonnenbooten leben, ist die Hauseinrichtung natürlich noch viel einfacher. Wohl giebt es in Bangkok, Ajutiah und anderen Städten am Menamstrom auch Tausende sehr bequemer, geräumiger Hausboote, ja selbst zahlreiche Mandarine und Hofwürdenträger besitzen derartige auf dem Flusse schwimmende Wohnungen. Aber die große Masse der Flußbewohner lebt in größerer Armut und Unwissenheit als jene Hunderttausende von Chinesen, welche den Fluß bei Canton bevölkern. Lesen und schreiben kann auch in der Hauptstadt nur ein geringer Prozentsatz der Einwohner. Bücher sind in den allerwenigsten Haushaltungen zu finden.

Lampen und Kerzen gelangen erst allmählich bei der hauptstädtischen Bevölkerung zur Einführung. Auf dem Lande, bei den Flußbewohnern und auch in den armen Stadtteilen von Bangkok werden die Häuser durch eine Art Fackeln erleuchtet. Vermodertes Holz wird in Oel und Harz getränkt und in Kerzenform in ein Palmblatt gewickelt. Diese Fackeln werden auf einen Stift gesteckt und geben beim Brennen viel Rauch, aber sehr wenig Licht.

Und dabei werden die Straßen in der Umgebung der Palaststadt sowie im Königspalast selbst mit elektrischem Licht erleuchtet; dabei giebt es Pferdebahnen in der Hauptstadt, Eisenbahnen auf dem Lande, Dampfer auf den Flüssen, Post, Telegraph und all den ganzen civilisatorischen Apparat des Abendlandes. Kultur ist in Siam wohl vorhanden; aber durch den Willen des Königs geschaffen, beschränkt sie sich vorerst nur auf die kleinsten Kreise und hat nicht entfernt so weit um sich gegriffen wie bei den Japanern. Zwar hat der König die Reform des Schulwesens in Angriff genommen, aber es wird noch Jahrzehnte dauern, ehe das Volk auf derselben Stufe steht wie heute schon die Japaner.

Erzeugnisse der siamesischen Silberschmiedekunst.

# Die Bazare von Bangkok.

Wer die königlichen Paläste, die Tempel und das königliche Museum besucht, wird nicht nur geblendet von dem Reichtum an Edelsteinen und kostbaren Geschmeiden, die dort in so großen Mengen aufgestapelt sind, sondern auch verblüfft durch die schönen Formen und die sorgfältige Ausführung der goldenen und silbernen Gerätschaften, der Kronen, Buddhastatuen, Betelgefäße, Schalen, Schüsseln, Theegeschirre, der Prunkwaffen, Gürtel, Prunkkleider und mancherlei anderer Dinge.

Man wäre nach diesen herrlichen Erzeugnissen geneigt anzunehmen, die siamesische Kunst und Industrie müsse sich auf einer beträchtlich hohen Stufe befinden. Allerdings hat der König, wie in so vielen anderen Dingen, seinen maßgebenden Einfluß auch in Bezug auf die Kunst und Industrie zur Geltung gebracht, und seine Paläste mit ihrer glänzenden Einrichtung sind in der That das Schönste, was das moderne Indien auf= zuweisen haben dürfte. Allein bis in das Volk ist dieser Einfluß noch nicht gedrungen, und die Siamesen sind auch in dieser Hinsicht viel weiter zurück als ihre Nachbarn, die Indier, Chinesen und Japaner.

Das zeigt am besten ein Gang durch die Bazare von Bangkok. Nirgends kann man die Kulturstufe eines Volkes, ja auch sein Leben und Treiben, seine Trachten und Sitten eingehender kennen lernen als in den Bazaren, besonders jenen des Orients, wo nicht nur die fertigen Gegenstände zum Kauf ausgeboten werden, sondern wo dieselben auch gleichzeitig von den einheimischen Arbeitern angefertigt werden. Ich möchte die Bazare als die sichersten Kulturmesser eines Volkes bezeichnen, denn bis in diese bringt nicht das Blendwerk eines glanzvollen Hofes, nicht der Einfluß der Regierung, sie zeigen die wahren Bedürfnisse und auch die wahren Leistungen der Regierten.

Bangkok hat unter der Regierung des gegenwärtigen Königs mancherlei Wand= lungen erfahren, aber der ganze moderne Kulturhauch hat die Bazare unberührt gelassen. Mitten durch ein Labyrinth von Straßen und Kanälen, die, am linken Ufer des

Menamſtromes ſich hinziehend, Bangkok bilden, läuft eine etwa zwei Kilometer lange Verkehrsader, die engſte und gleichzeitig belebteſte: die Talat Sampeng, der Hauptbazar von
Hinterindien. Kleine ebenerdige Häuschen, nach der Straßenſeite offen, erheben ſich auf
beiden Seiten, aus Ziegeln oder Holz gebaut, und über ſie ſpannt ſich eine Decke aus
Matten oder Stofffetzen zum Schutze gegen die das ganze Jahr über glühende Tropen-

Partie im königlichen Muſeum.

ſonne. Regen und Stürme haben in dieſe Decke Lücken geriſſen, die Fetzen hängen tief
in die halbdunkle Straße hinab und ſchlagen den Paſſanten ins Geſicht; der Boden iſt
mit großen Steinen gepflaſtert und mit Abzugsrinnen für den Unrat verſehen, aber die
Waſſerleitung iſt noch immer nicht hergeſtellt, und die Unrathaufen bleiben bis zu den
tropiſchen Regengüſſen liegen und verpeſten die Atmoſphäre. Stellenweiſe hat die Stadt-
verwaltung, an deren Spitze ein königlicher Prinz als eine Art Lordmayor ſteht, einzelne
Häuſer abbrechen laſſen, um mehr Licht und Luft zu ſchaffen, aber dieſe Stellen ſind

noch unflätiger als die Straße, denn sie werden ziemlich offen als Ablagerungsstätten menschlichen Unrates benutzt. Von Wagenverkehr ist keine Spur vorhanden, auch Lasttiere sieht man niemals, denn man kann durch diesen Hauptbazar von Bangkok wandelnd bei ausgestreckten Armen beide Straßenseiten berühren. Und doch drängen sich hier in den zahlreichen winzigen Kaufläden die Produkte des ganzen Landes, denn hier ist der Markt für die gesamten Einwohner der Hauptstadt.

Das regste Leben herrscht hier vom frühen Morgen bis zum späten Abend, ja selbst bis in die späte Nacht hinein, denn zwischen die Kaufläden eingestreut, erheben sich hier eine beträchtliche Anzahl von einheimischen Restaurants, Theatern und Spielhöllen, in welchen die schlauen Chinesen den leichtlebigen Siamesen die Ticals aus der Tasche ziehen. Die Beobachtung des seltsamen hinterindischen Völkergemisches, das sich hier im buntesten Durcheinander zeigt, gewährt allein schon das höchste Interesse. Von dem weißen Europäer bis zum schwarzen Tamal Vorderindiens sieht man alle Hautfarben, dazu alle erdenklichen Volkstrachten; Araber, Parsiehs, Laoten, Malayen, Birmanen, Kambodschaner, Anamiten, Chinesen und endlich Siamesen drängen einander, die einen als Käufer, die anderen als Verkäufer oder Industrielle. In den der ganzen Breite des Hauses nach offenen Kaufläden sind halbnackte Chinesen an der Arbeit, klopfen und sägen, hämmern und feilen an den verschiedensten Arbeiten. Denn die Mongolen, welche ja ein Drittel der Gesamtbevölkerung des Landes bilden, sind die Träger der siamesischen Industrie. Hinter verschiedenen Gemüse- oder Früchtepyramiden kauern Siamesenweiber, den Oberkörper nach Landessitte entblößt und nur ein schmales Tuch über eine Achsel geworfen; Fleisch, Fische u. dergl. werden zumeist von Siamesen feilgeboten, die als einziges Kleidungsstück das Lendentuch um die Hüften geschlungen tragen.

Vor verschiedenen Häusern sind auf Strohmatten oder rohen Tischen alle möglichen Artikel zum Verkauf ausgebreitet, von europäischen Tüchern, Stoffen, Petroleumlampen, Eisenwaren, Regenschirmen, Hüten und Strümpfen, größtenteils aus England und Deutschland geliefert, bis zu den Kleinigkeiten, welche die heimische Industrie hervorbringt. Stundenlang bin ich trotz des fortwährenden Stoßens und Drängens und trotz der widerwärtigen Gerüche im Talat Sampeng umhergewandert, denn mit jedem Schritte zeigte sich mir irgend ein Gegenstand, der mich tiefer eindringen ließ in das Leben und Treiben des eigentümlichen Völkergemisches, das in Bangkok wohnt. Hier ein Kaufladen mit Tabak, offen oder zu Schnupftabak, Cigaretten oder Cigarren verarbeitet, welche sogar schon farbige Bändchen nach der Art der Havannacigarren zeigten. Die Siamesen sind eingefleischte Raucher, und die Toilette des Stutzers ist noch nicht vollständig, wenn er zu dem Lendentuche, nacktem Oberleib und nackten Beinen nicht auch einen europäischen Hut, Regenschirm und eine Cigarette hinterm Ohr trägt. Auch dem Schnupfen wird auf eigentümliche Weise gehuldigt. Die Bewohner des Landes des weißen Elefanten nehmen ihre Prise nicht zwischen die Finger und ziehen sie in die Nase, sondern sie bedienen sich eines Röhrchens von der Form und Größe unserer kleinsten Hufeisenmagnete. Haben sie die Röhrchen mit Schnupftabak gefüllt, so stecken sie das eine Ende in die Nase, das andere in den Mund und blasen den Tabak aufwärts. Zahlreiche Verkaufsläden zeigten derartige Schnupfröhrchen in Silber oder Messing. Ein anderer kleiner, massenhaft vorkommender Artikel sind Kupfer oder Silberblättchen in Herzform, das einzige Kleidungsstück der siamesischen Jugend bis zum Alter von etwa zehn Jahren. In denselben Läden werden auch massenhaft weiße kalkartige Kegel von der Größe einer Nuß feilgeboten und finden unter den zahlreichen Frauen willige Käufer. Gewiß würde niemand in diesen festen Kreidekegeln Puder vermuten.

Die lederfarbenen Schönen von Siam lieben es gerade so wie viele ihrer Schwestern im Abendlande, sich eine hellere Gesichtsfarbe zu geben, als die Natur ihnen verliehen hat, nur thun sie gewöhnlich des Guten zu viel. Die Puderkegel werden für den Gebrauch erst zerstoßen, und das Pulver wird dann mit kleinen Schwämmen aufgetragen. Sonstige Toiletteartikel brauchen die Siamesinnen, nach dem Bazar zu urteilen, nur wenige; sie tragen ja niemals Hüte, selbst die Königin hat nie einen besessen, ebensowenig wie eine Krone, und nur die wohlhabenden tragen Strümpfe und niedrige Schnallen= schuhe. Kleider nach abendländischem Schnitt, Mieder, Bänder, Mäntel, alles das fällt fort, und an ihrer Stelle enthält der Bazar nur die nationalen Kleidungsstücke in den verschiedensten Farben und Qualitäten bis zur feinsten chinesischen Seide. Die Kämme sind aus hartem Holz geschnitzt, und die Reihen von Tiegeln, die man neben ihnen stehen sieht, enthalten eine Pomade, bestimmt, den etwa auf die Länge eines halben Fingers abgeschnittenen Haaren borstenartige Steifheit zu geben. Die überflüssigen Haare am Körper werden mittels kleiner Zangen ausgerupft, die ebenfalls einen unent= behrlichen Toiletteartikel bilden.

Die kleinen stumpfen Messingtrichter, die in den Metallläden feilgeboten werden, dienen als Form zum Rollen des Pfefferblattes, in welches die Betelnuß gelegt wird, vermischt mit rosagefärbtem Kalk, der in kleinen Gläsern feilgeboten wird. Dazu gehört auch eine kleine, schmale Metallklinge, mit welcher der Kalk auf das Pfefferblatt geschmiert wird, und der unfehlbare Spucknapf. Massenhaft sind im Bazar Arm= und Fußknöchelspangen ausgestellt, mit denen sich die Frauen und Kinder schmücken, aus Gold, Silber und Kupfer, mit hübschen Figuren und Ornamenten, oder auch aus Glas von hellgrüner milchiger Färbung, um den Nephritstein (Jade) nachzuahmen.

Die eigentümlichen, in zwanzig kleine Kästchen abgeteilten Schaufeln mit kurzem Stiel, die man hier und da sieht, werden zum Geldzählen gebraucht. Die gegenwärtigen Münzen haben wohl die runde Scheibenform wie die europäischen, aber immer noch ist der alte Tical in der Form und Größe einer Haselnuß im Umlauf. Um das Zählen dieser silbernen Geldnüsse zu erleichtern, schaufelt man sie mit derartigen Schaufeln aus den Säcken, streicht den Ueberschuß ab, und in jedem der zwanzig Kästchen befinden sich vier Ticals, zusammen also 80, was dem siamesischen Pfund Silber oder Tschang entspricht.

Bei dem Aberglauben und dem verderbten Buddhismus, dem die Siamesen huldigen, spielen auch die kleinen Tempelgaben, gelbe Stoffe für Priestergewänder, die Palmblattfächer der Talapoinen, Ex=Voto=Geschenke und vor allem Buddhafigürchen in den Bazars von Bangkok eine bedeutende Rolle. In den vielen Läden sind

unzählige Mengen von Buddhafiguren ausgestellt, in allen erdenklichen Größen und Stellungen, aus Bronze, Glas, Zinn, Gold und Silber, hauptsächlich aber aus Thon geformt mit einem Ueberzug aus vergoldeter Bronze und geschmückt mit kleinen Spiegelstückchen. Diese Buddhas, ganz vor=
trefflich ausgeführt, sind auch in jedem Hause von Bangkok auf dem Hausaltar zu finden; die Tempel der Stadt enthalten deren sogar eine größere Zahl, als Bangkok überhaupt Einwohner zählt. Ich wollte mir von diesen reizenden Figürchen einige erwerben und war überrascht, als die Budeninhaber einen Ver= kauf derselben ablehnten, während in den an= dern Kaufläden Chinesen und Siamesen mir ihren Krimskrams mit großer Freude gegen mein gutes Geld eingetauscht hatten. Auch fand ich bei näherer Besichtigung der Figür= chen, daß kein einziges derselben Augen oder Mund besaß. Als ich vor den Unmassen dieser Figuren ratlos dastand, umgeben von einem Haufen neugieriger Siamesen beiderlei Geschlechts, kam ein in Bangkok ansässiger Europäer des Weges. Lachend erklärte er mir, die Person des Buddha werde von den Eingeborenen zu heilig angesehen, als daß sie überhaupt verkauft werden könnte. Deshalb würden auch Augen und Mund nicht aufge= malt, und erst, wenn sich jemand wirklich im Besitz eines Buddhafigürchens befände, dürfte dasselbe mit den Seh= und Sprachorganen versehen werden. Dann fragte er die Ver= käufer, für welche Summe sie mir wohl die gewünschten Figuren leihen würden; nach langem Feilschen waren wir einig, ich zahlte die Summe, nahm die Figuren in meine Hände, und dann erst durfte ich sie zum Auf= malen der Augen und des Mundes zurück=

Goldenes Buddhabild.

geben. Pinsel und Farbe waren bereit, und in wenigen Minuten war die Sache fertig, ich war Besitzer der „geliehenen“ Buddhas mit Augen und Mund.

Wie selten die Besuche von Europäern in den Bazars von Bangkok vorkommen, konnte ich daraus sehen, daß die kleinen Siamesenkinder bei meinem Anblick zu weinen begannen und furchtsam davonliefen. Bettler bekam ich in dem ganzen Talat Sampeng nicht zu sehen; sie sind übrigens in ganz Bangkok selten, und selbst die meisten Tempeleingänge sind von ihnen frei.

Neben und zwischen den Siamesen haben sich im Bazar Chinesen eingenistet, die mit ihren Waren den europäischen Konkurrenz machen; auch Indier und Araber sind zahl= reich vorhanden, dagegen fehlen merkwürdigerweise die Japaner, die doch sonst in ganz Ostasien überall zu finden sind, hier gänzlich. Ebenso auffällig war es mir, in der ganzen zwei Kilometer langen Bazarstraße nur gewöhnliche billige Waren für den allgemeinen Gebrauch zu finden und nur sehr wenige Juwelen, Gold= und Silberwaren, wie ich sie in den Palästen des Königs und der Großen, sowie im königlichen Museum so massenhaft und in so reizender Ausführung gefunden hatte. Ebensowenig fand ich solche in dem zweiten Bazar von Bangkok, dem Talat San Tsching Tschah, der hauptsächlich euro= päischen Kleiderstoffen und Metallwaren gewidmet ist, während in dem dritten, auf der Westseite des Menamstromes gelegenen Talat Somdetsch Ongnoi, nur Eßwaren feilgeboten werden. Die kostbarsten Artikel, die ich in dem Hauptbazar von Bangkok fand, waren in den chinesischen Kaufläden, und auch sie beschränkten sich auf gewöhnliche Arm= und Fußspangen, Bronzegefäße, Lackwaren und allerdings sehr schönes chinesisches Porzellan zu erstaunlich billigen Preisen, billiger als ich es später in China selbst fand. Wo sind also die Märkte und Ateliers der siamesischen Goldschmiede, Maler, Vergolder, Eiseleure und Bildhauer?

Daß es davon eine große Zahl in Bangkok giebt, darüber kann wohl kein Zweifel bestehen; denn dafür sprechen die Kunstschätze und Einrichtungsstücke in den Palästen. Aber sie verbergen sich, weil bei dem in Siam bestehenden Frohndienst gerade die geschicktesten Kunsthandwerker in Gefahr stehen, von den Mächtigen abgefaßt und in ihren Dienst gestellt zu werden, ohne für ihre Arbeit irgend welchen Lohn zu erhalten. Die Goldschmiede arbeiten einzeln, jeder für sich, im Verborgenen, und ihre Kunst vererbt sich von Vater auf Sohn. Haben sie irgend einen Kunstgegenstand fertiggestellt, so begeben sie sich damit zu den Großen oder deren Agenten und bieten ihn zum Kauf an, aber eigene Warenlager haben sie noch weniger als ihre Kollegen in China oder Japan. Andere Künstler werden vom König oder von den Prinzen beständig beschäftigt; sie liefern ihnen das Gold oder Silber in Barren, dazu die Edelsteine, besonders Smaragde und Rubinen, und aus diesen fertigen die einzelnen Künstler dann die bestellten Gegenstände an. Die größte Zahl der Schmuckartikel, Bilder und Gold= schmiedewaren werden nur auf Bestellung gemacht, und deshalb ist es nur demjenigen vergönnt, einen Einblick in die Kunstfertigkeit der Siamesen zu erhalten, der Zutritt zu den märchenhaften Tempeln und Palästen der Hauptstadt von Siam erhält. Wer irgend welche Juwelen oder Kunstschätze erwerben will, muß sich an wandernde Agenten wenden, denen die einzelnen Kunsthandwerker bekannt sind oder die, mit den Verhältnissen der Reichen vertraut, gewöhnlich wissen, wer einen derartigen Gegenstand zu verkaufen hat. Aber es können darüber Monate vergehen, weil, wie gesagt, eigentliche Warenlager dieser Art in Bangkok nicht bestehen.

So wollte ich mir unter anderem einen größeren Rubin kaufen; denn Siam ist ja bekannt als die wichtigste Fundstätte für Rubine, mit Ausnahme von Birma, und kleine

Rubine für die Uhrenfabrikation werden jährlich nach der Schweiz und England faß-
weise ausgeführt. Ich wandte mich an die geeignetste Persönlichkeit in Bangkok, Herrn
E. Müller, der als Beamter des Hofmarschallamtes mit allen Einkäufen für den Hof
und die Haremsdamen betraut ist. Niemand ist mit den eigentümlichen Verhältnissen
am Hofe inniger vertraut, niemand kennt Bangkok besser; aber auch er zuckte bei
meinem Wunsche nach einem Rubin die Achseln und meinte, ich müsse warten, bis

Erzeugnisse siamesischer Keramik.
Besitz des ethnographischen Museums zu Leipzig.

irgend ein Händler mit Rubinen zu ihm komme, was ganz zufällig sei; denn etablierte
Geschäfte gäbe es keine.

Die Siamesen besitzen viel Kunstsinn und ungewöhnliche Fertigkeit vor allem
in der Herstellung von Bildern, Figuren, Tieren und Puppen, von denen ich eine große
Zahl im Bazar vorfand, die Freude aller Kinder. Sie sind mindestens ebensogute Maler
als die Chinesen und Japaner; in den Tempeln der königlichen Palaststadt sah ich
ganz vorzügliche Freskogemälde von schöner Farbenzusammenstellung und richtigerer
Perspektive und Zeichnung, als die Bilder der Chinesen und Japaner zeigen. Von
Herrn Müller erwarb ich einige Oelgemälde siamesischer Künstler, Scenen der buddhistischen
Mythologie darstellend, an denen man selbst abendländischen Maßstab anlegen könnte,

dann Porzellan= und Thonfigürchen von entzückender Ausführung. In ihrer Kunst lehnen die Siamesen sich entschieden mehr an die Indier als an die Chinesen; sie sind auch vortreffliche Bildner in Holz, Stein, Thon und Gips, Mosaikarbeiter und Vergolder, ausgezeichnete Waffenschmiede, aber für gewöhnliche Massenartikel fehlt ihnen der Sinn und die Ausdauer; sie überlassen ihre Herstellung den Chinesen, die den größten Teil der Industrie und wohl auch des Handels und Reichtums in ihren Händen haben; denn sie brauchen keinen Frohndienst zu leisten und können auch von den Mandarinen nicht so bedrückt und ausgesogen werden wie die Siamesen. Würde dieser Druck von oben aufhören, die Siamesen würden sich in vieler Hinsicht eben so rasch entwickeln wie die Japaner.

Unter diesem Drucke leidet auch der auswärtige Handel und das Geschäft der vielen in Bangkok ansässigen Europäer, hauptsächlich Engländer und Deutsche. Die wichtigsten Käufer sind der König, die Prinzen, die hohen Würdenträger und die reichen Chinesen; aber der lange Kredit verringert den Verdienst, denn Barzahlung ist in Siam sehr selten. Dazu müssen die europäischen Kaufleute auch große Warenlager halten, die sich nur bei schnellem Umsatz und kurzem Kredit bezahlen können. Dann muß die Kauflust der Siamesen, dieser großen Kinder, durch verschiedene Mittelchen gereizt werden, ihr Geschmack, die Freude an Neuheiten wechselt sehr rasch, die Man= darine und ihre Frauen müssen durch kleine Geschenke bestochen werden, und alles das lastet schwer auf dem Handel, so daß Vermögen in Siam von Europäern keineswegs so rasch erworben werden wie etwa in China und Indien. In Bezug darauf sagte der katholische Missionar, Pater Laurent, sehr richtig: „Will ein Europäer in Siam Handel treiben, so muß er drei gefüllte Schiffe mitbringen: eines mit Geschenken für den Hof und die Mandarine, ein zweites mit Waren für den Handel und ein drittes Schiff voll — Geduld".

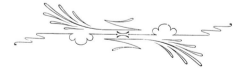

# Vergnügungen und Volksfeste der Siamesen.

———⁑———

Während die Völker des Abendlandes vom frühen Morgen bis zum späten Abend arbeiten, schaffen, dem goldenen Mammon nachjagen, sich keine Ruhe, keine Rast gönnen, um in dem gewaltigen Wettbewerb um Ehren und Reichtümer nicht zurückzubleiben, fassen die Siamesen das Leben viel gemütlicher, ich wäre geneigt zu sagen, viel richtiger auf. Dazu hilft ihnen freilich die gütige Mutter Natur, die ihr Füllhorn in überreichem Maße über das hinterindische Königreich geradezu umgestülpt, entleert hat. Alles, was sie an Naturschätzen darin verborgen führt, hat sie den Siamesen zugedacht, ein reines Schlaraffenland schaffend, in dem man nicht viel zu arbeiten braucht. Es verursacht ihnen nur geringe Mühe, dem Boden das Nötige für ihren Lebensunterhalt zu entnehmen; das Baumaterial für ihre Häuser, Holzpfähle für die Wände und Attapblätter für ihre Dächer sind im Umkreis um ihre Städte und Dörfer massenhaft vorhanden, die Sonne scheint und wärmt hier mit besonderer Freundlichkeit das ganze Jahr über, so daß ewiger Sommer herrscht und man nicht für Feuer zu sorgen braucht, noch weniger für Kleider. Bei so paradiesischen Verhältnissen, in die als einziger Uebelstand nur die Bedrückung von seiten der Regierung eingreift, ist es natürlich, daß sich die guten Siamesen ihres Lebens nach Thunlichkeit freuen. Sie verrichten spielend ihre Arbeit und leben ziemlich sorglos, friedfertig, vergnügungssüchtig und leichtsinnig in den Tag hinein. Jede Gelegenheit wird für Festlichkeiten benutzt, und an solchen Gelegenheiten mangelt es in Siam, zumal in Bangkok, wahrhaftig nicht. Vor allem sind es die Festlichkeiten an dem glänzenden, prächtigen, blendenden Königs= hofe, welche einander in jedem Monate des Jahres folgen.

Nächst dem König kommt der Gott der Hinterindier, kommt Buddha. Auch ihm ist eine erkleckliche Anzahl von Festtagen des Jahres geweiht, die vom Volke noch allgemeiner, wenn auch nicht glänzender gefeiert werden als jene ihres Königs; dann kommen die Neujahr-, Saison-, Säe- und Erntefeste und endlich noch die Feste in der eigenen Familie. Bei der Geburt, dem ersten Haarschneiden, der Vermählung, an den Geburtstagen der Seinen selbst und seiner nächsten Verwandten giebt es Feste. Sein größtes Fest sieht der Siamese leider niemals, denn es ist jenes bei der Verbrennung seiner Leiche.

Und zwischen diese Feste wird in das Alltagsleben Vergnügen aller Art eingestreut, vor allem Spiele, die Lotterie, das Theater, Wettkämpfe, Drachensteigen, Wettfahrten auf dem Wasser und ein wahrer Badekarneval im Wasser selbst. Alt und jung, Mann und Frau beteiligen sich daran. In keiner Großstadt der Erde dürfte weniger gearbeitet und mehr gespielt werden als in Bangkok.

Ambulanter Musiker.

Die kleinen Knaben und Mädchen spielen ähnliche Spiele wie bei uns: Puppen, Federball, Steckenpferd, blinde Kuh sowie Katz' und Maus. Dazu tummeln sie sich im Wasser umher wie Fische, und wirft man ihnen eine Münze in den Strom, flugs tauchen sie unter und holen sie heraus, das erste Geld, das sie sich in ihrem Leben erworben haben. Was sie damit machen? — Spielen. Bei meinen Spaziergängen durch Bangkok fand ich sehr viele dieser drei Käse hohen Weltbürger schon um die ambulanten Spielstände versammelt, um ihre Pfennige zu wagen. Ein Chinese hockte auf dem Boden, ein Tischbrett vor sich, in mehrere Felder eingeteilt. Jedes Feld war mit irgend einem Tier bezeichnet: Fisch, Frosch, Schildkröte und anderen. In einer Kokosnußschale schüttelte er drei Würfel, welche dieselben Tiere aufgemalt trugen, und fiel beim Umstülpen der Schale ein Würfel mit dem Fischzeichen auf das mit einem Fisch bezeichnete Feld, so hatte der kleine Knirps, der auf dieses Feld seinen Pfennig gesetzt, gewonnen. — Freude zeigen? Mit seinem Gewinn fortgehen und sich Süßigkeiten kaufen? Keine Spur. Mit ernster Miene setzte er weiter, bis er ein ansehnliches Häuflein Pfennige beisammen oder alles wieder verloren hatte.

Die Spielwut der Eltern, die von den königlichen Prinzen und Haremsdamen herab alle Gesellschaftskreise umfaßt, scheinen die Kinder mit der Muttermilch einzusaugen. Geht es nicht anders, so wandern sie in den Reisfeldern der Umgebung von Bangkok umher und suchen Grillen. Haben sie eine Anzahl davon gefangen, so thun sie dieselben in einen kleinen Lehmbehälter zusammen und lassen sie miteinander kämpfen. Der

Bangkok: An der Stadtmauer.

# Siamesische Volkshymne.

Besitzer des Siegers hat gewonnen. Dabei wird gewettet und auf diese oder jene Grille gesetzt, mit demselben Ernst wie bei Trente et Quarante in Monte Carlo.

Junge Burschen spielen mit Ball und Federball leidenschaftlich gern, und mitunter verweilte ich lange auf den öffentlichen Plätzen, um das ausnehmende Geschick der Spieler zu bewundern. Ein Lederball von der Größe einer Orange wird in die Luft geworfen, und die Aufgabe der sechs bis zehn Spieler ist es, den Ball nicht auf den Boden fallen zu lassen. Mit den Füßen, Knien, Schultern, Köpfen, Ellbogen fangen sie ihn auf und schleudern ihn weiter, nur ist der Gebrauch der Hände dabei untersagt. Eine bessere gymnastische Uebung als dieses Spiel kann es zur Entwickelung der Muskeln und der Behendigkeit des ganzen Körpers kaum geben.

Zur Zeit der Südwestmonsune sieht man über dem Weichbild der Stadt oft Tausende von Papierdrachen hoch in den Lüften schweben, ja zuweilen zwischen den Wolken verschwinden. Es ist nicht etwa die Jugend allein, die sich daran beteiligt, nein, Männer aller Stände bis in das reife Alter finden ihre Freude daran, und Tausende stehen oder kauern rauchend, betelkauend auf den Plätzen, besonders in der Umgebung des königlichen Palastes, um stundenlang zuzusehen. Nirgends, selbst bei den Chinesen nicht, habe ich so schöne Drachen von den verschiedensten Formen gesehen wie in Bangkok. Bald sind es Drachen in Sternform mit einem so schönen Schwanz, daß ein Komet eifersüchtig werden könnte, bald ungeheure Fledermäuse, durch den Wind aufgeblähte Fische, Vögel oder Schmetterlinge, alles in den buntesten Farben. Aber die Siamesen begnügen sich nicht damit, die Drachen steigen zu lassen und sie dann in aller Stille anzugaffen. Das würde ihrem lebhaften Temperament kaum entsprechen. Auch die Drachen bieten, geradeso wie Menschen, Grillen und Hähne, Gelegenheit zu Kämpfen und zu Wetten. Häufig besitzen die großen Hauptdrachen noch einen Satelliten in Gestalt eines kleinen Drachen, der durch eine dünnere Schnur an die Hauptschnur befestigt ist. Zwei Drachenbesitzer lassen nun, sobald diese papierenen Spielzeuge hoch in der Luft stehen, die beiden Satelliten miteinander kämpfen. Es gilt, den Satelliten des Gegners mit der Schnur des eigenen zu fesseln und entweder ganz loszureißen oder doch herabzuziehen. Mit erstaunlicher Geschicklichkeit manövrieren die Besitzer, laufen hin und her, ziehen an, lassen die Schnur weiter abrollen, bis wirklich der eine kleine Drache zum Gaudium der Zuschauer gefesselt ist.

Indessen, die Siamesen bedürfen zu ihrer größten Leidenschaft, und ich möchte sagen wichtigsten Beschäftigung, nicht erst Drachen. Bietet sich doch in den zahllosen Spielhöllen der Hauptstadt wie des Landes massenhaft Gelegenheit dazu. In ihren Häusern oder in Gesellschaften dürfen sie nicht um Geld spielen. Das einzige ihnen dort gestattete Spiel ist das Schach, in welchem sie es zu großer Meisterschaft bringen, und nicht selten sieht man sogar die Beamten in den Ministerien bei diesem ursprünglich von den Chinesen stammenden Spiele. Hazardspiele und das Lotteriewesen, das in Siam ebenfalls sehr verbreitet ist, gehören, wie überhaupt alles andere Erdenkliche, zu den Regierungsmonopolen und werden an chinesische Unternehmer gegen sehr hohe Jahresabgaben vermietet. Die letzteren haben für die Spielhöllen und Lotterien allein in der letzten Zeit jährlich etwa vier bis fünf Millionen Mark in die Staatskassen, d. h. in jene des Königs, geliefert. Die großen Unternehmer vermieten ihrerseits das Recht, Spielhöllen zu halten, an kleinere Unternehmer, und die ganze Gesellschaft von Unternehmern wacht natürlich eifrig, daß kein Siamese auf eigene Faust Bank hält und ihnen dadurch den Gewinn abspenstig macht. Es war mir bei meinen Spazier= gängen durch Bangkok immer ein Rätsel, woher die guten Siamesen ihr Geld nehmen. In jeder Straße, in den Bazars, an den zahlreichen Klongs (Kanälen), ja sogar auf dem breiten Menamstrome fand ich überall Spielhäuser, und mochte ich nachmittags oder abends oder in der Nacht vorbeikommen, immer fand ich Spieler darin, und ganz erhebliche Geldsummen wechselten die Hände. Männer und Frauen kauerten auf den Strohmatten am Boden, junge Mädchen mit unbedecktem Busen und nackten Beinen, Sklaven, Bootsleute, Fischer, alle spielten. Auf die Ausstattung der Spielhäuser wird nicht viel Geld verschwendet. Die einfachen, mit Attapblättern eingedeckten Holzhäuschen oder Flugdächer sind gegen die Straße zu durch eine Art Wandschirm aus Bambus= rohr abgeschlossen, auf welchem das Bild eines mit Geldsäcken schwer beladenen Siamesen aufgemalt ist. Zwischen den Lücken der Bambus= stäbe können die Passanten wahrnehmen, was innen vorgeht, und es bedarf nicht erst der Theater, um sie zum Eintritt zu verleiten. Jedes Spielhaus in Bangkok, und es mag deren viele Hunderte geben, ist mit einer Art Theater verbunden, nur durch eine dünne Wand von den Spielräumen getrennt. Bald

Siamesische Spielkarte.

sind es Bühnen für Darstellungen altsiamesischer Dramen, bald für Musik und Tanz, oder auch nur Wandschirme für die unflätigen Schattenspiele, wie ich sie im ganzen Orient, von Tunis und Tripolis an bis nach Japan, gefunden habe. Aus jeder dieser leichten Theater= und Schaubuden dringt das Tamtam und Gezupfe und Gebimmel siamesischer Musik oder kreischender fremdartiger Gesang; Eintrittsgeld wird nicht abverlangt, denn die Vorstellungen dienen ja nur als Lockung für Spieler oder zur Erholung in den Ruhepausen. In keinem dieser Theater habe ich männliche Darsteller gefunden, überall waren es ganz niedliche, hübsche junge Mädchen, welche, in phantastisches Flitterwerk gekleidet, mit grotesken Kronen, Engelsflügeln, krallenartigen silbernen Fingerhüten an den Fingern, sich in den Hüften wiegten und dabei ihre Glied= maßen verrenkten. Die armen kleinen Tänzerinnen sind fast durchwegs Sklavinnen der Spielhausbesitzer; der Siamese spielt eben mit solcher Leidenschaft, daß er nicht nur seine ganze Habe auf Fantan und andere chinesische Spiele setzt, sondern zuweilen seine Frau und seine Töchter der Göttin Fortuna opfert. Diese so verspielten oder von den Eltern verkauften Kinder werden in Gesang und Tanz unterrichtet und müssen mit ihren Vorstellungen, nur zu häufig auch mit ihren Körpern, die Spielwut ihrer Eltern sühnen. In den meisten Spielhäusern ist auch eine scheußliche Fratze, den Gott des Glückes darstellend, aufgestellt, und zuweilen verlassen die Spieler die mit Münzen bedeckten Spielmatten, um sich vor diesen Altären niederzuwerfen und um Glück zu flehen.

Eigentümlicher als die Spielhöllen auf dem Lande sind die Spielhöllen auf dem Wasser. Längs der Ufer des mächtigen Menamstromes sind ja eine Menge schwimmender Häuser verankert, kilometerlange Straßen bildend, und dieselben entlang bewegen sich nicht nur Tausende von Markt- und Bazarbooten, sondern auch schwimmende Spielhäuser mit schwimmenden Theatern. Fuhr ich des Abends auf meinem kleinen, mir von der Regierung zur Verfügung gestellten Dampfer auf dem Strome spazieren, dann hörte ich aus vielen der schwimmenden Häuser Musik und Gesang, und in dem hellerleuchteten Innern sah ich zahlreiche Spieler. Wer weiß, ob nicht gerade dann ein armes kleines Mädchen ihre Freiheit verlor und aus dem Hause ihrer Eltern in jenes der harten, grausamen Spielgauner wandern mußte.

Wie die Spielhäuser, so besitzen die Chinesen auch eine Art Eintagslotterie als Monopol. Statt der 90 Nummern werden von ihnen täglich 30 Täfelchen mit ebensoviel verschiedenen Buchstaben ausgegeben. Die Siamesen setzen auf irgend einen Buchstaben und erhalten dafür das entsprechende Täfelchen, nur behält der Lotteriebesitzer drei beliebige Buchstaben für sich. Da er aus dem Verkauf weiß, wie viele von jedem Buchstaben verkauft worden sind, so wählt er diese entsprechend und läßt nur die übrigen zur Ziehung. Die letztere erfolgt jeden Abend, und der betreffende Buchstabe wird in den Straßen und auf den Kanälen durch Ausrufer bekannt gemacht. Der Gewinnende erhält seinen dreißigfachen Einsatz ausbezahlt, nur muß er sich damit beeilen, denn nach wenigen Tagen ist der Gewinn dem Kun-phat, d. h. dem Lotterieinhaber, verfallen.

Nur während drei Tagen im Jahre ist es den Siamesen und den von ihnen abhängigen Völkerschaften gestattet zu spielen und ihr gutes Geld zu verlieren, wie und wo es ihnen beliebt, und die Kun-phat dürfen dann ihr Monopol nicht geltend machen. Es sind dies die drei Tage, die dem siamesischen Neujahr (in unseren Monat April fallend) vorausgehen und von den Siamesen die Krut-Thai-Feiertage genannt werden. Sie gehören zu den größten Festtagen des Jahres, und in jeder einzelnen Familie des Landes werden dafür besondere Vorbereitungen getroffen. Es werden verschiedene Kuchen gebacken, auf den Märkten Früchte, Fische, Leckereien und gelbe Tücher eingekauft und den Buddhistenpriestern zum Geschenk gemacht. Die Thore der zahlreichen Tempel in Bangkok sind dann weit geöffnet, und das festlich gekleidete, mit Blumen geschmückte Volk drängt sich in ihnen, um Buddha Verehrung zu bezeugen und zu opfern. In viele der wohlhabenderen Familien werden die Priester zu Gottesdienst und Opferungen eingeladen, und ganz Bangkok vom Königspalast bis in die ärmste Hütte schwelgt in Festlichkeiten, unter denen das leidige Spiel wieder die erste Stelle einnimmt. In der Nacht des dritten Krut-Thai-tages findet noch eine seltsame Ceremonie statt. Auf Befehl des Königs werden alle verfügbaren Geschütze, Böller und Handfeuerwaffen auf die Stadtwälle gebracht, wo sich auch die gelbgekleideten Buddhistenpriester einfinden. Schon mehrere Tage vorher hat das Volk ungeheure Massen einer Art Queckengras gesammelt, aus welchem ein Seil gedreht wird, lang genug, um es rings um die Stadtmauer zu spannen. Auf ein von den Sterndeutern gegebenes Zeichen werden die unzähligen Feuerwaffen auf den Mauern abgefeuert, und aus jeder einzelnen müssen während der Nacht 36 Schüsse abgegeben werden. Gleichzeitig zünden die Chinesen, die wohl ein Drittel der Stadtbevölkerung ausmachen, über ihren Häusern zahlreiche Papierlaternen an, und man kann sich den seltsamen Nachteffekt dieser lärmenden, farbenreichen, bewegten Scene wohl vorstellen. Die abergläubischen Siamesen wollen durch das Abfeuern der

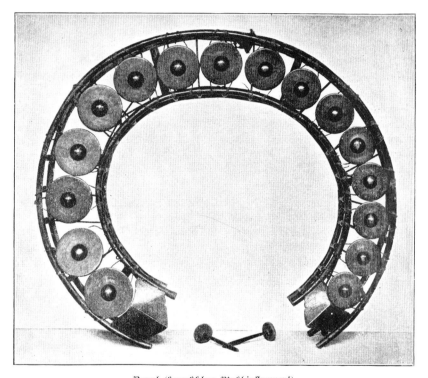

Ranat (siamesisches Musikinstrument).

Geschütze die bösen Geister, die in der Neujahrsnacht etwa in die Stadt eindringen könnten, Krankheit, Pest, Hungersnot, vertreiben.

Am Neujahrstage selbst, Song=Krant genannt, werden die Brahminen und Buddhistenpriester vom Könige im Palast bewirtet und reichlich beschenkt. Das Volk aber begeht den Eintritt in das neue Jahr in höchst eigentümlicher Weise. Schon vorher sind die Tempel und Tempelhöfe reingescheuert worden, zu Ehren des Himmelsgottes Indra, der um Mitternacht auf die Erde herabsteigt und drei oder vier Tage unter den Menschen weilt. Frauen und Mädchen stellen Gefäße, mit frischem Wasser gefüllt, ver= mischt mit Blumen und wohlriechenden Kräutern, vor ihre Häuser, und auf das Signal

der Sterndeuter, die Ankunft Indras verkündend, leeren die in ihre schönsten Festkleider
gehüllten Frauen und Mädchen die Wassertöpfe über die Statue ihres Hausgottes,
während die Männer ihre Gewehre, Pistolen und Böller abfeuern. Am Morgen begeben
sich die Frauen mit den frisch gefüllten Wassergefäßen, reich mit frischen Blumen
geschmückt, in die Tempel und begießen damit die zahlreichen dort aufgestellten Buddhastatuen; dann überschütten sie die Priester, die Gemeindeältesten, ihre eigenen Großeltern
und Eltern, so daß die ältere Generation des ganzen siamesischen Reiches an diesem
Tage von Wasser trieft. Es geschieht dies, um den Segen der Götter auf ihre Familien
herabzuflehen. Der Rest des Tages wird mit Spiel, Theater, Festessen und Musik,
welche die Siamesen ungemein lieben, verbracht.

Ein anderes in Siam allgemein gefeiertes Fest findet im letzten Monat des
Jahres, kurz vor dem Song-Krant statt, das Fest des Blitzes oder Pha-pa. Mitten
in der finsteren Nacht durchziehen Prozessionen von jungen Leuten beiderlei Geschlechts
die Straßen, beladen mit Früchten und Kuchen, mit denen sie die in den Tempel-
hallen und Klöstern schlafenden Priester überraschen. Sie setzen die Körbe vor die
Hallen derselben und wecken sie durch wohlgezielte Steinwürfe gegen die Thüren.
Sobald diese sich öffnen, stiebt die lustige Bande auseinander. Der Zweck dieses
bizarren Festes ist der, durch die Opfergaben die eigenen Wohnungen gegen Blitz-
schläge zu schützen.

Auf ebenso seltsame Weise flehen die Siamesen den Erntesegen vom Himmel
herab, und die damit verbundenen Festlichkeiten, Thip-Tsching-Tsch genannt, finden stets
während des zunehmenden Mondes statt. An dem bestimmten Tage wird der oberste
Beamte des Ackerbauamtes, im englischen Kalender von Bangkok kurzweg Reisminister
genannt, in feierlichem Aufzuge, begleitet von Würdenträgern, Soldaten und Priestern,
auf den großen, Sucing-Ha genannten Platz der Stadt getragen, in dessen Mitte sich
eine eigentümliche, wohl zwanzig Meter hohe Schaukel erhebt. Vor derselben befindet
sich eine gemauerte Plattform, die für dieses Fest mit weißem Musselin ausgeschlagen
und mit Blumen reich geschmückt wird. Der Beamte, als Abgesandter des Königs,
besteigt dieselbe, begleitet von vier hohen Brahminen; dann betreten zwei Brahminen
die Schwingeschaukel, und sobald sie dieselbe in Bewegung setzen, muß der Beamte einen
seiner Füße erheben und nur auf dem zweiten allein stehen. Die Schaukel wird so
hoch geschwungen, wie nur irgend möglich, und dann sich selbst überlassen. Ist sie zur
Ruhe gekommen, so betritt sie ein zweites Brahminenpaar, sie wird neuerdings in
Schwingung versetzt und dann noch ein drittes Mal, ein Vorgang, der gewöhnlich zwei
Stunden in Anspruch nimmt. Während dieser ganzen Zeit darf der Reisminister mit
seinem erhobenen Fuß nicht den Boden berühren. Sollte er es dennoch thun, dann
wird er von der zahlreich versammelten Menge, unter welcher sich auch Prinzen und
hohe Würdenträger befinden, ausgelacht, und in früheren Jahren durften ihm die Brahminen seine ganze Habe abnehmen. Ist das Schaukeln zu Ende, so schöpfen die
Brahminen mit Büffelhörnern Wasser und spritzen es rings um sich in die Menge, um
auf diese Art den Segen des Himmels auf das Land herabzuflehen. Das Fest wieder-

holt sich mit Abänderungen, Prozessionen und Opfergaben, in denen der Reis die wichtigste Rolle spielt, während drei Tagen.

Der arme Reisminister hat an einem Tage des sechsten Monats, den die Brahminenastrologen lange vorher nach verschiedenen Anzeichen feststellen, noch eine andere diesmal fröhlichere Verpflichtung. Er ist an diesem Tage eine Art Karnevals= könig, mit königlicher Macht, während sich der wirkliche König in seinen Palast

Schwingfest.

einschließt. In festlichem Aufzug, begleitet von ungeheuren Volksmengen, begibt er sich auf einen offenen Platz außerhalb der Stadtmauern, um dort an Stelle des Königs den Boden aufzupflügen und die erste Reissaat zu säen. Auf seinem ganzen Wege müssen die Läden geschlossen werden, und sollte einer offen gefunden werden, so hatte er früher das Recht, sich sämtliche darin befindlichen Waren anzueignen. Während der Prozession durcheilten früher auch seine Abgesandten die ganze Stadt, um die offenen Läden zu plündern, ja sie patrouillierten auf dem Flusse auf und ab, und jedes ankommende Schiff mußte einen Tribut an den Reiskönig zahlen.

# Pra Narai.

### Altes siamesisches Volkslied.

Fine.

Das Thei-Maha-That-Fest.

Auf dem Felde angekommen, begiebt sich der Reiskönig, begleitet von Brahminen, unter ein festlich geschmücktes Flugdach und wartet, bis die Brahminen unter allerhand Hokuspokus ein paar Ochsen gesegnet und vor den vergoldeten Pflug gespannt haben. Dann zieht er mit dem Pflug drei Furchen in den Boden, gefolgt von vier älteren Damen aus dem königlichen Harem, welche in die Furchen verschiedene Saat ausstreuen. Dann werden die mit Blumen bekränzten Ochsen ausgespannt und freigelassen. Jene Frucht, von deren Saat sie am meisten fressen, wird in dem betreffenden Jahre spärliche Ernten geben. Fressen sie nichts oder wenig, so wird der Ernteertrag ein reicher sein.

Derartige Festlichkeiten werden auch zur Beschwörung des Wassers gefeiert. Im Herbst, während des Loy-Kalong-Festes, lassen die Siamesen eine große Zahl kleiner Schiffchen und Flöße, mit allerhand Früchten, Süßigkeiten, Tabak und Betelnüssen den weiten Strom herabschwimmen, als Dank für die Bewässerung der Felder, die er ihnen gewährt hat, aber das schönste und phantastischste aller Volksfeste des Jahres ist doch das Taut Katin, wenn die ganze an Pracht aller Beschreibung spottende königliche Flottille mit dem König und allen Prinzen in ihrem Hofstaat zu Wasser die Tempel besuchen und Tausende anderer festlich geschmückter Boote die Volksmassen zu diesen Tempeln führen. Zur Abendzeit führt der Anblick dieser mit einer Unzahl von Lichtern und Lampions bedeckten Riesenflotte von Booten, der glänzenden Feuerwerke und Illuminationen, welche die Bootfahrt begleiten, dann Musik und Gesang den Zuseher in ein Feenmärchen, wie man es sich wohl träumen kann, wie man es aber niemals in Wirklichkeit erwarten würde.

Schauspielerin.

# Das Theater in Siam.

Theater sind in allen Städten Siams vorhanden, vielleicht sogar in größerer Zahl als in Europa, nur sind sie anders. Die siamesischen Theatertruppen bringen nicht Opern und Schauspiele nach unserer Art zur Darstellung, auch nicht nach chinesischer oder japanischer Art, wie ich sie in meinem Werke „China und Japan"*) geschildert, denn die dramatische Kunst ist in Siam nicht so hoch entwickelt wie in diesen Ländern, und die siamesischen Theaterstücke werden nicht durch sprechende Schauspieler auf der Bühne zur Aufführung gebracht, sondern hauptsächlich gesungen und getanzt. In Musik sowohl wie im Tanz haben die Siamesen eine viel höhere Stufe der Vollkommenheit erreicht als ihre ostasiatischen Nachbarvölker, dafür sind sie nicht so ausgezeichnete Mimen wie die Japaner, und ihre Geistesrichtung ist auch eine andere. Während die Japaner an Schauderscenen, Tragödien, Hexen- und Zaubergeschichten, Abschlachtungen und Harakiri (Bauchaufschlitzen) großen Gefallen finden, ist die Kunst der Siamesen ebenso heiter und liebenswürdig wie ihr Naturell. Sie äußert sich am höchsten in reizvoller, ansprechender Musik, die auch für das europäische Publikum viel ansprechender ist als die Katzenmusik der Japaner, dann in der Kostbarkeit und Farbenpracht der Kostüme, in den verführerischen Posen und zuweilen grotesken Tänzen der Darsteller. Dementsprechend hat auch unter der Schauspielerwelt des hinterindischen Königreiches das ewig Weibliche weitaus die leitende Rolle. Die ernsten Chinesen gestatten nicht, daß weibliche Wesen auf der Bühne erscheinen, und alle Schürzenrollen werden von Männern dargestellt. Die Japaner haben, wie so vieles andere, auch die chinesische Theaterspielerei von ihren großen Lehrmeistern übernommen, und hat sich die japanische Schauspielkunst auch nachher selbständig zur wahren Meisterschaft entwickelt,

*) „China und Japan". Verlag von J. J. Weber in Leipzig. 1897.

so ist doch die chinesische Abneigung gegen weibliche Darsteller auf der Bühne bei ihnen lange Zeit hängen geblieben; erst seit kurzem erscheinen auf der japanischen Bühne auch wieder Frauen.

Die Siamesen sind viel zu große Verehrer des schönen Geschlechts, um es auf der Bühne zu entbehren; sie lehnen sich in dieser Hinsicht mehr an ihr südliches Nachbarvolk, die Javaner, und lassen nicht nur den hinterindischen Thespiskarren von Mädchen ziehen, sondern auch die „Hosenrollen" werden von Mädchen dargestellt.

Man darf das Wort „Hosenrollen" nicht wörtlich nehmen, denn die siamesischen Damen tragen bekanntlich keine Hosen. Auch nicht die Männer. Selbst die siamesische Hoftracht kennt keine Hosen; ich entsinne mich noch des Aufsehens, das die Vertreter des Königs von Siam bei dem fünfzigjährigen Regierungsjubiläum der Königin Viktoria 1887 in London erweckten. Die guten Engländer schrien „Shoking" und vergaßen dabei ganz, daß die schottische Nationaltracht ebenfalls hosenlos ist. Ich wohnte damals einem offiziellen Prunkmahle bei, wo die beiden höchsten Persönlichkeiten keine Hosen trugen. Man denke nur, dies in dem steifen England, während der Season! Der eine war Se. königliche Hoheit Prinz Dewawongse, Bruder des Königs von Siam, der unter einem altösterreichischen weißen Uniformrock ein Lendentuch trug, der zweite war Se. Gnaden der Herzog von Sutherland, der als Schottländer über seine nackten Beine das karrierte Ballettröckchen trug. Nach dem Diner begaben sich beide in diesem Zustande zu einer Galafestlichkeit zur Königin.

Theater giebt es, wie gesagt, in Bangkok in Hülle und Fülle. Da die Siamesen unter anderem auch leidenschaftliche Spieler sind und die schlauen Chinesen, die den größten Teil des Handels und der Industrie in Siam allmählich in ihre Hände bekommen haben, wissen, daß nichts so sehr die Siamesen anlockt wie Theatervorstellungen, so sind ihre Spielhäuser gewöhnlich mit Theatern verbunden, wo sich die Spieler ausruhen, zerstreuen, unterhalten können. Spieler und vielleicht noch in höherem Grade Spielerinnen. Die Spielwut kennt, das weiß man von Monte Carlo her, keinen Unterschied des Geschlechts. Dazu können sich siamesische Frauen und Mädchen mit viel größerer Freiheit bewegen als ihre Schwestern im Abendlande, und sobald ihre Arbeit beendigt ist, eilen viele von ihnen zum Spiel oder ins Theater.

Unter diesen Theatern, im Siamesischen „Lakon" genannt, darf man sich natürlich nicht etwa solche nach europäischen Mustern vorstellen. Neben den einfachen Hütten, wo auf Strohmatten gespielt wird, befinden sich mit Attap gedeckte, halboffene Scheunen, die Bühne ist in derselben Höhe wie der mattenbedeckte Boden, auf dem das Publikum Platz nimmt. Dekorationen sind unbekannt, und die ganze Truppe besteht gewöhnlich aus sechs bis acht Mädchen und einigen Musikanten, welch letztere auf den altsiamesischen, den malayischen ähnlichen Instrumenten spielen: Kambong (eine Anzahl verschieden gestimmter Metallblätter, die an einem halbkreisförmigen Holzstück hängen); Ranat, eine Art siamesisches Gamelang, Guitarren, Zimbeln, Trommeln. Die Darstellungen behandeln fast ausschließlich das Leben der altsiamesischen Helden und Götter, wie es in den buddhistischen Büchern beschrieben ist. Allerhand Tierfratzen, darunter ein grüner und ein schwarzer Affe, erscheinen ebenfalls häufig auf der Bühne. Die Sprache ist die alte Palisprache, vermischt mit Sanskrit, und die Stücke werden in monotoner Weise halb gesungen, begleitet von grotesken Pantomimen.

Für den Europäer würde der Besuch dieser Theater nichts von Interesse bieten, wenn die Tänzerinnen nicht in so prachtvolle, originelle Kostüme gekleidet wären, die, wie man mir erzählte, thatsächlich den alten siamesischen Trachten entsprechen. Auf den

Silberner
Fingeraufsatz der Schauspielerinnen.
(Natürliche Größe.)

Köpfen tragen die gewöhnlich jungen und hübschen Mädchen vergoldete, spitzzulaufende Kronen oder Helme, von denen breite Sturmbänder wie metallene Ohrläppchen herabfallen. Der Nacken ist mit mehr oder minder reichen Colliers bedeckt, die tief auf die Brust herab= hängen, an den Fingern tragen sie zehn bis fünfzehn Centimeter lange silberne Aufsätze, die wie verbogene Krallen aussehen, und von den Schultern stehen mit Flittergold bedeckte Flügel senkrecht ab. Sie tragen niemals Masken, dagegen pudern und bemalen sie ihre Gesichter geradeso wie ihre Kolleginnen in Europa. Immer aber ist ihre Kleidung höchst anständig, bedeutend anständiger als jene der Zuschauerinnen. Nur vom Knie ab sind ihre Beine nackt, und auch ihre Füße sind stets unbekleidet.

In derartigen Kostümen sehen die Tänzerinnen in der Regel ganz niedlich und verführerisch aus, zumal ihre Bewegungen und grotesken Verdrehungen ihrer Glieder nicht ohne Grazie sind; aber welches Elend steckt unter den glänzenden Gewändern! Wohl in keinem Lande sind die armen Wesen, welche das Publikum durch Gesang und Tanz zu unterhalten haben, schlimmer daran als in Siam, denn sie sind fast durchwegs Sklaven. Wohl hat der König bei seinem Regierungsantritte die bis dahin allgemein bestehende Sklaverei auf die Schuld= sklaverei beschränkt, aber auch diese bietet ihre Schleich= wege dar, um das alte Verhältnis der Tänzerinnen zu ihrem Impresario aufrecht erhalten zu lassen. Die Theaterbesitzer kaufen die jungen, kaum zur Reife gelangten Mädchen von ihren Eltern oder übernehmen sie als Bezahlung ausstehender Schulden, und die armen kleinen Dinger bleiben Sklaven, bis sie von jemandem los= gekauft werden oder bis ihr zunehmendes Alter dem Impresario nicht mehr „Kasse“ macht. Die Kaufkontrakte enthalten, wie man mir in Bangkok erzählte, ungemein harte Bedingungen, so z. B. das Recht des Weiterverkaufes, das Inkettenlegen oder Einsperren bei Halsstarrigkeit. Dabei bekommen die Tänzerinnen nur ihre Kostüme und Nahrung. Das eingenommene Geld fließt ausschließlich in die Taschen des Besitzers.

Viel besser geht es den jungen siamesischen Mädchen, welche von großen Herren gekauft werden, denn manche siamesische Große gefallen sich darin, neben einer, nur durch ihre Mittel beschränkten Zahl von Konkubinen auch ihre eigene Theatergesellschaft und ihre „Damenorchester" zu halten. Bei festlichen Gelegenheiten, zu denen häufig auch Europäer beigezogen werden, stehen gewöhnlich auch Musik und Tanz auf dem Programm; ich war mitunter überrascht von dem verschwenderischen Reichtum der juwelenbesetzten Kostüme, nicht weniger aber von den vorzüglichen Produktionen der Damenkapellen, die auch europäische Musikstücke mit viel musikalischem Verständnis und großer Fertigkeit spielten.

Aber es giebt in Bangkok auch ein großes, etwa achthundert bis tausend Personen fassendes Theater, das den stolzen Namen Princes Theatre führt und in der That die Privatspekulation eines siamesischen Prinzen, Namens Phya Mahin, ist. Er macht damit vortreffliche Geschäfte, denn auch seine Schauspielerinnen, Tänzerinnen und Orchesterdamen sind sein ausschließliches Eigentum, seine Sklaven.

Besuchen wir es: Verborgen in dem schmutzigen Gewirre von engen Gäßchen, nahe dem linken Ufer des mächtigen Menamstromes, erhebt sich eine hohe, einfache Bretterbude. Man kann weder zu Wagen zu ihr gelangen, denn dazu sind die Gäßchen viel zu schmal, zu holprig und mit zu viel Unratshaufen bedeckt, noch zu Wasser. Vom Boote aus muß man noch über ein Labyrinth halsbrecherischer, über Wassertümpel und Gräben gelegter Bretter steigen, ehe man an die mit einer Petroleumlampe erleuchtete Billetkasse kommt. Dort werden Eintrittskarten je nach den Plätzen von etwa sechzehn Pfennigen bis zu zwei Ticals (etwa vier Mark deutscher Währung) verkauft. Aber der letztgenannte Preis wird nur von Europäern bezahlt, die dafür in einer eigenen Abteilung, etwa unseren Fremdenlogen entsprechend, Platz nehmen dürfen. Eine wackelige Holztreppe führt an der Außenwand empor in den ersten Rang, und dort geleitet ein Siamese den Besucher in den Holzkäfig für Europäer, wo einige Stühle zum Niederlassen einladen.

Als ich zum erstenmal das Theater besuchte, hatte ich kein Auge für diese recht einfachen Einrichtungen, denn das Spiel war in vollem Gange, und ich wurde durch den seltsamen Anblick, der sich mir darbot, viel zu sehr gefesselt. Ich glaubte mich in einem öffentlichen Bade zu befinden, denn unter mir zeigten sich die Hunderte von Personen, welche das Parkett füllten, Männer, Frauen, Mädchen, Kinder, mehr oder weniger nackt. Hunderte von nackten Schultern, nackten Busen und Armen, nackten Beinen von Chokoladenfarbe, dazwischen ein bunter Farbenkasten von hellblauen, rosa, grünen, weißen Bändern, Schärpen, Tüchern. Am meisten bekleidet waren noch die dreißig oder vierzig Tänzerinnen auf der Bühne, bei denen nur die Waden, Füße und Hände die chokoladene Naturfarbe zeigten.

Die Einrichtung des ganzen Raumes war höchst merkwürdig; ich habe nur in japanischen No-Theatern Aehnliches gesehen. Als Bühne diente ein viereckiger, mit einem modernen Brüsseler Teppich bedeckter Platz, der bis etwa in die Mitte des Parketts vorsprang und auf drei Seiten vom Publikum umgeben war. Die vierte, mir

gegenüberliegende Seite wurde von der Rückwand der Bühne gebildet, in deren Mitte sich
eine niedrige Plattform erhob. Zu beiden Seiten derselben führten Thüren in die An=
kleideräume hinter der Bühne, und über diesen Thüren waren — welche Profanation! —
in großen englischen Lettern die Worte aufgemalt: „Siamese Theatre“. Zwischen den
Thüren aber, etwas oberhalb der mittleren Plattform, war ein zwei Quadratmeter
großes Bild, eine Straße darstellend, angebracht. Das war die ganze Dekoration.

Siamesisches Theater. (Auf der Bühne.)

In der linken Ecke des Theaters, hart an die Bühnenwand anschließend, befand
sich ein niedriger Verschlag für das Orchester. Zwanzig bis dreißig halbnackte alte
Weiber mit verwelkten, nur zu sehr sichtbaren Reizen machten dort mit allerhand
siamesischen Instrumenten, hauptsächlich Pauken und Dschinken, einen Heidenlärm, der
sogar ihren Gesang übertönte. Einige von diesen seltsamen Musikanten hatten als In=
strument zwei Bambusstäbchen, die sie unaufhörlich im Takte der Musik zusammen=
schlugen, eine Art siamesischer Kastagnetten.

Rings um die drei in das Auditorium vorspringenden Seiten der Bühne war
ein breiter Streifen des Parketts für Damen und Kinder reserviert, und hinter ihnen
bis an die Theaterwand drängten sich die Männer. Der erste Stock wurde durch eine
breite Galerie gebildet, deren mittlerer, der Bühne gegenüberliegende Teil die Europäer=
loge enthielt; an diese schloß die Loge für den prinzlichen Theaterbesitzer und links

Dorfszene.

daran eine dritte für seine Haremsdamen, denn obschon die holde Weiblichkeit sich in Siam, wie erwähnt, großer Freiheiten erfreut, ist ihre Stellung dem Manne gegenüber doch zu tief, als daß er mit ihnen gemeinschaftlich ausgehen oder das Theater besuchen würde, nur in den höheren Ständen, welche anderen Ansichten huldigen, wurde in neuerer Zeit in diese altsiamesischen Anschauungen Bresche gelegt, aber die höheren Stände besuchen die öffentlichen Theater nicht, denn sie haben, wie gesagt, häufig ihre eigenen Privattruppen. Nur die mittleren Gesellschaftsklassen zeigen sich im Princes-Theater, und für diese ist die rechte Galerieseite bestimmt, die eine Hälfte für die Damen, die andere für die Männer. Auf der linken Galerieseite drängten sich ebenfalls nur Männer, Kopf an Kopf.

Jedenfalls findet man in Siam nichts darin, wenn, entgegen unseren abend-ländischen Anschauungen, die Frauen ohne männliche Begleitung das Theater besuchen. Zuweilen thun sich einige Frauen oder Mädchen zusammen, nehmen ihre Nachkommen-schaft mit und verbringen den Abend im Theater. Aber es scheint doch als eine fest-liche Veranlassung angesehen zu werden, denn an Stelle der aus wohlfeilen Stoffen bestehenden Lendentücher, die sie am Tage tragen, prunkte die Mehrzahl der anwesenden Damen in Seidentüchern; als Schärpen, leicht über die linke Schulter geworfen, dienen ebenfalls dünne Seidenshawls in den zartesten Farben. Manche trugen mehr oder minder kostbare Halsbänder, Arm- und Fußringe. So kauerten oder lagen sie auf den Strohmatten, welche den Boden bedeckten, und folgten mit großer Aufmerksamkeit den Vorgängen auf der Bühne, nicht ohne zeitweilig ein frisches Betelpriemchen in den Mund zu schieben und den Saft fortwährend in den bereitstehenden Spucknapf zu speien.

Auf der durch mehrere Reihen von Petroleumlampen erleuchteten Bühne folgte inzwischen ein Tanz dem anderen; die Tänzerinnen, durchwegs junge, frische, pralle Geschöpfe — dafür sorgte schon der mittlerweile verstorbene Theaterbesitzer — waren in die kostbarsten Gewänder gekleidet, mit goldenen Kronen und Helmen, schönen Hals-, Arm- und Fußbändern, die niemals fehlenden langen Silberkrallen an jedem Finger. Während die Damen des Orchesters sangen, drehten und wanden und wiegten sich die Tänzerinnen, verrenkten ihre Arme und Beine und bogen mitunter ihre zarten Händchen so weit zurück, daß deren Rücken beinahe den Arm berührten. Während unsere Balle-rinen hauptsächlich mit den Beinen tanzen, tanzen jene des mohammedanischen Orients mit den Körpern, die Siamesinnen und Malayinnen aber hauptsächlich mit den Armen und Händen. Wir sind von Jugend auf an die Tanzweise auf unseren Theatern so gewöhnt, daß wir eine andere kaum für schön halten können, aber wenn wir uns aus diesen, uns sozusagen angeborenen einseitig europäischen Anschauungen herausheben könnten, wer weiß, ob wir nicht den, wenn auch grotesken, doch häufig ungemein reizvollen Bewegungen dem tollen Umherhüpfen unserer Koryphäen den Vorzug geben würden.

Jedem Ballett ist irgend eine altindische oder siamesische Begebenheit zu Grunde gelegt, und in modernen Stücken, denn auch solche werden im Lakon Phya Mahin auf-geführt, hat man Gelegenheit, eine ganze Menge von eigentümlichen Volksgebräuchen kennen zu lernen. Aber im Grunde genommen dreht sich jedes Stück doch nur um das alte, ewig neue Lied von der Liebe zwischen Mann und Weib. Vier Stunden lang werden durch Musik und Gesang, Gliederverrenkungen und Tanz die einzelnen Scenen des Stückes dargestellt; es ist bewundernswert, welche Ausdauer die Darsteller dabei entwickeln; freilich setzen sie sich mitunter zu kurzer Ruhe nieder, nehmen ihre schweren Kronen ab, frischen die dicke Puderschicht, welche ihr Gesicht bedeckt, wieder auf, wischen sich den Schweiß von Armen und Waden, aber das macht die Sache nur noch origineller.

Nachdem ich eine Stunde lang den Tänzen zugesehen hatte, wollte ich auch einen Blick hinter die Bühne werfen, aber der sonst so zuvorkommende, liebenswürdige Prinz Phya Mahin wachte wie ein Cerberus über seine Tänzerinnen und war nicht herum-zukriegen. Er wußte wohl, warum.

# Die Schrecken von Wat Saket.

———⚏———

Inmitten des ungemein malerischen Gassen= und Kanalgewirrs von Bangkok befindet sich eine seltsame Anlage, die von den Siamesen Wat Saket genannt wird. Kommt der Spaziergänger in ihre Nähe, so verlangsamt er unwillkürlich seine Schritte; die dumpfe, mit seltsamen widerlichen Gerüchen geschwängerte Atmosphäre zieht sein Herz zusammen; befremdet blickt er auf die dichten Rauchsäulen, die sich dort langsam durch die stille schwere Luft zum Himmel kräuseln, auf die hohen, dunklen Tropenbäume, deren dichtes, schwerbelaubtes Gewirr von Aesten den Horizont umschließt. Zur Linken der stets mit fremdartigen Gestalten belebten Straße erhebt sich ein ungeheurer Turm von derselben Form, wie in den Bibeln der Turm von Babel dargestellt wird. Aus schweren Steinen und Erdmassen aufgeführt, zeigt er auf seinem breiten, etwa achtzig Meter über das Straßennetz erhöhten Plateau eine seltsame schwere Pagode; ein Weg windet sich an seiner vielfach zertrümmerten, ruinenhaften Außenseite zwischen dichtem Gestrüpp und wuchernden Lianen empor; große Eidechsen rascheln massenhaft durch das Gestein, bunte Schmetterlinge umflattern die üppigen Blumen, die hier und dort hervor= schießen, und zuweilen deutet der auf der Erde dahineilende Schatten den schweren Flug eines mächtigen Aasgeiers an, der hoch in den Lüften dahinzieht.

Rings um den Turm, der wie ein steiler Berg über das Weichbild der Stadt emporragt, breitet sich ein tropischer Garten aus, auf einer Seite abgeschlossen durch lange, hohe Gebäude. Die Mehrzahl der Menschen, die man vor diesen Gebäuden oder im Garten erblickt, haben ein fremdartiges Aussehen: bartlose Gestalten mit voll= kommen kahlrasierten Schädeln und intelligenten, aber wenig ansprechenden Gesichtern, aus denen schwarze brennende Augen hervorsehen; lange faltenreiche Gewänder von hochgelber Farbe umhüllen ihre Glieder, und in der Rechten tragen sie einen Fächer, aus einem Blatt der Talapotpalme bestehend. Zuweilen windet sich aus den großen düsteren Gebäuden ein ganzer Zug solch gelber Gestalten, mit hohen weißen oder weißschwarzen Fahnen, Ceremonienschirmen und allerhand karnevalsartigem Flitterwerk. Langsam zieht die seltsame Gesellschaft, umgeben von kleinen Jungen in derselben Kleidung, über die

Der Tempel am Wat Saket.

Straße nach einer hohen Mauerumfassung und verschwindet durch das weit=
geöffnete Thor.

Niemand hindert den Fremden am Betreten dieser ummauerten Stätte. Zu
den Seiten des Thores kauern alte verrunzelte Weiber mit halbnacktem Oberkörper vor
Fruchtkörben und Ständen mit allerhand Lebensmitteln, als befände sich jenseits des
Thores irgend eine Belustigungsstätte oder ein Markt.

Ein Markt, aber ein solcher von Menschenfleisch, denn hier auf dem weiten,
ebenen, teilweise gepflasterten Platze wird mit den Toten aufgeräumt. Bangkok hat
etwa sechsmalhunderttausend Einwohner. Davon sterben täglich fünfzig, sechzig, hundert,
je nachdem, und man erzählt sich, daß die große Mehrzahl ihre Seelen aushauchen,
wenn die Flutströmung des Meeres, die durch den Menam bis weit oberhalb Bangkok
vordringt, wieder nach dem Meere zurückzufließen beginnt. Geht es mit einem siame=
sischen Menschenleben zu Ende, so werden die Talapoinen, eben jene vorgenannten
Buddhistenpriester, geholt; sie besprengen den Sterbenden mit geweihtem Wasser und
lesen aus ihren alten, in der Palisprache (einer Tochter des Sanskrit) geschriebenen
Büchern mit lauter Stimme zwei Stellen vor, die von der Vergänglichkeit alles Irdischen
sprechen. Ist die Seele des Kranken nahe daran, sich emporzuschwingen in das Nir=
wana, dann beugen sich die Priester über ihn und schreien ihm „Arahang, Arahang“
in die Ohren, „Arahang“: „nimm Abschied von deinen bösen Begierden“.

Die Angehörigen des Toten umstehen ihn und klagen, weinen, schreien, beten,
schlagen sich verzweifelt auf die Brust, während die Frauen thun, als würden sie ihre
Haare ausraufen. Diese offizielle Traueräußerung ist auf die Dauer von etwa einer
halben Stunde vorgeschrieben und geschieht mit mehr oder minder großer Aufrichtigkeit.
Dann wird der Tote gewaschen, in weiße Baumwolltücher gehüllt und in den mit
allerhand buntem Papier, Goldflitter und Blumen verzierten Sarg gethan. So bleibt
der Tote bei den Armen zwei bis drei Tage im Hause aufbewahrt, bei den Reichen
etwa eine Woche, bei den Großwürdenträgern ein oder zwei Monate, damit die ihrem
hohen Range entsprechenden Vorbereitungen zur feierlichen Bestattung getroffen werden
können. In den Sargdeckel wird ein Loch gebohrt und in dieses ein mehrere Meter
langes hohles Bambusrohr gesteckt, durch das die Miasmen ins Freie entweichen
können. Am Bestattungstage wird der Sarg nicht durch das Hausthor, sondern durch
eine eigens in einer Seitenwand des Hauses gemachte Oeffnung herausgeschafft und
dreimal um das Haus herumgetragen, „damit der Tote seine einstige Wohnung nicht
wiederfinden könne“ Dann wird der Sarg auf eine Gondel gestellt und, begleitet von
allen Anverwandten des Verstorbenen, seinen Dienern und Sklaven, unter den Klängen
siamesischer Musik nach dem Wat Saket gerudert.

Fünfzig, sechzig, hundert Leichen kommen, wie gesagt, täglich nach dem Wat
Saket, aber nicht immer so feierlich. Arme — und es giebt deren in Bangkok so viele! —
haben nicht die Mittel für einen eigenen Sarg; es wird also eine sargartige Kiste, die
vielleicht schon Hunderte oder Tausende anderer Leichen beherbergt hat, gemietet. Sind
die Verstorbenen Kinder armer Leute, so geschieht der Transport noch einfacher. Als

ich einmal am Thore des Wat Saket stand, kam ein armer Mann des Weges, mit
beiden Händen ein schweres Bündel aus Sackleinwand nach sich zerrend; stumm betrat
er damit den weiten düsteren Hof und verschwand in dem eingezäunten Raum zur
Linken. Die Formen, die durch das Bündel hervortraten, ließen den Inhalt nur zu
deutlich erkennen. Es war die Leiche seines Kindes, die der Mann zur Opferung brachte.

Opferung? An wen? Warum fragen? Hocken denn nicht auf den hohen
Bäumen dieses „Waldes des ewigen Friedens“ die Hunderte von scheußlichen Aasgeiern?
Schlummern in ihrem Schatten
nicht, zu Knäueln zusammengerollt,
ekelhafte räudige Hunde, ihren furcht=
baren Fraß verdauend? Und lecken
nicht überall Flammen an den

Im
Wat Saket:
Verbrennen
und Verzehren
der Leichen.

schmorenden Körpern und senden knisternd diese dichten, übelriechenden Rauchwolken
in die windstille, drückende Luft empor?

Das ist Wat Saket, das Buddhistengrab von Bangkok. Der weite, ummauerte
Raum ist in drei Quadrate geteilt. Dem Eingangsthore zu dieser furchtbaren Leichen=
stätte gegenüber steht in der Mitte des ersten Quadrates ein Gebäude von der Größe
und Gestalt eines mohammedanischen Kubba: Auf vier Säulen ruht ein gemauerter
Dom, und unter diesem erhebt sich bis auf Brusthöhe ein offener Altar, mit einer
flachen Steinplatte oben. Einige Stufen führen zu ihm empor. Als ich Wat Saket
besuchte, war man eben daran, auf die Steinplatte Holzscheite zu häufen, während unter

der gedeckten Galerie, die sich an der Innenseite der Umfassungsmauer entlang zieht, angesichts der schrecklichen Scenen, die sich hier, dort, überall meinem entsetzten Auge darboten, wahrer Jahrmarktsflitter sich erhob, der Schauplatz allerhand Lustbarkeiten, Trinkgelage und Geschenkverteilung.

Ein wohlhabender Siamese war gestorben. Alter Sitte gemäß hatten die Hinter= bliebenen unter der Galerie einen pyramidenartigen Aufbau errichten und mit bunt= farbigen Stoffen, Blumen, Flittertand und Fahnen ausstatten lassen, als sollte eine Hochzeit gefeiert werden. Auf hohem Flaggenstock wehte eine weißschwarze Fahne, mit dem weißen Felde oben, das einzige Trauerzeichen. Auf den Stufen der Pyramide war eine Unzahl von allerhand Gegenständen aufgestellt, alle nagelneu. Da gab es neue Petroleumlampen, Gläser, Porzellangeschirr, Vasen, Kleiderstoffe, Betelnußbehälter, Spucknäpfe, Seifenstücke, Schreibzeuge, ähnlich einer der Preisausstellungen, wie sie neben unseren Jahrmarktsschießständen zu sehen sind. Daneben standen auf einem langen Tische Speisen und Weinflaschen für ein Festmahl, und um das Schatten= spieltheater hatten sich schon Neugierige gesammelt. Ganz oben auf der Pyramide stand der Sarg mit der Leiche, die nach Einbruch der Dunkelheit verbrannt werden sollte. Dazu versammeln sich die Verwandten und Freunde, die Talapoinen lassen den Sarg auf den Scheiterhaufen heben, und der nächste Leidtragende entzündet die mit Pech und wohlriechenden Stoffen getränkten Holzscheite selbst mit einem brennenden Holzspan, der ihm, falls er ein hoher Mandarin ist, vom Könige gesandt wird. Alle anderen Leidtragenden treten dann zu dem Verbrennungsaltar und werfen kleine Holz= stücke in die knisternden Flammen, ähnlich wie bei der Beerdigung von Christenleichen Schaufeln von Erde in das offene Grab geworfen werden. Und während dann die Geschenke an die Priester und das Volk verteilt werden, während man ißt und trinkt und sich an den tollen Theaterspäßen, bei den Zauberkünstlern und Schlangenbändigern unterhält, geht die Leiche des Verstorbenen in dem dichten, qualmenden Rauch auf. Nach einigen Stunden ist das Feuer erloschen, und zwischen den roten Gluten der Kohlenreste liegt das weiße Aschenhäuflein auf einem eisernen Roste. Die Hinterbliebenen treten hinzu und nehmen etwas davon in kleinen Aschenurnen als Andenken mit, der Rest wird zusammengefegt und von den Talapoinen in die gelben, trüben Fluten des Menamstromes geworfen. Der Verstorbene hat dann eine weitere Stufe zum Nir= wana erreicht.

Rings um den mittleren Verbrennungsaltar erhebt sich auf dem mit weißer Asche und kleinen Knochenresten bedeckten Steinpflaster noch eine Anzahl anderer Altäre ohne Dom, ganz offen, für das geringere Volk. Kein schützender Sarg verbirgt die Leichen hier den entsetzten Augen der Zuseher, sie werden den geliehenen Särgen ent= nommen, aus der Baumwollhülle gewickelt und auf die Scheiterhaufen gelegt, die auf den etwa meterhohen Altären zurecht gemacht worden sind, Männerleichen mit dem Gesicht nach oben, Frauenleichen mit dem Gesicht nach unten. Zuvor steckt der Buddhisten= priester noch seine Finger zwischen die Zähne der Leiche, um als seinen Lohn das Geld= stück zu entnehmen, das die Hinterbliebenen hineingelegt haben. Ob diese Sitte aus der alten grauen Aegypterzeit ihren Weg durch Vorderasien und Indien hierher gefunden hat und hier noch erhalten geblieben ist? Wer kann es sagen?

Dann wird das Feuer an das teergetränkte Holz gelegt, und entsetzlich ist es zu sehen, wie sich der Körper krümmt, die Arme sich bewegen, die Beine sich unter dem Einfluß der Flammen verziehen, als hätten diese dem Toten neues Leben eingeflößt, als versuchte er, schmerzverzerrt, dem Feuer zu entgehen, ohnmächtig, es wirklich zu thun. Häufig werden zur Verhinderung dieses Anblicks, der das Blut der Zuseher erstarren macht, von den Talapoinen vorher die Gelenksehnen der Leiche durchschnitten, aber statt des krümmenden Körpers sieht man dann die weitklaffenden, blutlosen Wunden. Als ich den „Wald des ewigen Friedens" besuchte, brannten drei solcher Scheiterhaufen, und die Atmosphäre auf dieser abschreckendsten aller Stätten des Todes war geradezu unerträglich; möge mir die Aufzählung der Einzelheiten, die ich dabei zu sehen bekam, erspart werden, denn meine Feder sträubt sich dagegen ebensosehr, wie meine Gedanken es thun. Auf einem Steinaltar war die Glut vorüber; gleichmütig schob der Siamese die Asche mit den halbverbrannten Knochenresten auf den Boden, um einen frischen Holzstoß aufzulegen, denn in der düsteren Halle im Hintergrund harrten noch andere Leichen der Verbrennung. Der Tod feierte gerade damals seine Orgien unter den Einwohnern von Bangkok.

Dort in der säulenumgebenen Halle, halb zerfallen, mit Schimmel bedeckt und abbröckelndem Mörtel, lagen diese Leichen, von Alten und Jungen, von Männern und Frauen und Mädchen. Der Preis ihres Flammenweges zur Glückseligkeit des Jenseits, fünf Ticals (etwa zehn Mark), war bezahlt worden, und noch in derselben Nacht sollte die ewige Ruhe ihnen werden. So schrecklich wie der Anblick dieser siamesischen Morgue in der grauenhaften Umgebung auch war, so wurde ich doch nicht so sehr durch die Toten wie durch einen Lebenden entsetzt, der in demselben Raume auf faulenden Matten in einem Winkel ausgestreckt lag; ein alter Mann, vollständig unbekleidet, mit fleisch= losen Gliedern und unter der dürren, verunzelten Haut scharf hervortretenden Rippen. Seine halb erloschenen Augen waren starr gegen den Himmel gerichtet, seine bleichen, blutlosen Lippen murmelten unter schwachem Stöhnen unverständliche Worte, seine Finger zogen sich wie vor Schmerzen krampfhaft zusammen. Wie man mir sagte, hatte er sich vor etwa einer Woche mühsam hierhergeschleppt, um zu sterben. Niemand war um ihn, keine Seele kümmerte sich um ihn, keine Nahrung war vorhanden, kein Wasser, um seine dürren Lippen zu netzen, und langsam schien er dem Tode entgegenzuhungern. Seine einzige Habe war sein ersterbendes Leben. Buddha hat es ihm hoffentlich auch bald genommen!

Zur Rechten dieser grausigen Feuerstätten mit ihren weißgebrannten Altären, ihren knisternden Feuern und schweren Rauchsäulen breitet sich gegen den Kanal Klong Taphan Han eine wüste, zerwühlte Fläche aus mit wild wucherndem Gestrüpp hier und dort und kleinen, lose aufgeworfenen Erdhügeln, eine verfluchte Wüstenstätte mitten im Herzen dieser volkreichen Großstadt mit ihren Palästen, vergoldeten Pagoden und hoch= ragenden, juwelengefüllten Tempeln. Nicht das geringste Zeichen menschlicher Kultur ist dort zu entdecken, ausgenommen die hohe zerfallende Mauer, die dieses häßliche Stück Erdenantlitz umgibt, kein Tempelchen, keine Pagode, kein Stein, nur räudige, keifende Hunde irren suchend, die Schnauze auf dem Boden, dort umher. Es ist der Friedhof, die Beerdigungsstätte für gewisse Tote. Die buddhistische Religion gestattet es nicht, daß Menschen, die eines verwünschten Todes gestorben sind, sofort den Flammen überliefert werden. Hat der Blitz jemanden erschlagen, ist jemand plötzlich oder an gewissen Krankheiten gestorben, so wird das von dem abergläubischen Volke als eine Strafe des Himmels angesehen, und die Leichen der Betreffenden müssen eine Zeitlang in der Erde gelegen haben, ehe sie ausgegraben und verbrannt werden dürfen.

Bilder aus dem Wat Saket: Der Hof der Aasgeier und Leichenverbrennung.

Natürlich ist auch hier, bei den Talapoinen, das Geld ein gutes Mittel, über derartige Schwierigkeiten hinwegzukommen; aber auch Arme lassen mitunter ihre Verstorbenen zuerst einscharren und nach erfolgter Verwesung des Körpers nur die Knochenreste verbrennen, um dadurch die Kosten der Feuerbestattung zu verringern.

Solche Leichen finden auf der wüsten Beerdigungsstätte des Wat Saket zeitweilige Unterkunft, und der Platz würde bei einiger Sorgfalt nichts Schreckliches bieten. Aber zu der Verwahrlosung kommt noch die Nachlässigkeit, womit die Körper der Mutter Erde übergeben werden. Das Grab wird vielleicht nur ein bis zwei Fuß tief gegraben, und die Leichen werden ohne Sarg, nur in ein Baumwolltuch gehüllt, eingescharrt. Die Folgen lassen sich leichter denken als schildern. Ich kann es nicht, sondern gebe dem katholischen Missionar Abbé Chevillard das Wort: „Die Hunde, die Geier und die Raben haben bald durch die dem seichten Grabe entströmenden Miasmen dessen Lage herausgefunden. Es kommt demnach nicht selten vor, daß man aus den zerwühlten Erdhaufen einen Arm oder ein Bein hervorragen sieht, die alsbald die Beute der Tiere werden." Arme, Beine und andere Körperteile gläubiger Buddhisten werden aber von diesen häufig auch aus freiem Willen den Bestien hinterlassen. Gilt es, eine Sünde zu sühnen oder sich die Gnade himmlischer Gewalten zu erwerben, so wird der Siamese vor seinem Tode bestimmen, daß gewisse Teile seiner sterblichen Hülle den Geiern vorzuwerfen sind. Dann wird der Leichnam vor seiner Verbrennung zuerst in den umschlossenen Hofraum zur Linken der Feueraltäre gebracht, und dort schneidet oder hackt ein Talapoine diese Teile vom Körper.

Der Anblick dieser grauenhaften Schlachtstätte der Toten spottet der Beschreibung. Der weite Hof ist mit großen Steinplatten belegt und durch einen darüber etwas erhöhten Steinweg in zwei Teile geteilt. Säulenhallen und Reihen kleiner Kämmerchen ziehen sich auf zwei Seiten der Umfassung entlang; auf der entgegengesetzten Seite bildet die von dichtem Gestrüpp umwucherte, feuchte, ruinenhafte Mauer den Abschluß. Hinter ihr erheben sich riesige Tropenbäume, teilweise mit üppigem, dunkelgrünem Laub, teilweise mit nackten, kahlen Aesten, die wie weit ausgestreckte Arme gegen den Himmel ragen. Sie sind die Lieblingssitze der zahlreichen stinkenden Aasgeier. Die gräulichen, auf der Brust und am Halse kahlen Bestien begannen heftig zu schreien und mit ihren mächtigen Flügeln zu schlagen, als sie meiner ansichtig wurden, denn diese Stätte ist ihr unbestrittenes Gebiet, unbestritten ausgenommen von den Massen räudiger, schakalartiger Hunde, die sich scheu und zähnefletschend vor mir in die Winkel drückten, denn sie fürchteten den langen Stab meines Begleiters, eines Tempelwächters. Wohin ich blickte, überall saßen Geier: auf den Mauern der Umfassung, auf den Dächern der Galerien und Tempel, auf dem Boden, auf den hohen T-förmigen Galgen, die sich hier und dort erheben und bestimmt sind, die den Vögeln geopferten menschlichen Körperteile aufzunehmen. Unruhig, mit schwerem Flügelschlag und heiserem Gekreisch zogen sie sich, von meinem Begleiter verscheucht, von ihren Opfern zurück, die auf den nackten Steinplatten lagen, bis zu dem Gestrüpp im Hintergrunde, wo Schlangen und Eidechsen, aus ihrer Ruhe aufgeschreckt, davonraschelten. Und doch hätten sie keinen Grund dazu gehabt, denn hier auf diesem Schreckensplatze inmitten der Hauptstadt des Königreichs, hier sind nicht die Menschen die Herren der Schöpfung, sondern die scheußlichen Tiere. Unwillkürlich erfaßte mich tiefes Schaudern, denn nirgends so sehr wie hier drängt sich die Erbärmlichkeit des menschlichen Daseins und das Vergängliche unserer irdischen Hülle so tragisch und gleichzeitig so widerwärtig, so ekelhaft vor die Augen des Besuchers. Unsere gebräuchliche Darstellung des Todes im Abendlande ist das Totenskelett, hier aber waren die nackten Skelette, die abgenagten oder schon von der Sonne gebleichten Knochen und Totenschädel, die auf dem sonnigen, feuchten Platze verstreut lagen, der schönste Anblick, der sich uns darbot. Mitten zwischen ihnen, auf den Steinplatten, lagen ja Menschenleichen, deren Fleisch von den scharfen Schnäbeln der Geier, von den Gebissen der Hunde in schrecklicher Weise zersetzt war. In einer Ecke lag ein menschlicher Körper, in dessen Eingeweiden ein Hund sich derart verbissen hatte, daß nur sein Hinterteil daraus hervorsah. Ueberall Fetzen, Fleischreste, Knochen von Menschen, dieser vollkommensten Wesen der Schöpfung, und so wurden ihre sterblichen Hüllen in der scheußlichsten Weise zerstückt, zerrissen. Kaum wandten wir uns entsetzt zurück, als auch schon Geier und Hunde wieder in dichten Knäueln über ihr Futter herfielen, keifend und kreischend und einander bekämpfend.

So geht es in Wat Saket Tag für Tag, Jahr aus, Jahr ein, seit der Gründung dieser malerischen Großstadt. Täglich kommen Opfer, und sind ihrer für einen Tag zu viele, so werden sie in den kleinen Zellen aufgebahrt, nackt wie sie zur Welt gekommen sind, nur nicht so vollkommen, denn Beil und Schlachtmesser richten sie zuvor für die leichtere Zerstückelung durch die Bestien her. Verstorbene Galeerensträflinge und die Armen, welche die Kosten für die Verbrennung nicht bestreiten können, sind es, die hauptsächlich in diesem Teil des Wat Saket der Vernichtung anheimfallen, während nebenan das Feuer die Arbeit der Tiere verrichtet.

Siamesische Opiumpfeife.

# Die Chinesen.

Seine Majestät Tschulalongkorn ist König von Siam im vollsten Sinne des Wortes, von einer Machtfülle und Autorität, von der man sich heute in Europa kaum eine rechte Vorstellung machen kann. Aber dennoch giebt es im Reiche des weißen Elefanten ein Element, das in mancher Hinsicht mächtiger ist als der König, ein Element, das im Laufe der Zeit das siamesische Volk als solches aufsaugen und dadurch verschwinden lassen wird. Geht es so fort wie bisher, so muß dieses Element dem ganzen Königreich eine andere, fremde Bevölkerung geben. Es sind die Chinesen.

In Wirklichkeit sind die Chinesen schon heute die Herren von Siam. Der ganze Reichtum des Landes, Handel, Verkehr, Industrie, Thatkraft, Unternehmungsgeist liegt in den Händen der Einwanderer aus dem Reiche der Mitte. Nirgends macht sich die Expansivkraft der mongolischen Rasse bemerkbarer als in Hinterindien, ja sie zeigt sich dort stärker als jene der Europäer. Singapore ist größtenteils eine Chinesenstadt, das malayische Sultanat Johore ist zu vier Fünfteln von Chinesen bevölkert, und der Sultan dieses Reiches gestand mir gelegentlich eines meiner Besuche bei ihm, ohne seine chinesischen Unterthanen müßte er die Regierung niederlegen. In Pahang, Perak und den anderen Malayenstaaten, in Anam, französisch Hinterindien, den Laosstaaten bis nach Birma hinein liegen die Verhältnisse ähnlich. Siam besitzt nach den neuesten Schätzungen, die ich mir in Bangkok holte, etwa zehn Millionen Einwohner. Von diesen sind etwa anderthalb Millionen Laoten, eine Million Malayen, eine Million Kambodschaner, eine halbe Million Peguaner, Karens, Birmanen und drei Millionen Siamesen. Diesen drei Millionen stehen ebensoviele Chinesen gegenüber, und bleibt die chinesische Einwanderung ebenso stark wie bisher, so werden die Chinesen die eigentlichen Siamesen in einem Jahrzehnt weitaus überflügelt haben. Die Dampfer der Scotch Oriental=Gesellschaft, welche eine regelmäßige Verbindung zwischen Bangkok und Hongkong unterhält, müssen zuweilen zwei= bis dreimal wöchentlich laufen, um den Passagierverkehr zu bewältigen. Sie bringen Tausende von Einwanderern wöchentlich nach Siam und nur ebensoviele hundert chinesische Rückwanderer nach Hongkong. Diese mongolische Völker= wanderung dürfte in der neueren Geschichte nur von der kaukasischen Völkerwanderung nach Nordamerika übertroffen worden sein.

Die findigen Mongolen haben sich dabei den modernen Verkehrsmitteln angepaßt. Siam grenzt bekanntlich mit seinen tributpflichtigen Schanstaaten an die chinesische Provinz Yünnan. Statt direkt über die Gebirge nach Siam zu wandern, ziehen viele den Sikiang hinab, durch die Provinz Kwangsi, dann durch Kwangtung nach Hongkong, schiffen sich nach Bangkok ein und ziehen von dort wieder den Menam aufwärts durch Siam bis in die Schanstaaten. Die Hauptmasse der chinesischen Einwanderer aber kommt aus den Häfen von Canton, Hongkong, Amoy und Swatau und bleibt im Süden von Siam, im Delta des Menamstromes. Mittellos kommen die Mongolen an, aber dank ihrem Fleiße, ihrer Thatkraft, Ausdauer und Mäßigkeit erringen sie bald ein kleines Kapital, und ist dieses so groß geworden, daß sie unabhängig leben können, so wandern sie vielleicht nach ihrer Heimat zurück; aber die große Mehrzahl bleibt doch im Lande. Da die chinesische Regierung die Auswanderung von Chinesinnen verbietet, nehmen sich die Chinesen siamesische Frauen, und die Vermischung zwischen den beiden Rassen ist eine so vollkommene, daß es heute in der Hauptstadt nur mehr wenige reine Siamesen geben dürfte. Selbst in den Adern des Königs und der königlichen Prinzen rollt mehr oder weniger Chinesenblut. Viele Chinesen erringen nämlich Ehren und Würden, treten in den Staatsdienst, und da es, wie bereits früher erwähnt, in Siam Sitte ist, daß die Mandarine dem König bei seiner Thronbesteigung oder an= deren besonderen Anlässen ihre schönsten Töchter zu Konkubinen geben, erklärt sich die Sache von selbst. Mehrere Halbbrüder des regierenden Königs hatten chinesische Mütter. China gilt in Ostasien immer noch als die klassische Vormacht, und die Siamesen sind sogar stolz auf ihr Chinesenblut.

Im öffentlichen Leben von Bangkok spielen die Chinesen eine sehr bedeutende Rolle, schon deshalb, weil sie von der Regierung bevorzugt werden. Sie haben, wie gesagt, den Kleinhandel hauptsächlich in ihren Händen und wetteifern mit den Euro= päern in Bezug auf den Großhandel. Sie sind die Träger der Industrie des Landes, nicht nur als Arbeiter, sondern auch als Arbeitgeber; kein in Bangkok ankommendes Schiff könnte seine Ladung löschen ohne die chinesischen Kulis; kein Europäer könnte in Bangkok Handel treiben ohne chinesische Compradores und Shroffs, die die ganze Verwaltung des Bargeldes in seinem Geschäft und mit den Siamesen besorgen. Der Lebensmittelverkehr der Hauptstadt geht durch ihre Hände; sie vermitteln einen großen Teil des Lastenverkehrs auf dem Menam, versorgen Bangkok mit Seefischen, bauen Straßen und Eisenbahnen, Häuser und Kanäle, arbeiten in den Reismühlen,

Zimmerwerkstätten, Fabriken, und würden sie eines Tages plötzlich verschwinden, ganz Siam würde stille stehen, veröden. Sie sind aber auch Großhändler, Schiffsreeder, Besitzer von Dampfern und Reismühlen mit Dampfbetrieb, von Banken und Wechsel= geschäften, nicht nur in der Hauptstadt selbst. An den Küsten des Golfs von Siam giebt es ganze Chinesendörfer, deren Bevölkerung sich vom Fischfang nährt, und ebenso giebt es Chinesen weit oben in den Schanstaaten, inmitten der ungeheuren Urwälder, wo sie Teakbäume fällen und den Menam herabflößen. Neben Reis ist Teakholz der wichtigste Handelsartikel Siams, und ein Teil der Gewinnung und Ausfuhr wird durch chinesische Firmen besorgt.

Die Eintreibung der Regierungssteuern liegt größtenteils in ihren Händen. Die siamesische Regierung vermietet die einzelnen Steuern an die Meistbietenden gegen bestimmte Summen und überläßt den Unternehmern die Eintreibung unter Gewährung weitgehender Vollmachten. Hier stehen die Chinesen obenan, denn sie befriedigen nicht nur die Regierung, sondern auch, soweit es bei ihrer Habgier möglich ist, das Volk und vor allem sich selbst. Aehnlich geht es mit dem Glücksspiel, den Ernten, den Taxen auf Vieh, Schweine, geistige Getränke, Brennholz, Kohlen, Fischnetze, Bambus, Teakholz. Ueberall haben die Chinesen ihre Hand im Spiele und bereichern sich auf Kosten des Landes, während sie selbst von allem Militär= und Frohndienst, ja sogar von den Steuern befreit sind. In den ersten drei Jahren nach ihrer Ankunft im Lande haben sie nicht einmal die Kopfsteuer zu bezahlen; nach Ablauf dieser drei Jahre und dann alle weitere drei Jahre bezahlen sie eine Kopfsteuer von etwa zehn Mark. Das ist alles. Als eine Art Quittung für diesen Betrag wird ihnen eine Schnur um das Hand= gelenk gebunden und diese mit dem Regierungsstempel versehen. Um den drückenden Steuern und dem Frohndienst zu entgehen, welchen jeder Siamese der Regierung während dreier Monate im Jahre leisten muß, kleiden sich mitunter auch Siamesen auf chinesische Art und lassen sich den langen Chinesenzopf wachsen. Aber die Mandarine haben ein wachsames Auge, und wo ihnen die Sache nicht recht geheuer scheint, prüfen sie den Betreffenden in der chinesischen Sprache. So mancher Chinese verwandelt sich dann rasch in einen Siamesen.

Viele in Siam ansässige Chinesen stammen aus Hongkong, Singapore, Macao, den Philippinen und unterstehen dann der Konsulargerichtsbarkeit von England, Por= tugal, Spanien. Die Angehörigen des chinesischen Reiches selbst unterstehen der siame= sischen Gerichtspflege, die indessen den Chinesen gegenüber viel nachsichtiger gehandhabt wird als gegen die Eingeborenen des Landes. Ein beträchtlicher Prozentsatz der Chi= nesen verheiratet sich, wie schon bemerkt, mit siamesischen Frauen; die Töchter dieser Ehen werden als Siamesinnen angesehen, die Söhne bleiben Chinesen und haben keine weiteren Abgaben oder Dienste zu leisten als die dreijährige Kopfsteuer. Erst deren Söhne, also die dritte Generation, werden als siamesische Unterthanen betrachtet, und sobald sie die Größe von $2\frac{1}{2}$ Sok, beiläufig $1\frac{1}{4}$ Meter, erreicht haben, sind sie ver= pflichtet, sich bei irgend einem Frohnbeamten der Regierung zum Frohndienst eintragen zu lassen, und erhalten eine Brandmarke auf der Rückseite des Handgelenks. Die

Mischlinge zwischen Chinesen und Siamesinnen heißen Luktihn, jene zwischen Luktihn und Siamesinnen Lantihn. Obschon die letzteren also nur zu ein Viertel Chinesenblut besitzen und thatsächlich siamesische Bürger sind, werden sie von den Chinesen doch als zu den Ihrigen zählend betrachtet, sie tragen chinesische Kleidung und den langen Chinesenzopf.

Die Chinesen halten wie überall so auch in Siam trotz ihrer freundlichen Beziehungen zu den Eingeborenen eng zusammen, haben ihre Vereine je nach den Provinzen, aus denen sie stammen, und ihre geheimen Gesellschaften. Ihre Eigenart geben sie wohl erst in der vierten oder fünften Generation auf. Sie bauen sich in Siam dieselben Häuser wie daheim in China, leben ganz nach chinesischem Brauch, haben ihre eigenen Tempel, Umzüge und Festtage, die in Anbetracht der großen Zahl von Chinesen sogar von den Siamesen anerkannt und mitgefeiert werden, und stirbt ein Chinese, so wird seine Leiche nach China zurückgebracht. Nur ärmere Chinesen lassen sich in Siam beerdigen. Sie sind entschieden das lebenskräftigste, fleißigste und wohlhabendste Element der bunten Bevölkerung von Siam, aber wenn das Land ihnen auch viel Gutes zu verdanken hat, so zeigen sie auf der anderen Seite ihre vielen Fehler, hier vielleicht noch in erhöhtem Maße. Sie haben das furchtbare Laster des Opiumgenusses in Siam eingeführt, sie bestehlen, betrügen und übervorteilen die Siamesen, sie haben organisierte Räuberbanden, die auf den Flüssen wie auf dem Lande ihr Unwesen treiben und nur durch drakonische Strenge in Schach gehalten werden; sie haben bei den Siamesen die Spielwut und damit eine Menge anderer Laster wachgerufen. Wie in den Tropenländern die Parasiten sich auf Bäumen festsetzen, vom Saft derselben zehren und sie schließlich töten, sich selbst aber nähren und zum üppigen Baum entfalten, so thun es die Chinesen in Siam. Geht es so weiter, so wird der König von Siam im kommenden Jahrhundert der Beherrscher eines zweiten Chinesenreiches in Hinterindien werden.

Wie erwähnt, haben die Mongolen auch ihre Gebräuche und ihren Aberglauben mit nach Siam verpflanzt, und ich habe dort Dinge erfahren, die mir in China selbst entgangen sind. Einer meiner chinesischen Diener — die Europäer in Bangkok geradeso wie im übrigen Ostasien ziehen die Chinesen allen anderen als Dienerschaft vor — besaß an beiden Wangen frische tiefe Narben, die von dem Durchstechen derselben mit einer furchtbaren Waffe herrühren mußten. Als ich mich bei meinem Gastfreunde darüber erkundigte, erzählte er mir von einem seltsamen Gebrauch. Alle paar Jahre tritt irgend ein Chinese auf, der behauptet, von Göttlichkeit durchdrungen zu sein. Um ihn zu prüfen, werden ihm nun allerhand schreckliche Foltern auferlegt, die er, ohne eine Muskel zu verziehen, überstehen muß. Man setzt ihn auf einen mit fingerlangen scharfen Eisenstacheln dicht besetzten Armstuhl, schneidet ihm die Zunge aus, durchsticht ihm beide Backen, und wenn er all dies erträgt, hat er seine Heiligkeit bewiesen. Dann wird eine große öffentliche Prozession zu seinen Ehren veranstaltet. Mein Gastfreund hat in einem derartigen Umzug einen Chinesen gesehen, der eine lange Eisenstange durch seine Backen gezogen hatte, und an die Enden derselben hatten sich Chinesen gehängt, die er eine beträchtliche Strecke weit trug. Andere hatten Dolche in der Brusthaut oder im Halse stecken und dergleichen abschreckende Dinge mehr, ähnlich wie es die Aissauahs

Siamesische Truppen vor der königlichen Tribüne der Palaststadt defilierend.

Prinzengräber im Königsgarten.

bei den Mohammedanern Nordafrikas thun. Diese Fanatiker, gefolgt von phantastischen Prozessionen, in denen Kinder auf hohen Stangen einhergetragen wurden und allerhand Tierfratzen, Vermummungen figurierten, erregten so viel Aergernis, daß der König die öffentlichen Umzüge schließlich verbot.

Ungeachtet all der geschilderten Mißstände werden die Chinesen von dem harm= losen, leichtlebigen und trägen siamesischen Volke nicht nur geduldet, man bringt ihnen sogar Sympathien entgegen, und zu Reibungen oder Aufständen ist es bisher nur in den seltensten Fällen gekommen. Das Gleiche kann nicht von allen Völkern gesagt werden, bei denen sich die Chinesen eingenistet haben. In Nordamerika werden sie verachtet, in Australien gefürchtet, in Singapore und den Malayenstaaten mit Gleich= gültigkeit als eine Art notwendiges Uebel behandelt, in Siam kommt man ihnen mit Freundlichkeit entgegen, in Anam gehören sie mit zur Volksfamilie, aber geachtet und geehrt fand ich sie nirgends, mit Ausnahme von Korea.

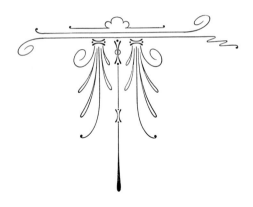

# Frauenleben und Hochzeiten.

In vieler Hinsicht führen die Siamesinnen ein viel besseres, menschenwürdigeres Dasein als ihre Schwestern in China und Japan, von den Mohammedanerinnen in Vorderindien und Persien gar nicht zu sprechen. Sie brauchen sich ihre Gesichter nicht zu verhüllen wie diese, ihre schon von Natur aus kleinen, wohl= geformten Füßchen nicht zu verkrüppeln wie die Chinesinnen, nicht die unterwürfigen Sklavinnen ihrer Männer zu sein wie die Japanerinnen. Sie werden nicht wie die Mädchen dieser Völker ungefragt an irgendwelche ihnen vielleicht ganz unbekannte Männer verheiratet, obschon es auch in Siam mitunter vorkommt. Und wenn in Siam, besonders in den oberen Gesellschaftsklassen, geradeso wie in den anderen Ländern Ostasiens, die Vielweiberei besteht, so wird doch nur die erste Frau als wirkliche Gattin angesehen, sie allein wird unter allerhand Cere= moniell und Festlichkeiten angetraut, und stirbt ihr Gatte, so kann nur sie allein ihn beerben. In der Sprache der Siamesen heißen die Mädchen Nat, die Frauen Sau.

In ihrer frühen Jugend geht es den Mädchen Siams ähnlich wie jenen von China und Japan. Kaum geboren, werden sie schon mit Kalk= und Safranpulver ein= gerieben, und die Verwandten binden ihnen Schnürchen mit daranhängenden Silbermünzen an die Hand= und Fußgelenke. Sie bringen die ersten Wochen und Monate nicht an der Mutterbrust weichgebettet zu, sondern liegen in einem eigenen Behälter, der wie ein großer Vogelkäfig aussieht, und kaum einige Tage alt, werden sie schon mit zerstoßenem Reis und feingeschabten Bananen gefüttert. Die ärztliche Pflege fehlt in Siam noch beinahe vollständig, und deshalb ist auch die Sterblichkeit unter den Kindern eine sehr große. Haben sie endlich auf ihren winzigen Beinchen stehen und ein paar Schritte gehen gelernt, so werden sie von ihren Geschwistern schon heraus ins Freie genommen und lernen fast gleichzeitig mit dem Laufen auch das Schwimmen. Bis zum Alter von acht bis zehn Jahren brauchen sie sich um Kleidung nicht viel zu kümmern; ihre natürliche Anmut kleidet sie besser als alle Stoffe, und vor Erkältungen brauchen sie sich in dem tropischen Klima Hinterindiens nicht zu fürchten.

Mit Lesen und Schreiben, Geographie und Geschichte, Mathematik und Philosophie werden die jungen Siamesinnen nicht so geplagt wie unsere „höheren Töchter". Man sieht diese Wissenschaften auffälligerweise in Siam für weniger wichtig an als häusliche Arbeiten, Kochen, Sticken, Nähen, und wenn die Siamesin heiratet, so bringt sie ihrem Gatten keinerlei Schulweisheit und kein Doktordiplom ins Haus, sondern nur die Künste und Fertigkeiten, welche nötig sind, ihren Hausstand selbst zu führen und ihrem Manne ein behagliches Heim zu bereiten. In den meisten anderen Dingen gehen die Siamesen bei den Europäern in die Schule, aber in dieser Hinsicht haben sie ihre alten Sitten beibehalten. Wohl sind in den letzten Jahren neben einigen älteren christlichen Missionsschulen auch siamesische Schulen für den Mädchenunterricht entstanden, wo ihnen das Notwendigste für ein weibliches Wesen gelehrt, aber keine Philosophie, kein Griechisch und Lateinisch eingetrichtert wird. Sie werden auch nicht in Klöster und Pensionate eingesperrt, sondern dürfen sich, ganz wie ihre Antipoden, die Amerikanerinnen, frei bewegen, das Theater besuchen, allein spazieren gehen, mit dem anderen Geschlechte verkehren, ohne daß es zu größeren, sagen wir Unzukömmlichkeiten käme als anderswo. Zu Hause stehen sie unter der Obhut ihrer Mütter, die auch in Bezug auf ihre Vermählung und Zukunft das wichtigste Wort zu sprechen haben.

Mädchen aus dem Volke.

Vielleicht haben sie bei ihren Spaziergängen oder im Theater, auf den Märkten oder bei Bootfahrten einen jungen Mann kennen gelernt, der ihnen besser gefällt als andere und der auch seinerseits in Liebe zu ihnen entbrennt. Geradeso wie anderswo kommt es häufig vor, daß das junge verliebte Pärchen heimlich Reißaus nimmt und dann mit einem fait accompli vor die Eltern tritt, aber in der Regel wird in Siam um die Braut mit größerem Ceremoniell geworben wie im Abendlande. Will ein junger Mann ein Mädchen freien, so stellt er es nicht heimlich an und beginnt unter der Hand eine Liebschaft, sondern vertraut sich seinen Eltern. Im Verein mit diesen werden dann mehrere Freunde der Familie des Mädchens gebeten, die Sache einzuleiten. Die Sterndeuter, die im Leben der abergläubischen Siamesen eine so große Rolle spielen, werden beauftragt, einen glückverheißenden Tag zu bestimmen, und an diesem begeben sich die Vermittler in das Haus der bräutlichen Eltern, um ihnen die Werbung vorzutragen. Eine sofortige Entscheidung wird kaum jemals getroffen. Gewöhnlich müssen sie die Werbung zwei- oder dreimal wiederholen, und zeigt sich endlich Geneigtheit, so muß zunächst eine wichtige Frage entschieden werden, nämlich ob die Geburtsjahre des Brautwerbers und der Braut auch zu einander passen. Das hängt mit dem eigentümlichen

Kalender der Siamesen zusammen. Sie zählen ihre Zeit nämlich nicht nach Jahrhunderten, sondern nach einem großen Cyclus von sechzig Jahren und einem kleinen Cyclus von zwölf Jahren, von welch letzteren jedes unter einem anderen Tierzeichen steht und dessen Namen führt.

| Jahr | 1. | Ratte, | Tschuat, | Jahr | 7. | Pferd, | Mammiah, |
| --- | --- | --- | --- | --- | --- | --- | --- |
| = | 2. | Kuh, | Tscheluh, | = | 8. | Ziege, | Mammäh, |
| = | 3. | Tiger, | Kahn, | = | 9. | Affe, | Waok, |
| = | 4. | Kaninchen, | Thoh, | = | 10. | Hahn, | Rakah, |
| = | 5. | Großer Drache, | Marong, | = | 11. | Hund, | Tschäh, |
| = | 6. | Kleiner Drache, | Maseng, | = | 12. | Schwein, | Kun. |

Nach den Regeln der siamesischen Astrologie passen nun die Jahre von Ratte und Hund, Kuh und Tiger, Tiger und Kaninchen, Hund und Affe nicht zusammen, und wären die Brautleute in spe in solchen Jahren geboren, so dürften sie einander nicht ehelichen, weil dann ewiger Hader und Unglück den Hausstand begleiten würden. Indessen die siamesischen Sterndeuter lassen mit sich reden, und für eine entsprechende Anzahl von Silbertica's dürften sie das ersehnte Eheglück auch der zahmsten Kaninchenbraut und dem blutdürstigsten Drachenbräutigam verheißen.

Siamesinnen der unteren Stände.

Eine wichtigere Frage ist die beiderseitige Aussteuer, die nun zur Besprechung gelangt. Die Freunde des Bräutigams verkünden den Eltern der Braut, daß er von seinen Eltern, wie allgemein gebräuchlich, ein Haus, dann eine bestimmte Summe von mehreren hundert oder tausend Ticals als eine Art Betriebskapital erhält; außerdem würden die Eltern der Braut die üblichen Geschenke erhalten und für die Kosten der Hochzeitsfeier nicht zu sorgen haben. Sind sie damit zufrieden, so verkünden sie nun ihrerseits, daß die Braut, auf siamesisch Mahtschin, als Aussteuer (Tuhn) eine gewisse Geldsumme, gewöhnlich kleiner als die des Bräutigams, und einige Sklaven in den Hausstand mitbekommt.

Nun kann die Verlobung gefeiert werden. Der Bräutigam wird von seinen Freunden in das Haus seiner Mahtschin geführt, wo er sich vor ihren Eltern auf den Boden wirft und sie um Erlaubnis anfleht, ihre Tochter zu sehen und von Zeit zu Zeit zu besuchen. Während des Brautstandes wird das Haus des zukünftigen Paares, je nach den zu Gebote stehenden Mitteln, und zwar in möglichster Nähe des bräutlichen Elternhauses, wenn nicht gar auf einem dazugehörigen Baugrund erbaut. An einem von den Sterndeutern als glückverheißend bezeichneten Tage wird die Aussteuer des Bräutigams in das Haus der Braut getragen: Geld und Kleidungsstücke, Hochzeits= kuchen, Früchte, Blumen, Betel und Tabak, je nach dem Uebereinkommen. Die Hoch= zeitsgäste bewegen sich dabei in feierlicher Prozession im Gänsemarsch hintereinander, die Musik an der Spitze, oder sie fahren in festlich geschmückten Booten auf den Flüssen und Kanälen zu ihrem Ziele. Von dort begeben sich beide Familien mit Freunden und Bekannten, in bunte Festkleider gekleidet, in das neue Haus des Brautpaares, das für diese Gelegenheit ebenfalls auf das reichste mit Blumenguirlanden, bunten Tüchern und Zuckerrohrstauden als Symbol des Wohlstandes ausgeschmückt worden ist. Dort

werden zunächst die beiderseitigen Hoch= zeitsgeschenke aufgestellt, das Geld aber wird auf den Boden geschüttet, die Münzen von Braut und Bräutigam miteinander vermischt und Reis, Blumen und wohl= riechendes Oel darüber gesprenkelt, als Symbol des künftigen Glückes. Dann wird das Geld der Mutter der Braut eingehändigt, die es bis zur Geburt des ersten Kindes aufbewahrt. Bis dahin lebt das junge Ehepaar auf Kosten der Eltern.

Während des Geldzählens und des nachfolgenden Festmahles bleiben die Brautleute wie überhaupt die Männer und Frauen getrennt. Nachmittags sendet die Braut einen jungen Mann mit einer Betelnuß zu dem Bräutigam und ladet ihn ein, mit seinen Freunden in das fest= lich geschmückte Hauptgemach zu treten, wo sie selbst mit ihren Freundinnen hinter einem Vorhang verborgen weilt. Die zu

Siamesin.

der Festlichkeit geladenen Buddhistenpriester murmeln indessen, mit untergeschlagenen Beinen auf dem Boden hockend, ihre Gebete. Sobald sie geendet haben, überreichen ihnen die Eltern des Brautpaares Geschenke, zumeist gelbe Stoffe für ihre Gewänder, Nahrungsmittel und Cigaretten, denn Geld anzunehmen verbietet ihnen ihre Religion. Darauf wird die eigentliche Trauung vorgenommen. Der Vorhang, hinter welchem die Braut weilt, hebt sich, die Braut erscheint, in lange weiße Gewänder gehüllt, und läßt sich zur Seite des ebenfalls weiß= gekleideten Bräutigams nieder. Nun bringen die Priester ein Gefäß mit geweihtem Wasser herbei, und ihr Aeltester gießt davon zuerst über das Haupt des Bräutigams, dann der Braut, indem er Gebete murmelt und die jungen Leutchen segnet. Diese ziehen sich nun zurück, um ihre durchnäßten Kleider gegen andere in bunten Farben und von reicheren Stoffen umzutauschen, und bei dieser Gelegenheit wird dem Bräutigam gewöhnlich auf einer silbernen oder goldenen Schüssel ein neues Hochzeitsgewand als Geschenk von der Braut überreicht. Jetzt erst beginnt das eigentliche Festgelage, das von der Familie der Braut beigestellt zu werden pflegt und bis in die Nacht hinein währt. Dann geht die ganze Gesellschaft auseinander, um den Hochzeitsschmaus am nächsten Morgen fortzusetzen. Nur der Bräutigam und einige vertraute Freunde bleiben in dem neuen Hause des Brautpaares zurück, um die Nacht bei Musik und Spiel zu durchwachen. Auch die junge Braut muß in das Elternhaus zurückkehren und erhält erst am Abend des nächsten Tages Gelegenheit, ihre Sehnsucht zu stillen. Ein mit den Eltern der Braut befreundetes Ehepaar wird gebeten, das Brautgemach und das Brautbett vorzubereiten. Je zahlreicher die Nachkommenschaft dieses Ehepaares ist, desto günstiger sind auch die

gleichen „Ernteaussichten“ für das Brautpaar. Bei Einbruch der Nacht wird die Braut von älteren Freunden in das Brautgemach geführt, wo sie von dem Gatten empfangen wird; aber damit ist die Stunde ihres Glücks noch immer nicht gekommen, denn die erfahrenen Freunde bleiben noch geraume Zeit bei ihnen, um ihnen gute Lehren mit auf den Weg zu geben. Erst gegen Mitternacht sind sie allein und können sich mit Leidenschaft dem ersten bräutlichen Nasenreiben hingeben. Von bräutlichen Küssen kann bei den Siamesen nicht gesprochen werden, denn ebensowenig wie die Chinesen und Japaner, haben auch die Siamesen den hohen Genuß herauszufinden vermocht, den wir Abendländer beim Küssen eines geliebten Wesens zu empfinden pflegen. Sie finden den Kuß ekelhaft, und an dessen Stelle tritt bei den Siamesen das Aneinanderreiben der

*Junge Siamesin im Festkleide.*

Nasen unter gleichzeitigem Lufteinziehen. Vielleicht hängt der Abscheu, den sie vor dem Küssen empfinden, mit dem widerlichen Laster des Betelkauens zusammen, das Mund und Zähne schwarz und den Speichel blutrot färbt. Nach zwei oder drei Tagen bringt der junge Gatte seine Frau zu seinen Eltern, vor denen sie sich ehrfurchtsvoll zu Boden wirft und ihnen sowie den anderen Mitgliedern der Familie allerhand kleine Geschenke giebt, hauptsächlich aus Blumen und Süßigkeiten bestehend. Als Gegengeschenk erhält sie vom Schwiegervater gewöhnlich Schmucksachen, goldene oder silberne Gefäße und anderes. Wieder einige Tage später führt die junge Frau den Gatten zu ihren eigenen Eltern, wo sich der Geschenkaustausch wiederholt.

Auch bei der Geburt des ersten Kindes finden große Festlichkeiten statt, und die Mutter der jungen Frau übergiebt nun dem Ehepaare die Geldbeträge des Tuhn, d. h. der Aussteuer, die sie bis dahin in Verwahrung gehabt hat. Auch der kleine braune Weltbürger wird mit allerhand Geschenken, Tamkwan genannt, bedacht. Weder bei den Hochzeiten noch bei den Geburten hat die staatliche Autorität irgend etwas zu thun; es giebt keine Standesbeamten noch Regierungsvertreter, doch werden die Neugeborenen in eigene Register eingetragen.

Bei den ärmeren Volksklassen spielt sich die Hochzeit mit weniger Festgepränge und in kürzerer Zeit, gewöhnlich an einem Tage ab, aber immerhin betrachten es die Siamesen als ungehörig, wenn eine Vermählung ohne irgendwelche Festlichkeit statt-

Siamesische Mädchen aus dem Volke.

findet, weil eine solche stille Hochzeit auch in den wohlhabenderen Klassen nur mit der zweiten oder dritten Frau gefeiert wird. Die erste, d. h. vollbürtige Frau, Miau-luang genannt, ist, wie eingangs erwähnt, allein zu einer großen Hochzeit mit Festgepränge und Schmaus berechtigt. Alle späteren Frauen werden in diesem Lande der Vielweiberei nur dadurch geehelicht, daß der liebesbedürftige Gatte ihren Eltern die von diesen für die Konkubine begehrte Geldsumme bezahlt.

Die Ehescheidung ist in Siam gesetzlich anerkannt, doch scheinen die Siamesen von derselben viel weniger Gebrauch zu machen als andere Völker.

# Gerichtspflege, Gefängnisse und Hinrichtungen.

Wer in der Welt viel herumgekommen ist, der wird die Erfahrung gemacht haben, daß wenig so richtig auf den Kulturzustand eines Volkes schließen läßt wie seine Rechtspflege. Dort wo es gute Gesetze, unbestechliche Richter und Vertrauen zur Rechtspflege giebt, dort herrscht wahre Kultur. Nach diesem Maßstab gemessen, war es mit der Kultur in Siam bis vor wenigen Jahren recht kläglich bestellt, und die Zustände waren nicht viel besser als jene, wie sie vor der Restauration in Japan herrschten und wie sie heute noch in China und Korea zu finden sind. König Tschulalongkorn hat, wie in allen anderen Verwaltungszweigen, so auch im siamesischen Justizwesen mit kraftvoller Hand viele Uebelstände ausgerottet und dabei die Unterstützung seiner talentvollen und energischen Brüder, der Prinzen Swasti und Bitschit, gefunden. Aber der König kann nicht überall sein, und wenn die Rechtspflege in der Hauptstadt unter seinen Augen auch besser gehandhabt wird als früher, so geht es in den Provinzen seines Reiches doch nicht immer in wünschenswerter Weise zu. In den fremdländischen Konsularberichten, in den siamesischen Zeitungen, sowie in den Werken der letzten Reisenden im Reiche des weißen Elefanten finden sich nichts als Klagen darüber. Es wäre unrecht zu verlangen, daß in einem Lande, das erst seit etwa zwei Jahrzehnten wirklich der europäischen Kultur eröffnet worden ist, die Rechtszustände auf ähnlicher Höhe stehen sollen wie im Abendlande. Aber die Reformen müßten doch noch viel energischer in Angriff genommen werden, und man erweist dem liebenswürdigen und sympathischen Volke nur einen Dienst, wenn man sein Augenmerk auf dieses Erfordernis lenkt. Ein anspruchsvoller Justizpalast und ein schönes, allen Anforderungen der Neuzeit entsprechendes Staatsgefängnis thun es nicht allein; nicht in den Gebäuden, sondern in der Ehrlichkeit und Weisheit der Richter ruht das Recht.

In den Provinzen des siamesischen Reiches sind die Gouverneure auch gleichzeitig die Richter. Ueber ihnen stehen in der Hauptstadt noch drei Tribunale: das
Sala-luk-khun oder Tribunal des Königs, dann das Tribunal der hohen Mandarine
und Würdenträger, Tschang-wang genannt, und endlich der internationale Gerichtshof, San-
Thang-prathet, der sich mit den Streitfällen zwischen Siamesen und Europäern beschäftigt.

Als man 1882 in Bangkok das hundertjährige Jubiläum der Gründung der
Hauptstadt feierte, wurde auf Befehl des Königs der Grundstein zu einem neuen großartigen Justizpalaste gelegt, mit dessen Errichtung eine neue Aera der Rechtspflege
Hand in Hand gehen sollte. Aber erst sechs Jahre nach seiner Vollendung, im Jahre
1892, wurden die einzelnen Gerichtshöfe, neben den vorgenannten auch das Gericht für
Sklaven, das Landgericht und das Kriminalgericht in den neuen Palast verlegt, ein
neues Justizministerium geschaffen und an dessen Spitze Prinz Swasti gestellt. Indessen,
trotz aller Energie des Prinzen, trotz der vielen, sogar Richtern auferlegten Prügel-
strafen geht es mit der Rechtspflege nur langsam vorwärts.

Für die Europäer in Siam und jene, welche mit Siam Handel treiben, ist
natürlich der sogenannte internationale Gerichtshof von der größten Wichtigkeit. Wenn
Siamesen gegen Europäer als Kläger auftreten, so werden die Gerichtsfälle von Kon-
sulargerichten des betreffenden Landes, dem der Europäer angehört, in Bangkok entschieden. Klagen von Europäern gegen Siamesen gelangen zunächst vor den siamesischen
Minister des Auswärtigen und werden von ihm gewöhnlich dem internationalen Gerichtshof überwiesen. Aber gegen beide Behörden sind in den letzten Jahren ernste Klagen
laut geworden. Henry Norman sagt in seinem 1895 erschienenen Buche „The far East"
folgendes darüber: „Dort geschieht alles Erdenkliche, um den Fall auf die lange Bank
zu schieben, so daß er nach wochenlangen fruchtlosen Versuchen eines natürlichen Todes
stirbt und der europäische Kläger die Sache ganz aufgiebt. Diese Gerichtspflege hat
so viel Aergernis unter den europäischen Einwohnern Bangkoks erregt, daß kräftige
Schritte dagegen unternommen worden sind, aber das lässige Vorgehen der britischen
Gesandtschaft machte es zu einer schwierigen Aufgabe, Besserung zu schaffen. Die
französischen Konsularbehörden haben sich schon seit langem geweigert, ihre Streitfälle
dem internationalen Gerichtshof vorzulegen, und bestehen auf deren Entscheidung durch
das Ministerium des Auswärtigen allein."

Der englische Konsularbericht vom Jahre 1895 enthält darüber folgende Stelle:
„Ein ernster Uebelstand . . . . . ist die Unfähigkeit, um nicht einen stärkeren Ausdruck
zu gebrauchen, des sogenannten internationalen Gerichtshofes in Bangkok", und der
englische Konsularbericht von 1896 sagt: „Der auswärtige Handel leidet sehr unter
dem Mangel an Vertrauen zur siamesischen Gerichtspflege. Es muß indessen beigefügt
werden, daß in dieser Hinsicht ein entschiedener Schritt zur Besserung dadurch geschehen
ist, daß dem internationalen Gerichtshof ein europäischer Rechtsgelehrter beigegeben
worden ist. Dies hat schon seine guten Früchte getragen, und es ist zu hoffen, daß
die siamesische Regierung fortfahren wird, die so notwendigen Reformen im Gerichts-
verfahren, vor allem die Absetzung unfähiger Richter, zu unternehmen."

Seither haben sich die Klagen erheblich gemindert, und dank der strengen Maß=
regeln des Königs und des Ministeriums des Aeußern können Europäer auch in Siam
in Zukunft darauf rechnen, daß sie zu ihrem Rechte kommen.

In den rein siamesischen Gerichtshöfen geht es bei Verhandlungen viel gemüt=
licher zu als bei uns. Sie haben nichts von dem feierlichen Gepräge und dem Ernst,
den wir in unseren Gerichtshöfen zu sehen gewöhnt sind. Der Richter sitzt mit unter=
geschlagenen Beinen auf einer nicht immer sehr reinlichen Bambusmatte, seine Ellbogen
auf ein paar Kissen gestützt, und raucht seine Cigarette oder kaut Betel, den großen
Spucknapf vor sich. Nicht weit von ihm kauern ein oder zwei Sklaven, die ihm Thee
oder Cigaretten reichen, wenn er es verlangt, und in der Zwischenzeit die Betelpriemchen
mit Kalk und Seriblättern vorbereiten. Zu Füßen der richterlichen Estrade sitzt der
Samnien (Gerichtsschreiber) mit den Dokumenten, die aber nicht immer auf weißem Papier
verfaßt sind, sondern bis auf die jüngste Zeit mittels weißer Kreide auf einen schwarzen,
fächerartig zusammengelegten Kartonstreifen, das Samut=bankfi, geschrieben wurden.
Zwischen beiden Persönlichkeiten stehen auf dem Boden Kästchen, Theegeschirr, Kuchen,
Aschenbehälter, Spucknäpfe.

Die Ankläger, Zeugen, Gerichtsdiener versammeln sich unter gegenseitigen höf=
lichen Verbeugungen in dem gewöhnlich recht kleinen Raume und nehmen in einem
Halbkreis auf dem Boden Platz. Ist alles bereit, so holt ein Diener den Angeklagten
herbei, der bei gemeinen Vergehen gewöhnlich mit Ketten gefesselt ist. Um den Hals
und an den beiden Fußgelenken trägt er schwere eiserne Ringe, die mit den Eisenketten
untereinander verbunden sind. Während er sich vor dem Richter zu Boden wirft, reicht
ein Gerichtsdiener den beteiligten Parteien das Samut=bankfi mit dem Gerichtsprotokoll,
und diese überzeugen sich, daß die Siegel aus Thonerde, auf welche sie in einer früheren
Verhandlung ihren Fingernagel eingedrückt haben, unverletzt sind. Nun öffnet der
Samnien die Anklageschrift (Ruang=rao) und bringt sie zur Verlesung. Ankläger, Ver=
teidiger, überhaupt die Beteiligten, leisten nun einen in den schrecklichsten Worten abgefaßten
Eid, nur die Wahrheit zu sprechen, und der Richter beginnt das Verhör.

Nun waren die Richter bisher nur sehr schlecht bezahlt, und ihr Bestreben ging,
wie es auch heute noch in China und in den entfernteren Provinzen Siams der Fall
ist, vor allem darauf hin, die Kuh so lange zu melken, als sie überhaupt Milch hat.
Statt den Fall rasch zu erledigen, wird er vertagt; glaubt man, die Sache sei beendet,
so wird eine neue Frage aufgeworfen, und so verzögert der Richter den Urteilsspruch
vielleicht auf Monate. Um den Angeklagten, der im Gefängnis in Ketten liegend schreck=
liche Qualen erduldet, zu befreien oder sein Los zu erleichtern, opfern seine Verwandten
und Freunde alles, was sie nur können, ja wenn ihre Barmittel, ihre tote Habe erschöpft
sind, so wird nicht selten sogar die Tugend ihrer Töchter geopfert. Die Freudenhäuser
von Bangkok enthalten zahlreiche unschuldige Opfer dieser feilen Justiz, und Holt Hallet
erzählt in seinem Buche über Siam entsetzenerregende Beispiele.

Wird der Angeklagte auf Grundlage der Zeugenaussagen schuldig erkannt, so ist
er auch gezwungen, sein Verbrechen einzugestehen und seine Mitschuldigen zu nennen,

wenn er sich nicht der Tortur aussetzen will. Leugnet er, ob schuldig oder nicht, so wird er in den Hof des Gerichtsgebäudes geführt und muß sich auf den Boden setzen. Dann werden seine ausgestreckten Beine mittels Seilen an einen kurzen Pfahl gebunden, um seinen Leib wird ein zweites Seil gelegt und auf etwa zwei Meter Entfernung hinter ihm an einen anderen Pfahl straff angebunden, damit er sich nicht rühren kann, und dann werden ihm mit elastischen schweren Bambusstöcken zunächst dreißig Hiebe verabfolgt. Diese Tortur wird zuweilen noch dadurch verschärft, daß der arme Angeklagte mittels Ledersohlen so geohrfeigt wird, daß er schon nach wenigen Schlägen blutet und das Bewußtsein verliert.

Gesteht er noch immer nicht sein wirkliches oder vermeintliches Verbrechen ein, so erhält er am folgenden Tage eine zweite Tracht Prügel, wobei nach je zehn Schlägen ausgesetzt zu werden pflegt, um ihm Gelegenheit zu einem Geständnis zu geben. Dazwischen wird ihm mit dem zähen, dicken Sohlenlederstreifen auf die Backen, Arme, Hüften und Finger geklopft. Am dritten Tage wird die gleiche Prozedur vorgenommen, bis er im ganzen neunzig Schläge erhalten hat, denn weiter darf der Richter nicht gehen.

Wie dem in offizieller Stellung in Siam reisenden Holt Hallet von einem europäischen, in siamesischen Diensten stehenden Polizeiinspektor in Bangkok mitgeteilt wurde, findet die vorstehende Tortur bei männlichen wie weiblichen Angeklagten auf bloße Zeugenaussagen statt. Ueberleben sie diese Martern, ohne zu gestehen, so werden sie als unschuldig angesehen, aber dennoch als des Verbrechens verdächtig gefangen gehalten, bis sie sterben, was gewöhnlich infolge der erhaltenen Wunden sehr bald geschieht.

Solch anhaltende Torturen kommen jedoch selbst in den Provinzen nur selten vor, denn gewöhnlich gestehen die Angeklagten schon bei der bloßen Androhung der Tortur ihr Verbrechen ein, ob sie schuldig sind oder nicht, und regeln dann die ganze Angelegenheit durch ihre Bekannten mittels klingender Münze. Daß dies noch in den letzten Jahren stattgefunden hat, geht aus dem 1892 erschienenen Buche „The Pearl of Asia" hervor, in welchem der Verfasser, Jacob Child, der bisherige amerikanische Gesandte in Siam, folendes sagt:

„Siamesen werden unter den nichtigsten Vorwänden verhaftet, und da ihnen die Schrecken bekannt sind, die ihnen im Falle einer Verurteilung bevorstehen, so verhandeln sie mit irgend einer einflußreichen Person, die wieder mit einer anderen verhandelt, und begleitet der Angeklagte seine Bemühungen durch die entsprechende Anzahl von Ticals, so entgeht er den Klauen des Gerichts, wenn auch mit leerer Börse. Diese Zustände waren vor einigen Jahren in Bangkok so allgemein, daß eine Bande von Dacoits (Räubern) in der Hauptstadt ganz offen ihr Unwesen trieben. Ihre Missethaten nahmen schließlich so überhand, daß die Aufmerksamkeit des Königs darauf gelenkt wurde. Nun konnte ihnen ihr Geld nicht mehr aus der Klemme helfen. Vierzehn von ihnen wurden verhaftet und zum Tode verurteilt. Ihre Freunde versuchten alles mögliche, um sie zu befreien, aber der König hatte sein Wort gesprochen, und dagegen war alles andere machtlos."

Die Strafen sind nach dem siamesischen Gesetzbuch recht eigentümlich. Ein Dieb wird, wenn es sich um eine Sache ohne besonderen Wert handelt, einfach zur Rückgabe oder zum Ersatz derselben, sowie zu den Gerichtskosten verurteilt, muß aber, bis dies geschehen ist, im Gefängnis bleiben. Für viele bedeutet dies lebenslängliche Gefangenschaft. Straßenräuber werden mit Zwangsarbeit von verschiedener Dauer bestraft. Für Hochverräter bestimmt das Gesetz je nach dem Verbrechen auch Strafen verschiedener Natur. Im Jahre 1894 fiel in den Kämpfen zwischen den Siamesen und Franzosen ein französischer Offizier, namens Grosgurin. Die Franzosen behaupteten, derselbe wäre von den Siamesen auf Anstiften des siamesischen Mandarins Phra Yott einfach ermordet worden, und verlangten beim Friedensschluß in entschiedenster Weise dessen Bestrafung. Dabei kam es heraus, daß die Siamesen derartige Verbrechen, wenn wirklich begangen, mit einer der folgenden Strafen belegen: Tod, Verstümmelung, fünfzig Stockstreiche oder Gefängnis auf eine gewisse Zeit mit der Bestimmung, nach überstandener Strafe zeitlebens Gras für die königlichen Elefanten zu schneiden. Phra Yott wurde freigesprochen, aber auf Andringen der Franzosen 1894 nochmals vor einen gemischten Gerichtshof gestellt, der ihn zu zwanzigjähriger Kerkerstrafe verurteilte.

Ehebrecherinnen wurden in früheren Zeiten verurteilt, unbekleidet einen mit spitzen eisernen Nägeln beschlagenen Baum zu erklimmen. Später wurde diese Strafe dahin abgeändert, daß ihnen eine Marke auf die Wangen eingebrannt wird. Mitunter werden Verbrecher auch dadurch bestraft, daß der Richter sie verurteilt, mit einem schweren hölzernen Halskragen nach chinesischer Art während dreier Tage durch die Straßen Bangkoks zu wandern, worauf noch eine dreitägige Promenade in einem Polizeiboot durch die Flußarme und Kanäle der Stadt folgt. Soldaten bilden seine Begleitung und zwingen ihn, mit lauter Stimme seinen Namen und sein Verbrechen zu verkünden.

Der Todesstrafe unterliegen nur Mörder und zuweilen Hochverräter. Der zum Tode verurteilte Verbrecher bleibt bis zum Tage der Hinrichtung im Gefängnis; am Morgen des bestimmten Tages wird ihm eine schwere Halskrause in der beiläufigen Form einer Leiter umgelegt, und seine gefalteten Hände werden mit ausgestreckten Armen darangebunden. Mit schweren Ketten am Hals und an den beiden Fußgelenken wird er nun zu einem Tempelhof in der Nähe des Hinrichtungsplatzes geführt, wo ihm noch dreißig Stockstreiche verabfolgt werden. Auf dem Hinrichtungsplatze angelangt, wird er an ein niedriges, im Boden steckendes Kreuz gebunden und von der Halskrause, sowie von der Halskette befreit. Dazu muß er vor dem Kreuz auf den Boden hocken, und die Arme werden ihm nach rückwärts an die Kreuzarme gebunden, so daß sein Kopf, mit dem Gesicht nach unten, etwas vorwärts geneigt ist. Vor ihn werden ein paar Blumen und brennende Räucherkerzchen in den Boden gesteckt. Henkersknechte verschmieren ihm dann mit Lehm die Ohren und bezeichnen mit Kreide oder Kohle die Stelle auf dem Nacken, welche das Schwert des Scharfrichters treffen soll. Sobald diese Vorbereitungen getroffen sind, wird der Scharfrichter benachrichtigt. Ganz in Scharlachrot gekleidet, das blanke, blitzende Schwert in den Händen, erscheint nun dieser und führt zunächst hinter dem Verurteilten groteske Tänze unter allerhand

Gliederverzerrungen auf. Plötzlich springt er auf denselben zu und führt mit raschem Schwung den Schwerthieb aus.

Fällt das blutende Haupt nicht sofort ab, so wird es durch einen Henkersknecht mit einem scharfen Messer abgetrennt. Dann steckt er den Kopf auf einen in der Nähe stehenden, etwa zwei Meter hohen Pfahl. Hierauf werden dem Leichnam noch die Füße abgehauen, um die Ketten abstreifen zu können, und die Hinrichtung ist vorbei. Der Leichnam bleibt den Hunden und Aasgeiern überlassen, wenn sich nicht Freunde finden, welche ihn zur Verbrennung in einen Tempel schaffen lassen.

Hinrichtungen werden in Siam nur selten vollzogen, und die Todesstrafe wird in den meisten Fällen in lebenslängliche Gefängnisstrafe verwandelt. An Händen und Füßen gefesselte Sträflinge sind in den Straßen von Bangkok sehr häufig zu sehen, denn sie werden zu allerhand Regierungsarbeiten, Bauten, Straßenreinigung verwendet. Die Gefängnisse, von unmenschlichen Blutsaugern verwaltet, waren früher so elend, schmutzig und überfüllt, daß sie das Entsetzen aller Besucher erregten. Als die Aufmerksamkeit des Königs auf diese Schandflecken von Siam gelenkt wurde, gab er sofort den Befehl zur Errichtung moderner, menschenwürdiger Gefängnisse, und Bangkok besitzt heute in der That ein Staatsgefängnis, das als Muster für viele andere in Kulturstaaten dienen könnte. In den früheren Gefängnissen waren Männer und Frauen untereinander, Gesunde und Kranke, ja Aussätzige über Nacht an dieselbe Kette gefesselt, und häufig kam es vor, daß sie bei der furchtbaren Tropenhitze einen halben Tag lang an den Leichnam eines verstorbenen Sträflings gefesselt blieben. Heute sind die Männer und Frauen in verschiedenen Räumen des großen, ummauerten Gebäudekomplexes untergebracht, das im Süden der Stadt, hart an der Ringmauer auf Staatskosten errichtet worden ist. Die Sträflinge wohnen in reinlichen, menschenwürdigen Lokalen, erhalten reichliche Nahrung, dazu Gelegenheit, täglich zu baden; junge Gefangene erhalten sogar Unterricht in Lesen, Schreiben und verschiedenen anderen nützlichen Dingen, und die ganze saubere Gesellschaft befindet sich hier entschieden weit besser als in Freiheit. Sie wären wohl alle mit ihrem Lose gar nicht unzufrieden, wenn sie nicht zu dem verhalten würden, was dem trägen, ans Nichtsthun gewöhnten Siamesen am lästigsten ist: zur Arbeit. Nach dem Muster ähnlicher Anstalten in Europa müssen auch hier die Sträflinge allerhand Gewerben nachgehen. Die einen erlernen das Tischlerhandwerk, andere Holzschnitzerei, wieder andere Metallarbeiten; in den weiten Räumen wird gehobelt, gehämmert und gefeilt, geschneidert und geschustert, daß es eine Freude ist, und nirgends im ganzen Lande sieht man so rastlose Thätigkeit wie hier. Die Arbeiten werden in einem eigenen Bazar zum Besten der Sträflinge verkauft, und das ganze Gefängnis soll auf diese Weise selbsterhaltend gemacht werden. Jedenfalls macht die Anstalt ihrem Schöpfer, dem Könige, alle Ehre, und es wäre nur zu wünschen, daß ähnlich wie das Los der Sträflinge auch der ganze Richterstand gründlichen Reformen unterzogen würde.

## Die Wehrmacht von Siam.

Das Reich der weißen Ele=
fanten hat sich, dank der weisen
Fürsorge des Königs der euro=
päischen Kultur erschlossen. Dem
Beispiele Japans folgend, hat es
auf verschiedenen Gebieten mit mehr oder minder Erfolg Reformen durchgeführt, und
diese Reformen erstrecken sich selbstverständlich auch auf das Militärwesen. Nach den für
Laien verblüffenden Waffenthaten der Japaner zu schließen, könnte man wohl annehmen,
daß auch die ihnen stammverwandten Siamesen es zu einem tüchtigen, schlagfertigen
Heere gebracht haben, zumal ihre frühere Geschichte viel glänzendere Waffenthaten und
Eroberungen aufzuweisen hat als das Reich des Mikado. Als meerumspültes Insel=
reich hat Japan keine Nachbarn, und die einzigen Kriegszüge, die es im Laufe seiner
mehrtausendjährigen Geschichte unternommen hat, waren jene nach dem Lande der Morgen=
ruhe, nach Korea, wo ich selbst noch einzelne Ruinen von den Zerstörungszügen der
Japaner aus früheren Jahrhunderten gesehen habe. Siam dagegen ist ringsum von
kriegerischen Nachbarn umgeben; die fortwährenden Reibungen mit diesen kräftigten den
militärischen Charakter der Siamesen, die sich aus einem kleinen Bergvolke im Laufe
der Zeiten zum mächtigsten Volk von Hinterindien entwickelt und allein ihre vollständige
Unabhängigkeit behauptet haben. Der Reihe nach bekämpften und schlugen sie die
tapferen Birmanen, vernichteten die Peguaner, unterjochten die Schans und Laos
und eroberten sich das fruchtbare Menamthal. In zahlreichen Kämpfen gegen das früher
mächtigste der hinterindischen Reiche, Kambodscha, nahmen sie diesem mehrere fruchtbare
Provinzen ab, schlugen die Einfälle der Anamiten zurück und unterwarfen den größten
Teil der Halbinsel Malakka. Aber so kräftig die Siamesen sich auch in ihren Kriegen
gegen die Nachbarvölker erwiesen haben, mit der Unterdrückung derselben scheint ihr
kriegerischer Geist zum großen Teil dahingegangen zu sein, und der heutige Zustand der

Armee entspricht der früheren großen Geschichte durchaus nicht. In dem letzten Kampfe gegen die Franzosen hat sich die siamesische Soldateska keineswegs bewährt, hauptsächlich wohl deshalb, weil sie noch im Uebergang aus den unregelmäßigen, mit Bogen und Pfeil, Lanzen und Schwertern bewaffneten Heerhaufen in eine moderne Armee begriffen ist. Die Urteile der letzten Reisenden über die Militärzustände in Siam sind höchst ungünstig, allein meinen eigenen Anschauungen zufolge sind diese Urteile zu scharf und unbegründet. Die ausführlichste Darstellung fand ich in Normans Werke „The far East". Er sagt darin: „Die siamesische Armeeliste, wie sie sich in den offiziellen Dokumenten darbietet, muß dem Kriegsminister wirklich Stolz einflößen, denn dort sind die Vorkehrungen ausgezeichnet, und die ganze Organisation ist komplett. Nicht die geringste Sache ist vergessen worden, nichts in der Ausrüstung fehlt — auf dem Papier. Indessen das zu beschreiben, was in Wirklichkeit vorhanden ist, wäre nutzlos, denn in

Platz vor dem königlichen Palaste mit der königlichen Garde.

Europa würde niemand die nackte Wahrheit für glaubwürdig halten. Während des letzten Jahrzehnts wurden drei Partien australischer Pferde von etwa je hundert an der Zahl für die Kavallerie eingeführt, von denen jedoch nur die Hälfte notdürftig die Vernachlässigung und den Unrat überlebten, in dem sie gehalten wurden. Sie führen noch heute ihr kümmerliches Dasein in großen und luftigen, aber gänzlich vernachlässigten Stallungen, aus denen sie bei festlichen Veranlassungen in lumpigem Zustande hervorgezogen werden, geritten von schmutzigen Reitern in zerrissenen Uniformen, die sich krampfhaft an Zügel und Sattelknopf festhalten.

Die Artillerie mit ihren jüngst eingeführten Feldgeschützen ist nicht besser. Während der ersten vierzehn Tage nach ihrer Einführung wurden die Messingvisiere gestohlen und verpfändet, ohne daß man sie seither wieder gefunden hätte. Das Schießpulver ist an einem Ort, die Geschosse sind an einem anderen, und niemand weiß, wie sie zu füllen oder zu behandeln sind. Die Infanteristen aber kommen zum Exerzieren, wenn es ihnen beliebt, desertieren und beschweren sich über jene Offiziere, welche es versuchen, sie in

Ordnung zu halten. Viele von ihnen haben ihr Gewehr noch niemals abgefeuert, und im ganzen genommen besitzen sie von wirklichem Soldatengeist so viel wie irgend ein Volkshaufen in der Straße. Die Offiziere zu schildern fehlen die Worte. Man stelle sich eine Soldatenschule vor, von imposanter Größe und vortrefflicher Einrichtung, mit vier oder fünf ohnmächtigen europäischen Instruktoren, wo die jungen Herren von Siam bequem untergebracht sind, wohl gefüttert werden und monatlich etwa dreißig Schillinge erhalten, um eine militärische Uniform zu tragen und vermeintlichen Unterricht zu genießen. Sie widersetzen sich der einfachsten Disziplin und Kontrolle, und was die Studien anbelangt, so sollen sie, die ihre eigene Sprache nur notdürftig lesen können und von Arithmetik gerade so viel verstehen, um in einem chinesischen Pfandhause einen Ring oder eine Kravatte zu möglichst hohen Preisen zu versetzen, aus englischen Büchern Taktik, Ingenieurwesen und Befestigungskunst lernen.

Von den wenigen Leuten, welche eine gewisse militärische Ausbildung in Europa genossen haben, wurde keinem einzigen gestattet, bei seiner Rückkehr nach Siam in den Militärdienst zu treten, während der unermüdliche Däne, Major Schau, der im Laufe von zehn Jahren eifrig sein möglichstes zur Ausbildung der Truppen gethan hat, es erleben mußte, daß ihm eine Truppe nach der andern weggenommen wurde, sobald es ihm gelungen war, sie einigermaßen in Ordnung zu bringen. Und doch giebt es kein leichter zu lenkendes Volk als die Siamesen. Unter europäischer Leitung mit weitgehender Vollmacht, mit regelmäßigem Sold und strenger Disziplin würde der militärische Geist bald entwickelt werden, und man könnte Truppen heranbilden, welche im Felde wenigstens ebenso brauchbar wären wie jene von Birma."

So weit Henry Norman, der in Siam jede Gelegenheit besaß, sich genau zu unterrichten. In manchen Dingen mag er recht haben, aber im ganzen genommen zeigen sich die paar tausend Mann regulärer Truppen, welche in Bangkok garnisonieren, recht vorteilhaft, wenn auch noch nicht so vollkommen wie die japanischen Truppen. Etwas Bestimmtes über die Zahl der Truppen anzugeben ist unmöglich. In Siam besteht die allgemeine Wehrpflicht, und jeder Siamese, ausgenommen die Priester und die vornehmen Klassen, muß in jedem Jahre während dreier Monate Dienst leisten. Nur die königliche Garde ist nach europäischem Muster organisiert und macht einen vortrefflichen, durchaus militärischen Eindruck. Sie besteht neben der Palastwache aus zwei Bataillonen Infanterie, einer Schwadron Reiter und einer Kompagnie Genietruppen. Ferner stehen im Dienst vier Regimenter Infanterie, vier Schwadronen Kavallerie, zwei Batterien Feldartillerie, zwei Bataillone Pioniere und das königliche Elefantenkorps, zusammen etwa zehntausend Mann. Die Bewaffnung besteht aus Kruppschen Geschützen und Mannlichergewehren, während für die Bewaffnung der Reserven in den Depots noch 40 000 Mausergewehre vorhanden sind.

In Bangkok selbst mögen etwa dreitausend Mann unter den Fahnen stehen, und die der königlichen Palaststadt gegenüberliegende große Kaserne ist in ihren Einrichtungen besser als die Mehrzahl der europäischen. In den Mannschaftszimmern fand ich Ordnung und große Sauberkeit, und die Offiziersmesse mit ihrer Bibliothek und hübschem

# หนังสือ

เปนนิธิ }
แลโอษฐ }

# ยุทธโกษ

{ ของการทหารบก
{ ในประเทศสยาม

' อสาธุ สาธุนา ชิเน ''     ''สามัคคิยา ชย่า ชเย '

เล่ม ๕ ตอนที่ ๔ จำนวนเดือน ธันวาคม ร,ศ, ๑๑๕

Lehrsaal erinnert eher an einen modernen Klub. In dem Hofraume exerzierten gerade Rekruten, mit hellen Leinwandjacken und ebensolchen Kniehosen uniformiert, aber mit nackten Waden und Füßen. In dem tropischen Klima von Siam ist jede Fußbekleidung eine Qual, und sehr vernünftiger Weise ist die Nachahmung europäischer Truppen in dieser Hinsicht nicht so weit gegangen wie in Japan. In den Stiefeln steckt die Tapferkeit nicht. Weißes Käppi und schwarzes Lederzeug vervollständigen die Uniform. Die Truppen werden von der Regierung aus verpflegt und erhalten einen Monatslohn von etwa acht Mark. Wie Offiziere mir erzählten, sind die Rekruten recht verständig, nur hat es die größte Schwierigkeit, sie, die bei der Annäherung eines Höheren sich ehrfurchtsvoll auf alle Viere werfen, zum strammen Stehenbleiben zu veranlassen. Ueber alles Lob erhaben sind die mit europäischen Instrumenten versehenen Musikkorps der einzelnen Regimenter, die abwechselnd täglich in Bangkok öffentlich konzertieren. Die Siamesen sind geborene Musiker, und im Gegensatz zu der Musik der anderen Völker Ostasiens besitzen sie sehr ansprechende, melodienreiche Volkslieder.

Auf viel höherer Stufe als die Landmacht steht die siamesische Kriegsmarine mit ihrer ausgezeichnet geschulten Marineinfanterie, fast ausschließlich das Werk des Kommandanten, Admiral du Plessis de Richelieu, eines Dänen und Nachkommen des großen Kardinals. Richelieu hat sich um Siam und das Königshaus die größten Verdienste erworben, und der König besitzt keinen aufopfernderen Diener und treueren Freund als ihn. Er hat gezeigt, daß aus dem vorhandenen Material wirklich eine disziplinierte Truppe geschaffen werden kann. Die Zahl der Schiffe ist keine große, zwei stählerne Kreuzer mit dreißig Geschützen, fünf Kanonenboote mit einunddreißig Geschützen und etwa zwanzig kleinere Schiffe, das ist alles; aber Richelieu hat aus seinem Vaterlande tüchtige Offiziere berufen, und unter ihrer Leitung geht alles klipp und klar her, die weißgestrichenen Schiffe sind Muster von Sauberkeit, der Dienst entspricht allen Anforderungen, und daß die Flotte auch gegen europäische Schiffe leistungsfähig ist, hat sie in dem Gefechte gegen die Franzosen 1893 im Menam bewiesen, wo es dem tapferen Kapitän Guldberg gelang, ein französisches Schiff in den Grund zu schießen. Die Schiffsmannschaft wird ausschließlich aus gewissen Provinzen rekrutiert. Jeder männliche Bewohner derselben ist zu dreijährigem Dienst vom achtzehnten bis zum einundzwanzigsten Jahre verpflichtet und hat nach zurückgelegter Dienstzeit in jedem Jahre während drei Monaten unter die Waffen zu treten. Im Jahre 1896 betrug die Gesamtstärke der dem Marineministerium unterstehenden Truppen 15 000 Mann, die mit fünffachem Wechsel dienten, so daß stets 3000 Mann verfügbar waren. Die Befestigungen an der Mündung des Menam sind von der Marineartillerie besetzt, von welcher jährlich 2000 Mann im fünffachen Wechsel einrücken, mit einer Reserve von weiteren 2000 Mann. Die Marineinfanterie rekrutiert sich aus der männlichen Bevölkerung der Küstenprovinzen zwischen dem zweiundzwanzigsten und vierzigsten Lebensjahre und bildet vielleicht das wichtigste Korps der ganzen Wehrmacht, nicht allein ihrer soldatischen Eigenschaften wegen, sondern weil sie von der Regierung zu allerhand anderen Arbeiten herangezogen werden, eine Art Mädchen für alles. Sie werden im königlichen Palaste als Diener, auf Reisen, zum Bau von Palästen, Brücken, Dämmen, zum Wachdienst, mit einem Worte überall dort verwendet, wo tüchtige Arbeit gerade gefordert wird.

Auf diese Weise sind sie nicht etwa müßige Drohnen, die auf Kosten der Steuerzahler leben, sondern gehören zu den nützlichsten Bürgern des Landes. Nach unseren europäischen Begriffen mögen wir über eine solche Verwendung des Militärs lächeln, aber sie entspricht den thatsächlichen Bedürfnissen, und das für sie verausgabte Geld wird durch ihre Arbeit reichlich wieder hereingebracht.

Der König hat auf seiner Studienreise durch Europa die verschiedenen Armeen kennen gelernt, und er weiß nun, daß in seiner schuhlosen Militärmacht der Schuh doch an verschiedenen Stellen gewaltig drückt. Nach seiner Rückkehr werden die herrschenden Mißstände gewiß nicht länger geduldet werden. Freilich wäre es vergebliches Bemühen, eine Armee schaffen zu wollen, um dem Andrängen der Franzosen und Engländer erfolgreich Widerstand zu leisten, aber Siam bedarf doch für den Dienst im eigenen Lande und zur Unterdrückung von Unruhen und Zwistigkeiten mit den Nachbarn an den Grenzen geschulterer Soldaten. Daß sie bald nach der Rückkehr des Königs vorhanden sein werden, dafür bürgt die bewährte Thatkraft des weisen Herrschers.

# Bang-pa-in,
## das Versailles von Siam.

———※———

Ein Versailles in Hinterindien! Wie käme ein so feenhaftes Königsschloß in die Dschungeln und elefantenbevölkerten Urwälder, welche das Menamthal erfüllen?

Und doch ist es so. Selbst nachdem ich die Herrlichkeiten der königlichen Palaststadt in Bangkok gesehen, traute ich meinen Augen kaum, als ich das siamesische Versailles erblickte. König Tschulalongkorn, dieser Roi Soleil, hat es geschaffen, ohne jemals das Vorbild dieser großartigen Anlagen gesehen zu haben.

Allerdings ist Bang-pa-in nicht in dem weitläufigen Maßstabe angelegt wie Versailles oder Schönbrunn, aber dafür ist es in gewissem Sinne reizvoller, intimer, der schönste Aufenthalt, den man sich in einem tropischen Tieflande denken kann, der Schauplatz von Festlichkeiten, die in ihrer Art wirklich an jene erinnern, wie sie zur Zeit Maria Antoinettes in Trianon gefeiert worden sind.

Schattenfigur der siamesischen Bangspiele.

Bang-pa-in liegt einige Stunden nördlich von Bangkok, zwischen der gegenwärtigen und der einstigen Hauptstadt Siams, Ajuthia.

Dank der Gnade des Königs standen mir und meinen Begleitern zwei Hofdampfer für den Besuch dieser Sommerresidenz zur Verfügung. Auf dem einen richteten wir unsere zeitweilige Wohnung ein, der andere diente als Speisesaal und Küche, mit chinesischen Köchen, die in der Kunst Brillat Savarins wohl bewandert waren und uns vorzügliche europäisch zubereitete Mahlzeiten, gewürzt durch französischen Champagner, alles auf Kosten des Königs, vorsetzten. Den breiten Menamstrom aufwärts fahrend, hielten wir überall an, wo es uns gefiel; bei einbrechender Dunkelheit wurden die Dampfer in der Mitte des Stromes verankert, so daß wir uns hier bei der unter den Tropen so angenehmen Kühle der Nachtruhe bequem hingeben konnten, und für die Mahlzeiten kam der Speisedampfer dicht an uns heran, so daß wir wie aus einem Zimmer in das andere treten konnten. Auf Rhein und Donau hätten wir nicht bequemer reisen können.

Am Morgen nach unserer ersten Nacht auf dem Flusse sahen wir vor uns eine kleine Insel, aus deren dunklem Baumwuchs ein Gebäude hervorleuchtete, das wir irgendwo in Europa oder Amerika, nur nicht im fernen Hinterindien, in dem Lande des eifrigsten Buddhakultus erwartet hätten: eine gotische Kirche! Ueber den Spitzbogen der Thüren und Fenster erhob sich ein gotisches Türmchen, umgeben von mehreren anderen, und die ansprechende Hauptfassade zeigte ähnliche statuenerfüllte Nischen und Fensterrosen mit Glasmalereien, wie wir sie in unseren Christenländern zu sehen gewöhnt sind. Ich kann nicht sagen, welchen Eindruck dieser Anblick, nachdem wir so lange Zeit nichts als Buddhatempel und Pagoden gesehen hatten, auf mich machte! Als wir in dem Fluß= arme zwischen dem Festlande und der Insel anhielten, bemerkte ich erst, daß auf der Kirche das erhabene Zeichen des Christentums, das Kreuz, fehlte, und als ich mich danach erkundigte, erfuhr ich, die vermeintliche Kirche sei ein Buddhatempel.

Wie in Amerika der groteske Geschmack hier und da christliche Gotteshäuser in indischem Baustile entstehen läßt, so hat die Laune des Königs hier einen Buddha= tempel im gotischen Baustil entstehen lassen. Auf dem Altar kauert ein vergoldeter Buddha mit untergeschlagenen Beinen, glänzend im Lichte der unzähligen Kronleuchter, die von der Decke herabhängen, und vor dieser Gottheit lagen eine Anzahl buddhistischer Priester mit kahlrasierten Schädeln, in ihren langen hellgelben Gewändern, ihre Gebete ableiernd.

Eine hübsche Landungsbrücke mit kleinen Pavillons führt vom Flusse an das gegenüberliegende Ufer, auf dem sich eine Reihe von halbeuropäischen Gebäuden hinzieht, überhöht von einer Art Leuchtturm, dem Wahrzeichen von Bang=pa=in. Der Schloß= verwalter hatte von Bangkok die telegraphische Weisung erhalten, sämtliche Gebäude dieser Königsresidenz für unseren Besuch zu öffnen, und erwartete uns bereits, umgeben von seinem Stabe. Durch eine Säulenhalle tretend, sahen wir plötzlich die ganze, geradezu feenhafte Anlage vor uns liegen, und unwillkürlich mußte ich den Geschmack, dabei aber auch die Macht und den Reichtum des Königs bewundern, der diese Herr= lichkeit aus dem Urwaldsdschungel hervorgezaubert hat. Vor einem Jahrzehnt war die ganze Strecke in der That nichts als Sumpf und Urwald, das Versteck von Elefanten und Krokodilen, in das sich höchstens verwegene Jäger gewagt hätten. Heute sind viele Hektare in einen schönen Park verwandelt, mit sorgfältig gepflegten Blumen= beeten und Baumgruppen, welche die ganze Pracht der Tropenvegetation in ihrer größten Vollkommenheit und in reizvoller Zusammenstellung zeigen. Millionen müssen für diese Anlage geopfert worden sein. Tausende von Sklaven arbeiteten jahrelang an der Aus= grabung und Ummauerung der weiten, seenartigen Bassins und der Kanäle, an dem Aufbau der herrlichen weißen Paläste, an den Gloriettes, Pagoden, Säulenhallen, Villen und Sommerhäuschen, welche diese Fürstenresidenz bilden. Den Mittelpunkt des ganzen nimmt ein weites ummauertes Bassin ein, aus dessen Mitte sich auf Steinsäulen ein

Bang-pa-in: Der Hauptsaal im chinesischen Palast.

entzückender Pavillon in Kreuzesform mit aus= und übereinander aufſteigenden Dächern erhebt, deren Giebel die ſeltſamen, geweihartigen Vorſprünge zeigen. Der ganze zierliche Bau wird von einem fünfſtöckigen, in eine ſchlanke Spitze auslaufenden Turme über= ragt. Zur Zeit der Anweſenheit des Königs ſpielt hier zu verſchiedenen Tageszeiten eines der königlichen Muſikkorps, während in reichvergoldeten Gondeln die Frauen des Königs auf der weiten ſpiegelglatten Waſſerfläche umherfahren oder in die umliegenden mit Blumenbeeten beſetzten, ſchattigen Kanäle einlenken. Zahlreiche Fiſche, in allen Farben des Regenbogens prangend, tummeln ſich in den klaren Fluten. Im Hinter= grunde führt eine breite Marmortreppe zu einer Terraſſe empor, auf welcher ſich der eigentliche Palaſt des Königs erhebt, im modernen italieniſchen Renaiſſanceſtil erbaut. Den Hauptraum des unteren Stockwerkes nimmt ein prächtiger Thronſaal ein, mit hübſchen ſiameſiſchen Gemälden und Stickereien an den Wänden. Im Hintergrunde erhebt ſich auf einer mit gelbem Sammet bedeckten Eſtrade der von einem roten Sammet= baldachin überhöhte Thron, mit Goldſtickereien bedeckt. Die Rücklehne zeigt den Namens= zug des Königs mit der ſiebenſtöckigen Krone. Hinter dem Thronſaal befinden ſich der Speiſeſaal und ein ganz in europäiſchem Stil möblierter Billardſaal. Das erſte Stock= werk enthält die Privatgemächer des Königs, ſein Schreibzimmer mit Bücherſchränken, in denen ſich vornehmlich engliſche Bücher befinden, Badezimmer und Schlafzimmer mit breitem Himmelbett und gelbſeidenem Ueberzuge. Als der Schloßmarſchall bei unſerer Führung durch dieſen Palaſt beim Throne und beim Bette des Königs vorbeikam, warf er ſich geradeſo wie ſeine ſiameſiſchen Begleiter auf die Knie und hob die Hände wie zum Beten gefaltet zur Stirne empor.

Ein anderer Palaſt enthält den prächtigen mit europäiſchen Möbeln ausgeſtatteten Audienzſaal, ein dritter dient als Kaſerne für die königliche Garde, ein vierter iſt zur Aufnahme fürſtlicher Gäſte aus Europa beſtimmt, und in dieſem wohnte vor einigen Jahren auch der gegenwärtige Kaiſer von Rußland.

Die ganze Einrichtung in dieſem entzückenden Gebäude iſt dieſelbe wie in irgend einem vornehmen engliſchen Landhauſe, ſo daß europäiſche Gäſte dort gewiß nichts ver= miſſen dürften, an was ſie gewöhnt ſind. Sie brauchen aber nur einen Blick aus dem Fenſter zu werfen, um ſich die Abſonderlichkeit ihres Aufenthaltes zu vergegenwärtigen, denn gerade gegenüber, inmitten von Palmengruppen, erhebt ſich das ſchönſte Gebäude von Bang=pa=in, der chineſiſche Palaſt.

Ein chineſiſcher Kröſus, der in Siam ſeine Millionen erworben, hat ihn hier erbauen laſſen und dem König zum Geſchenk gemacht. Der Kaiſer des himmliſchen Reiches dürfte keinen Palaſt von ſolcher Schönheit beſitzen, ich wenigſtens habe auf meinen Reiſen in China nirgends einen ſolchen geſehen, der an dieſen herangereicht hätte. Der ganze Bau, von dem wunderbaren Porzellandache, welches das zweite Stockwerk überhöht, bis zu der Holzbaluſtrade, welche die unterſten Veranden umgiebt, iſt in reinſtem chineſiſchen Stil gehalten, mit herrlichen Holzſchnitzereien, Bemalungen und Vergoldungen. Ebenſo reich iſt die Einrichtung, die bis zu den goldenen und ſilbernen Tafelgerätſchaften, Lampen und Gemälden das Schönſte zeigt, das die chineſiſche Kunſt und Induſtrie aufzuweiſen haben.

In dem weiten Park verstreut befinden sich die Wohnhäuser für die Königinnen und Favoritinnen, die zahlreichen königlichen Kinder und das Hofpersonal, dazu Pavillons für seltene Vögel, kleine Theater, Rutschbahnen — eine Art Wurstelprater en miniature. Jenseits dieser Anlagen erhebt sich dann der Urwald mit seinen ungeheuren lianen= umschlungenen Baumriesen, Palmen und Bambusgesträppen, der Schlupfwinkel von aller= hand wilden Tieren.

Schön, wie die ganze Anlage sich uns auch zeigte, in ihrem vollen Glanz kann man sie nur beurteilen, wenn der König und damit auch sein ganzer Harem und glänzender Hofstaat, mit vielen Hunderten von Prinzen, Würdenträgern und Beamten hier weilt. Allein kommt er niemals nach Bang=pa=in oder irgend einem andern Sommersitz; nicht nur sein Hofstaat, die ganze Hofgesellschaft folgt ihm nach, und viele fahren mit ihren schwimmenden Häusern hierher und verankern sie zu Füßen des Königspalastes.

Bei einer solchen Ansammlung von Glanz, Reichtum und Farbenpracht kann man sich auch eine Vorstellung machen von den Festlichkeiten, die hier zuweilen ab= gehalten werden. Der König liebt sie, und besonders in früheren Jahren benutzte er jede Gelegenheit, um Gartenfeste oder Tea= parties oder auch die bei den Siamesen so beliebten Spiele mit Schattenfiguren, die sogenannten Nang, mit zu Grunde gelegtem mythologischen Text zu veranstalten. Das glänzendste Fest fand vor einigen Jahren gelegentlich eines Jubiläums der Königs= dynastie statt. Jeder der geladenen

Siamesische Goldschmiedearbeit.

Gäste, und es befanden sich darunter der ganze Hof, die Würdenträger, hohen Beamten und Militärs, das diplomatische Korps und die europäischen Großkaufleute, mußte für dieses Nachtfest ein Lampion beistellen, das in Form oder Devise auf die Geschichte des Königshauses Bezug hatte. Ein Komitee von Prinzen mußte die ver= schiedenen Lampions prüfen und den besten Preise zuerkennen. Teils weil man den hohen Wert der königlichen Preise kannte, teils wegen der thatsächlich großen Popularität des Königs bemühte sich alle Welt, das Schönste und Absonderlichste auszudenken. Als die Dunkelheit anbrach, bot der Park von Bang=pa=in ein Bild, wie es in Hinter= wie Vorderindien wohl selten gesehen worden ist. Nicht nur daß jeder einzelne Baum und Strauch mit so vielen farbigen Lampions behängt war, als er nur tragen konnte, auf dem Rasen, in den Bassins, Kanälen und Wegen erstrahlten noch andere Lampions der seltsamsten Art. Ganze Tempel, Pagoden, Häuser in natürlicher Größe waren aus farbigem Papier gebaut und erleuchtet worden, dazu Grotten mit leuchtenden Papierwänden und Papierstalaktiten, lebensgroße Elefanten, Drachen, Krokodile, Vasen, Statuen, Boote, mit einem Worte, alle erdenklichen Gegenstände befanden sich hier in natürlicher Größe als Lampions nachgeahmt und leuchteten in den verschiedensten Farben durch die Dunkelheit.

Ein anderes Mal ließ der König seine Günstlinge und das diplomatische Korps zu einer **Tea-party** laden. In Bang-pa-in angekommen, fanden sie auf einer Rasenfläche große Zelte rings um einen mächtigen Baum aufgeschlagen, dessen Aeste und Zweige mit Hunderten von Paketen behängt waren, groß und klein, in hübsches Papier oder Seidenstoff gewickelt und mit Bändern gebunden. Nach dem Thee durfte jeder einzelne Gast ein Paket vom Baume lösen; da sie aber sämtlich zu hoch hingen, um erfaßt zu werden, mußte jeder Gast, ob Prinz oder Minister, Herr oder Dame, einen Anlauf nehmen und so hoch wie möglich springen. Gelang es so, ein Paket zu erhaschen, so mußten die Herren vor den König treten und kniend die Umhüllung lösen. Der Inhalt war für die meisten sehr überraschend und häufig Anlaß unbändiger Heiterkeit. Ein Minister fand in seinem Paket eine Kinderpuppe, eine Dame einen Herrenhut, der Gesandte einer Großmacht die knoblauchartige Durianfrucht, in deren Innerem aber ein kostbarer Edelsteinring verborgen war. Jeder Anwesende wurde auf diese Weise beschenkt, und die meisten gingen befriedigt nach Hause, denn die Mehrzahl der Geschenke war in der That königlich.

Leider ist das siamesische Versailles in den letzten Jahren vom Könige gemieden worden. Er hat sich auf der Insel Koh-si-tschang im Golf von Siam ein neues Lustschloß erbaut, das augenblicklich von ihm bevorzugt wird, und das herrliche Bang-pa-in wird möglicherweise demselben Verfall entgegengehen, wie das Lustschloß von Petschabury oder der große Palast von Ratbury, eine Tagereise westlich von Bangkok am Meklong gelegen. Wie für Bang-pa-in, so mögen auch für Ratburi Millionen geopfert worden sein; der Palast ist aus Marmor erbaut, und um das Material zu befördern, wurde eine mehrere Kilometer lange Eisenbahn vom Meklongfluß bis zu der Baustelle angelegt. Tausende arbeiteten an dem Schloß; die kostbarsten Mosaiks wurden zur Ausschmückung der Wände, die teuersten Möbel zur Einrichtung der zahlreichen Gemächer aus Europa bestellt. Eine Zeit lang schien der Palast dem König Freude zu machen, dann blieb er fort, die Möbel und Kostbarkeiten verschwanden, das meiste, was nicht niet- und nagelfest war, wurde gestohlen und der Palast dem Verfall überlassen. Man könnte darüber Thränen vergießen, denn in dieser feuchten tropischen Natur geht alles doppelt rasch der Zerstörung entgegen. Der Park, die Gärten verwilderten zu einem dichten Dschungel, die Eisenbahn ist überwuchert und nur noch stellenweise erkennbar, und bald wird der Palast ein ähnlich trauriges Bild darbieten wie jene der königlichen Ruinenstadt Ajuthia. Aber selbst wenn die Natur in diesen hinterindischen Tropen nicht mit so zerstörender Hand hausen würde, wären doch all die großartigen Bauten dieser buddhistischen Königreiche der Zerbröckelung geweiht, denn gerade so wie in den mohammedanischen Ländern wird daran nichts ausgebessert. Man baut neue Paläste, aber erhält die alten nicht. Den Geistern der Vorfahren wird alle Verehrung gezollt, ihre Behausungen werden dem Verfall überlassen.

Partie aus dem königlichen Lustschlosse Bang-pa-in.

# Eine Königsstadt in Ruinen.

Man würde es kaum für möglich halten, daß Bangkok mit seinen Palästen und Tempeln die Schöpfung eines einzigen Jahrhunderts ist. Aehnliche Städtegründungen hat man wohl in Amerika erlebt. St. Louis, San Francisco und vor allem Chicago sind die hervorragendsten Beispiele davon. Aber das Entstehen eines solchen Chicago an den Ufern des Menam im fernen Hinterindien ist ein größeres Wunder, als es all die Tempel und Paläste von Bangkok sind.

Bis zum Jahre 1767 war das ganze Land am untern Menam ein ungeheurer Dschungel, und die Hauptstadt von Siam befand sich über hundert Kilometer von der Mündung des Stromes im Inlande, am Zusammenfluß dreier großer Flüsse. Krung-Thep-Maha-Nakhon-Si-Ajuthia war ihr Name, d. h. die Metropole der guten Geister, die große, unüberwindliche Stadt.

Schon seit Jahrtausenden hatte sich dort, etwa 80 Kilometer oberhalb des heutigen Bangkok, eine Ansiedlung befunden. Im Laufe der Zeiten wurde sie mehrmals erobert, mehrmals zerstört und immer wieder neu aufgebaut. Loueck, die Stadt des Ueberflusses, war damals ihr Name, und in der frühen Geschichte von Hinterindien hat sie immer eine hervorragende Rolle gespielt, obschon sie bis zum Jahre 1350 keinem Könige als Residenz gedient hat. Niemand Geringerer als der Vater des jetzt regierenden Königs von Siam, König Mongkut, hat ihre ereignisvolle Geschichte geschrieben und die vielen Kriege, Belagerungen und Eroberungen geschildert.

Im Frühjahr 1350, so erzählt König Mongkut, kam der damals mächtige König Utong auf der Suche nach einer passenden Residenz an die Stelle des einstigen Loueck. Er erkannte die Vorzüge der herrlichen Lage an der Vereinigung der Hauptflüsse des Landes, inmitten einer smaragdgrünen, von der warmen Sonne geküßten Ebene, und auf seinen Befehl erhob sich bald auf den zerbröckelnden Ruinen des alten Loueck eine neue majestätische Königsstadt. Fünfzehn Könige aus Utongs Stamme regierten hier, bauten Tempel und Paläste, umgaben die flußumgürtete Stadt noch mit hohen festen

Mauern, ließen zahlreiche Kanäle graben, in welchen sich die Schiffahrt, der Handel und Reichtum des ganzen Königreichs ansammelte, und Ajuthia, mit seinen Hunderttausenden von Einwohnern, war die größte und prächtigste Stadt von ganz Hinterindien.

Mit Eifersucht verfolgten die Könige des benachbarten Birma das Aufblühen Ajuthias, und im Jahre 1759 sammelte der berühmte König Alompra eine große Armee und zog mit ihr gegen Ajuthia, um die Stadt und mit ihr das Königreich zu erobern. Jahrelang wüteten die Birmanen in Siam, das Land in eine Wüste verwandelnd. Endlich gelangten sie vor die festen Mauern Ajuthias, in welcher damals die Nachkommen des großen Königs Narai regierten, und forderten sie zur Uebergabe auf. Stolz wiesen die Siamesen dieses Ansinnen zurück, verstärkten die Mauern und Thore, und während zweier Jahre wurde jeder Angriff der Birmanen tapfer zurückgeschlagen. Aber im Frühjahr 1767 sank das Wasser im Menam so tief, daß die Birmanen ihn durchschreiten

Der Menam von der Wat Tscheng-Pagode gesehen.

konnten. Die lange Belagerung hatte die Siamesen geschwächt; seit langem litten sie an Hungersnot, Krankheiten hatten sie dezimiert, und die Ueberlebenden erduldeten unbeschreibliche Schrecken und Entbehrungen. So gelang es den Birmanen, mit dem Schwert in der Hand die Mauern zu erklimmen und in die herrliche Königsstadt einzudringen. Alles was ihnen in den Weg kam, wurde niedergemacht, die Stadt mit ihren großartigen Palästen und Tempeln ging in Flammen auf, der siamesische König Mutri fiel im Kampfe, sein Bruder, der den Befehl für ihn übernahm, wurde gefangen genommen und nach Birma geschleppt. Tagelang brannte die Stadt, und als die Flammen erloschen waren, gab es kein Ajuthia, ja kein Siam mehr.

Aber schon nach wenigen Jahren gelang es den Siamesen sich wieder zu sammeln und hauptsächlich unter dem tapferen Feldherrn Phra Boroma Racha die Birmanen aus Siam zu vertreiben. Er entstammte einem Fürstengeschlecht des benachbarten Königreichs Kambodscha, und da der siamesische Königsthron erledigt war, bestieg er denselben 1782 als der sechsunddreißigste Herrscher seit der Gründung Ajuthias selbst und wurde der Stammvater der heute noch regierenden Dynastie. Allein Ajuthia wurde nicht wieder erbaut. Er erwählte weiter südlich am Menam eine andere Stelle zur königlichen Residenz, aus welcher allmählich das heutige Bangkok entstand.

Trotz seiner Größe und seines Reichtums an den prächtigsten Palästen und Tempeln hat aber Bangkok immer noch nicht die einstige Pracht von Ajuthia erreicht, wenigstens nach den großartigen Ruinen zu schließen, welche heute noch dort vorhanden sind. Mit Bewilligung des Königs brachte mich ein Regierungsdampfer in Begleitung eines Beamten des Hofstaates den Menam aufwärts nach der alten Ruinenstadt, der hart an dem Stromufer ein moderner einfacher Regierungspalast vorgelagert ist. Der Yokobat (Gouverneur) von Ajuthia, Namens Lhuang Swaksmoor, hatte den Befehl erhalten, mir Führer und Pferde zur Besichtigung der alten Königsstadt zur Verfügung zu stellen, und als wir in Ajuthia eintrafen, stand alles dafür bereit. Auf den steilen, fußhohen und kaum handbreiten Steinstufen, welche vom Flusse zu dem hohen Ufer emporführen, standen zahlreiche Siamesen beiderlei Geschlechts und jeglichen Alters, um dem seltenen Besuch eines Europäers beizuwohnen. Mühsam kletterte ich die steile Treppe, die eher einer Mauerwand glich, empor und befand mich auf einem weiten Platz, umsäumt von modernen Gebäuden: zur Rechten eine moderne, säulen= getragene Markthalle, in welcher seltene, mir unbekannte Gemüse und Früchte aufge= stapelt waren, zur Linken eine Anzahl aus Ziegeln erbauter Häuser, welche die Wohnung des Gouverneurs, eine Ka= serne und ein Absteigequartier für den König enthalten. Im Hintergrunde des letzten, gras= überwucherten Hofes erhebt sich ein massiver Steinturm auf etwa dreißig Meter Höhe, ein Ueberbleibsel der alten Befestigungen von Ajuthia.

Flußscene auf dem Menam.

Auf diesen führte mich der Gouverneur, das Gesamtbild der Ruinenstadt zu sehen, und von der Terrasse dieses Turmes genoß ich in der That einen Anblick, wie er sich mir auf meinen Reisen bisher nur selten gezeigt hat: auf Meilen nichts als ein ungeheurer Dschungel mit den gewaltigsten Banyan= Brotfrucht= und Durianbäumen, durchwuchert von den langen Strängen des Rotang und anderen Schlingpflanzen, anscheinend ein undurchdringliches, smaragdgrünes Dickicht, das sich in der Ferne am Fuß der nebeligen, bläulichen Bergketten verlor. Die hellen Silber= bänder zahlreicher Flußläufe und Kanäle waren hier und dort zwischen dem Grün des sumpfigen, im Sommer häufig ganz überfluteten Dschungels sichtbar. Das war die Stätte, auf welcher noch vor hundertunddreißig Jahren die größte und schönste Stadt Hinterindiens sich befunden hat, das herrliche, sagen= und ereignis= reiche Ajuthia.

Befunden hat? Steht es nicht noch immer? Was ſind denn die mächtigen Pyra=
miden und Pagoden, die goldglänzenden Türme und Säulenreihen, welche dort in der
Ferne über das Meer von dunkelgrünen Baumkronen hoch in die Lüfte ragen? Wie
das ganze Bild, ſo ſind auch dieſe hohen Bauten von abſonderlichen, aber doch ſchönen
Formen in zarten, bläulichen Dunſt gehüllt, welcher bei der großen Ferne die Einzel=
heiten nicht erkennen läßt. Wäre die Stein= und Trümmerwüſte rings um die wunder=
baren Kalifengräber bei Kairo mit dem üppigſten Tropenwald bedeckt, ähnlich würden
die Kuppeln und Minarets derſelben ſich zeigen; ähnlich zeigte ſich mir auch das
Weichbild von Damaskus inmitten ſeiner üppigen Gärten und Wälder aus der Ferne;
oder das weite Thal von Baalbeck am Fuße des Libanon; ähnliche wuchernde Dſchungeln
habe ich aber nur im fernen Yukatan, rings um die Ruinen des rätſelhaften Uxmal
geſehen.

Mit wahrer Begierde eilte ich den Turm hinab zu den bereitſtehenden kleinen
Pferden, um nach den Tempeln zu reiten. Anfänglich ging der Weg durch ſchönen hoch=
ſtämmigen, einſamen Wald, der Schlupfwinkel von allerhand Getier; in dem Geäſte der
Baumkronen ſpielten muntere Affen, die bei unſerem Kommen eiligſt Reißaus nahmen;
Papageien und andere Tropenvögel mit herrlich buntem Gefieder flogen von Baum zu
Baum; in den mit Bambus überwucherten Plätzen hauſten Schildkröten und Schlangen,
und nicht ſelten verirren ſich Elefanten und Tiger in dieſe von Menſchen wenig betretene
Waldeinſamkeit. Endlich kamen wir mitten im dichten, jede Ausſicht verſperrenden
Geſtrüpp auf geradlinige, mit Backſteinen wohlgepflaſterte Wege, die einſtigen Straßen
von Ajuthia, und bald darauf gewahrte ich unmittelbar vor mir mitten aus der
erdrückenden Vegetation hohe Pagoden emporragen, wie ſteinerne Rieſen, umſchlungen
und zerdrückt von den ſchlangengleichen, mit unglaublicher Ueppigkeit wuchernden Lianen.
Je weiter wir vordrangen, deſto zahlreicher wurden die Pagoden, die Tempel, Säulen=
hallen und rieſengroßen Götzen. Wir mußten im Mittelpunkte der einſtigen Königsſtadt
ſein, und ich zauberte mir, auf einer zerſtückten Bronzeſtatue ausruhend, ihr Bild vor
Augen, als ſie noch, glänzend und ſtrahlend von Vergoldungen und köſtlichem Moſaik,
den prunkvollen Hof des ſiameſiſchen Reiches beherbergte, ſchöner als heute die hinter=
indiſche Märchenſtadt Bangkok. Welche Verſchiedenheit in den Formen der Pagoden
und in ihrer Ausſtattung! Welchen Phantaſiereichtum müſſen die Baumeiſter dieſer
köſtlichen Werke beſeſſen haben! Auf Theaterdekorationen können keine mannig=
faltigeren und maleriſcheren Bauten entworfen werden. An manchen der zierlich gedrehten
und reichvergoldeten Spitzen waren noch die ſchwarzen Stellen erkennbar, wo das von
den birmaniſchen Zerſtörern angelegte Feuer emporgeleckt hat; andere zeigten ſich in
ihrer Form und Ausſchmückung noch ſo wohlerhalten wie jene von Bangkok, nur daß
die in ihrem Schatten emporgewachſenen Bäume ſie allmählich von ihren Fundamenten
gelöſt und mit ſich emporgehoben haben. Manche tonnenſchwere Pagoden ſtecken nun
hoch oben in dem Geäſte der Bäume. Größer als das Wunder dieſer verbrannten
Königsſtadt erſchien mir das Wunder der Vegetation, die zwiſchen den Ruinen hier in
ſolcher Machtfülle und Ueppigkeit ſich entfaltet hat; ſchlimmer als die zerſtörende Hand

der Birmanen hat das Gewucher dieser unbesiegbaren Tropenvegetation hier gehaust. Still, langsam, unmerklich und anscheinend harmlos entstehen und wachsen zwischen dem Gemäuer dieser herrlichen Bauwerke die Schlinggewächse, aber mit den Jahren um= schlingen, erdrücken, zerstückeln sie das feste Gestein, bedecken es mit ihrer smaragdenen Decke, ihr Geäste schießt, der Sonne zustrebend, über sie hinaus, ihre alternden, sterbenden, vermodernden Stämme werden wieder zu Erde, welche die steinernen Werke der Menschen= hand bedeckt, und aus dieser fruchtbaren, durch die alljährlichen Ueberschwemmungen des Menam genährten Erde schießt und wuchert neue Vegetation hervor, die Trümmer, welche einst das Gefüge herrlicher Bauten bildeten, sind begraben für ewig. So liegen unter dem Dschungel heute die Ruinen der alten Städte, welche in früheren Jahr= hunderten hier gestanden haben, so arbeitet die Natur heute an der Zerstörung des letzten Ajuthia, so wird in kommenden Jahrhunderten der Reisende an der Stelle der heutigen Ruinen wieder nur Dschungeln finden.

Dagegen ist nicht anzukämpfen. Die Regierung müßte eine kleine Armee von Arbeitern unterhalten, um die Ueberreste der einstigen siamesischen Herrlichkeit der Umschlingung durch das Pflanzengewucher zu entreißen; sie thut es nicht, mit jedem Jahr verfällt das alte Ajuthia immer mehr, und ich beglückwünschte mich, Prachtbauten wenigstens noch in Ruinen gesehen zu haben, Pagoden und Türme und Pyramiden, die wie Inselchen aus dem immer mehr um sich greifenden, immer höher steigenden grünen Ozean der Vergessenheit emporragen. Hier und dort schläft noch im Schatten der Bäume, umwuchert von Bambus und Lianen, ein bronzener Buddha oder eine steinerne Gesellschaft von Götzen und Halbgöttern der hinterindischen Mythologie; Back= steinberge ragen über das Dickicht empor, gekrönt von wunderbaren Pagoden, aus Lava= stein von kunstvollen Händen zusammengefügt, mit prächtigen Ornamenten, Arabesken und Vergoldungen, mit hohen Thorbogen und Gewölben; die erhabenste dieser Bauten schien mir der Tempel des großen Bären, Mahathat, zu sein; ungeheure Lavablöcke wurden zu seiner Herstellung verwendet, und der Mörtelüberwurf wurde zu köstlichen Ornamentierungen in indischem Stil geformt. Bei einer riesigen, in einer Kuppel mit Vertikalrippen endigenden Pagode dieses Tempels bemerkte ich ein Thor, dessen Wölbung durch das Uebereinandergreifen großer Blöcke in ähnlicher Weise gebildet wird, wie ich es in den Ruinenstädten der Azteken in Mexiko und Yukatan gesehen habe, ein merk= würdiges Uebereinstimmen, das wie so vieles andere in den beiden Civilisationen ernstlich zu denken giebt. Aehnlich wie dort sind auch die Reliefskulpturen an den Wänden, ja die ganze Anlage der Tempel.

Noch massenhafter als der Mahathat erschien mir der Wat Tamikarat oder Tamanhat zu sein, d. h. der Tempel, wo der König betet, zierlicher aber der Wat Assi Sarapet, d. h. Tempel vom Aussehen des Diamanten, mit seinen zahlreichen schlanken Pagodenspitzen und seinen schönen Skulpturen, die in großen Haufen in Trümmern liegen. Zwischen diesen eilten große braunrote Tausendfüßler und Eidechsen ihren Verstecken zu, als wir uns näherten; Schlangen raschelten in das Gestrüpp, die ganze hier ebenso üppig wie die Vegetation sich fortpflanzende Tierwelt schien bei dem Nahen der Fremden aufgescheucht.

Hier und dort, zwischen den Ruinen, gewahrte ich auch noch guterhaltene Tempel. mit Klöstern und Priestern, wohl auch einzelne Pflanzungen und Gärten, deren Besitzer, die Nachkommen der alten Ajuthiabewohner, hier in kleinen luftigen Attaphütten hausen.

Der merkwürdigste aller Tempel dieser allmählich untergehenden Königsstadt schien mir der Wat Monkon Mpapit, d. h. der Tempel des Glücks von Mpapit, zu sein. Als ich die mächtige Säulenhalle betrat, erinnerte ich mich des Augenblicks, als ich vor Jahren zum erstenmal den großen Tempel von Karnak in Oberägypten betrat. Hier wie dort wurde das Dach durch mächtige Säulen von viereckigem Durchschnitt getragen, aber hier umgeben sie die Kolossalstatue eines sitzenden Buddha, der nach meiner ungefähren Messung etwa zehn Meter hoch ist und unten ebensoviel im Durch= messer besitzt. Auf jeder der vier Seiten rings um diese mächtige Figur erheben sich vier Säulen von etwa drei Meter Durchmesser und zwölf bis vierzehn Meter Höhe, mit Abständen von drei Metern voneinander. Die Säulen, ebenso wie die hohen fenster= losen Außenmauern sind aus dünnen gebrannten Ziegeln von anderthalb Spannen Länge und der halben Breite aufgebaut und mit Mörtel bekleidet. Dieser Tempel hat mehr als die anderen der Vegetation widerstanden und ist wohl der besuchenswerteste der ganzen Königsstadt, von deren Wohnhäusern keine Spur mehr übrig ist. Mühsam bahnten meine Begleiter den Weg durch die ganze, mit Dschungel bedeckte Insel, um mir eine beiläufige Aufnahme aller größeren Tempel zu ermöglichen, und auf der Kartenskizze, die ich von Ajuthia anfertigte, habe ich neunzehn verschiedene Ruinengruppen verzeichnet. Eine zwanzigste, jene des Wat Jay mit ihrer schlanken, hohen Pagode, liegt auf dem jenseitigen Ufer des Menam.

Heute noch würde die Durchforschung der Königsstadt reiche Ausbeute ergeben, heute ist sie noch möglich. Ob sich aber der Schliemann dazu finden wird?

# Das schwimmende Ajuthia.

Eine Stadt von dreißigtausend Einwohnern, die keine festen Straßen und Plätze besitzt, keine Wasser=leitung, Beleuchtung, Kloaken, Trottoirs, Fahrwege; eine Stadt, in der noch niemals ein Einwohner zu Fuß gegangen oder geritten, noch niemals in einem Wagen gefahren oder in einer Sänfte getragen worden ist, wo Pferde, Wagen, Sänften unbekannte Dinge sind — diese merkwürdige Stadt mag vielleicht zwei= bis dreitausend Häuser zählen, aber kein einziges ist aus Stein oder Ziegeln gebaut oder steht auf festem Grunde, keines hat einen Kellerraum oder Schornstein.  Die Stadt besteht schon seit hundert Jahren, aber würde es ihren Einwohnern einfallen, sie über Nacht irgend wo anders hin, viele Kilometer weit weg zu transportieren, so wäre sie am nächsten Morgen verschwunden, und nichts bliebe zurück, um anzuzeigen, wo sie noch gestern gestanden hat. Für ihren Transport hätte sie keine Lokomotiven oder sonstige Dampf=kraft und Fahrzeuge nötig, denn jedes einzelne Haus der Stadt ist selbst ein Fahrzeug. Die Einwohner würden, während die Stadt reist, einfach in ihren Häusern bleiben. Die Stadt wird jährlich von vielen Tausenden besucht und ist der Handelsmittelpunkt eines Gebietes so groß wie Bayern, aber keiner ihrer Besucher hat sie jemals zu Fuß betreten, zu Fuß verlassen. Jeden Tag steigt und fällt die Stadt mit allen ihren Häusern um einen Fuß, obschon sie mitten in Hinterindien liegt und über hundert Kilo=meter vom Meere entfernt ist. Während des Sommers liegt sie in einem See. Im Herbst läuft dieser See ab, die Stadt bleibt aber doch auf dem Wasser, und wer aus seinem Hause auch nur einen Schritt heraustreten würde, fiele in die Fluten.

Diese merkwürdige Stadt heißt Ajuthia und ist die zweitgrößte Stadt des Reiches des weißen Elefanten. Sie liegt zu Füßen der im vorigen Kapitel geschilderten einstigen Königsstadt Ajuthia und ist vielleicht noch besuchenswerter als diese, denn sie hat auf dem Erdball nicht ihresgleichen. Ich habe wohl in China, vor allem in Canton, ganze schwimmende Stadtteile gesehen, in Venedig eine Stadt mit Wasser in den Straßen, im Huronsee in Nordamerika eine Stadt auf dem Eise, im See von Maracaibo in Venezuela eine solche auf Pfählen im Wasser gebaut, aber niemals eine ganze schwimmende Stadt wie dieses moderne Ajuthia. Wie es kam, daß die Einwohner desselben ihre Häuser nicht auf dem Festlande, sondern auf Schiffen und Flößen im Wasser gebaut haben, ist schwer zu sagen. Platz hätten sie wohl auch auf dem Festlande längs der Ufer der hier zusammenfließenden Ströme mehr als genug gehabt, und auch alle anderen Städte am Oberlauf der letzteren, Tschingmai, Raheng und Tscheinat stehen auf festem Boden, gerade so wie die größere Hälfte von Bangkok. Die alte Königsstadt Ajuthia, die Nachbarin des modernen Ajuthia, stand ebenfalls auf dem Festlande.

Vielleicht war das grauenvolle Schicksal des alten Ajuthia, seine Zerstörung und Verbrennung durch die blutdürstigen Birmanen, die Veranlassung, daß die Nachkommen der alten Einwohner ihre Wohnstätte nicht ähnlichen Möglichkeiten aussetzen wollten. Einer Stadt, die auf dem Wasser schwimmt, kann so etwas nicht zustoßen. Und während ich auf einer kleinen Dampfschaluppe des Königs durch die Wasserstraßen dieser schwimmenden Stadt fuhr, kam ich zu der Ueberzeugung, daß eine derartige Häuseranlage noch eine ganze Menge anderer Vorteile hat. Man braucht ja nur an Noah zu denken. Hätte er nicht seine Arche gehabt, er wäre elendiglich ertrunken wie der ganze Rest der Menschheit, und es gäbe heute nicht nur kein modernes Ajuthia, sondern überhaupt keine Bücherleser auf unserem Erdenglobus. Die Ajuthianer ahmten einfach die Arche Noahs nach. Wie der Nil in Aegypten, so tritt auch der Menam allsommerlich aus seinen Ufern und überschwemmt das ganze Land. Wäre die Stadt auf dem Festlande gebaut, so würde sie dann auch monatelang überflutet sein. Eine Ueberschwemmung ist aber bei schwimmenden Häusern nicht möglich. Die Meeresflut dringt den Menam aufwärts bis weit oberhalb Ajuthia vor, unterwühlt die Ufer und würde den Fundamenten gemauerter Häuser arg mitspielen. So aber steigt und fällt die ganze Stadt mit der Flut, und die Einwohner kümmern sich um die letztere ebensowenig wie die Enten. Und welche Ersparnis an städtischen Ausgaben! Sie brauchen keine Straßenpflaster und Feuerwehr zu unterhalten, keine Kloaken, Wasserleitungen und Badeanstalten anzulegen, Geklingel von Pferdebahnen und Gerassel von Wagen verursacht ihnen keine Kopfschmerzen. Jedes Haus ist ja sozusagen eine Badeanstalt. Und welche Reinlichkeit herrscht in dieser Stadt! Aller Unrat wird einfach über Bord geworfen und von der Strömung fortgespült. Morgens wenn die Einwohner sich von ihrem Lager erheben, brauchen sie nur einen Schritt zu thun, und sie sind im Bade, die Hausfrauen besorgen ihre große Wäsche von ihrer Thürschwelle aus, und ihr wichtigstes Nahrungsmittel neben dem Reis wächst sozusagen unter ihren Füßen. Sie stecken einfach die Angel zum Fenster heraus und fangen sich ihren täglichen Fischbedarf bei dem unglaublich großen Fischreichtum des Menam in ganz kurzer Zeit. Während ich zwischen dem Gewimmel von Booten und Kähnen durch die Straßen der Stadt fuhr, sah ich sogar zahlreiche Falken und Fischreiher mitten zwischen sie ins Wasser schießen, um sich einen

Schwimmendes Haus auf dem Menam.

Fisch aus den Fluten zu holen. Wollen sie Reis, die wohlschmeckenden Lotosblumen oder Gemüse, so legen sie von ihrem Hause eine Holzplanke ans nahe Ufer und holen sich ihren Bedarf vom Festlande, das rings um die schwimmende Stadt nichts als Gärten und Reisfelder enthält. Und welche Ersparnis an Stiefelsohlen! Welch kühler Luftzug hier auf dem Flusse inmitten der Tropenhitze! Fürwahr, die Sache ist so unvernünftig nicht und verdient nachgeahmt zu werden, zumal die Häuser geradeso behaglich und wohnlich sind, als stünden sie auf dem Festlande. Sie sind dabei noch viel malerischer mit ihren steilen, geschwungenen Giebeldächern und den hornartigen Ansätzen an den Spitzen, ihren Galerien und Veranden, die tagsüber durch ein Holz= dach gegen die Sonne geschützt sind. Abends wird dieses Holzdach herabgelassen und bildet dann die Wand der gegen den Fluß gerichteten Seite des Hauses. Viele der größeren Häuser bestehen eigentlich aus zwei aneinanderstoßenden Häusern mit doppeltem Dach; alle Häuser in den verschiedenen Straßen sind mit der einen Langseite diesen zugewendet, und die Dächer sind somit durchweg parallel mit den Flußläufen. Ver= größert sich die Stadt, soll eine neue Straße angelegt werden, so wird ein neuer breiter Kanal gegraben und in diesem die neuen Häuser verankert. Alle Häuser ruhen auf verankerten Flößen aus Bambus= oder Teakholzstämmen, die größer sind als der vom Hause eingenommene Raum und somit eine rings um das Haus führende Galerie bilden.

Neben diesen geräumigen Häusern, welche straßenauf straßenab dicht nebeneinander stehen, stellenweise sogar in zwei Reihen hintereinander, giebt es in Ajuthia auch weit über tausend schwimmende Wohnungen einfacherer Art, welche im Gegensatz zu den ersteren das mobile Element der Einwohnerschaft enthalten, denn bei ihnen liegen die Wohnungen nicht auf Flößen, sondern auf breiten Booten, die nach Belieben umher= gerudert werden und heute hier, morgen dort vor Anker gehen. Der Wohnraum auf diesen Booten besteht aus einer Art flachgedrückter Tonne, mit einem Flechtwerk aus Attapblättern eingedeckt, nach vorn und hinten offen. Gegen den Bug des Schiffes ist der freie Raum des letzteren größer als gegen das Steuer, und wie bei den Floß= häusern ist auch hier ein Vordach aus Attapmatten an der Tonne angebracht, das des Abends zugeklappt wird. Ich habe ähnliche „Tonnen=Wohnungen" auch in anderen Städten Hinterindiens, sogar in Whampoa, Hongkong und Canton in Südchina gesehen. Hier wie dort dienen sie ganzen Familien als Wohnung. Gewöhnlich sind es Fischer, Ackerbauer, Gärtner und Frachtschiffer, welche in diesen Tonnenbooten Unterkunft finden, denn ihre Beschäftigung erfordert einen fortwährenden Wechsel des Aufenthaltes, und so nehmen sie denn der Bequemlichkeit halber ihre Behausung gleich mit sich wie die Schnecken.

Einen fremdartigeren Anblick kann es kaum geben als die Straßen dieser schwimmenden Stadt mit ihrem ungemein lebhaften Verkehr. Keine großstädtische Geschäftsstraße in Hinterindien ist belebter, als es die Wasserstraßen von Ajuthia sind, und das Leben und Treiben in den Häusern wie auf dem Wasser ist ganz dasselbe wie in einer Großstadt auf dem Lande. Ich fuhr mit meiner Dampfbarkasse zwischen

Tausenden von Kähnen und Booten verschiedener Größe einher, gelenkt von Männern oder Frauen oder Kindern, und in fortwährender Gefahr, eines oder das andere umzurennen oder Stauungen des Verkehrs zu verursachen. Mit unglaublicher Geschicklich-keit wichen aber diese auf dem Wasser geborenen, auf dem Wasser lebenden Bootlenker mit einem einzigen Ruderschlag aus, und all die Menschen bewegten sich mit ihren Booten mit derselben Behendigkeit wie Fußgänger in unseren Geschäftsstraßen. In manchen Häuserreihen war jedes einzelne Haus ein Kaufladen; die Waren, hauptsächlich Gemüse, Fische, Porzellanwaren, Stoffe und dergleichen, lagen vor den schwimmenden Häusern auf der Floßveranda zum Verkauf aufgeschichtet, sogar die Pioniere der euro-päischen Kultur, Petroleumlampen, Delkannen und Eisengeschirr, waren hier schon ver-treten und fanden großen Absatz, denn der schwimmende Talat (Bazar) von Ajuthia ist, wie eingangs erwähnt, der Handels= und Verkehrsmittelpunkt eines großen, ungemein fruchtbaren Gebietes, eines der reichsten Reisländer der Welt. Dabei ging alles glatt unter Geschwätz und Gelächter von statten, und es gewährte einen eigentümlichen Anblick, diese halbbekleideten Gestalten bei den verschiedensten Verrichtungen zu sehen, die Frauen bei der Hauswirtschaft, die Männer betelkauend oder rauchend beim Spiel. Aus manchen Häusern ertönte das monotone Gebet eines Priesters oder der wohl-klingende Ton eines Ranat und anderer nationaler Musikinstrumente. Auf der Terrasse eines schwimmenden Hauses wurde gerade eine Totenfeier abgehalten Die Leiche des Verstorbenen lag in einer länglichen Kiste auf der Spitze eines pyramidenartigen, mit gelbem Stoff überzogenen Holzaufbaues, auf dessen Stufen allerhand Geschenke, darunter moderne Petroleumlampen und Gläser, dann künstliche Blumen und anderes mehr auf-gestellt waren. Die Hinterbliebenen ergötzten sich mit Gesang und Musik, und als ich vorüberfuhr, luden sie mich ein, Halt zu machen und an dem Schmaus von Thee und Süßigkeiten teilzunehmen. In den Kaufläden nebenan hatte ich Gelegenheit, die herr-lichen Federfächer, eine Specialität der Industrie von Ajuthia, zu bewundern, auf die in Bangkok, vornehmlich am Königshofe, viel Wert gelegt wird. Auffallend war mir in dem ganzen buntbewegten Leben und Treiben dieser schwimmenden Stadt die geringe Zahl von Chinesen, die doch in Siam ebenso zahlreich sind wie die Siamesen selbst und besonders in Bangkok Handel und Industrie größtenteils in ihren Händen haben.

Auf dem Festlande zwischen dem Gewirr von Flußläufen und Kanälen stehen nur wenige Gebäude, darunter die Buddhatempel, in deren Höfen die Verbrennungen der Leichen stattfinden. Aus der Mitte eines dieser Tempelhöfe, weiter stromabwärts, stieg dichter Rauch zum Himmel empor, und als ich landete, sah ich, daß er von einer solchen Verbrennung herrührte. Auf einem kleinen Erdhügel befand sich ein Steinaltar mit dem Scheiterhaufen, und auf diesem lag ein bereits halbverkohltes menschliches Gerippe. Die Leichen werden hier häufig zuerst für eine Zeit lang beerdigt, bis nur noch das Knochengerüste übrig ist, und dieses wird dann verbrannt. Rings um den Scheiterhaufen hockten eine Anzahl Kinder und sahen der Verbrennung gleichmütig zu. Vor dem eigentlichen Tempel, in welchem sich eine Kolossalstatue Buddhas von vielleicht zehn Meter Höhe befand, wurden allerhand Opfergaben, darunter auch chinesische Feuerwerksfrösche, feilgeboten. Manche der Andächtigen kauften beim Eintritt in den Tempel derartige Frösche und brennen sie ab, um auf diese Weise Tambuhn zu machen, d. h. ein buddhagefälliges Werk zu verrichten. Ueberhaupt zeigt Ajuthia dem Besucher viel mehr ursprüngliches Leben und Treiben als das schon von dem Hauch der abend=ländischen Kultur beeinflußte Bangkok, und wer Siam kennen lernen will, darf nicht verabsäumen, der merkwürdigen schwimmenden Stadt Ajuthia, etwa hundert Kilometer oberhalb Bangkok auf dem Wege nach dem berühmten Wallfahrtsorte der Buddhisten, Prahbat, gelegen, einen Besuch abzustatten.

Elefantenherde im Menamfluß.

# Elefanten und ihre Jagd.

Siam wird wohl das Land der weißen Elefanten genannt, aber auch die gewöhnlichen grauen Elefanten spielen dort im Frieden wie im Kriege eine große Rolle. Die ausgedehnten Urwälder und Dschungeln am Menamstrom und seinen Nebenflüssen wimmeln von Elefanten, die in Herden bis zu mehreren Hunderten vorkommen; sie werden nördlich von Bangkok allgemein für Warentransporte, in Mühlen, bei Bauten, für Reisen verwendet, und der König besitzt heute noch ein eigenes Elefantenkorps für Kriegszwecke. Unternimmt der König eine Reise in seinem Lande, so bedient er sich zumeist der Elefanten, und die eingeborenen Fürsten, deren Gebiet er durchzieht, begleiten ihn dann, gefolgt von ganzen Elefantenschwadronen. Missionare, welche ich in Siam getroffen habe, erzählten mir, zuweilen 600—700 Elefanten im Gefolge des Königs gesehen zu haben. Noch zu Beginn dieses Jahrhunderts haben zwischen den Heeren Hinterindiens Schlachten unter Teilnahme von sechstausend Elefanten stattgefunden. Als in den fünfziger Jahren die Anamiten in eine der Provinzen Kambodschas einfielen, trieb sie der siamesische Feldherr, der gegen sie ausgesandt wurde, dadurch in die Flucht, daß er sie zur Nachtzeit mit vierhundert Elefanten überraschte, an deren Schwanz sich flammende Fackeln befanden.

Im südlichen Teile Siams, rings um die Hauptstadt, haben moderne Verkehrsmittel, Dampfer auf den Flüssen und Eisenbahnen, die Elefanten größtenteils verdrängt, ja ich habe in Bangkok diese ungeheuren Dickhäuter nur in der prächtigen Palaststadt des Königs gefunden. Neben den größten, mit gewaltigen Stoßzähnen bewaffneten grauen Elefanten hatte ich dort auch, wie bereits geschildert, Gelegenheit, die berühmten weißen Elefanten zu sehen, deren Fang mit so großen Festlichkeiten und Ceremoniell verbunden ist.

Einfacher, aber dafür desto ergreifender und dramatischer ist der Fang der wilden Elefanten, die schon ein paar Wegstunden weiter nördlich von Bangkok in großen Herden vorkommen. Bedarf der König, dem alle Elefanten des ganzen Reiches gehören, frischer Elefanten für Kriegs= oder Transportzwecke, kommt ein angesehener fürstlicher Besuch, wie beispielsweise vor einigen Jahren der gegenwärtige Kaiser von Rußland, nach Bangkok, dann werden derlei Elefantenjagden veranstaltet, aber sie sind ziemlich selten. So haben seit 1880 nur zwei oder drei stattgefunden. Gerade während meiner Anwesenheit in Siam wurden die Vorbereitungen zu einer großen Jagd in der Nähe der alten Haupt=stadt des Landes, Ajuthia, getroffen, und ich erhielt die Erlaubnis, dieselben in Augen=schein zu nehmen. Begleitet von dem wackeren Kapitän Guldberg der königlichen Flotte, einem Dänen, fuhr ich in einem mir zur Verfügung gestellten Hofdampfer den mächtigen Menamstrom aufwärts, der seine gelben Fluten zwischen dem ungeheuren tropischen Urwald dahinwälzt. Selten wird dieser Lieblingsaufenthalt der Elefantenherden von einer Ansiedlung unterbrochen, die sich gewöhnlich schon aus der Ferne durch große buddhageweihte Tempel und dicke Rauchsäulen bemerkbar machen, welche aus den Tempelhöfen zum Himmel steigen.

Oberhalb Ajuthias teilt sich der Strom in zwei Arme und bildet eine flache, nur spärlich bewaldete Insel, auf welcher sich die Stallungen der königlichen Elefanten, sowie der Kraal zum Fang der wilden Dickhäuter befinden. Unter hohen offenen Flug=dächern fanden wir dort lange Reihen von zahmen Elefanten, der Mehrzahl nach kolossale Tiere mit mächtigen Stoßzähnen, gewartet von Soldaten des königlichen Elefantenkorps. Sie waren durchweg mittels Rotangsträngen und starken Seilen aus Kokosnußfasern an einem Hinterfuß gefesselt. Als ich mich den gewaltigen Tieren nähern wollte, wurde ich von den Wärtern zurückgehalten, denn die Zähmung ist nicht derart, daß die ihnen fremdartige Kleidung eines Europäers besonderen Respekt einflößen würde. Sie sahen auch keineswegs liebenswürdig aus, und eine Annäherung in den Bereich ihrer Rüssel hätte ich möglicherweise teuer bezahlen müssen.

Die Elefanten von Siam sind, wie bemerkt, Eigentum des Königs und ihr Fang Gegenstand eines Monopols. Die grausame Vernichtung von Elefanten, wie sie leider in Ostafrika und Indien von seiten der Engländer erfolgt, ist in Siam unbekannt, schon aus dem Grunde, weil die Buddhisten nicht nur das Leben der Elefanten, sondern über=haupt alle Tiere heilig halten. Dafür wird den Elefanten in Siam von den dort lebenden zahlreichen Chinesen und Schleichjägern aus den Schanstaaten nachgestellt, um das kostbare Elfenbein zu erbeuten. Sie entgehen der Wachsamkeit der überall im Lande zerstreuten Wächter dadurch, daß sie beim Elefantenfang nicht Feuerwaffen benutzen, sondern ein viel einfacheres, aber grausameres Mittel. Aus sehr harter, an der Sonne getrockneter Büffelhaut stellen sie lange spitze Stacheln her und verbergen sich damit an den von den Elefanten benützten Fährten im Gebüsch des Flußufers. Kommt ein Elefant zur Tränke, so überwindet er die steile Böschung dadurch, daß er sich auf die Hinterbeine zurücklegt und herabgleiten läßt. Diesen Augenblick benutzen die Jäger, um dem Elefanten den Büffelhautstachel durch das hintere Fußgelenk zu stoßen. Die Büffelhaut schwillt auf und verursacht so heftige Entzündungen, daß das Tier bald nicht mehr gehen kann und sich niederlegt. Nun kann es in aller Stille getötet und seines Elfenbeins beraubt werden. Aber auch das Fleisch, hauptsächlich die Zunge, die Schultern und der Rüssel sind den Chinesen und Laoten sehr willkommene Leckerbissen. Veranstaltet der König eine offizielle Jagd auf Elefanten, so findet sie in anderer Weise als in Indien oder auf Ceylon statt. Während dort die Einpfählung, Kraal genannt, bei jeder Jagd mitten im Urwalde neu errichtet werden muß, bleibt der Kraal von Ajuthia stets auf derselben Stelle, und die wilden Elefanten werden aus vielen Meilen im Umkreis auf diesen zugetrieben.

Einen größeren und stärkeren Kraal dürfte es wohl auf Erden nicht wieder geben. Viele Tausende von ungeheuren Baumstämmen aus dem harten und kostbaren Teakholz, jeder drei bis vier Meter hoch und einen halben Meter dick, sind dort in sinnreicher Weise vor einer gemauerten Tribüne zusammengestellt, über welcher sich ein in siamesischem Stil gebauter Pavillon mit hübsch geschwungenem Dach befindet. Kommt der König selbst zur Jagd, so werden über die Steinstufen die kostbarsten Teppiche gelegt, vergoldete Thronstühle aufgestellt, Empfangs= und Erfrischungsräume eingerichtet, alles in jener verschwenderischen Pracht, durch welche der Hof der hinterindischen Majestät berühmt ist. Unmittelbar zu Füßen der Tribüne liegt die Haupteinzäunung für die Elefanten, ein viereckiger Raum von etwa zweiundeinhalbtausend Quadratmetern Fläche, mit einem hohen pagodenartigen Pavillon in der Mitte. Rings um diesen Pavillon, sowie an den Seiten des Kraals stehen in Abständen von der Stärke eines Mannes die gewaltigen Teakholzpfähle, tief in die Erde eingerammt, daß auch der stärkste Elefant sie nicht bezwingen kann, während der Zwischenraum zwischen den Pfählen es den Jägern gestattet, im Notfall durchzuschlüpfen. In dem Winkel zur Rechten der Tri= büne befindet sich ein hohes Thor mit eigentümlichem Pfahlverschluß zum Durchlassen der gefangenen und gefesselten Elefanten. Der Tribüne gerade gegenüber ist das Pfahl= werk zum Einlaß der wilden Elefantenherde auf einige Meter unterbrochen. Rings um die Pfahlwände ziehen sich noch gemauerte Wände hin, einen Zwischenraum für die Treiber freilassend.

Von dem letzterwähnten Einlaßthor laufen noch zwei andere Pfahlwände etwa einen halben Kilometer weit in die Ebene auseinander, zwei Seiten eines spitzen Winkels bildend, dessen Spitze eben das Einlaßthor ist. Schon geraume Zeit vor dem für die Jagd festgesetzten Tage sind Hunderte von Arbeitern damit beschäftigt, das Pfahlwerk zu prüfen, morsche Pfähle durch neue zu ersetzen und die Tribünen herzurichten. Gleich= zeitig begeben sich Elefantenjäger in den sumpfigen Urwald, um die Zahl und Lagerplätze der verschiedenen wilden Elefantenherden auszukundschaften. Da man in ʼSiam den Dickhäutern nicht mit derselben Mordlust wie in den westlichen Kolonien nachstellt und die königlichen Jagden, wie gesagt, nur sehr selten stattfinden, so sind die Elefanten im Menamthale lange nicht so scheu wie in Indien oder Afrika. Immerhin ist das Zu= sammentreffen mit den Riesen des siamesischen Urwaldes keineswegs harmlos. Es sind weniger die Herden, gewöhnlich aus einer einzigen großen Familie bestehend, als die einzeln umherirrenden Elefanten, in Indien Rogues (Vagabunden) genannt, welche dem Menschen gefährlich sind. Diese Rogues sind gewöhnlich unbezähmbare, aus der Gefangen= schaft entlaufene Bestien, vor welchen sich die Elefanten der Herden ebenso zu fürchten scheinen wie die Jäger. Wenigstens wird ein Rogue nur sehr selten in eine Herde ein= gelassen. Neben der damit verbundenen Gefahr ist es auch die ungemeine Wachsamkeit der Elefanten, welche ihr Aufspüren erschwert. Geradeso wie die amerikanischen Büffel, besitzen auch die Elefanten ein Leittier, gewöhnlich das stärkste und größte der jüngeren Tiere, und seinen Anordnungen unterwirft sich die ganze Herde. Es führt sie zur Tränke, es sucht die Lager= und Grasestätten aus, und sind sie auf der Wanderschaft, so schreitet es als Kundschafter der Herde voran und bestellt noch andere für eine Art Nach= richtendienst. Wittern sie Gefahr, so bewegen sie sich mit der größten Behutsamkeit. Bei Tage pflegen sie im kühlen feuchten Schatten der tropischen Urwaldsriesen der Ruhe, erst zur Nachtzeit gehen sie füttern und baden und thun dies mit außerordentlicher Vor= sicht. Es ist kaum glaublich, daß diese mehrere Tonnen schweren, unförmlichen Geschöpfe durch das dichte Gestrüpp und die unentwirrbar verschlungenen Rotangnetze sich den Weg bahnen, ohne daß man das Knacken eines Zweiges hört. Voran das Leittier, behutsam, langsam, nach ein paar Schritten stehen bleibend, um zu lauschen; hinterher seine Adjutanten, dann die Herde. Ist das Bad erreicht und hat das Leittier alles ruhig gefunden, dann stürzt sich die ganze berüsselte Gesellschaft, aller weiteren Vorsicht überhoben, wie toll in die Fluten. Nur das Leittier wacht, und sobald es die geringste verdächtige Bewegung oder einen ungewohnten Laut hört, wird das Signal zur Flucht gegeben. Ein paar Minuten, und die Herde ist wieder im Urwald= dickicht verschwunden.

Je nach der näheren oder entfernteren Lage der einzelnen Herden wird auch auf verschiedene Weise auf sie Jagd gemacht. Sind sie entfernter, so werden sie durch gezähmte weibliche Elefanten, ungemein kluge Tiere, näher an den Kraal herangelockt, ja manchmal bis in diesen hineingeführt. Befinden sich aber im Umkreis von etwa fünfzehn bis zwanzig Kilometer um den Kraal eine hinreichende Menge wilder Elefanten, so beginnt das Eintreiben. Die Treiber werden unter der Bevölkerung der umliegenden Ortschaften rekrutiert. Eine Kette von nur zehn bis zwanzig Schritt Abständen von einander bildend, bewegen sie sich konzentrisch gegen den Kraal zu, mit Reservemann= schaften hinter sich, um ein abfälliges Durchbrechen der eingeschlossenen Herden zu ver= hindern. Ueberdies werden alle zahmen Elefanten von Ajuthia und den angrenzenden Ortschaften aufgeboten, die mit je zwei Mann auf ihrem Rücken sich an der Jagd beteiligen und dabei so viel Verständnis, so viel Geschick und Klugheit bethätigen, daß sie der Führung kaum bedürfen würden.

Ist die ganze Kette geschlossen, so werden die wilden Tiere durch Geschrei, Tamtamschlagen, das Abschießen von Feuerwaffen und Böllern gegen die weit aus= einanderstehenden Pfahllinien des Kraals getrieben. Um ein Durchbrechen zur Nachtzeit zu verhindern, machen die Treiber in den Zwischenräumen große Feuer an und tragen selbst brennende Fackeln. Manchmal gelingt es, die Tiere so weit gegen den Kraal zu treiben, daß die zahmen Elefanten das Einbringen der Herden übernehmen können, manchmal gelingt es diesen, die Kette zu durchbrechen, und die ganze Mühe war ver= geblich, sie muß nach einigen Tagen wiederholt werden.

Niemand weiß, wie viele Elefanten sich innerhalb der immer kleiner, immer enger werdenden Kette befinden. Erst wenn sie den die Kraalinsel vom Urwald trennenden Flußarm erreicht haben und die zahmen Elefanten dicht auf ihren Fersen sind, brechen sie aus der Baumwildnis hervor und stürzen sich in den Fluß, um diesen zu durch= schwimmen. Dann bietet sich dem Zuschauer ein ebenso großartiges wie seltsames Schauspiel dar, denn zuweilen sind es zwei= bis dreihundert dieser Könige des Urwaldes,

Die wilden Elefanten vor dem Kraal.

welche mit hocherhobenen Rüsseln, die großen weißen Stoßzähne im Sonnenlichte glänzend, sich plötzlich dem Beschauer zeigen. Das Wasser spritzt hoch auf, die ungeheuren Körper, die bis dahin nur eine von dem Weiß der Stoßzähne unterbrochene, einförmige, schmutzig= graue Linie gebildet haben, werden von den Fluten genetzt und zeigen so deutlicher die gewaltigen Formen, die knochigen, holperigen Schädel, die einen halben Quadratmeter großen, weit vom Kopfe abstehenden Ohren. Die Furcht hat sich der Tiere bemächtigt, sie drücken sich eng aneinander, schreiten zaghaft vorwärts, wollen nach rechts und links ausweichen, aber flink sind die zahmen Elefanten zur Stelle und drücken, stoßen oder schlagen sie mit dem Rüssel zurück auf ihren verderbenbringenden Weg. Merkwürdig ist es dabei, daß sie sich höchst selten mit den zahmen Elefanten in einen Kampf einlassen und niemals auf die Reiter selbst einen Angriff unternehmen. Ein Schlag mit ihrem Rüssel könnte diesen alle Knochen im Leibe zertrümmern, ja es ist vorgekommen, daß zahme Elefanten den wilden die dicken harten Stoßzähne mit einem einzigen Rüsselhieb abgeschlagen haben, aber sie thun, als bemerkten sie die Reiter gar nicht.

Jenseits des Flusses, auf der kahlen Insel angekommen, ist ein Ausreißen beinahe unmöglich. Getrieben von den zahmen Elefanten, die ihnen auf dem Fuße folgen, schreiten die ungeschlachten Bestien direkt zwischen die Fangwände des Kraals, auf ihrem Marsche ungeheure Staubwolken aufwirbelnd. Allen voran zottelt das mächtige Leittier. Zuweilen stutzt es, bleibt stehen und will, kehrt machend, die ganze Herde mit zurück in die wilde Einsamkeit des Dschungels reißen. Aber die zahmen Elefanten rücken an, und wohin sie sich wenden mögen, tritt ihnen Feuer und Getöse entgegen. Flintenschüsse, Schreien, Trommeln, das Krachen von Feuerwerkskörpern und Böllern überall. Es giebt keinen Ausweg mehr. Erschreckt, verwirrt stürzen sie auf den einzigen offenen, ruhig vor ihnen daliegenden Weg weiter, und dieser Weg führt in den Kraal. Eng aneinander gedrückt, brüllend, trompetend drängen sie sich durch die Pforte in den von den hohen Pfählen umschlossenen Raum. Ist der letzte durch, so werden die Verschlußpfähle rasch vorgeschoben, die ganze Herde, hundert, zweihundert, dreihundert sind gefangen, das Spiel ist verloren.

Nun kommen sie erst zum vollen Bewußtsein ihrer Gefangenschaft. Sie wenden, um denselben Weg, den sie gekommen sind, zurückzueilen, aber die Thüre ist durch schwere Balken verrammelt; sie galoppieren die Pfähle entlang, um einen Ausweg zu finden, vergeblich; sie drücken mit ihren gewaltigen Leibern gegen die Pfahlwände, daß die schweren Bäume krachen und nachgeben, aber sofort eilen die Jäger herbei und stecken zwischen den Pfählen Fackeln durch oder schießen Gewehre ab, um die Tiere zurückzutreiben in den Kraal. In ihrer ohnmächtigen Wut peitschen sie mit den Rüsseln, reißen mit den gewaltigen Stoßzähnen tiefe Löcher in den Boden, nehmen mit den Rüsseln Erde auf und spritzen sie wütend um sich oder bedecken damit den eigenen Rücken, wozu sie außerdem noch dem Munde Wasser entnehmen und dieses darüber spritzen, daß sich eine Schlammkruste bildet. Der Anblick dieses Gewirres und Gedränges der seltsamen Riesentiere ist von unbeschreiblicher Großartigkeit.

Handelt es sich nur um den Fang von Rekruten für das Elefantenkorps, so bleiben die Tiere nun wochenlang im Kraal, um sie durch Hunger zu schwächen und so für das eigentliche Fangen mit der Schlinge gefügiger zu machen und ihren Widerstand zu brechen. Bis auf die Knochen abgemagert, wandelnde Skelette, lassen sie sich ohne Widerstreben die Fesseln anlegen und in den Stall führen. Ist aber der König vielleicht mit fremden Gästen zugegen, wie vor einigen Jahren anläßlich des Besuches des Kaisers von Rußland, dann wird mit dem Fangen sofort begonnen, ein ungemein packendes und aufregendes Schauspiel. Der König sucht unter der umherwütenden unruhigen Menge die größten und stärksten Elefanten heraus und bezeichnet sie den Jägern. Sofort wird sorgfältig die hintere Kraalpforte geöffnet, um die zahmen Elefanten einzulassen. Diese, bemannt mit je einem Führer und einem Schlingenwerfer, scheinen vor Begier zu brennen, um ihre Kameraden einzufangen. Bald sind sie mitten in dem furchtbaren Gewühle, und gelenkt von den Kornaks, bahnen sie sich mit ihren

Stoßzähnen den Weg zu dem ersten der gewünschten Elefanten. Sie legen sich zu beiden Seiten an ihn, drücken und stoßen ihn, peitschen ihn wohl auch mit dem Rüssel, bis der wilde Geselle außerhalb der Herde ist. Der Fänger ist von einem der zahmen

Die wilden Elefanten im Kraal vor der Tribüne.

Elefanten herabgeglitten und steht unter dessen Schutz hinter ihm, die Schlinge bereit. Diese ist aus getrockneter Rhinozeroshaut geschnitten und so zähe und hart, daß sie zwei Meter lang wagrecht gehalten werden kann. Der Fänger wartet nun den Augen= blick ab, wenn der wilde Elefant einen Hinterfuß emporhebt, und flugs wird die Schlinge darunter geschoben und fest angezogen; andere ergreifen das Ende der Schlingenschnur, um es außerhalb des Kraals behende um einen festen Pfahl zu schlingen. Die zahmen Elefanten drücken und schieben ihren Gefangenen zwischen sich bis zu der Stelle, wo die Fänger ihn haben wollen; bei jedem Schritt wird das Seil fester angezogen, schließlich ist er festgemacht, und die zahmen Elefanten wenden sich an Nr. 2, um ihn ebenso zu behandeln. Mitunter gelingt das Erfassen des Fußes mit der Schlinge auf den ersten Wurf, aber gewöhnlich dauert es geraume Zeit, bis endlich die Schlinge sitzt; die zahmen Elefanten beweisen dabei erstaunliche Klugheit. Sie schützen den Schlingen-

Zahme Elefanten einen wilden vor sich hertreibend.

werfer mit ihrem Körper, fangen Rüsselschläge des wilden Tieres mit ihrem eigenen Rüssel auf, lassen den Fänger, indem sie die Beine spreizen, unter sich durchkriechen, ja veranlassen sogar den wilden Elefanten durch Rüsselschläge auf ein Hinterbein, dasselbe zu heben und so den Schlingenwurf zu ermöglichen. Ist Nr. 2 festgelegt, so folgt Nr. 3 und so weiter, bis alle vom König bezeichneten Tiere an der Schlinge zappeln. Aber nicht immer geht die Sache so glatt ab, ja es kommt bei jedem Fang vor, daß sich Tiere den zahmen Elefanten widersetzen, und dann entspinnt sich ein wütender Kampf zwischen den ungeheuren Bestien. Sie fassen sich mit den Rüsseln, schlagen mit furchtbar dröhnenden Schlägen damit aufeinander los, stoßen sich mit ihren schrecklichen Waffen, den Stoßzähnen, und drücken mit den Stirnen aneinander; sie setzen sich auf die Hinter-beine und kämpfen mit unbeschreiblicher Wut und Ausdauer, bis endlich einer getötet

Gefangener Elefant.

wird. Gewöhnlich ist es der wilde Elefant, der den kürzeren zieht. Bei jedem Elefanten=
fang bleiben mehrere Leichen in dem Kraal liegen. Sie werden nach Beendigung des
Fanges ihrer Stoßzähne beraubt und von zahmen Elefanten nach dem Fluß geschleift,
der sie mit der Strömung an Bangkok vorbei nach dem Meere führt. Hat der Fang
zwei oder drei Tage gedauert, so sind die Leichen mit Fliegen buchstäblich überdeckt,
und zahlreiche kreischende freche Aasgeier umflattern die Leichname, ihrer fetten Beute
harrend. Die Kornaks können sich dieser ekelhaften Bestien kaum erwehren.

Während die zahmen Elefanten noch am Fang sind, gebärden sich die bereits
gefesselten Elefanten wie wütend. Sie zerren mit markerschütterndem, weitdröhnendem
Gebrüll an ihren Fesseln, machtlos werfen sie sich zu Boden, daß er erzittert, wühlen
die Erde auf, Thränen des Schmerzes entquillen ihren Augen, sie peitschen mit den
Rüsseln mit solcher Wucht um sich, daß man glaubt, sie müßten in Stücke gehen, aber
ihre Wut ist vergeblich, das Seil giebt nicht nach. Stundenlang, einen halben oder
ganzen Tag, mitunter auch noch den folgenden, währt dieses aufregende, erschütternde,
großartige Schauspiel, je nach der Menge der zu fangenden Tiere. Endlich sind sie alle
gefesselt, im ganzen vielleicht zwanzig bis vierzig. Den übrigen wird wieder die Freiheit
gegeben, die sie gewiß nicht mehr erwartet haben. Auf ein Zeichen werden die Verschluß=
balken der Ausgangsthüre zurückgezogen, und kaum sehen die Tiere den Weg offen, als sie
sofort darauf losstürzen. In wilder Jagd, trompetend und brüllend, die Rüssel hoch in
der Luft, galoppieren sie über den unter ihrem Stampfen erdröhnenden Boden; eine
Staubwolke umhüllt sie auf ihrem Wege nach dem Urwald. Bald ist der Fluß erreicht;
die Fluten schlagen über ihnen zusammen, und einige Minuten später sind sie am jen=
seitigen Ufer im Dickicht verschwunden.

Nun gilt es, die gefangenen Elefanten in die Stallungen zu bringen. Abermals
sind es die zahmen Tiere, welche dabei Dienste verrichten, die hauptstädtischen Polizisten
zur Ehre gereichen würden. Zwei zahme Elefanten, denen schwere Halsbänder aus
Rhinozeroshaut angelegt worden sind, nehmen ihren wilden Bruder zwischen sich; die
auf ihnen sitzenden Kornaks werfen ein ähnliches, an die anderen befestigtes Halsband
um den wilden Elefanten und ziehen es an. Nun wird das Seil am Beine gelockert, die
zahmen Elefanten ziehen, ein dritter stößt von hinten, und so wird der wilde Dickhäuter, ob
er will oder nicht, bis zum Stall gebracht, wo er außerhalb auf einem freien Fleck an einen
Pfahl gebunden wird. Aehnlich geht es mit den übrigen Elefanten, und der Fang ist vorbei.

Um die wilden, sich wie toll gebärdenden Tiere zu zähmen, müssen sie zunächst
eine Zeit lang fasten, bis sie ihre Widerstandskraft verloren haben. Dann nähern sich
die ihnen beigegebenen Wärter, um sie zu füttern und mit ihnen zu sprechen, sie geben
ihnen Bananen und andere Leckerbissen, kitzeln sie am Rüssel und liebkosen sie nach
Elefantenart. Allmählich gewöhnen sie sich an die Wärter, und nach sechs bis acht
Wochen läßt sich auch der wildeste Elefant besteigen, Seiner Majestät Elefantenkorps ist
um so und so viele Rekruten bereichert worden.

# Die Tierwelt von Siam.

———✠———

Neben den Elefanten besitzt Siam auch noch eine Unmenge anderer interessanter Tiere, ja der Reisende wird hier vielleicht von diesen noch mehr gefesselt als von den Menschen. Selbst für jenen, der die Tropenländer anderer Weltteile kennen gelernt hat, eröffnet sich in dem Tierleben Hinterindiens geradezu eine neue Welt. Die Stromgebiete des Salwen, Irawadi und des Menam beherbergen einen unglaublichen Reichtum von Tieren aller Klassen und Arten, von den gewaltigen Elefanten und Nashörnern bis herab zu den kleinsten, kaum mit freiem Auge sichtbaren. Auf Schritt und Tritt, ohne daß man sie zu suchen braucht, tritt dem Reisenden diese großartige Fauna von Hinterindien entgegen und beeinflußt ihn auf die verschiedenste Weise, entzückt oder erschreckt ihn, reizt seinen Gaumen, befriedigt seinen Magen, beißt und juckt und kratzt und sticht ihn, und ist er auf seinen Reisen im Inlande nicht sehr vorsichtig, so fällt er vielleicht der Tierwelt viel eher zum Opfer als den Menschen. Von den Tieren drohen ihm Gefahren, nicht von seinesgleichen, und merkwürdigerweise von den kleinen Tieren mehr als von den großen.

Das tropische Klima, die große Feuchtigkeit, die vielen Wälder, Dschungeln, Sümpfe und Wasserläufe begünstigen jede Art des Tierlebens mehr, als es in anderen, gebirgigeren Tropenländern der Fall ist. Sind doch die auf der Halbinsel Malakka gelegenen Teile von Siam die Heimat des Orang=Utang, Siam und Birma die Heimat von Elefanten, Tiger, Nashorn, Krokodil, nicht etwa nur in den wildesten und unzugänglichsten Gebieten, nein, in unmittelbarer Nähe menschlicher Wohnungen kann man ihre Bekanntschaft machen. Bei uns sind die Menschen die Herren über die Tier= welt, es wäre aber ebenso richtig zu behaupten, daß in Hinterindien die Tiere die Herren der Menschen sind.

An der Spitze der langen Liste von interessanten Tieren steht der Elefant, der in den Wäldern am Menam in vielen Tausenden vorhanden ist und sogar die Um= gebung der früheren Hauptstadt von Siam, Ajuthia, durchschwärmt. Der Herrscher von Siam, sowie die Fürsten der Laos= und Schanstaaten im Norden der Halbinsel

besitzen ganze Herden von Elefanten; für Reisen im Inlande sind sie geradezu unent=
behrlich; was das Pferd bei uns, das Kamel in Persien und Arabien, das ist der
Elefant in Hinterindien. Sie schleppen dort die schwersten Lasten, sind die sichersten,
behutsamsten, angenehmsten Reittiere und verhältnismäßig viel wohlfeiler als unsere Pferde.
In den Laosstaaten kann man einen Reitelefanten für den geringen Preis von ein bis
zwei Mark täglich mieten. Auf der Reise scheuen sie nicht, stolpern und stürzen nicht.
Haben sie einen Fluß zu passieren, so prüfen sie behutsam bei jedem Schritt die Wasser=
tiefe mit dem Rüssel, schwimmen geschickt und klettern sicheren Fußes die jenseitigen Ufer
empor. Im Walde reißen sie mit ihrem Rüssel Schlingpflanzen und Gestrüpp aus dem
Wege, brechen die Zweige, ja ganze Bäume ab, um Platz zu schaffen, und waten sie
durch Dschungel, so wehren sie nicht nur sich, sondern auch ihren Reitern die furchtbaren
Mückenschwärme dadurch ab, daß sie mit einem laubreichen Ast oder einigen Palmblättern
Flanken und Rücken bewedeln. Im nächtlichen Lager angekommen, suchen sie sich ihre
Nahrung selber und bleiben ungefesselt in der Nähe, ja Hallet erzählt in seinem Buche,
sein Elefant hätte sich in einer kalten Nacht beim Lagerfeuer auf seine gewaltigen Hinter=
beine gesetzt und sich den Bauch gewärmt.

So zahm, intelligent und gefügig der Elefant ist, so wild und unbezähmbar ist
das Nashorn, das besonders häufig im Norden und Osten von Siam vorkommt und
dessen Jagd lebensgefährlich ist. Die Laoten jagen es, indem vier oder fünf ihrer besten
Jäger, mit scharfen Lanzen bewaffnet, dem ungeschlachten Tiere auf seiner Fährte auf=
lauern. Sobald sich das Ungetüm nähert, erfaßt der nächste, hinter einem Baume ver=
steckte Jäger den Augenblick, wo es seinen unförmlichen Rachen öffnet, und stößt ihm
mit aller Kraft die Lanze hinein. Geht der Stoß fehl, so springt der Jäger flink zur
Seite, das Nashorn aber pflegt, wenn angegriffen, seine winzigen Augen zu schließen
und mit seinem Horn den Boden zu zerwühlen, in der Meinung, es bearbeite seinen
Angreifer. War der Lanzenstoß richtig, so verendet das Tier sehr bald, und die Jäger
machen sich an das Abhäuten, denn die Haut wird von den Laoten sehr geschätzt. Den
größten Wert besitzt jedoch das Horn auf der Nase, das in Siam im wahren Sinne
des Wortes mit Gold aufgewogen wird. Die Ursache ist sehr begreiflich, denn die
siamesischen Aerzte schreiben diesem Horn ganz wunderbare Einflüsse auf die Hebung
der Mannbarkeit zu.

Wie auf den Sundainseln, so sind auch in Hinterindien Tiger und Leoparden
sehr zahlreich, und in den Bazars von Bangkok kann man Tigerfelle zu wenigen Mark
per Stück kaufen. Freilich fehlen den meisten Fellen die Klauen, denn diese werden
von Chinesen und Eingeborenen in Gold gefaßt und als Schmuck getragen, während
den Zähnen, Gehirn und Galle ähnliche Eigenschaften wie dem Nasenhorn des Rhino=
ceros zugeschrieben werden. Auf der Reise bekommt man zur Nachtzeit das eigentüm=
liche Geschrei der Tiger sehr häufig zu hören, entweder ein lautes Miauen und Grunzen,
wenn sie gefressen haben, oder ein pict=pict=artiges Geräusch, wenn sie hungrig sind.
Die Laoten und Birmanen jagen den Tiger entweder mit Gewehren, oder sie graben
auf seinen gewöhnlichen Wegen tiefe Löcher, die sie mit spitzen Pfählen spicken und

dann sorgfältig mit Reisig und Laubwerk zudecken. Während ich in Singapore und Johore weilte, wurde in den Plantagen der Umgebung fast täglich ein Tiger auf diese Weise gefangen, und mehrmals erhielt ich die Einladung, den gefangenen Bestien durch einen Schuß den Garaus zu machen. Um Tiger lebend zu fangen, werden in der Nähe seiner Schlupfwinkel hohe Pfahlwände errichtet, die in einem Winkel zusammen- laufen, und in diesen wird hinter eine offene Fallthüre Lockspeise gelegt. Sobald der Tiger sich der letzteren nähert, fällt die Thür zu, und die Bestie ist gefangen. Nun wird ein eiserner Käfig knapp an die Thüre geschoben, diese wieder geöffnet, und der Tiger mittels Stangen in den Käfig gezwungen. Die Geschichte liest sich sehr einfach, aber der Tiger ist keine Wachtel und läßt sich nicht immer ohne weiteres in eine Falle treiben. Auch sonst benimmt er sich recht ungebührlich, wie aus den zahlreichen Menschen- opfern in jedem Jahre hervorgeht. Abbé Chevillard, der lange Jahre in Siam als Missionar wirkte, erzählt unter andern eine komische Geschichte, die für die Fliegenden Blätter geeignet wäre, hätte sie nicht ein so tragisches Ende: Einer seiner Kollegen begegnete auf dem Wege zu einem Kranken plötzlich einem Königstiger. Die einzige Waffe, die er mit sich führte, war ein chinesischer Sonnenschirm. Da war guter Rat teuer. Er that das einzig Mögliche, das heißt er öffnete rasch seinen buntfarbigen Papierschirm gegen den Tiger. Die Bestie stutzte bei dem ungewohnten Anblick, und der Missionar lief, so rasch er laufen konnte, davon. Nach einigen Augenblicken war der Tiger ihm wieder auf den Fersen. Der Missionar schloß in seiner Todesangst den Schirm und öffnete ihn wieder, abermals stutzte der Tiger, und so ging der Spaß weiter, bis der Verfolgte einen Baum erreichte, den er emporkletterte. Seine lange Abwesenheit beunruhigte seine Leute, und nach langem Suchen fanden sie ihn mehr tot als lebendig. Als er mit vieler Mühe aus seinem Versteck wieder auf den Erdboden gebracht worden war, stellte es sich heraus, daß er den Verstand verloren hatte.

Aehnlich gefährliche Tiere sind auch die wilden Büffel, die sich in den Savannen am oberen Menam herumtreiben, ja die Siamesen fürchten sich vor einem Zusammen- treffen mit wilden Büffeln mehr wie vor jenem mit Tigern. Die zahmen Büffel sind in Siam und Birma das, was bei uns das Hornvieh ist, und kurz vor der jährlichen Regenzeit treiben die Hirten, hauptsächlich Birmanen, ungeheure Herden stromabwärts auf die Märkte von Bangkok. Nur werden sie nicht zu Nahrungszwecken gehalten, sondern lediglich als Zugtiere für die Ausfuhr. Die Siamesen dürfen als Buddhisten keine Tiere töten, sie trinken auch keine Kuhmilch, und Butter oder Käse sind ihnen unbekannt. Die Büffel werden gewöhnlich nicht in Stallungen gehalten, sondern bleiben im Freien. Der furchtbaren Mückenplage wegen stehen sie in der Regel bis an die Nüstern in stinkenden Pfützen oder in den Flüssen. Die siamesischen Pferde sind klein und kräftig, aber verhältnismäßig wenig zahlreich. Die Laoten bedienen sich ihrer auf ihren Hirschjagden. Hirsche und Rehe kommen im nördlichen Siam in großen Herden vor, und besonders zur Zeit der jährlichen Ueberschwemmungen werden sie massenhaft getötet. Ebenso zahlreich sind die Wildschweine, wilden Hunde, Wölfe, Fischottern, Stachelschweine; die Wälder sind voll von verschiedenen Arten von Affen, darunter auch

Siamesischer Wagen und Gespann.

die zierlichen weißen Ling=lom, d. h. Windaffen, die mit erstaunlicher Geschicklichkeit von Baum zu Baum springen und mit ihrem hermelinartigen Fell fast wie große, vom Winde getriebene Schneeflocken aussehen. Sehr zahlreich sind auch die Maki= affen, deren Blut von den Anamiten mit Vorliebe warm getrunken wird. Henri Mouhot hat auf einer Reise eine Menge von Affen beobachtet, die sich von einem hohen Baume wie eine Kette herabließen, diese ins Schwingen brachten, bis das Ende derselben das jenseitige Ufer des Flusses erreichte und so eine lebende Brücke bildete, auf welcher die ganze Affengesellschaft den Fluß übersetzte. Die Affen der Kette selbst wurden dann von den am jenseitigen Ufer befindlichen ans Land gezogen.

Daß die Mütter an ihren Jungen mit großer Zärtlichkeit hängen, ist ja bekannt. Weniger bekannt ist die Autorität, welche die Papas der Affenfamilien ausüben. Der vorerwähnte Abbé Chevillard war einmal Zeuge eines ergötzlichen Vorfalls. Eine Affen= mutter hatte aus Unvorsichtigkeit ihr Junges in einen Fluß fallen lassen und war sofort nachgesprungen, um es zu retten, allein die heftige Strömung hinderte sie daran, und unverrichteter Sache kroch sie ans Ufer zurück. Der gestrenge Papa hatte dies beobachtet, sprang auf seine Gattin zu, versetzte ihr schreiend und lärmend ein paar Ohr= feigen und zwang sie, nochmals dem Jungen ins Wasser nachzuspringen. Fünf= bis sechsmal wurde sie auf so handgreifliche Art zu Rettungsversuchen veranlaßt, bis beide endlich, die Fruchtlosigkeit ihrer Bemühungen einsehend, sich in die Einsamkeit des Waldes zurückzogen, um ihren verlorenen Sprößling zu beweinen.

Mit den Affen beherbergen die ungeheuren Wälder auch verschiedene Eichhörnchen in großer Zahl, dazu Hasen und Kaninchen, die aber von den Eingeborenen nicht gejagt werden. In den südlichen Gebieten der Halbinsel ist noch ein anderes, höchst eigen= tümliches Tier zu Hause, das ein Mittelding zwischen Hirsch und Schwein zu sein scheint und von den Siamesen auch Babirusa, d. h. Hirschschwein, genannt wird.

Die Straßen der Städte wimmeln von herrenlosen Hunden, ähnlich jenen von Konstantinopel, Damaskus und Teheran. Auch Katzen giebt es in jedem zweiten Hause, doch sind sie von unseren grundverschieden. Sie sind von sehr zarter graugelber Färbung mit schwarzen Ohren, Pfoten und Schwanz und himmelblauen Augen. Der Schwanz ist eigentümlich gewunden, und wollte man versuchen, ihn gerade zu bringen, so würden die Glieder brechen.

Ebenso reich an Tierleben wie die Wälder und Savannen sind auch die Flüsse. Krokodile kommen besonders im Süden in unzähligen Mengen vor, und ausgewachsen erreichen sie eine Länge von fünf bis acht, ja bis zu zehn Metern. Die Eingeborenen fangen sie des wohlschmeckenden Schwanzes wegen gewöhnlich mittels Köder, als welcher am liebsten ein toter Affe benutzt wird. Sie führen in den Bauch des letzteren einen mächtigen Angelhaken mit zwei Spitzen ein, der mittels eines etwa zwei Meter langen Drahtseils an ein festes Rotangseil gebunden ist. Am anderen Ende des letzteren schwimmt ein dicker Bambusstamm. Hat ein Krokodil den Affenköder verschluckt, so wird es an dem Seil ans Ufer gezogen und dann getötet, wobei die Jäger dem Schwanz des Tieres nicht zu nahe kommen, denn mit einem einzigen Schlage des Schwanzes könnte den Unvorsichtigen Arm oder Bein zerschmettert werden. Ebenso unvorsichtig wäre es, in den Flüssen außerhalb der Städte, ausgenommen in sehr seichtem Wasser, zu baden, denn die Bestien lieben das Menschenfleisch, und alljährlich fallen ihnen viele Siamesen, besonders Kinder, zum Opfer. Oberhalb Ajuthia sah ich in einem Arm des Menam mitten im Flußbett etwa zwanzig Krokodile schlafen, und der schon genannte Dr. House zählte während einer Tagereise auf dem oberen Menam hundertsiebzig Krokodile. Wie trockene Baumstämme schwimmen sie, halb vom Wasser bedeckt, an der Oberfläche. So zahlreich wie hier dürften sie nur noch in Florida vor der Yankee-Invasion gewesen sein. Als ich im Jahre 1876 als Jüngling meine erste Fahrt auf dem St. Johns River unternahm, gewährte es mir geradeso wie den anderen Passagieren des Dampfers Hauptspaß, von den Dampfer-Stewards Flinten zu einem Dollar per Stunde zu entlehnen und damit auf die Alligatoren loszupfeffern, die in unglaublichen Massen auf dem Strom einhertrieben. Die blauen Bohnen richteten übrigens bei der ungemein harten Haut der Bestien nur wenig Schaden an. Auf meiner letzten Floridafahrt vor einigen Jahren gab es dort weit und breit keine Alligatoren mehr, und nur im äußersten Süden sind sie noch zu treffen. In Siam werden sie so schnell nicht ausgerottet werden. Neben den Krokodilen enthalten die süßen Gewässer des Landes des weißen Elefanten auch ungeheure Eidechsen, die bis zwei Meter lang werden und bei den Siamesen Hia (Monitor elegans) heißen. Sie sind an den kleinen gelben Ringen, die ihren Körper bedecken, leicht von den Krokodilen zu unterscheiden. Wie diese, leben auch sie im Wasser und auf dem Lande, sind aber dabei sehr geschickte Baumkletterer und die gefährlichsten Feinde der Hühner in den Dörfern. Die Siamesen betrachten sie als unglückbringende Tiere. In Brehms Tierleben fand ich sie ebenso- wenig angegeben wie die ebenfalls sehr zahlreichen Tha-Kuet (Varanus-seincus), die auch von schmutzig-grauer Farbe sind, die gelben Ringe aber nicht besitzen und nur auf dem Lande leben. Zu derselben Klasse gehören auch die durchschnittlich meterlangen, in den Wäldern und Plantagen massenhaft vorkommenden Iguanas, deren Bekanntschaft ich zuerst in Centralamerika und Venezuela gemacht habe, und die wegen ihres wohl- schmeckenden Fleisches gern gejagt werden. Ebenso bunt wie die Iguanas, aber viel kleiner als diese, sind die reizenden Schillereidechsen (Trapelus mutabilis), das merk- würdigste Tier dieser Klasse aber ist der fliegende Drache, eine hellgrüne, große Eidechse mit scheußlich geformtem Kopf und braunen Flügeln, die wohl geeignet sind, naive Gemüter zu erschrecken, und auch den Anlaß zu allerhand Ammenmärchen gegeben haben, obschon sie für den Menschen ganz harmlos sind.

Während der ersten Nacht, die ich in Bangkok zubrachte, wurde ich durch ein merkwürdiges Geschrei in meiner unmittelbaren Nähe aus dem durch zahlreiche Stech- mücken gestörten Schlaf geschreckt. Wollten Räuber einen Angriff auf mich unternehmen? Schleichdiebe konnten es nicht sein, denn dann hätten sie ihr Signal nicht so laut gegeben. „Toke, toke" schrie ein Kerl unaufhörlich in meinem Zimmer, und am Ende seiner Toke- Litanei ließ er einen lauten Seufzer ertönen, als ob er durch die Ankunft anderer aus irgend einer unangenehmen Lage befreit worden wäre. Das Signal wurde nämlich von anderen in den Nebenzimmern und auf den Bäumen des Gartens befindlichen genau so beantwortet wie die Stundenparole der Schildwachen in Militärlagern. Ich rührte mich nicht. Auch in meinem Zimmer regte sich nichts, nur daß einmal ein schwerer Gegenstand auf meine Bettdecke fiel. Ehe ich meinen unter dem Kopfkissen liegenden Revolver ergreifen konnte, war das Ding wieder verschwunden. Allmählich schlief ich wieder ein, um während der langen Nacht noch mehrmals das laute Toke=Rufen, mit= unter dicht bei meinem Ohre, zu vernehmen. Als ich die Gespenstergeschichte am nächsten Morgen erzählte, lachte alles. Man beglückwünschte mich sogar, denn nach dem all= gemeinen Glauben sollen diese Toke=Rufer dem Hausbewohner Glück bringen. Auf den Befehl meines Gastfreundes brachte nach einigen Minuten ein chinesischer Diener einen derartigen Ruhestörer herbei: eine spannenlange graue Eidechse mit blauen Tupfen, die Zehen mit einer Art Schwimmhaut verwachsen, die Augen ohne Lider. Die kleine Bestie biß ganz wild um sich, so daß der Chinese sie wieder freilassen mußte. Diese Eidechsen, Geko genannt, werden in den Häusern trotz ihres Lärmens gern gesehen, denn sie sind die geschworenen Feinde der Mäuse, Schwaben und aller Insekten. Mit ihrer Zehen= membrane können sie sich an den Wänden festsaugen und deshalb auch an vertikalen Mauern, ja an den Zimmerdecken mit Leichtigkeit umherklettern. Sie kriechen auch auf die Betten, Möbel und Speisetische, ohne daß es einem Siamesen einfallen würde, sie zu verjagen. Die Gekos gehören hier zu den Haustieren wie die Katzen und Hunde.

Selbst in der Hauptstadt Siams kann man die merkwürdigsten Tiere kennen lernen; in den Bäumen der Gärten und Tempelhaine, vornehmlich in jenen des Wat Saket, hausen große Aasgeier, und sind sie dort beim Leichenfraß, so kann man sich ihrer bis auf drei Schritte nähern, ohne daß sie davonfliegen würden, ja viel eher würden die greulichen, ekelhaften Tiere selbst einen Angriff auf den Menschen unter= nehmen. Machte ich des Abends Spaziergänge in der baumreichen Umgebung der Stadt, so sah ich mitunter ganze Schwärme von fliegenden Hunden von Baum zu Baum fliegen, in den Tempeln aber Scharen von großen Fledermäusen. Aus den Reisfeldern neben den Straßen hörte ich die tiefe Baßstimme der Callula pulchra, eines Riesenfrosches, erschallen, so laut wie das Gebrüll von Büffeln. Die Sümpfe und Dschungeln sind voll Krabben, Krebse und Schildkröten der verschiedensten Größen, darunter eine, Tryonix camiferus, von den Siamesen Taphab=nam genannt, mit weichem Körper und solcher Beweglichkeit, daß sie den Kopf bis zum Schwanz biegen kann. In den Flüssen und Seen herrscht ein ganz unglaublicher Reichtum von Fischen, wie er wohl kaum irgendwo anders angetroffen wird. Die merkwürdigsten darunter sind die fingerlangen, grauen Pla=khat oder Kampffische, die von den Siamesen gerade so wie Kampfhähne und Grillen zu Wettkämpfen benutzt werden. Ich sah ihrer viele in den Kaufläden des Talat (Bazar) von Bangkok. Sobald der Händler dem Glase, das einen solchen Fisch enthielt, ein zweites Glas mit einem Fisch derselben Art näherte, wurden sie wütend, blähten sich auf und schossen aufeinander los, wobei sie fortwährend eine andere Farbe des Regenbogens annahmen. In dasselbe Glas zusammengebracht, würden sie ihren Kampf fortgesetzt haben, bis einer von beiden sein Leben verloren hätte.

Ruhe, Einsamkeit, Stille ist auf den Flüssen und Seen Siams ebenso unbekannt wie im Walde, im Dschungel oder auf den Reisfeldern. Selbst in der unmittelbaren Nähe der Hauptstadt sah ich Adler, Falken, Geier, Reiher, Pelikane, schwarze Störche, Wildenten, Fasanen, wilde Pfauen und ungeheure Mengen diebischer, frecher Raben. Die Spatzen kamen mir durch die geöffneten Fenster in mein Speisezimmer geflogen und stahlen sich ihr Futter von den Tellern; in den Dschungeln von Ajuthia sah ich die ungeheuren Marabutvögel, Papageien, Ibis, auf den Inseln im siamesischen Golf große Mengen der merkwürdigen Salangan, deren Nester von den Chinesen mit so großer Vorliebe gegessen werden. Leider blieb mir der Anblick des herrlichen Argus entzogen dessen Schwanzfedern mitunter bis zu einem Meter Länge erreichen und von den Schauspielerinnen und Tänzerinnen gern als Schmuck getragen werden. Ein anderer schöner Vogel Siams ist der Kalao, der auch leicht gezähmt und von den Singhalesen vielfach an Stelle der Katzen in den Häusern gehalten wird. Legt sein Weibchen Eier, so läßt er es nicht mehr aus dem Neste, bis diese ausgebrütet und die jungen Vögel flügge geworden sind. Als guter Gatte und Vater versorgt er aber dabei die ganze Familie selbst mit dem nötigen Futter.

Zuweilen wurde ich beim Betreten verschiedener Häuser mit greulichen Schimpf= worten überschüttet, als deren Urheber sich gewöhnlich ein schwarzer, taubengroßer Vogel mit gelbem Schnabel entpuppte. Wie die amerikanischen Spottvögel, so ahmen auch diese, Mynah genannten siamesischen Vögel die menschliche Sprache sehr geschickt nach, und da man sie, wenn sie schreien, nicht gerade mit Zärtlichkeiten zur Rede stellt, so lernen sie gewöhnlich am besten die Schimpfworte.

Daß in Siam, ein wahres Paradies an Fruchtbarkeit, auch die Schlange nicht fehlen darf, ist selbstverständlich. Es giebt ihrer unzählige, von riesigen, bis zu zehn Meter langen Boas herab bis zu den tötlich giftigen Cobra capello und der sogenannten zweiköpfigen Schlange, eine Doppelschleiche, deren Schwanzende gerade so geformt ist wie der Kopf. Dazu bewegt sie sich so eigentümlich, daß sie vielleicht selbst nicht weiß, was vorn, was hinten ist. In Brehms Tierleben ist sie nicht angegeben, ja es wird darin behauptet, daß eine Doppelschleiche, ausgenommen die spanische Netzmühle, auf der östlichen Erdhälfte noch nicht gefunden worden ist.

Was Siam an Schmetterlingen, Käfern, Insekten besitzt, ist einfach unglaublich. Man braucht im Dschungel nur einen einzigen Strauch zu schütteln, und es fällt eine ganze Insektensammlung heraus, mit wandernden Blättern, wandernden Zweigen, Tiger= käfern u. s. w. Am interessantesten sind wohl die wandernden Zweige, von denen der fußlange Bactrodema centaurus, der wie ein Stück Bambusrohr mit Blättern aussieht, in Brehms Tierleben auch noch nicht erwähnt ist. Es ist geradezu gespensterhaft, wenn man des Weges einherschreitend plötzlich ein ruhig liegendes Blatt oder einen vergilbten Zweig davonlaufen sieht.

Wie der weiße Elefant, bekanntlich das Wappentier von Siam, so werden auch alle anderen weißen Geschöpfe von den Siamesen als heilig angesehen, mit Ausnahme der weißen Katzen und sehr begreiflicherweise auch der weißen Menschen, der Europäer.

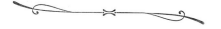

# Aberglaube, Geisterfurcht und Gottesgerichte.

———

Es giebt nur wenige Länder des Erdballs, in welchen Aberglaube und Geisterfurcht eine wichtigere Rolle spielen und tiefer in das ganze Leben und Treiben der Bevölkerung eingedrungen sind als in Hinterindien.

Die Birmanen, Siamesen, Laoten, Karens, Kambodschaner, mit einem Worte, all die zahl= reichen Völker, welche diese fruchtbare und mit Naturschätzen der verschiedensten Art so ungemein reich gesegnete Halbinsel bewohnen, sind wohl zum größten Teil Buddhisten, und nirgends hat diese Religion, was ihre Aeußer= lichkeiten und die hauptsächlichsten Glaubenslehren betrifft, eifrigere Anhänger, allein im Grunde genommen ist dieser Buddhismus doch nur ein Anstrich, und viel mehr als Buddha sind es die guten und bösen Geister, auf welche die hinterindischen Völker= schaften in ihrem Thun und Lassen von der Geburt bis zum Tode Rücksicht nehmen. Alle Buddhistenländer sind mehr oder weniger von diesem Geisterkultus durchsetzt, auch China, Japan und vor allem das ferne Korea. In meinem Buche über das letztgenannte Land habe ich verschiedene drastische Beispiele der Geisterfurcht und der Zauberei erzählt, deren Opfer die Koreaner heute noch sind und voraussichtlich noch lange bleiben werden. Aber sie werden darin von den Siamesen und Laoten wohl noch übertroffen.

Dem Reisenden tritt dieser Aberglaube auf Schritt und Tritt entgegen, nicht nur auf dem Lande, sondern auch in der Hauptstadt Bangkok, und selbst die vornehmsten und aufgeklärtesten Klassen, bis in die königliche Palaststadt hinein, sind davon nicht frei. Dabei ist es auffällig, daß der dort herrschende Aberglaube genau dieselben Formen besitzt, wie er in der akkadischen Litteratur des alten Babylonien 2230 Jahre vor Be= ginn unserer Zeitrechnung vorkommt. In vielen Einzelheiten erinnert er auch an den Aberglauben in unserem eigenen Mittelalter, nur sind die Gebräuche und Vorkommnisse

lange nicht so blutig und grausam, wie sie bei uns in Europa noch im vorigen Jahr=
hundert waren. Wurden doch noch in der zweiten Hälfte des letzteren sogar in Deutsch=
land Hexen verbrannt! Derartige Unthaten sind bei den Siamesen, obschon sie noch
heute an Hexen glauben, niemals vorgekommen, und wir dürfen deshalb, im Glashause
sitzend, keine Steine auf sie werfen. Blicken wir um uns, so finden wir in unserem
aufgeklärten Zeitalter das ganze Volksleben in gar mancher Hinsicht von Aberglauben
durchtränkt, und die Geisterfurcht ist noch lange nicht erloschen. Nur haben sich bei
uns weitere Kreise davon freigemacht als im Reiche des weißen Elefanten, von dessen
Einwohnern Hallet, eine der ersten Autoritäten über Siam, sagt:

„Aberglaube unterdrückt ihre ganze Männlichkeit, macht sie zu Lügnern, läßt sie
in beständiger Furcht vor ihrer Umgebung leben und drückt sie in ihrem Wesen und
Seelenzustande herab auf dieselbe Stufe wie die Geschöpfe niedrigerer Ordnung.“

Aus vielen Gesprächen mit Siamesen kam ich zu der Ueberzeugung, daß eine
Menge abergläubischer Gebräuche wohl aus früheren Zeiten von Generation zu Gene=
ration auf die Gegenwart überliefert wurde, daß aber die hervorragendste Form dieses
Aberglaubens, die Geisterfurcht, in den Lehren der buddhistischen Religion zu suchen ist.
Diesen zufolge glauben die Siamesen, daß es keine Schöpfung von neuen menschlichen
und tierischen Wesen giebt, sondern daß alle Geschöpfe, die jemals gelebt haben oder in
Zukunft noch geboren werden, einfach nur Wiedergeburten früherer Geschöpfe sind. Sie
alle, ob Menschen oder Tiere, waren schon früher in einem höheren Zustande vorhanden,
in der Form von Menschen oder Engeln im Himmel oder böser Geister in der Unter=
welt und sind von Generation zu Generation in verschiedenen Gestalten wiedergeboren
worden. Unzählig sind die Geister von Verstorbenen, welche in unsichtbarer Gestalt
Himmel und Erde bevölkern und Einfluß haben auf das Schicksal der Lebenden. Des=
halb müssen die Lebenden auch für sie sorgen, ihnen Opfer bringen und sie sich geneigt
machen, um nicht ihre Rache heraufzubeschwören.

Dieser Geisterfurcht entsprechend gestalten die Siamesen ihr ganzes Leben; von
der Geburt bis zum Tode, ja sogar schon vor der Geburt eines Geschöpfes sind auf
verschiedene Dinge Rücksicht zu nehmen, wie aus den höchst interessanten siamesischen
Büchern über Geburtshilfe hervorgeht. In diesen steht genau die Art und Weise
geschildert, wie die Eltern ausfinden können, woher das junge, noch nicht geborene
Wesen stammt, in welchen Tiergestalten seine Seele früher gewohnt hat, ja sie geben
sogar die Zeichen an, aus denen sie schließen dürfen, welchem Geschlecht das zu erwartende
Kind angehören wird. Es macht auch einen gewaltigen Unterschied, welcher Tag der
Woche der Geburtstag ist; Mittwoch und Donnerstag sind für die geistige und körper=
liche Entwickelung am günstigsten; auch die Monate und Jahre sind den astrologischen
Büchern von größter Wichtigkeit.

Ist das Kind geboren, so sind tausenderlei Rücksichten zu beobachten. Die Ge=
burtshilfe liegt in den Händen alter Weiber, welche dabei einen ganzen Zauber= und
Beschwörungsapparat entwickeln, die Mutter aber unerhörten Grausamkeiten aussetzen.
Auf dem Lehmherd, der in der Mitte des kleinen Wohnzimmers steht, wird ein Holzfeuer

angemacht, das während der nächsten fünf bis dreißig Tage beständig unterhalten wird, und statt auf ihrem ohnehin recht ärmlichen Lager zu bleiben, muß sich die arme Mutter, nur mit einem dünnen Lendentuch bekleidet, auf einer harten Holzbank kaum zwei Armlängen weit vom Feuer niederlegen. Keine Matratze oder Kopfkissen erleichtern ihre Lage; das Feuer, in dem heißen Tropenlande eine furchtbare Qual, zieht ihr möglicherweise Blasen, sie muß sich ewig wenden, um nicht noch mehr von der Hitze zu leiden. Der Qualm, welcher den kaminlosen Raum erfüllt, raubt ihr den Atem und schmerzt die Augen, dennoch muß sie eine bis zwei Wochen lang Tag und Nacht so liegen bleiben, ja, ist das neugeborene Kind ihr erstes, sogar während dreißig Tagen. Welchen Zweck diese Marter hat, konnte ich nicht ausfindig machen, ich fand auch in den Büchern über Siam nichts darüber angegeben. Genug, sie ist allgemein im Gebrauch, und nur die Frauen des Königs und der Prinzen scheinen davon ausgenommen.

Wächst das Kind heran, so wird jedes einzelne Ereignis seines Lebens der Entscheidung der Geister und Wahrsager unterworfen: das erste Haarschneiden, der Eintritt in das Kloster, die Heirat, das Bauen und Beziehen des neuen Hauses für das junge Paar, jede Reise, jedes wichtigere Unternehmen. Für all das haben die Wahrsager, in der Volkssprache Mo-du genannt, die günstigen Tage und Stunden auszuwählen. Aber auch als Wahrsager spielen sie eine große Rolle. Man fragt sie, ob das Glück beim Spiel günstig sein wird, wo verlorene Gegenstände wiederzufinden sind, wo der Dieb gestohlener Gegenstände sei und anderes mehr. Selbst am Königshof sind sie anerkannt und heißen dort Hon. Sie haben die Aufgabe, glückverheißende Tage für die Unternehmungen des Königs und verschiedene Regierungsakte zu bestimmen, Regen oder Trockenheit, Krieg oder Friede, Glück und Unglück vorauszusagen, ähnlich wie die Astrologen am Kaiserhofe von Peking oder in dem sonderbaren Hofstaat des Königs von Korea.

Ihre minderen Brüder im Volke führen ein abenteuerliches Nomadenleben, ähnlich wie unsere Wahrsager und Kartenschläger. Viele von ihnen lassen sich von irgend einem mißgeborenen Krüppel begleiten, dem sie täglich Opfer darbringen, die Lieng-phi, d. h. etwa Teufelsnahrung, genannt werden. Andere begnügen sich, für ihren Hokuspokus ein menschliches Skelett oder einen Totenschädel mitzuführen. Das Volk ist der Meinung, daß sie durch derartige Medien mit den bösen Geistern in Verbindung treten und allerhand Unglück auf ihre Feinde heraufbeschwören können, weshalb sie eine abergläubische Furcht vor ihnen hegen. Ja, sie sind überzeugt, daß diese Beschwörer sogar böse Geister in verschiedene, ihnen übelwollende Menschen zaubern können.

Der katholische Missionar Chevillard hat sich damit eingehend beschäftigt und gefunden, daß es nach der Meinung der Siamesen dreierlei Arten dieser Geister giebt, Kahang, Ksakla und Kasu, von denen besonders die letzte Sorte gefürchtet wird, denn sie sind die Ursache vieler Krankheiten, besonders jener, von denen man keine andere Ursache anzugeben weiß. Dann wird unter allerhand Ceremoniell der Teufel ausgetrieben, wie ich es wiederholt bei den Indianern Nordamerikas gesehen habe und wie es häufig genug auch noch in Europa vorkommt.

Im allgemeinen glauben die Siamesen, daß Krankheiten durch Störungen der vier Elemente Ah-po (Wasser), Lom (Luft), Dacho (Feuer) und Kama (Erde) hervorgerufen werden, aber nicht etwa auf natürlichem Wege, sondern durch das Uebelwollen der in den Elementen hausenden Geister, und dementsprechend sind auch viele der zur Verwendung gelangenden Arzeneien nicht für den Körper des Kranken, sondern zur Beschwörung dieser Geister bestimmt. Je zahlreicher und absonderlicher diese Arzeneien sind, desto besser. Tigerklauen, Rhinozeroshaut, Krähen- und Katzenaugen, die Kinnladen von Wildschweinen, Pfauenknochen, Rückenwirbel von Hunden und dergleichen Zaubermittel spielen dabei eine große Rolle. Nützen sie nichts, so werden kleine Lehmfigürchen von Menschen oder bestimmten Tieren geformt, und die Beschwörer zaubern durch allerhand kabbalistische Formeln und mit großem Tamtam die Krankheit des Betreffenden in diese Lehmfigürchen. Dann werden die letzteren an einer versteckten Stelle in die Erde verscharrt, und der Kranke muß unfehlbar gesunden. Zuweilen wenden auch die siamesischen Aerzte ähnliche Mittel an, um die Geister verstorbener Vorfahren gefügig zu machen, denn die Siamesen glauben, diese hätten die Macht, nicht nur Krankheiten zu schaffen, sondern auch zu heilen. Die Aerzte selbst formen dann Lehmfigürchen von Tieren oder Menschen, von Häusern oder Schmuckgegenständen, die sie vergolden und dann auf ein kleines Tragbrett stellen, in dessen Mitte eine Kerze brennt. Dazwischen werden ein paar Reiskörner, Salz, Pfeffer, Betelnüsse, Bananen oder Zwiebeln gelegt, und das Ganze wird vor das Haus auf die Straße gestellt oder, falls das Haus an einem Fluß oder Kanal steht, ins Wasser gethan, wo es vom Strome weitergetragen wird. Diese Opfergaben heißen im Siamesischen Kraban und werden besonders zur Zeit von Cholera und Pest dargebracht, auch wenn sich kein Kranker im Hause befindet, denn die Kraban sind selbst zur Verhütung von Krankheiten wirkungsvoll. Sehen die bösen, Krankheit bringenden Geister, daß man Respekt vor ihnen hat, so verschonen sie das Haus. Viele Siamesen wehren sich in solchen schlimmen Zeiten gegen die Krankheiten, indem sie Baumwollstränge um Hals und Handgelenke winden oder Baumwollstränge um ihr ganzes Haus ziehen, so daß die Geister nicht Einlaß finden. Dr. House erzählt, daß zur Zeit der Choleraepidemie 1849 die ganze königliche Palaststadt von Bangkok mit einem Baumwollstrick umfaßt war, die sich den Ringmauern und Türmen entlang zog. Aber die Cholera drang doch ein und raffte viele der Hofbediensteten und Frauen des Königs dahin. Wenn in schweren Krankheitsfällen auch die Kraban nicht helfen, dann steht es außer Zweifel, daß der Kranke von einem bösen Geiste, Pi-Kah genannt, besessen ist, und dann werden wahrhaft barbarische Mittel angewendet, um ihn auszutreiben. In dem Glauben der Siamesen soll der Pi-Kah die Gestalt eines Pferdes haben, und das Geräusch, das er auf seinen Wanderungen verursacht, ist das von Hufgeklapper eines galoppierenden Tieres. Sterben sehr arme, unglückliche Leute, so reihen sich ihre Geister dem Gefolge des Pi-Kah an und stellen sich ihren eigenen Nachkommen zur Verfügung, wenn es gilt, sich an jenen zu rächen, welche ihnen zu Lebzeiten Almosen verweigert oder sonst irgend etwas angethan haben. Ein hoffnungslos Kranker wird gewiß durch einen solchen Pi-Kah gepeinigt,

und es gilt nur, zu erfahren, wessen Pi=Kah es ist. Der Hexenarzt und ein paar
Ortsälteste werden als Zeugen an das Krankenbett gerufen, und nun beginnt das Verhör
des Kranken. „Wessen Geist hat dich verhext?" fragt der Arzt. Der Kranke liegt
möglicherweise bewußtlos oder im Delirium da und antwortet nicht. Nun wird gezwickt
oder geschlagen, um ihn zum Bewußtsein zu bringen, und das wird in grausamster
Weise so lange fortgesetzt, bis der Kranke dem Tode verfallen ist oder schon aus Schmerz
oder aus Furcht vor noch mehr Schlägen irgend einen Menschen als Besitzer des
betreffenden Pi=Kah nennt. Dann wird weiter gefragt: „Wo wohnt er? Wie viele
Schweine, Büffel, Hühner, wieviel Geld besitzt er?" Alle Antworten werden von den
Ortsältesten zu Papier gebracht; dann begiebt sich die ganze Gesellschaft zu dem so
Beschuldigten, um nachzusehen, ob die Angaben des Kranken wirklich stimmen. Ist
dies der Fall, so wird der Beschuldigte für die schlimme That seines Pi=Kah,
d. h. des Geistes seines Vorfahren, verantwortlich gemacht. Er kommt vor Gericht,
wird mit seiner Familie aus dem Ort verbannt, sein Haus wird verbrannt, sein
Garten verwüstet.

Wie Dr. Wilson, ein angesehener Missionar in den Laosstaaten, mitteilt, werden
solche Beschuldigungen von Pikah=Verzauberung häufig aus schlimmen Beweggründen
vorgebracht. Wünscht irgend jemand das Haus oder den Garten seines Nachbars oder
hegt jemand unversöhnlichen Haß gegen einen Feind, so stellt er sich totkrank, und die
Komödie des Pi=Kah wird in Scene gesetzt. Der Feind wird beschuldigt, muß den Ort
verlassen, und der vermeintliche Kranke kauft das Haus oder den Garten selbst. Solche
Fälle sind in Halletts Buch über die Schanstaaten mehrfach geschildert.

Auch beim Bau eines Hauses werden allerhand Zauberkünste in Anwendung
gebracht, um den zukünftigen Bewohnern des Hauses ein ruhiges, sorgenfreies Leben
zu sichern. Der Hausbau muß an einem glückbringenden Tage begonnen werden, der
Bauplatz darf keine Spuren eines früheren Hauses zeigen, denn sie wären ein Beweis
dafür, daß die Bewohner desselben es wegen Unglücksfällen verlassen haben; das Balken=
gerippe muß aus bestimmten glückbringenden Hölzern von ungerader Anzahl zusammen=
gesetzt sein, denn die geraden Zahlen werden von den Siamesen als unglückliche angesehen.
Zu Ehren der guten Geister und zur Beschwörung der bösen wird im Innern des
Hauses oder in der Nachbarschaft ein kleines Sanktuarium errichtet. Der Reisende wird
auch derartige Beschwörungsmittel in der Umgebung der Dörfer und Städte auf allen
dahinführenden Wegen finden, bestimmt, die bösen Geister fernzuhalten; gewöhnlich sind
es hohe Stangen mit einem Netzwerk von Latten an der Spitze oder Thore mit darüber=
gespanntem Bambusrohr oder Rattansäulen. Selbst wenn auf Reisen für die Nachtruhe
Lager vorbereitet werden, errichten die Laoten an den Zufahrten derartige Beschwörungs=
stangen. Ich habe sie auch in Korea in der Umgebung der Dörfer gefunden, nur zeigten
die Pfähle am oberen Ende eingeschnitzte Fratzengesichter.

In verrufenen Gegenden, in Schluchten, finsteren Wäldern, überall, wo die
Siamesen Geister vermuten, errichten sie kleine Opferpagoden, und jeder Reisende sichert
sich seinem Glauben nach das glückliche Durchkommen, indem er in den Opfertempelchen,

siamesisch San-Tschao, einige Lehmfiguren, Reiskörner oder sonstige Nahrungsmittel zurückläßt. Ueberall im Leben spielt die Geisterfurcht eine entscheidende Rolle, und nichts wird unternommen, das irgendwie die Geister verletzen oder erzürnen könnte. Vor einigen Jahren ertrank, wie bereits erwähnt, die erste Königin von Siam im Menamfluß aus dem einfachen Grunde, weil niemand ihr, als sie aus dem Boote fiel, zu Hilfe eilte. Als Grund wird angegeben, daß es unstatthaft gewesen wäre, an die geheiligte Person der Königin Hand anzulegen. In Wirklichkeit wollte keiner der Zeugen des Unglücksfalles die Wassergeister dadurch erzürnen, daß er ihnen durch die Rettung der Königin ein Opfer entriß, früher oder später hätten sich die Geister an dem Betreffenden gerächt und ihn selbst ertrinken lassen.

Die Birmanen glauben, daß beim Tode eines Menschen sein Geist den Körper in der Gestalt eines Schmetterlings verläßt. Merkwürdigerweise war dieser Glaube auch bei den alten Griechen vor mehr als zweitausend Jahren verbreitet. Auch während des Schlafes ist der Geist abwesend, und Träume sind Ereignisse, welche der Schmetterling gesehen oder erlebt hat. Wird ein Mensch durch Schreck einige Augenblicke starr, so bezeichnen die Birmanen dies dadurch, daß sie sagen, „der Schmetterling hat ihn verlassen"

Merkwürdig ist der in Siam und in den Schanstaaten allgemein verbreitete Glaube, daß man sich durch allerhand Mittelchen unverwundbar machen könne. Fast alle Männer tragen unter den Kleidern einen Gürtel mit Täfelchen aus Büffelhorn, Schildpatt, Gold, Silber oder Kupfer, auf welche mystische Beschwörungsformeln graviert sind. Andere reihen eine ganze Anzahl solcher Täfelchen auf Schnüre und tragen diese um den Hals. Siamesen, die einen gefahrvollen Beruf haben, vor allem Jäger, Boten, Reisende, Holzfäller und Straßenräuber, verstecken derartige Zaubermittel unter der Haut. Hallett hat viele Schans gesehen, auf deren Brust mehrere Beulen die Stellen anzeigten, wo solche Talismane verborgen waren, und Abbé Chevillard erzählt, Birmanen getroffen zu haben, welche auf den Armen, Schenkeln und auf der Brust mit derartigen Beulen und Narben tiefer Schnitte bedeckt waren. Er hat während seines langjährigen Aufenthaltes in Hinterindien die Erfahrung gemacht, daß sie von ihrem Aberglauben in keiner Weise geheilt werden können. Wird einer von ihnen trotz seiner Geheimmittel doch verwundet, so hat eben sein Gegner stärkere Geheimmittel besessen als er selbst. Dieser Glaube war früher auch in den höheren Klassen verbreitet, wie ein Beispiel aus der Zeit Ludwigs XIV. von Frankreich zeigt, als die erste siamesische Gesandtschaft in Europa erschien. Gelegentlich eines Truppenmanövers wollte der König den Gesandten durch die Wirkung der Gewehrkugeln in Schrecken setzen. Der Gesandte aber antwortete ruhig: „Sire, unsere Truppen haben keine solchen Waffen, aber wenn die französischen Truppen auf sie schössen, so würden die Kugeln vor ihnen zu Boden fallen, ohne sie zu verletzen."

Daß bei so allgemein verbreitetem Aberglauben auch unsere früheren Gottesgerichte, allerdings in anderer Form, vorkommen, ist leicht einzusehen. In den Ping-staaten müssen in unklaren Streitfällen Kläger und Angeklagter ins Wasser steigen und die Köpfe unter Wasser halten. Derjenige, der länger unter Wasser aushält, behält recht. In den Schanstaaten werden dem eines Verbrechens Verdächtigen Hände und Füße zusammengebunden, und hierauf wird er ins Wasser geworfen. Sinkt er unter, so hat er das Verbrechen begangen, bleibt er an der Oberfläche, so ist er schuldlos.

Mit der zunehmenden Schulbildung und Aufklärung wird auch der Aberglaube allmählich abnehmen. Heute ist er jedoch noch allgemein vorhanden, und will man die Völker Hinterindiens in ihrer eigenartigen Kultur und ihren merkwürdigen Gebräuchen verstehen, so muß man ihren Aberglauben und ihre Geisterfurcht kennen lernen.

Siamesische Schere.

# Ackerbau und Bodenprodukte.

———— ⬦ ————

Wenn die Trägheit als die hervorstechendste Eigenschaft des siamesischen National=
charakters bezeichnet werden kann, so ist dies viel weniger die Schuld der Siamesen als
der sie umgebenden üppigen Natur. Ueber kein Land des asiatischen Kontinents, ja ich
wäre geneigt zu sagen, über keines der mir bekannten Länder der Erde, hat die gütige
Mutter Natur aus ihrem Füllhorn reichere Gaben ausgeschüttet wie über das Reich
des weißen Elefanten. Alles was die Tropen an Nutzbäumen und Früchten, an Boden=
produkten der verschiedensten Art darbieten, ist in verschwenderischem Maße in Siam zu
finden, ein Land, in welchem die Bewohner, figürlich gesprochen, wahrhaftig nur den
Mund aufzusperren brauchen, um sich zu sättigen. Der Boden in dem weiten Strom=
gebiet des Menam ist so reich, daß dort alles ohne mehr als die gerade notwendigste
Pflege gedeiht, und die Einwohner brauchen also gar nicht fleißig zu sein. Mit geringer
Arbeit könnten sie viel mehr verdienen, als sie bedürfen, viel mehr Naturprodukte zur
Ausfuhr bringen, den Nationalreichtum sehr bedeutend heben, aber es liegt nicht in
ihrem Charakter. Sie lassen den lieben Herrgott für sich sorgen und sind glücklich in
ihrer Bedürfnislosigkeit.

Das wichtigste Produkt des Landes ist der Reis, der nicht nur das Haupt=
nahrungsmittel der ganzen Bevölkerung bildet, sondern auch alljährlich in ungeheuren
Mengen ausgeführt wird. Im Jahre 1893 belief sich diese Ausfuhr auf nicht weniger
als 750 000 Tonnen, so daß die ganze Handelsflotte des Deutschen Reiches nötig gewesen
wäre, um diese Reismenge zu verladen. Im Jahre 1894 fiel die Reisausfuhr auf
500 000, im Jahre 1895 auf 464 000 Tonnen, um 1896 wieder auf 700 000 Tonnen
zu steigen. Diese großen Schwankungen allein besagen, wie oberflächlich die Reiskultur
in Siam gehandhabt wird, denn sie sind einfach die Folge der Witterungsschwankungen
und der größeren oder geringeren Ueberschwemmungen des Menam. Würde der
Reisbau ebenso rationell betrieben, wie ich es in Japan, und ebenso fleißig, wie ich es in
China wahrzunehmen Gelegenheit hatte, dann wären diese Schwankungen lange nicht so

beträchtlich), ja man könnte zwei Ernten in einem Jahre erzielen und die Ausfuhr geradezu verdoppeln. Da der Wert derselben dreißig bis vierzig Millionen Mark beträgt, so kann man leicht erkennen, was das bedeuten würde. Dazu sind die Ackerbauwerkzeuge der Siamesen sehr primitiv. Wohl fand ich in den Talat (Märkten) von Bangkok auch schon die glänzenden, modernen, praktischen Ackerbauwerkzeuge der Amerikaner zum Verkauf, allein sie finden nur sehr geringen Absatz. Es wird die Aufgabe der Regierung sein, dem Volke den Nutzen eines rationellen Landbaues begreiflich zu machen, wie es bereits seit Jahren in Japan geschieht, und von der Weisheit des gegenwärtigen Königs ist zu erwarten, daß es binnen kurzem auch in Siam geschehen wird.

Vorderhand bedienen sich die Siamesen einer biblischen Pflugschar, vor welche sie einen Wasserbüffel oder zwei Ochsen spannen. Bildet ein Büffel, dieses träge, in seinen Gewohnheiten und seiner Häßlichkeit an das Nilpferd erinnernde Tier, die Bespannung, so wird er an eine etwa anderthalb Meter lange Deichsel gespannt; das Joch besteht aus einem geraden Holzklotz, der mit einem Strick an den Nacken befestigt wird und von dessen Enden die Zugstränge zum Pflug führen. Das Tier wird durch Zügel gelenkt, die durch seine Nüstern gezogen sind. So zottelt der Büffel seinen Weg entlang, den plumpen Kopf nahe dem Boden, um hier und dort ein Grasbündel zu erhaschen. Bildet ein Ochsenpaar die Bespannung, so ist die Deichsel drei bis vier Meter lang und eigentümlich gebogen, derart, daß ihr Ende zwischen die Köpfe der Zugtiere und höher als diese zu stehen kommt. Schnüre, durch ihre Nüstern gezogen, werden ziemlich stramm an das Deichselende befestigt, so daß sie den Kopf nicht ohne empfindliche Schmerzen senken können. Das Joch besteht aus einem geraden, etwa meterlangen und faustdicken Stamm; es wird in seiner Lage dadurch erhalten, daß auf jeder Seite des Nackens bei beiden Tieren etwa fußlange Pflöcke vertikal in das Joch gesteckt werden. Ihre unteren Enden werden durch Stricke miteinander verbunden. Die Lenkung geschieht wie beim Büffel durch Zügel, die durch die Nüstern der Tiere gezogen sind. Der Lenker hält mit der einen Hand die Zügel, mit der anderen den Pflug und erzielt auf diese Weise Furchen von etwa einer Spanne Breite und drei bis vier Zoll Tiefe, ohne daß mehr als etwa die Hälfte der aufgeworfenen Erde umgewendet wird. Die Egge der Siamesen besteht aus einem armstarken Holzstamm mit zehn oder zwölf eingesteckten Holzstacheln und einem Stock mit gekrümmter Handhabe zum Lenken und Heben. Von dieser primitiven Egge führen zwei dünne Bambusstangen als Deichseln vorwärts, und zwischen sie wird ein Büffel gespannt.

Gras wird mit Sicheln geschnitten und als Heugabeln dienen solche mit nur einer einzigen Zinke. Die Schaufeln sind viel kleiner als die unserigen. Neben dem gewöhnlichen Reis, der in den Ebenen gepflanzt wird, besitzen die Siamesen noch den Khao-bao, d. h. leichten Reis, in den Gebieten mit regelmäßiger Flußüberschwemmung; den schweren Reis (Khao-nak) im überschwemmten Tieflande; den Bergreis, der am Fuß der Bergzüge gesäet wird, und endlich den sogenannten Vogelreis (Khao-nok) mit sehr kleinen Körnern, der in großen Mengen wild wächst.

In der Nähe der größeren Städte wird der Reisbau wohl am rationellsten
betrieben, ja gelegentlich meines Besuches von Ajuthia sah ich Siamesen sogar fleißig
mit der künstlichen Bewässerung ihrer Felder beschäftigt. Sie thaten es auf eigentümliche Weise, die mich an die Sakyeh von Aegypten erinnerte. Am Stromufer erhob sich
eine Art Galgen, an welchem an langen Seilen ein aus wasserdichten Matten geflochtenes
Gefäß hing. Zwei nackte Siamesen standen schenkeltief im Uferwasser und schaukelten
das Gefäß in kräftigem Schwunge auf und ab. Beim Senken zogen sie das Schwungseil
stärker an, so daß das Gefäß, die Wasserfläche entlang gleitend, sich füllte, und bei der
jeweiligen Vollendung eines Schwunges brachte ein zweiter Zug an einer Leine das
Wasser zum Ausfließen in ein Reservoir. Von dort wurde es durch ein Netz von
Kanälen in die Felder geleitet. Zum Einbringen der Ernte dienen plumpe zweirädrige
Karren, ähnlich unseren Leiterwagen, der Hauptsache nach aus Bambus hergestellt; bei
vielen bestehen die Räder aus einem massiven Holzblock von ein bis anderthalb Meter
Durchmesser, und solche Wagen werden auch zuweilen in den östlichen Provinzen, über-
haupt dort, wo es Wege giebt, zum Frachtentransport verwendet.

Neben den Reispflanzungen sind wohl die wichtigsten jene von Zuckerrohr,
Tabak, Thee, Baumwolle und Pfeffer, aber nur der letztere wird in hinreichenden
Mengen für den heimischen Bedarf gebaut, ja sogar massenhaft ausgeführt. Tabak und
Thee sind in vorzüglicher Qualität vorhanden und würden bei einigem Unternehmungsgeist
reichen Ertrag liefern. Die größten Pfefferplantagen, in ihrem Aussehen unseren Hopfen-
gärten nicht unähnlich, liegen im südöstlichen Siam rings um die große Handelsstadt
Tschantabun und zählen zusammen etwa zwei Millionen Pfefferstauden, während im
ganzen Lande deren vier Millionen vorhanden sein mögen. Der Pfeffer bedarf sehr
sorgfältiger, aufmerksamer Pflege, weshalb in den Plantagen vielfach chinesische Arbeiter
verwendet werden. Infolge des großen Wettbewerbs anderer Pfefferländer ist aber der
Gewinn sehr zurückgegangen. Je hundert Stauden liefern durchschnittlich einen Ertrag
von 1 Picul = 60 ½ Kilo Pfeffer, und die gesamte Ausfuhr erreicht jährlich elf- bis
zwölfhundert Tonnen im Werte von etwa 600 bis 700 Mark die Tonne.

In den Gemüsegärten rings um die Städte fand ich dieselben Gemüse wie bei
uns: Kraut, Rettiche, Petersilie, Zwiebeln und Knoblauch, Gurken, Sellerie, Tomaten,
Bohnen, Erbsen, Salat, Melonen und andere, mit ziemlicher Sorgfalt gepflanzt und mit
reicherem Ertrag, allein die Gemüse sind lange nicht so wohlschmeckend. In den zahlreichen Kanälen prangen zwischen der großblättrigen Viktoria Regia auch prächtige Lotos,
deren Samen gern gegessen werden, und an den Mauern ranken in erstaunlicher Ueppigkeit die herrlichen Passionsblumen mit ihren wohlschmeckenden Früchten empor. In den
Obstgärten glühen Orangen und Granatäpfel, Mandarinen und Zitronen; Tamarinden-
bäume mit ihren purpurnen Blüten und ihrem zarten Laub erreichen eine Höhe von
zwanzig bis dreißig Meter; dazwischen stehen Gruppen von kleinen Cardamo und die
palmenartigen Papayabäume (Carica) mit ihren den Melonen ähnlichen Früchten. Rings
um die luftigen, auf Stelzen stehenden Holzhütten der Siamesen erheben verschiedene
Bananenarten ihre gewaltigen, hellgrünen Blätter mit den üppigen Fruchtbündeln

darunter; Guavenbäume, Muskatnußbäume, Pummelo, Mango, Mangostin und Jack=
bäume wachsen im üppigsten Durcheinander, und über ihre so verschiedenartigen Laub=
kronen und das Gewirr verschiedenartiger Früchte, von den kleinen Muskatnüssen bis
zu den menschenkopfgroßen Jackfrüchten, erheben sich die hochstämmigen Kokos=, Areka=,
Palmyra= und Sagopalmen, der eigentliche Reichtum des Landes; denn jeder Teil dieser
Palmen findet seine Verwendung und hat seinen Wert.

Um die verschiedenen Früchte kennen zu lernen, muß man in Bangkok den Talat
(Markt) auf dem Westufer des Menam besuchen, denn dort liegt der Ertrag der ver=
schiedenen Obstgärten und Pflanzungen der Umgebung zum Verkauf aufgehäuft. Neben
den obengenannten bekannteren Früchten, die man schon in Singapore, Java, Südindien
und Ceylon findet, bekommt man auch neue zu sehen, wie die köstlichen chinesischen
Leitschie, von der Größe unserer Pflaumen und dem Aussehen von Erdbeeren. Das
Fleisch erinnert an Farbe und Konsistenz der Auster und im Geschmack an die Maul=
beere. Kokosnüsse, Luk, Langsat, Lukugo, Kürbisse, Mangos sind zu kleinen Bergen
aufgehäuft, und dazwischen stinkt der scheußliche, aber von den Siamesen als beste aller
Früchte angesehene Durian. Der Durian ist ein nur in den hinterindischen Tropen
vorkommender Baum, der die Größe unserer Aepfelbäume erreicht und massenhaft kinds=
kopfgroße, stachelige Früchte trägt. Meinen ersten und letzten Durian bekam ich auf
der Halbinsel Malakka im Palaste des Sultans von Johore, Abu Bekr, zu kosten.
Am Ende der prunkvollen, auf goldenen Geschirren aufgetragenen Mahlzeit, an welcher
der ganze Hof des Sultans teilnahm, verbreitete sich in dem großen Speisesaale ein
ganz abscheulicher Gestank, wie er etwa in einem Limburger Käselager herrschen mag.
Ich konnte kaum atmen, und der mir zur Rechten sitzende Sultan, mein Unbehagen
bemerkend, gab den Befehl, Thüren und Fenster zu öffnen. Als die Schar von Dienern
das nächste Gericht auftrug, bemerkte ich, daß der höllische Gestank von der weißen,
schleimigen Masse ausging, die auf den goldenen Tellern lag. Es war das Fleisch
der Durianfrucht. Der Sultan riet mir, um mein an Uebelkeit streifendes Unbehagen
loszuwerden, von der Frucht zu kosten. Der weiße Brei schmeckte herb, säuerlich und
süßlich zugleich, aber auch wiederholte Bissen konnten mir die Leidenschaft der Bewohner
Hinterindiens für Durian nicht erklärlich machen. Die siamesischen Durian erfreuen
sich der größten Berühmtheit und werden sogar nach dem vier Tagereisen entfernten
Singapore ausgeführt, wo sie zuweilen mit drei bis vier Mark das Stück bezahlt werden.

Wirklich wohlschmeckend für europäische Gaumen sind von den hinterindischen
Früchten wohl nur der Mango und die Mangostine, die an Ort und Stelle gegessen
werden müssen, da sie den Transport nach Europa nicht vertragen. Aber auch diese
halten für unseren Geschmack bei weitem nicht den Vergleich aus mit unseren Pfirsichen.
Birnen, Trauben und Aepfeln, die wieder den Hinterindiern unbekannt sind.

# Nutzbäume von Siam.

————— ⋄ —————

Ein großer Teil des siamesischen Reiches ist heute noch mit Urwäldern von unglaublicher Üppigkeit und Mannigfaltigkeit des Baumwuchses bedeckt, und wenn diese auch neben dem Reis die wichtigsten Einnahmequellen des Landes bilden, so werden sie noch lange nicht ihrem wahren Werte nach ausgebeutet, denn es fehlt an Verkehrs= routen und Transportmitteln. Die weiten Gebirgszüge zwischen den Stromgebieten des Salwen und des Menam einerseits und des Menam und Mekong anderseits, dann die Bergketten im Norden von Siam, zwischen Salwen und Mekong, sind mit ungeheuren Teakholzwäldern bedeckt, und diese allein gestatten eine ergiebige Ausbeute, weil in ihnen der Unterwuchs nicht jene undurchbringliche Üppigkeit erreicht wie in den Alluvial= gebieten des südlichen Menamthales. Zahlreiche Laoten, Karens und Birmanen sind dort mit Hilfe einer Menge Elefanten beschäftigt, Bäume zu fällen, und die Zahl der großen wertvollen Baumstämme, welche alljährlich von dort den Menam abwärts nach Bangkok geflößt werden, übersteigt hunderttausend. Kein Bauholz ist für den Schiffs= bau so geeignet wie dieses Holz der Tectona grandis (indische Eiche). Daneben wird aber auch die Rinde dieses Baumes zum Gerben, das Laub zum Rotfärben verwendet.

Neben den Teakbäumen, die eine Höhe bis zu achtzig Meter erreichen, enthalten die Urwälder des nördlichen Siam aber auch allerhand Nadelhölzer und Cypressen von gewaltigen Dimensionen. Noch größer und massiger als die indische Eiche wird der Padukbaum, dessen Holz auch größere Zähigkeit und Härte besitzt, allein es schwimmt nicht auf dem Wasser, und da die Wasserläufe die einzigen Verkehrswege bilden, können die Stämme nicht nach Bangkok geschwemmt werden. Dasselbe gilt von den Kangin= bäumen, die bis zu hundert Meter hoch werden und einen Stammumfang von zehn Meter erreichen. In den Wäldern der östlichen Provinzen kommt der Ebenholzbaum in großer Zahl vor, der neben dem wertvollen Holz auch einen vortrefflichen schwarzen Farb= stoff liefert. Dann der Storatbaum mit seinem wohlriechenden Benzoinharz. Die Buddistenpriester verwenden dieses Harz als Weihrauch, und die schöne braune Patina, welche besonders die älteren Tempel Siams zeigen, rührt großenteils von der massen=

haften Verbrennung von Benzoine her. Ueberhaupt sind die Wälder von Siam reich an harzhaltigen Bäumen, unter denen vor allem der Phytsi (Dipterocarpus laevis), eine Art Oelbaum, genannt werden muß. Dieser wunderbare Baum erreicht eine Höhe bis

Partie im Königsgarten.

zu hundert Meter, und Hallet fand auf seiner Reise durch die Schanstaaten Riesen, welche etwa zwei Meter vom Boden einen Umfang von vierzehn Metern besaßen. Sein Harz wird zur Gewinnung des berühmten schwarzen Lackes verwendet, während sein Holz einen roten Farbstoff liefert. Interessant ist der Adlerholzbaum (Aquilaria), der besonders im Südosten von Siam in der Nähe von Tschantabun häufig vorkommt.

Es ist ein Irrtum zu glauben, daß dieses prachtvolle, besonders von den Chinesen sehr geschätzte Holz, eines der kostbarsten aller bekannten Hölzer, das natürliche Holz der **Aquilaria** ist. In den Stämmen dieser Bäume kommen stellenweise harzartige Verhärtungen vor, vielleicht von Krankheiten oder Insekten herrührend, und nur diese harten, von den Baumstämmen umschlossenen Knollen sind das sogenannte Adlerholz. Hauptsächlich sind es Kambodschaner und Chinesen, welche sich mit dem schwierigen und der in den Wäldern hausenden zahlreichen Tiger wegen sehr gefahrvollen Suchen des Adlerholzes beschäftigen. Nur durch lange Uebung können sie an gewissen Anzeichen erkennen, welcher Stamm wirklich Adlerholz besitzt. Sie klopfen gewöhnlich mit hölzernen Schlägern an die Stämme, und der Klang deutet ihnen das Vorhandensein des kostbaren Holzes an; zuweilen läßt sich dieses auch durch den köstlichen zarten Geruch, das den Astlöchern entströmt, erkennen. Die betreffenden Bäume werden gefällt und die Stämme in Stücke zersägt, von denen man allmählich so viel abspaltet, bis das in dem Stamm eingebettete Adlerholz zum Vorschein kommt.

Einer der imposantesten und dabei nützlichsten Bäume Siams ist der Tong Yang, mit schlankem, geradem Stamm, der zuweilen eine Höhe von achtzig bis hundert Metern erreicht und deshalb zum Bau der Verbrennungstempel verwendet wird. Die großen Harzmengen, welche der Tong-yang enthält, werden dadurch gewonnen, daß etwa einen Meter vom Boden ein tiefer Einschnitt in den Stamm gemacht und die untere Seite desselben zu einer Mulde ausgehöhlt wird, die etwa drei bis vier Liter fassen kann. Dann wird die Höhlung ausgebrannt, um ein rascheres Ausfließen des Harzes zu erzielen. Ein Baum von etwa vier Metern Umfang kann an mehreren Stellen angezapft werden, und aus jeder Oeffnung werden im Laufe von vierundzwanzig Stunden etwa vier bis fünf Liter Harz fließen. Dieses ist anfänglich dünnflüssig und milchig, wird jedoch in der freien Luft bald zähe und braun. Die Siamesen verwenden es zur Anfertigung von Fackeln, die auf Reisen, besonders in den Wäldern, unentbehrlich sind, ferner zum Kalfatern ihrer Schiffe. Mit anderen Harzen und etwas Cement vermischt, wird es bald hart und für Wasser vollständig undurchdringlich. Das Harz des Tong-yang ist so wertvoll und die Ausbeutung durch die Siamesen so rücksichtslos, daß der Baum in der Umgebung der Hauptstadt vollständig verschwunden ist; einmal angezapft, geht er zu Grunde, und da irgendwelche Vorschriften in Bezug auf derartige Nutzbäume in Siam nicht bestehen, wird er auch im mittleren Menamthal immer seltener.

Kostbarer noch als das Harz des Tong-yang ist jenes des Tong Rong, das unter dem Namen Gamboge (Gambodsche) in den Handel kommt und in Bangkok selbst mit drei bis vier Mark das Kilo bezahlt wird. Der Tong-rong kommt nur an einem Teile der Ostküste des siamesischen Golfes, sowie auf den Inseln des letzteren vor, und die einzigen Bäume dieser Art, die ich gesehen habe, waren auf der Insel Kohsitschang. Ihre geraden, schlanken, vollständig astlosen Stämme werden bis zu zwanzig Metern hoch und erreichen selten einen größeren Durchmesser als dreißig Centimeter. Sind die Bäume zehn Jahre alt, so werden sie von den Siamesen gewöhnlich während der Regenzeit, zwischen Juni und Oktober, angezapft, dadurch daß von einer Höhe von drei bisvier Metern eine Spirale rings um den Stamm bis zum Boden geschnitten wird. Der Saft läuft die Einschnitte entlang in ein auf dem Boden stehendes Bambusgefäß, aus welchem er in dünnere Bambusrohre gefüllt wird. In diesen bleibt der Saft einen Monat stehen, bis er verhärtet. Dann werden diese Bambusrohre über ein starkes Feuer gehalten, bis sie springen, die einzelnen Teile werden abgelöst, und das Gambodscheharz kommt als harte dunkelbraune Cylinder, im Handel Röhren-Gambodsche genannt, zum Vorschein. Die Bäume können während der Regenzeit zwei- bis dreimal angezapft werden, und ihre Stämme zeigen am Ende des Jahres ein kurioses Netzwerk von einander kreuzenden Spiralrinnen.

Der herrliche Lack, mit welchem die Chinesen und Siamesen ihre Möbel und Gerätschaften überziehen und der geradezu unverwüstlich ist, rührt von einem längs der Flußläufe Siams häufig vorkommenden Strauch, Ton Rak genannt, her. Die Chinesen, welche das R nicht aussprechen können, nennen ihn Ton Lak. Auch aus dieser Pflanze wird der Saft durch Einschneiden der Stämme gewonnen und in irdenen oder Bambus= gefäßen aufbewahrt, die zur Verhinderung des Eintrocknens des Saftes mit etwas Wasser bedeckt werden. Der Saft ist grau, milchig, Blasen ziehend und ungemein klebrig. Er wird in Siam auch als Unterlage für Vergoldungen benutzt. Die Kolossalstatuen von Buddha, die Götzen und Tiergestalten, welche die Tempel schmücken, werden gewöhnlich aus Mauerwerk hergestellt und dann mit einer ein viertel bis ein halb Centi= meter dicken Schicht dieses Lackes überzogen; erst diese wird vergoldet. Ich habe in der Ruinenstadt Ajuthia derartige Statuen gesehen, welche seit einem Jahr= hundert ganz offen im Dschungel allen Unbilden der Witterung ausgesetzt sind und deren Vergoldung dank dieser Lackunterlage doch so frisch war, als wäre sie neu her= gestellt worden.

Daß Siam reich ist an den ungeheuren Banyanbäumen (Ficus indica), ist wohl selbstverständlich. Mit erstaunlicher Lebenskraft senden sie ihre gewaltigen Aeste nach allen Richtungen; ihnen entspringen wieder die zähen, schweren Wurzeln, die vertikal dem Boden zustreben und diesen endlich erreichend neue Wurzelfasern aussenden, um Nah= rung zu saugen, die sie selbst wieder zu mächtigen Stämmen macht, so daß manche alten Bäume aus einer ganzen Anzahl von Stämmen bestehen, zwischen denen man wie unter einem Säulendom einherwandelt. Längs der sumpfigen Seeufer und auf den Niede= rungen bei den Mündungen der Flüsse wuchern die unheimlichen Mangrovebäume, zwischen denen hier und dort der Puk mit seinen hellflammenden Blüten, oder der herr= lichste aller Bäume, der mit hochroten und orangegelben Blüten besäte Amherstia nobilis, hervorleuchtet.

Ein in Hinterindien eigentümlicher Baum ist auch der Lep=pan (Seidenwollbaum), mit hohem weißen Stamm und blätterreicher Krone, auf welcher die blendend weißen Wollkapseln sitzen. Die Siamesen sammeln diese Wolle zum Füllen von Kissen und Matratzen, denn für Stoffe ist diese Wolle, obschon sehr weiß, doch zu kurzfaserig und brüchig. Um den glatten Stamm leichter besteigen zu können, schlagen sie in kurzen Zwischenräumen Holzpflöcke in den Stamm, die dann wie die Sprossen einer Leiter dienen. Ich habe diesen Lep=pan auch auf der Halbinsel Malakka gesehen, und der hochverdiente Pionier des deutschen Handels in Singapore, H. Katz aus Frankfurt a. M., hat auf seiner großen Musterplantage nördlich dieser Stadt eine eigene Pflanzung solcher Bäume angelegt.

Die wichtigsten und nutzbringendsten Bäume von Siam sind indessen die vielen Palmenarten, die besonders im Süden massenhaft vorkommen. Von der Zuckerpalme (Arenga saccharifera), von den Siamesen Ton=Tan, Zuckerbaum, genannt, findet jeder Teil Verwendung. Aus dem Saft wird Schnaps und Palmenzucker hergestellt, aus dem Mark Sago, die Fasern dienen zur Herstellung starker, fester Seile, das ungemein harte Holz dient als Bauholz. Ihr zunächst steht an Wert die Palmyrapalme (Borassus), mit ihren herrlich geschwungenen Wedeln, dann die Ton=Lan oder Talapot= palme, deren Blätter die Buddhistenpriester als Papier zum Schreiben ihrer heiligen Bücher und Predigten verwenden.

Für das gewöhnliche Volk ist die Attappalme (siamesisch Ton=Tschak) von der größten Wichtigkeit, denn die weitaus große Mehrzahl der Häuser ist mit Attapblättern eingedeckt. Die Pflanze ähnelt in ihrer Form einem Riesenfarnkraut; sie besitzt nur einen meterdicken kurzen Knollen als Stamm, von welchem dreißig bis vierzig ungeheure Blätter, jenen der Kokospalme nicht unähnlich, in schönem Bogen hervorschießen, mit einem noch nicht geöffneten Blatt in der Mitte, das drei bis vier Meter hoch senkrecht emporragt. Die ausgewachsenen Blätter haben eine Länge von sechs bis acht Metern. Die Attappalmen sind gewöhnlich längs der Flußläufe und in den Dschungeln zu finden und bilden dort ein nur für den Elefanten passierbares Dickicht. Das Gesetz schützt diese Pflanze insofern, als das Schneiden von unentwickelten Blättern mit einer Strafe von etwa dreißig Mark belegt wird, denn die Pflanze ernährt Tausende von Arbeitern, welche sich mit dem Schneiden und Flechten der Blattstreifen befassen. Zum Dachdecken werden die Blätter in meterbreite Streifen geschnitten und mittels Schnüren an das Bambusgerippe der Dächer gebunden.

Weniger häufig, aber immerhin in großen Mengen ist auch die Kokospalme vorhanden, die hier eine Höhe von etwa dreißig Metern erreicht, mit einer Krone von etwa zwanzig, fünf Meter langen und zwei Meter breiten Wedeln. Jeder dieser Blatt= wedel hat zu beiden Seiten der Rippe etwa hundert Blätter von einem Meter Länge und etwa zehn Centimetern Breite. Unmittelbar unter der Krone hängen die Früchte in Büscheln von sechs bis acht Nüssen, gleichzeitig mit den Blüten. Das Fleisch der Kokosnüsse wird in Siam häufig als Gemüse gekocht, und die Schalen dienen als Gefäße oder zum Schöpfen, ja sie bilden das gesetzliche Maß für Reis unter dem Namen Khanan (etwa ein halber Liter). Bis zur Einführung des Petroleums diente das Kokosnußöl als wichtiges Beleuchtungsmittel. Der Saft der Kokospalme wird auch zur Zuckerbereitung verwendet, doch ist der Ertrag der Palmyrapalme in dieser Hinsicht reichlicher und besser. Die Palmyrapalme ist die größte der siamesischen Palmen, häufig eine Höhe von sechzig Metern erreichend, mit schlankem, dünnem Stamm und einer Krone von zwanzig bis dreißig Blättern. Das Blatt hat die Form eines Fächers, der kreisförmig so ausgebreitet ist, daß beide Endrippen einander beinahe berühren. Wie die Kokospalme, so hat auch die Palmyrapalme stets Blüten und Früchte gleich= zeitig.  Die letzteren sind kleiner als die Kokosnüsse und enthalten drei Kerne von der

Der Baum der Reisenden.

Größe von Gänseeiern, die, bevor sie reif sind, einen köstlichen Saft enthalten.  Der Hauptwert der Palmyrapalme liegt jedoch in der Zuckerbereitung, und der Ertrag soll, wie man mir versicherte, im Jahre zehn bis fünfzehn Millionen Kilogramm erreichen. Die Provinz Petschabury allein liefert jährlich an fünf Millionen Kilogramm

Palmyrazucker, von welchem eine Steuer im Betrage von 40 000 Ticals (etwa 80 000 Mark) erhoben wird. Für so eingefleischte Betelkauer wie die Siamesen ist auch die Betel= palme (Areca catechu) von der größten Wichtigkeit. In den Alluvialgebieten des unteren Menam ist sie sehr häufig und in prachtvollen Exemplaren zu finden und wird von den Einwohnern viel gepflanzt. Sie erreicht eine Höhe von etwa dreißig Metern mit einem sehr dünnen cylindrischen Stamm und sechs bis acht langen, zarten Wedeln. Vom fünften Jahre an beginnt sie Früchte zu tragen und stirbt erst im vierzigsten bis fünfzigsten Jahre ab. Die von den Siamesen so sehr geschätzte und ihnen geradezu unentbehrliche Frucht hängt an drei bis fünf Traubenbüscheln mit hundertfünfzig bis dreihundert Nüssen an jeder Traube. Die reife Nuß hat die Form und Größe einer Pflaume, mit einem wallnußgroßen Kern unter der fleischigen Hülle. Wenn getrocknet, wird die Nuß in kleine Stückchen gebrochen und vermengt mit rotgefärbtem Kalk und einem Blatt der Seripflanze gekaut. Diese letztere ist eine Pfefferstaude, die ähnlich wie Hopfen an Stöcken gezogen wird. Die Frucht ähnelt dem Pfeffer, und das hellgrüne Blatt der Pflanze wird seines scharfen, beißenden Geschmacks wegen dem Betel beigegeben. Zuweilen dient auch Tabak als Zusatz.

Löffel zum Zubereiten des Betels.

So schön die Palmen Siams auch sein mögen, sie werden doch an Schönheit und Eigenart von der merkwürdigsten der Palmen, der Ravenala madagascariensis, dem Baum der Reisenden, übertroffen, der in den Gärten von Bangkok vorkommt. Eigentlich gehört der Baum der Reisenden zu den Musacäen, worauf schon die Form seiner ungeheuren Blätter deutet. Jeder, der diesen seltsamsten aller Bäume zum ersten Male sieht, bleibt überrascht und bewundernd stehen: ein Palmenstamm von acht bis zwölf Metern Höhe und darauf ein ausgebreiteter Riesenfächer von zehn bis zwölf Metern Durchmesser, aus zwanzig bis dreißig hellgrünen, fußbreiten Blättern bestehend. Seinen Namen erhielt der Baum der Reisenden von den großen Saftmengen, welche der Stamm und die Blattrippen enthalten. Man braucht nur ein Loch in den untersten am Stamm sitzenden Teil der Rippen zu stoßen, und der wohlschmeckende, erquickende Saft fließt reichlich aus, so daß Reisende leicht ihren Durst stillen können.

Eine wichtige Pflanze Siams ist auch der Rattan (Calamus), ebenfalls eine Palmenart mit dünnem, schlankem Stamm, die in allen möglichen Abarten und in großen Mengen vorkommt und einen bedeutenden Ausfuhrartikel bildet. Die dem spanischen Rohr ähnlichen Stöcke werden zum Flechten von Seilen, Körben, Matten, sowie zur Möbelfabrikation verwendet. In den Urwäldern umschlingen sie die Bäume mit einem unburchbringlichen Netzwerk, und ich habe in der Nähe von Ajuthia selbst eine Gruppe von Bäumen gesehen, die einen halben Morgen Raum bedecken mochten. Sie alle waren durch eine einzige Rattanpflanze in vielfachen Windungen und Verschlingungen miteinander verbunden.

Daß in diesem gesegneten Tropenlande auch der Bambus in unglaublichen Massen vorkommt, braucht wohl nicht erwähnt zu werden. Seine Rohre schießen bis auf zwanzig Meter empor mit einem Durchmesser von fünfzehn Centimetern. Welch ausgedehnte Verwendung diese ungemein nützliche Pflanze in allen Tropenländern findet, ist sattsam bekannt.

Monogramm des Königs.

# Kohsitschang,
## ein siamesisches Ostende.

Am dritten Tage meiner Seefahrt von Singapore nach dem Reiche des weißen Elefanten durch den einsamen, unheimlichen Golf von Siam kamen wir an drei kleinen Inselchen vorbei, die sich östlich von uns, dem siamesischen Festlande vorgelagert, steil aus dem stillen, nur von unzähligen Schlangen etwas bewegten Meeresspiegel erhoben. Dunkle Wälder zogen sich von den Ufern die Anhöhen empor bis zu den Gipfeln, und hier und dort konnte ich mit dem Glase doch weiße Flecken erkennen, die sich wie Häuser ausnahmen.

Der Kapitän des Dampfers Tschaufa der schottischen Orientlinie war gerade auf der Kommandobrücke, wo ich ihn nicht stören durfte, aber seine Seekarten lagen in seiner Kabine, und auf ihnen las ich die Namen der drei Inselchen, Perlen der siamesischen Tropenvegetation. Die südlichste führt den Namen Kohtram, die mittlere Kohluam, die nördlichste Kohsitschang. Ich hatte diese Namen in keinem der spärlichen Bücher über Siam gelesen und kümmerte mich auch nicht weiter darum, als der Kapitän mich auf die Brücke rief und mir sein Fernglas in die Hand drückte. „Sehen Sie“, sagte er, „das ist Kohsitschang“, und deutete dabei auf die nördlichste und größte Insel, an deren weit ins Meer vorspringender Südspitze eine Anzahl von Gebäuden sichtbar wurde.

Ich wußte nicht recht, was er diesem Kohsitschang für eine Bedeutung beilegte, und sagte es ihm. Darauf großes Erstaunen seinerseits. „Was, Sie haben noch nichts von Kohsitschang gehört? Wissen Sie nicht, daß es die Residenz von König Tschulalongkorn von Siam ist, der mit, ich weiß nicht wieviel Frauen dort wohnt? Wissen Sie nicht, daß Kohsitschang das fashionabelste Seebad der ganzen Küste ist, von Ceylon bis nach China? Wissen Sie nicht, daß 1893 die Franzosen, diese Seeräuber, mit ihrer Flotte hier anlegten und mir nichts dir nichts von Kohsitschang Besitz genommen haben?"

Ich hätte davon auch gewiß nicht mehr erfahren, wenn ich nicht in Bangkok eine Einladung vorgefunden hätte, Kohsitschang auf meiner Weiterfahrt nach Kotschin=china zu besuchen. Während meines Aufenthaltes in Bangkok war ich so sehr mit Gnadenbeweisen des Königs überhäuft worden, daß ich jedenfalls nach Kohsitschang zu fahren beschloß, um dem König meinen Dank abzustatten. Dazu stand mir auch noch ein siamesisches Kriegsschiff, der Makut Radschakumar, zur Verfügung, und so fuhr ich denn an einem schönen Apriltage nach Kohsitschang. Nach einigen Stunden Fahrt, den Menam abwärts, an Paknam vorbei, hatten wir das Meer erreicht, und am Abend lagen wir vor Kohsitschang vor Anker. Ein blendend weißes Boot mit sechs Ruderern kam vom Lande zu uns herüber, um uns abzuholen. Daß es sechs Ruderer waren, konnte ich trotz der Dunkelheit an dem magischen Licht erkennen, das jeden Ruderschlag im Wasser begleitete. Nirgends in der weiten Welt habe ich so wunderbares Meerleuchten gefunden wie hier im Golf von Siam. Jede gegen die Küste anströmende Brandungswelle leuchtete hell wie eine ununterbrochene Reihe weißer chinesischer Lampions, bei jedem Ruderschlag entsteht ein glänzendes Funkensprühen, und badete ich zur Nachtzeit im Meere, dann erschien mein Körper bläulich weiß, ähnlich wie ich es in der blauen Grotte von Capri, aber nur zur Tageszeit, gesehen habe.

Das Boot brachte den Kommandanten der siamesischen Marine, den wackeren Admiral de Richelieu, um uns abzuholen. Eine halbe Stunde später trugen uns siamesische Matrosen, durch die Brandung watend, ans Land, denn die einzige Landungs=brücke, jene des Königsschlosses, liegt einen halben Kilometer weiter südlich. Der Strand war mit Lampen hell erleuchtet, und aus einer Anzahl von Gebäuden, Villen, Land=häusern und indischen Bungalows erstrahlten Lichter. Das letzte dieser Gebäude war ein geräumiges Hotel mit luftigem Speise= und Billardsaal und netten, europäisch ein=gerichteten Zimmern, in denen wir bald untergebracht waren.

Ich kam aus der Ueberraschung nicht heraus. Wer hat jemals in Europa etwas von Kohsitschang gehört? Wie konnte ich erwarten, auf einem Inselchen des fernen, einsamen Golfs von Siam einen fashionabeln Badeort nach europäischem Muster, das Ostende von Asien, zu finden?

Bis vor einigen Jahren hat sich in der That selbst im siamesischen Reiche keine Seele um Kohsitschang gekümmert, ebensowenig wie um Koh=Luam und Koh=Kram. Alle drei waren unbewohnt, und die einzigen Badegäste waren zahlreiche Tiger, die vom Festlande zuweilen herüberschwammen, um auf die Eber und Iguanas, die meter=langen, fetten, wohlschmeckenden Baumeidechsen, Jagd zu machen. Sie kommen übrigens auch jetzt noch, denn gerade während meiner Anwesenheit auf Kohsitschang wurde auf dem benachbarten Koh=Kram ein riesiger Tiger gefangen. Daß auch an Iguanas noch kein Mangel herrscht, fand ich schon heraus, als ich am nächsten Morgen das Oriental=Hotel durchwanderte. Im Hofraume waren an einer Wäscheleine drei dieser lang=schwänzigen Biester aufgehängt, die eine Stunde vorher im Walde geschossen worden waren.

Kohsitschang ist durch eine Laune des Königs von Siam geschaffen worden. Der prachtliebende Herrscher besitzt in seiner Hauptstadt schöne Paläste; aber nicht zufrieden damit, hat er während seiner langen Regierungszeit noch eine Anzahl anderer im Lande geschaffen, in Petschabury, Kanburi, Bangpain. Letzteres, ein wahres hinterindisches Versailles, bevorzugte er während mehrerer Jahre. Millionen wurden für die Einrichtung und Ausschmückung dieser großartigen und entzückend schönen Fürstenresidenz verschwendet, da fiel dem König ein, sich an der See einen Palast bauen zu lassen. Bangpain wurde aufgegeben und die stille, mit dichtem Urwald bedeckte Insel Kohsitschang ausgewählt. Freilich hausten in diesem Urwald wilde Raubtiere und unzählige Schlangen, und kaum hatte sich hier je ein Menschenfuß den Weg durch die Wildnis gebahnt. Aber der König von Siam braucht nur ein Wort zu sprechen. Flugs waren zahlreiche Fronarbeiter damit beschäftigt, den Urwald zu säubern, schöne Fahr- und Fußwege anzulegen, Hafenquais, Landungsbrücken, Straßen zu bauen; die Gouverneure der umliegenden Provinzen lieferten mächtige Teakholzstämme und anderes Baumaterial für die neue Sommerresidenz, und ein Jahr später war Kohsitschang aus einer unbewohnten Urwaldsinsel zu einem fashionabeln Seebade geworden. Den in Bangkok residierenden Europäern war es natürlich hochwillkommen, im Hochsommer die furchtbar drückende Tropenhitze der Hauptstadt mit der Kühle des neuerstandenen Seebadeortes vertauschen zu können, und Beamte, Missionare, Kaufleute mit ihren Frauen bevölkerten das Hotel und die neugebauten Villen. Und was die vornehmen Siamesen betrifft, so mochten sie, die in den Sonnengluten geboren und an sie gewöhnt sind, wohl kein sonderliches Bedürfnis nach einem Seebade empfinden, aber sie mußten doch nach Kohsitschang ziehen, weil der König sich dort befand. Für sie dreht sich eben alles um den König, er ist ihre Sonne, ihr Leben, und was er thut, wird von der vornehmen Welt nachgeahmt. Kaum erhoben sich die gewaltigen Teakholzstämme, welche das Gerippe seines Holzpalastes bilden, so wurde auch schon von einer Anzahl Prinzen und vornehmer Mandarine die Erbauung von Villen beschlossen. Nur kennt man in Siam die Liebe des Königs für Abwechslung in Bezug auf seinen Aufenthaltsort und verwendet keine allzugroßen Kosten auf diese Wohnungen, die möglicherweise nach einigen Jahren, wenn es dem König belieben sollte, seinen Palast nicht mehr zu besuchen, vollständig wertlos sein würden. So entstanden denn nur Villen, so luftig und leicht, wie ich sie sonst in der Welt nur in Japan gefunden habe, die reinen Kartenhäuser. Bambus und die Blätter der Attappalme waren überall das Baumaterial; das Dach sitzt nicht direkt auf den dünnen Wänden, sondern zwischen beiden befindet sich ein etwa meterbreiter Spielraum für den Durchzug der Luft, die Fußböden senken sich unter den Schritten der Einwohner, Möbel, die schon in den Wohnhäusern der Hauptstadt recht spärlich sind, fehlen in den Villen von Kohsitschang vollständig; als Bett dient eine dünne Matratze, die am Morgen zusammengerollt beiseite geschafft wird, und für den Empfang europäischer Besucher befinden sich höchstens ein paar Rohrstühle und ein Tisch auf der leichten, gedeckten Veranda des Hauses. Das konnte ich sogar in der Villa des Bruders des Königs, Prinzen Damrong, wahrnehmen. Als ich ihn, begleitet

von Admiral de Richelieu, besuchte, empfing uns der Prinz im leichtesten Sommer-
gewande: weißem Jäckchen und weißem Panung, und er selbst führte uns, lachend über
die Einfachheit seiner Behausung, durch die einzelnen kahlen Räume, die innen ebenfalls
nur Wände aus Attapblättern zeigen. Das Haus des Admirals war, da er seine europäische Gattin und seine reizenden Kinder mitgebracht hatte, mehr unseren abendländischen
Bedürfnissen entsprechend. Schon am Abend meiner Ankunft mußten wir zu ihm, und
als ich die Veranda seines Hauses betrat, war ich überrascht, dieselbe bis an das Dach
hinauf mit Büchern gefüllt zu sehen, die an der Wand standen. Als die Lampen
herausgebracht wurden, untersuchte ich diese für Siam großartige Bibliothek und fand
nun, daß die vermeintlichen Bücherrücken nichts weiter als Abschnitte von Bambusrohren
waren, mit denen Richelieu die Wand in täuschender Weise hat bekleiden lassen.

Weiter gegen die schmale Halbinsel, auf welcher sich der Palast des Königs,
geschützt durch eine Palissadenmauer, erhebt, standen die Kasernen der Palastwache und
des Marinekorps, und über die Mauer hinweg konnte ich die Dächer zahlreicher
Wohnhäuser und Pavillons wahrnehmen, welche den vielen Frauen und Kindern des
Königs als Wohnung dienen. Leider war der König inzwischen schwer erkrankt, und
es war mir unmöglich, ihn zu sehen oder auch nur die inneren Räume des Palastes
zu betreten. In der That hing das Leben des Königs an einem Faden, und in
Bangkok hatte sich sogar schon das Gerücht von seinem Tode verbreitet. Durch Richelieu
ließ er mir sein Bedauern ausdrücken, mich nicht empfangen zu können, und zwei wertvolle Kleinode als Geschenke überreichen.

Einen entzückenderen Aufenthalt als Kohsitschang hätte sich der König
nicht auswählen können, denn in der unmittelbaren Nähe des Meeres besitzt
Kohsitschang prachtvolle Wälder, die mit großen Kosten in eine Art Naturpark verwandelt worden sind. Auf der Spitze des höchsten, etwa dreihundert Meter hohen
Berges erhebt sich eine Signalstation zum Signalisieren der einlaufenden Schiffe, denn
der Mündung des Menamstromes ist, wie schon früher erwähnt, eine Sandbank vorgelagert, welche es den großen Seeschiffen unmöglich macht, bis nach Bangkok vorzu-
dringen. Sie bleiben deshalb auf der sicheren Reede von Kohsitschang liegen und
löschen hier ihre Ladung, so daß hier immer lebhafter Verkehr herrscht. Dazu liegen
stets ein Wachtschiff und die Yacht des Königs im Hafen. Von den bewaldeten Höhen
genoß ich eine entzückende Aussicht auf Land und Meer und die ganze, sozusagen über
Nacht geschaffene königliche Villenstadt, überhöht von einem Buddhatempel mit blendend
weißem Turm. Aber trotz all dieser Schöpfungen konnte man der überaus üppigen
Natur nicht Meister werden, denn überall, wo nicht täglich gearbeitet wird, wuchert
und blüht es und bringt das Geäste der Sträucher und Bäume vorwärts, um den
Boden zurückzuerobern, den die Menschen der Natur abgerungen haben. In den Bäumen
spielen muntere Affen umher, auf den einsamen Wegen schlafen Schildkröten und in dem
Steingerölle neben dem Postamte sah ich eine zwei Meter lange Schlange, die auch
meine Nähe nicht aus ihrer Ruhe scheuchte. An den Wänden meines Hotelzimmers
liefen ohne Scheu Eidechsen umher, im Speisesaale saßen freche Spatzen auf den mit

weißen Tüchern bedeckten Tischen und pickten die Brotkrumen auf, und was die Mücken an Blutsaugerei leisten, übersteigt alle Beschreibung. Indessen, sie wären mir noch angenehmer gewesen als anderes Ungeziefer, das uns besonders bei den Abendmahlzeiten umschwärmte. Am letzten Tage meines Aufenthaltes in Kohsitschang erhielt ich eine Einladung zu einem Diner auf der herrlichen königlichen Yacht Mahatschakri, das auf Befehl des Königs gegeben wurde und dem alle Prinzen und hohen Würdenträger, sowie einige europäische Damen beiwohnten. Der großen Hitze wegen war die Tafel in Hufeisenform auf dem Verdeck, und die zahlreichen elektrischen Lichter zogen eine Unmasse von Nachtschmetterlingen und großen schwarzen Käfern an, die uns während der ganzen Mahlzeit umschwärmten, auf Tisch, Tellern, Servietten, auf unseren Gesichtern und Kleidern Platz nahmen, so daß wir unsere Zeit viel mehr mit dem Verscheuchen dieser ekelhaften Bestien als mit dem Genießen der vorzüglichen, auf prächtigem Silber aufgetragenen Speisen verbringen mußten. Ohne diese Zuthaten hätten wir uns irgendwo in Europa denken können, nur nicht auf einer unbekannten Robinsoninsel im siamesischen Golf. Die Brüder des Königs unterhielten sich während der Tafel mit uns in eng= lischer oder französischer Sprache über die Pariser Oper und das Derbyrennen, Georg Ebers und Pasteur, sie hatten das Benehmen vornehmer Gentlemen und steckten in europäischer Abendtoilette. Die Tafelmusik besorgte das Musikkorps des Königs, durch= wegs Siamesen unter Leitung eines italienischen Maestro. An Stühle nicht gewöhnt, saßen sie auf dem Boden im Kreise um den ebenfalls mit untergeschlagenen Beinen hockenden Kapellmeister. Fußbekleidung in so heißen Klimaten ist ein entbehrlicher Luxus, und es war ergötzlich anzusehen, wie sie sich zu den abendländischen Musikstücken, Carmen und Traviata den Takt mit der großen Zehe auf den Fußboden schlugen.

Die Prinzen und Großen des Reiches hatten richtig geurteilt, als sie sich ihre Villen nur aus Bambus und Attapblättern bauten, denn wie ich vor kurzem erfuhr, hat der König in der That Kohsitschang satt bekommen und seine Hofhaltung für immer von der schönen Insel fortgenommen. Mit ihm zog natürlicherweise auch die ganze vornehme Gesellschaft fort, und der Palast des Königs wie die zahlreichen Villen, Bungalows und Pavillons, die Kasernen und Depots sind wahrscheinlich dem Verfall preisgegeben. Das elektrische Licht in den Straßen ist wohl für immer erloschen, Gras und Unkraut wuchert jetzt schon überall, Kohsitschang hat als Seebadeort wenigstens für die Siamesen ausgelebt. Was den König veranlaßt haben mochte fortzuziehen? Einer uralten siamesischen Sage gemäß soll es mit der Königsherrlichkeit zu Ende gehen, wenn der König jemals an das Meer ziehen sollte. Der König zog ans Meer, und in der That kamen bald darauf die Franzosen, pflanzten auf Kohsitschang die Trikolore auf und erzwangen sich nach tapferem Widerstand der siamesischen Flotte den Eingang in den Menamstrom. Die Sache wurde wohl durch die Einmischung Englands wieder beigelegt, aber die Siamesen sind abergläubisch, und ein zweites Mal wird der König wohl keinen Seebadeort am Golf von Siam gründen.

Volkstypen.

# Teakholz und seine Gewinnung.

Unter den Naturprodukten Siams besitzt für Europa das Teakholz die größte Wichtigkeit. Wohl ist der Hauptausfuhrartikel Siams Reis, allein dieser bleibt zum größten Teil in Asien, vornehmlich in China, Indien und den Malayenstaaten, während das Teakholz seit etwa drei Jahrzehnten in den europäischen Schiffswerften geradezu unentbehrlich geworden ist. Dank seiner außerordentlichen Härte, Zähigkeit und Widerstandsfähigkeit gegen Feuchtigkeit eignet sich das Holz der indischen Rieseneiche (Tectona grandis) wie kein anderes zum Schiffsbau, und es wurde demnach schon um die Mitte dieses Jahrhunderts aus Indien in so großen Massen ausgeführt, daß die dortigen Teakwälder erschöpft sind und man in neuerer Zeit bestrebt ist, den Teakbaum auf großen Strecken künstlich anzupflanzen. Dagegen besitzt Siam, hauptsächlich der nördliche Teil desselben, ungeheure, viele Tausende Quadratkilometer umfassende Teakwälder, und von dort werden jährlich Holzmassen im Werte von sechs bis acht Millionen Mark nach Europa ausgeführt, um in den Schiffsbauwerkstätten von England, Deutschland und Frankreich Verwendung zu finden. Bei einigermaßen rationellem Verfahren könnte die Teakholzgewinnung am Oberlaufe des großen Menamstromes, sowie des Salwen das Doppelte und Dreifache seines gegenwärtigen Wertes erreichen, allein die siamesische Regierung ist augenblicklich noch viel zu sehr mit Reformen in dem der Hauptstadt näher gelegenen südlichen Teil des Reiches beschäftigt, und die Verhältnisse in den von Siam abhängigen Schanstaaten, unter den Laoten, Karens und den hinterindischen Zwergvölkern sind noch zu ungeregelt, als daß man bisher den hochwichtigen Urwaldsgebieten hätte die erforderliche Aufmerksamkeit widmen können. Und doch ist es auch dort die höchste Zeit, denn es wird in den Teakwäldern mit ähnlichem Vandalismus gehaust wie in den Urwaldgebieten Nordamerikas, und wenn nicht binnen wenigen Jahren die ganze Teakholzgewinnung unter die Aufsicht der Regierung gelangt, so wird nicht nur die Einnahme des siamesischen Reiches, sondern der ganze Schiffsbau Europas empfindlich darunter zu leiden haben.

Ueber die Teakwälder und das Treiben der Holzfäller in den entlegenen Gebieten Hinterindiens ist bisher wenig bekannt geworden, und ich gab mir deshalb Mühe, Näheres darüber zu erfahren. Die Wälder ziehen sich die ganze West- und Nord-grenze Siams entlang und umfassen vielleicht ein Sechstel bis ein Siebentel des ganzen Reiches, doch sind bisher nur die an den Flußläufen im Nordwesten, gegen Oberbirma grenzenden Wälder an die Holzfäller vergeben worden, weil diese Flußläufe allein die Beförderung der Holzstämme abwärts nach Bangkok gestatten. Erst wenn Straßen und Eisenbahnen den Westen und Norden Siams mit der Hauptstadt verbinden werden, können auch die anderen Teakwälder zur Verwertung kommen. Vorderhand fehlt es an solchen Verkehrsmitteln in jenen Teilen Siams vollständig. Die wichtigsten Mittelpunkte der geöffneten Teakwalddistrikte sind die Städte Raheng im Nordwesten und Tsching Mai (Zimme) im Norden Siams, doch müssen auch von dort alle Stämme auf den einzigen verfügbaren Wasserwegen abwärts nach Bangkok kommen, um von hier nach Europa verschifft zu werden. Die jährlich zur Ausfuhr kommenden Stämme belaufen sich auf hundert- bis hundertzwanzigtausend, daneben werden aber doppelt so viel im Inland selbst verwendet. Die durchschnittliche Länge der bearbeiteten Teakstämme beläuft sich auf vier bis fünf Meter, die Dicke auf $1\frac{1}{3}$ Meter Umfang, doch giebt es auch Stämme von acht bis zehn Meter Länge und zwei bis drei Meter Umfang. Leider wird bei dem Mangel jeglicher Regierungsaufsicht in den Wäldern schlimm gewirtschaftet; an fünfzigtausend Bäume werden unter der normalen Größe gefällt, und viele andere werden vernichtet, nur um Wege zum Transport der gefällten Bäume nach den Fluß-läufen zu bahnen; Waldbrände richten ebenfalls unermeßlichen Schaden an. Gewiß gehen auf diese Weise dem siamesischen Staate alljährlich Millionen des National-reichtums verloren, während es verhältnismäßig wenig kosten würde, um Beamte und Aufseher anzustellen. Die Wälder sind Staatseigentum und werden streckenweise an verschiedene Unternehmer, hauptsächlich Birmanen, verpachtet. Diese kommen mit nur ganz geringen Mitteln von Birma über die Grenze, und sobald sie durch kleine Geschenke und gute Worte von den lokalen Behörden die Pacht für eine gewisse Waldstrecke erlangt haben, wenden sie sich an die großen Handelsgesellschaften in Bangkok, um das erforder-liche große Betriebskapital gegen hohe Zinsen zu erlangen. Die Hälfte des Kapitals wird durch den Ankauf von Elefanten verschlungen, denn in den Urwäldern und Dschungeln im Oberlauf der hinterindischen Ströme kann nur mit Elefanten gearbeitet werden. Die besten Elefanten für die Teakwälder kosten 3000 und 4000 Mark, gewöhnliche 1500 bis 2000 Mark, und augenblicklich dürften dort gegen tausend Elefanten in Verwendung stehen. Karl Bock giebt ihre Zahl Anfang der achtziger Jahre auf sechshundert an, seither hat aber die Holzausbeutung um mindestens die Hälfte zugenommen. Die Bedienung der Elefanten, sowie die eigentlichen Holzfäller rekrutieren sich größtenteils aus Kamuks und Kamaits, jenen hinterindischen Zwergvölkern, welche in den Quell-gebieten des Mekongstromes, hauptsächlich in der Umgebung von Luang-Prabang, wohnen und zweifellos die Urbevölkerung der großen Halbinsel bilden. Sie sind harmlos und gutmütig und werden deshalb auch von den Siamesen und Laoten bedrückt, verfolgt, womöglich gefangen und als Sklaven verkauft. Nur einmal, 1887, erhoben sie sich gegen ihre Bedrücker und zerstörten Luang-Prabang. Die Birmanen werben sie zu einem Jahreslohn von 60 bis 100 Rupien, bei dem gegenwärtigen niedrigen Kurs etwa 70 bis 120 Mark, jährlich an und behalten davon auch noch ein Drittel für die Nahrung zurück.

Mit den Vorschüssen für die Kulis und den laufenden Auslagen für drei bis vier Jahre ist der Rest des von den Birmanen entlehnten Kapitals aufgezehrt, denn es dauert durchschnittlich so lange, ehe wirklich Teakholz auf den Markt gelangt. Zunächst suchen die birmanischen Unternehmer in ihren Waldbezirken geeignete Bäume aus, und in diese wird in etwa Brusthöhe ein etwa zwölf Centimeter tiefer und doppelt so breiter Ring rings um den Stamm gehauen, hauptsächlich wenn die Bäume in Blüte stehen, weil sie dann schneller absterben und austrocknen, was immerhin drei Jahre Zeit erfordert. Um diese Zeit abzukürzen, werden einige Tage nach dem ersten Anschlagen noch tiefere Einschnitte in den Stamm gehauen, bis das Mark erreicht ist; dann kann der Baum schon nach einem halben Jahre gefällt werden.

Dieses Fällen eines Baumes, zusammen mit dem Abhauen der Aeste, nimmt die Arbeit eines Kuli während eines Tages in Anspruch. Dann treten die Elefanten in Thätigkeit. Sie schleppen mit ungemeinem Geschick die schweren Stämme auf Wald-lichtungen zusammen und dann von dort zu dem nächsten Wasserlaufe, wo die Fäller ihre Zeichen in jeden Stamm einhauen. Die Agenten der Handelsgesellschaften, welche die Stämme für das geliehene Kapital in Zahlung nehmen, schlagen ihrerseits ihre Zeichen, gewöhnlich Buchstaben, in die Stämme, die dann bis zum Beginn der Regen-zeit, im Monat Mai, liegen bleiben. Ist das Wasser hoch genug gestiegen, so werden die Stämme einzeln bis zu dem nächsten größeren Fluß herabgeschwemmt, wo sie zu Flößen vereinigt werden. In den kleinen Flußläufen sind die Elefanten geradezu unentbehrlich, denn die Stämme klemmen sich zwischen den Ufern ein, sammeln sich zu Hunderten an oder stranden auf Sandbänken. Mit unglaublicher Findigkeit bringen die Elefanten Ordnung in dieses Durcheinander, schleppen die Stämme in tiefes Wasser, schieben, ziehen und tragen sie mit den Rüsseln vorwärts und folgen ihnen flußabwärts, bis breitere Flußläufe erreicht sind.

Die verschiedenen Holzfällern gehörigen Stämme werden in Raheng am Meping-strom und in Sokotai am Meyomstrom zusammengesucht und zu Flößen von etwa hundertfünfzig Stämmen vereinigt, die in der ersten und letzten Reihe gewöhnlich zehn, in der mittelsten Reihe sechzehn Stämme umfassen. Diese werden durch starke Rattan-seile aneinander gebunden, und jedes Floß erhält überdies an den Seiten Schutzbalken, die beim Anprallen an die Ufer, oder wo immer es nötig werden sollte, einfach los-getrennt werden. Auf den Strecken zwischen Raheng und Sokotai nach dem Vereinigungs-punkt der beiden Ströme bei Paknampoh bleiben die drei Flößer, welche ein Floß bedienen, fast unausgesetzt im Wasser, das ihnen stellenweise bis an den Hals reicht.

Mit Steuerrudern ist es in den schmalen Flüssen nicht gethan, und die Flößer ziehen deshalb die Flöße mittels langer Rattanseile in die erforderliche Richtung, während sie selbst im Wasser stehen. Nach zehn bis fünfzehn Tagen ist Paknampoh und damit der Menam erreicht, auf welchem die Fahrt unschwierig ist. Drei oder vier Tagereisen unterhalb Paknampoh liegt die siamesische Steuerstation Tscheinat, und von dort nach Bangkok erfordert ein Floß weitere acht bis zehn Tage. Der Lohn, den die Flößer für die Gesamtreise von den Urwäldern bis nach Bangkok erhalten, beläuft sich auf etwa 2½ Mark für jeden Stamm.

Während des Hochwassers in den siamesischen Flüssen, also im Juli und August, wird die Hauptmasse des Jahresertrags nach Bangkok geflößt, und die Zahl der während dieser Monate dort eintreffenden Flöße schwankt zwischen tausend und fünfzehnhundert. Im September sind die Flüsse für den Floßtransport zu reißend, und später nimmt der Wasserstand wieder ab.

Zu Tscheinat wird, wie erwähnt, die Regierungsabgabe erhoben, aber nicht auf Grundlage des wirklichen Marktwertes jedes Stammes, sondern nach der sogenannten Pikatschätzung, die auf Grund der Länge und Dicke der Stämme aufgestellt wird. Ein Stamm von 13 Meter Länge und 2½ Meter Umfang hat nach der Pikatschätzung beispielsweise einen Wert von 10 Ticals (etwa 13 Mark). Da der Marktwert je nach der Nachfrage das Fünf= bis Achtfache des Pikatwertes beträgt, so hat der Stamm bei 5 Pikat einen Marktwert von 50 Ticals, bei 8 Pikat 80 Ticals. Bei sehr großen Stämmen wird indessen die Pikatschätzung ganz außer acht gelassen. So sah ich in Bangkok einen Teakholzstamm von 18 Meter Länge und 4 Meter Umfang, der für 60 Pfd. Sterl. (1200 Mark) einen Käufer fand. Die Regierung bezieht aus den Teak= holzabgaben in Tscheinat jährlich etwa eine Million Mark.

Während die Ausbeutung der Wälder in den Händen von Birmanen liegt, befindet sich der Handel mit den nach Bangkok geschwemmten Teakholzstämmen zum größten Teil in den Händen chinesischer, zum kleineren Teil in jenen englischer Handlungshäuser, und das in der Teakholzgewinnung angelegte Kapital kann auf zwanzig Millionen Mark geschätzt werden.

Eine richtige Aufstellung des ganzen Teakholzhandels ist indessen nicht möglich, solange die Regierung keine bessere Ueberwachung der Wälder und der Flüsse eintreten läßt. Viele Tausende von Stämmen gehen durch das Scheitern der Flöße verloren oder werden auf dem Wege von den Wäldern nach Bangkok durch Flußpiraten, selbst durch die Bewohner der an den Flüssen gelegenen Ansiedelungen gestohlen und entweder an Ort und Stelle verbraucht oder bereits zersägt und verarbeitet nach Bangkok gebracht. Nur die wirklich in Bangkok unter den Augen der Regierung zur Ausfuhr gelangenden Teakholzmassen können richtig geschätzt werden, und diese erreichen, wie eingangs erwähnt, jährlich 100 000 bis 120 000 Stämme im Ausfuhrwert von sechs bis acht Millionen Mark, so daß jeder Stamm einen Wert von etwa 60 Mark besitzt. Bis er in Europa zur Verwendung gelangt, hat sich der Wert möglicherweise mehr als verdoppelt.

**Alte Porzellanmünzen der Spielhauspächter.**
(Natürliche Größe.)

# Siamesische Münzen.

Die Form der Geldmünzen war bisher bei allen ostasiatischen Völkern recht eigentümlich. Die Chinesen besaßen schon vor Jahrtausenden Geldmünzen in der Form und Größe unserer Rasiermesserklingen, später solche in der Form flacher breiter Eßgabeln, und heute noch bedienen sie sich nicht Silber- und Goldmünzen, sondern Barren, verschieden in Größe und Gewicht. Nur die Kupfermünzen sind rund, ähnlich den unserigen, aber sie besitzen in der Mitte viereckige Oeffnungen zum Aufreihen auf Stränge. Zehn wurstartige Geldstränge von je hundert Cash haben beiläufig den Wert eines Dollars. Die Japaner besaßen früher viereckige Silber- und Goldtäfelchen und ebenso durchlochte Kupfermünzen wie die Chinesen. Erst mit der neuen Aera kamen Münzen nach europäischem Muster zur Einführung. Die Koreaner besaßen bis auf die jüngste Zeit überhaupt nur schlecht gemachte durchlochte Münzen aus Bronze oder Eisen; in den achtziger Jahren wurden wohl Silbermünzen geprägt, die merkwürdigerweise in der Mitte blau emailliert waren, aber sie gelangten niemals wirklich in den Verkehr. Die Siamesen besaßen bis Anfang dieses Jahrhunderts als kleinsten Geldwert eigentümliche kleine Muscheln. Da man aber mit diesen Muscheln größere Geldwerte nur schwer zahlen konnte, gelangten vor einigen Jahrzehnten Silbermünzen zur Einführung, die sich in Siam bis auf den heutigen Tag erhalten haben und in ihrer Form wohl eigentümlicher sind als selbst die vorerwähnten chinesischen Rasiermessermünzen. Sie sind nämlich, wie die Abbildung zeigt, nahezu kugelrund. Die siamesische Münzeinheit, der Tical, von den Siamesen Bat genannt, hat die Größe und Form einer gewöhnlichen Haselnuß, mit einem Einschnitt auf der einen und zwei eingeprägten Münzstempeln auf der andern Seite. Diese Ticals werden in der königlichen Münze hergestellt, die sich innerhalb der Palaststadt von Bangkok befindet. Silberbarren von cylindrischer Form in der Größe eines dünnen Fingerhutes werden so weit gebogen, bis sich die beiden

Endflächen beinahe berühren; dann werden auf der runden Rückseite die siamesische Krone und das Münzzeichen aufgeprägt, und der Tical ist fertig. Er wiegt genau fünfzehn Gramm, ist also nahezu so schwer wie drei deutsche Mark, besitzt aber nur den Wert von beiläufig einer Mark 16 Pfennig. Neben diesen Ticals werden auch solche von zwei und vier Ticals hergestellt, die letzteren von der Größe einer kleinen Walnuß und sechzig Gramm Gewicht, wohl die schwerste gangbare Silbermünze aller Länder, wenn diese Silberkugeln überhaupt mit dem Namen Münzen bezeichnet werden können. Es sind

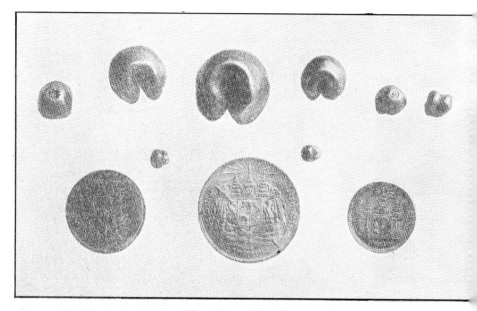

Alte und neue Ticalmünzen.
(Natürliche Größe.)

indessen auch solche Kugeln im Werte von achtzig Ticals (= ein Catty) hergestellt worden, die über ein Kilogramm Gewicht besitzen.

Anderseits giebt es noch kleinere Silberkugeln als den Tical, und zwar halbe Ticals, Vierteltticals, Salung genannt, und Achtelticals, Fuang genannt, die die Größe einer Erbse besitzen. Die kleinsten Silberkugeln sind die Pai, nicht viel größer als die Hanfsamenkörner. Diese Silberschrote bildeten bis in die achtziger Jahre die einzigen gangbaren Münzen von Siam, und ihre gefällige Form hätte sie vielleicht noch länger im allgemeinen Verkehr erhalten, wenn sie nicht von den Chinesen, die den Handel und die Industrie Siams größtenteils in ihren Händen haben, massenhaft verfälscht worden wären. Zu Millionen wurden sie aus Blei hergestellt, mit einer dünnen Silberschicht überzogen und den arglosen Siamesen aufgehalst. Deshalb brachte der regierende König

Tschulalongkorn in den achtziger Jahren Münzen von derselben Form wie die europäischen zur Einführung, die in der vorstehenden Abbildung ersichtlich sind. Von gleichem Gewicht wie die runden Ticals besitzen sie eine vortreffliche Prägung, die auf der einen Seite das Porträt des Königs, auf der andern das siamesische Wappen mit dem dreiköpfigen weißen Elefanten zeigt. Goldmünzen (von zweiundzwanzigeinhalbfachem Wert der Silbermünzen) werden selten gesehen. Die neuen Silbermünzen werden vom Volk viel lieber angenommen als die alten runden Ticals, denn man kann ihre Echtheit an dem Silberklang leicht erkennen, was bei den letzteren nicht der Fall ist. Dagegen kamen die Schatzscheine, eine Art Banknoten, die von dem siamesischen Finanzministerium bei einer deutschen Firma bestellt wurden, nicht zur Einführung und wurden wieder eingezogen. Nun hatte es seine Schwierigkeiten, mit den Silberticals größere Barzahlungen zu leisten, und wo es in Tausende und Zehntausende ging, mußte der Transport der betreffenden Summen durch eine Anzahl Lastträger besorgt werden. Den Kaufleuten Bangkoks war es deshalb hochwillkommen, als die Regierung der Hongkong- und Shanghai-Bank, deren Direktorium großenteils aus Deutschen zusammengesetzt ist, gestattete, Banknoten im Werte von fünf bis tausend Ticals in den Verkehr zu bringen.

Neben den Silbermünzen giebt es noch runde Kupfermünzen zu einem und zwei Att, von denen vierundsechzig auf den Tical gehen, und halbe Att, sogenannte Solot, ähnlich unseren Zwei- und Einpfennigstücken.

In manchen Werken wird behauptet, in Siam wären auch Porzellanmünzen im Verkehr. Dies ist nur bis zu einem gewissen Grade richtig, denn die Porzellanwertzeichen, von denen eine Anzahl hier abgebildet sind, waren niemals Regierungsmünzen, sondern nur eine Art Spielmarken. Von den Spielhausbesitzern wurden nämlich bis auf die jüngste Zeit verschiedene derartige Porzellanmarken ausgegeben, rund, vier- oder achteckig, mit bunter Zeichnung und siamesischen oder chinesischen Schriftzeichen, die den Namen des Spielhausbesitzers und den Wert der betreffenden Spielmarke erkennen ließen. Bei Gewinnen wurden statt Bargeld diese Marken ausgezahlt, die zu jeder Zeit in den Spielhäusern in Bargeld umgewandelt werden konnten und daher in dem betreffenden Stadtviertel eine Art festen Kurses besaßen. Aber häufig machten sich die Spielhausbesitzer, sobald sie eine große Menge derartiger Porzellanmarken in den Verkehr gebracht hatten, auf und davon, das Volk hatte das Nachsehen, und deshalb ist der Gebrauch der Porzellanmarken von der Regierung verboten worden. Heute besitzen sie nur einen Kuriositätenwert, während die runden Ticals immer noch im Verkehr stehen. Nicht nur als Zahlmittel. Ihre hübsche runde Form und entsprechende Größe macht sie für Westen- und Rockknöpfe sehr geeignet, und die Siamesen sowohl wie die in Bangkok ansässigen Europäer verwenden sie mit Vorliebe für solche Zwecke.

# Palmblattbücher in Siam.

Wie alles bis herab zu den kleinsten Einzelheiten, so ist im Lande des weißen Elefanten auch die Litteratur seiner Bevölkerung eigentümlich. Nicht nur in Bezug auf den Inhalt der Bücher, sondern auch in Bezug auf ihre Herstellung und Ausstattung. Erst in neuerer Zeit werden Bücher gedruckt und gebunden wie die unserigen. Die weitaus große Mehrzahl der Bücher weltlichen Inhalts besteht aus viele Meter langen, zwanzig bis fünfundzwanzig Centimeter breiten Streifen von sehr festem, steifem Papier, das wie ein Fächer zu etwa zehn Centimeter breiten Falten zusammengelegt wird. Der Text ist nicht wie bei unseren Büchern nach der Breite der Seiten geschrieben, sondern der Länge nach, nicht von oben nach unten, wie bei den chinesischen Büchern, sondern von links nach rechts und in ähnlicher Zeilenfolge wie bei uns, nur daß, wenn wir ein siamesisches Buch nach unserer gewohnten Art halten, der Text von unten nach oben geschrieben erscheint. Auf die erste und letzte Falte des das ganze Buch bildenden Papierstreifens wird ein steifer Deckel aufgeklebt. Gebunden oder geheftet wird nichts daran, so daß man das ganze Buch auf zwanzig, vierzig und mehr Meter Länge ausziehen kann. Der König von Siam führte auf seiner Europareise ein derartiges Buch zum Einschreiben seiner Besuche mit sich.

Die gedruckten Schriftzeichen sind dieselben wie die geschriebenen, und ihre Form ist aus der beigegebenen Illustration einer Seite der gedruckten Regierungszeitung ersichtlich.

Die buddhistischen Schriften, Gebete, Predigten und Lebensbeschreibungen des Buddha Gautama, wie sie sich in den Tempeln vorfinden, sind nicht in der modernen Thaisprache geschrieben, sondern in der Palisprache, einer Abart des Sanskrit, das etwa das siamesische Latein oder Griechisch genannt werden könnte. Die siamesischen Priester können es wohl lesen und schreiben, aber die wenigsten von ihnen verstehen den Inhalt. Jeder der vielen Buddhatempel Siams enthält eine Bibliothek derartiger Palischriften. Dieselben sind auf lose Blätter der Corypha (Buchpalme) geschrieben. Die getrockneten gelben Blätter werden in Streifen von 5½ Centimeter Breite und 60 Centimeter

Länge geschnitten, sorgfältig abgerieben, bis sie ganz glatt sind, und dann mit Gold=
schnitt versehen. Der Schreiber nimmt ein Blatt, hält es frei auf der linken Hand und
kratzt die Schriftzeichen mit der Rechten mittels eines spitzigen Stahlstiftes ein. Dann
wird das Blatt mit Schwärze eingerieben, abgewischt, und die Schriftzeichen treten schwarz
hervor. In neuerer Zeit werden die Predigten auch nach unserer Art mit Tinte und
Feder, aber stets auf solche Palmblattstreifen geschrieben.

An einem Ende werden die Streifen numeriert und dann auf zwei dünne Holz=
stäbchen gesteckt, wozu jedes Blatt an zwei Stellen durchlocht wird. Ist die ganze
Arbeit fertig, so werden die zwanzig oder mehr Streifen zwischen zwei ebensogroße Holz=
deckel gelegt, die mitunter sehr hübsche Schnitzereien und Vergoldungen zeigen, und dann
mit einem Seidenbande umwickelt, auf welchem Name und Würde des Eigentümers
stehen. Häufig werden sie auch in bunte Seidentücher gewickelt, in welche zur Erzielung
größerer Steifheit Bambusstreifen eingewebt sind. Dieses Einwickeln der Bücher in
Tücher ist nicht nur in Siam Sitte. Ich habe es in der mohammedanischen und
buddhistischen Welt überall getroffen, von Marokko und der Türkei an bis nach
Japan und Korea.

Derartiger Palmblattbücher giebt es in manchen Tempeln viele Hunderte, mit=
unter in kostbaren Schreinen aufbewahrt, die in eigenen Pagoden untergebracht sind.
Manche Bücher zeigen geradeso wie unsere alten geschriebenen Bibeln sehr sorgfältige
Kalligraphie in verschiedenen Farben und Vergoldungen ausgeführt und mit recht hübschen
Miniaturmalereien geschmückt. Die schönsten Palmblattbücher dieser Art sah ich in den
Tempeln der königlichen Palaststadt in Bangkok.

Großes Staatswappen.

# Siams Könige.

Die Geschichtsforschung in Bezug auf Siam, wie überhaupt auf ganz Hinterindien liegt noch sehr im argen, und doch würde sich europäischen Gelehrten hier ein viel dankbareres Arbeitsfeld darbieten als in vielen anderen Ländern. In den Dschungeln und Urwäldern der ganzen hinterindischen Halbinsel schlummern Ruinen von ausgedehnten Städten, großartigen Tempeln und Palästen, und doch kennt man von der Mehrzahl derselben kaum mehr als ihre Namen. Bestimmte und zuverlässige Nachrichten über die Geschichte des siamesischen Reiches sind nur seit der Gründung von Ajuthia in der Mitte des vierzehnten Jahrhunderts vorhanden; darüber hinaus ist alles ein Wirrwarr von grotesken Märchen und Sagen, ohne irgendwelche bestimmte Anhaltspunkte, ausgenommen diejenigen, welche die chinesischen Geschichtsschreiber uns geben. In den großen Annalen des chinesischen Reiches ist mehrfach von Siam, chinesisch Sien-lo, die Rede, und besonders interessant ist die Beschreibung einer chinesischen Gesandtschaft, welche im Jahre 607 unserer Zeitrechnung nach Siam reiste. Aus dieser Beschreibung geht hervor, daß Siam schon damals sich einer hohen Kultur erfreute; es ist darin von großen Palästen mit reicher Ausschmückung die Rede, in welchen der Königshof residierte; die Minister und Mandarine waren in kostbare, mit Edelsteinen geschmückte Gewänder gekleidet, und am Hofe speiste man auf goldenem Geschirr. Das ganze Wesen der damaligen Kultur scheint, nach diesen Schilderungen zu schließen, indischen Ursprungs gewesen zu sein. Leider ist es heute unmöglich, die in chinesischer Sprache genannten Städte- und Flußnamen zu identifizieren. Nach der großen chinesischen Encyklopädie sind die Sien (Siamesen) Nachkommen eines „Rote Augenbrauen" genannten Rebellenvolkes, von welchem unter der chinesischen Kaiserdynastie der Han (200 Jahre v. Chr. bis 200 Jahre n. Chr.) viel die Rede ist. Die Siamesen selbst haben darüber keine bestimmten Nachrichten. Sie leiten den Namen Siam (Siyam) von drei ab, weil das Land hauptsächlich von drei verschiedenen Volksrassen, den Chinesen, Birmanen und Malayen, bevölkert worden ist, die sich allmählich zu einer Nation

Der König im Krönungsornat.

vermengten. Zweifellos erfolgte die Besiedelung des heutigen Siam hauptsächlich von Norden her, ja einzelne Stämme im Norden von Hinterindien, wie die Karen am Oberlaufe des Salwen, sollen der Tradition zufolge aus Tibet eingewandert sein. Jedenfalls ist die Bodengestaltung der hinterindischen Halbinsel für diese Wanderungen von Norden her sehr günstig. Während Vorderindien gegen die Hauptmasse des asiatischen Kontinents durch den Himalaya vollständig abgeschlossen ist und auch die Flußläufe hauptsächlich oſtweſtlich ſind, liegen die Gebirge Hinterindiens in nordſüblicher Richtung, und die großen Flüſſe, der Mehrzahl nach auf chineſiſchem Gebiet entſpringend, fließen von Norden nach Süden. Ihre Thäler ſind ebenſoviele Verkehrswege zwiſchen dem Reiche der Mitte und der hinterindiſchen Halbinſel. Deshalb wurde auch die urſprüngliche Bevölkerung der= ſelben durch die Einwanderer von Norden her ſtark durchſetzt und die Raſſenunterſchiede viel= fach verwiſcht. Dazu hat auch der alte Kriegsbrauch, die unterworfenen Völkerſtämme als Sklaven mitzuſchleppen und nach anderen Gegenden zu verpflanzen, viel beigetragen. Das mächtigſte hinterindiſche Reich im zehnten und elften Jahrhundert unſerer Zeitrechnung war jedenfalls Kambodſcha, mußte aber dem aufſtrebenden Siam die Hegemonie abtreten.

Die Siameſen gehen in ihrer Geſchichte bis zu einem Laoskönige zurück, der in Tſchieng=Rai ſeine Reſidenz hatte. Sein Nachbar, der König von Sa=taung, drang in ſein Land ein, eroberte die Hauptſtadt und nahm viele Gefangene mit ſich nach Sa=taung. Der König von Tſchieng=Rai aber floh mit einem großen Teil ſeines Volkes gegen Süden, in das heutige Siam. Der Sage nach baute er an dem Fluſſe Po eine neue Stadt, namens Trei=trung, und dieſe blieb für ihn und vier ſeiner Nachfolger die Reſidenz. Zu Anfang des vierzehnten Jahrhunderts unſerer Zeitrechnung, etwa um 1320, ließ der damals regierende König eine neue Hauptſtadt Tep=na=kaun erbauen und verlegte ſeine Reſidenz dorthin. Als er nach fünfundzwanzigjähriger Regierung ſtarb, folgte ihm ſein Sohn Pra Tſchau U=tang. Dieſer blieb nur ſechs Jahre in der von ſeinem Vater gegründeten Stadt. Er ſandte ſeine Beamten nach Süden, um eine Stelle zu ſuchen, wo Fiſche und Lebensmittel aller Art in hinreichender Menge vorhanden waren, und ſie nannten ihm Wiang=lek als ſolche. Sofort zog der König mit ſeinem Volke nach Wiang=lek und ließ dort an den Ufern des Menams eine neue, mit Mauern umgebene Stadt bauen, die er Ajuthia nannte. Pra Tſchau U=tang nahm ſelbſt den Namen Somdetſch Pra Ramah Tibaudi I. an und regierte zwanzig Jahre. Er wird als der eigentliche Stammvater der ſiameſiſchen Könige angeſehen, vierunddreißig ſeiner Nach= folger, drei verſchiedenen Dynaſtien angehörig, regierten in Ajuthia während eines Zeit= raums von vierhundertundſiebzig Jahren. Erſt die vierte Dynaſtie, welcher der gegen= wärtige König als fünfter oder vierzigſter der geſamten Reihe angehört, verlegte ihre Reſidenz nach Bangkok. König Tibaudi I. ſandte auch ein Heer unter dem Befehl ſeines Sohnes gegen Kambodſcha, das dieſer unterwarf. Er eroberte die Hauptſtadt und brachte eine große Zahl gefangener Kambodſchaner als Sklaven nach Ajuthia.

Die ganze Reihenfolge der ſiameſiſchen Könige ſeit Tibaudi I. iſt folgende:

| Name | Siameſiſche Aera | Chriſtliche Aera | Dauer der Regierung |
|---|---|---|---|
| 1. Somdetſch Pra Rama Tibaudi I. . . . . | 712 | 1351 | Jahre 20 |
| 2. Somdetſch Pra Rame=ſuan, Sohn des vorigen, abdizierte zu Gunſten von Pra Boroma=Racha Tiraht . . . . . . . . . . . . | 732 | 1371 | 1 |

สมเด็จพระปรมินทรมหาจุฬาลงกรณ์ พระจุลจอมเกล้าเจ้าแผ่นดินสยาม

ทั้งฝ่ายเหนือฝ่ายใต้ แลสินแดนทั้งหลายที่ใกล้เคียง คือทวยเซียงสวางทุกะเหรื่องแลสึ่น ๆ

ผู้เปนเจ้าเปนใหญ่ของเครื่องราชอิศริยาภรณ์ มกุฏสยาม

ขอประกาศแก่ท่านทั้งหลายทั้งปวง ผู้ซึ่งจะได้พบอ่านประกาศฉบับกรมปิโตนทุกขยา

เงินสก วอน เฮส วารเกก

สมควรจะรับเครื่องราชอิศริยาภรณ์มกุฏสยามได้

สั่งปีพระบรมภพโองการโปรดเกล้าโปรดกระหม่อม พระราชทานพระบรมราชนุญาต

ให้ เงินสก วอน เฮส วารเกก

รับเครื่องราชอิศริยาภรณ์ มกุฏสยามชั้นที่ ๒ ชื่อ จุลสุภกรณ์ เปนเกียรติยศสืบไป

ขอให้สั่งสิ่งเปนใหญ่เปนประธานในสกลโลกย์ อนุเคราะห์รักษา เงินสก

วอน เฮส วารเกก ให้มีความจรัญศุขสวัสดิทุกประการเทอญ ๚

พระราชทานแด่พระที่นั่งจักรกรินทรปราสาท แผ่นพณ สถิที่ ๔ ทั้งแรม

ในปัมปิยูบาวรกก ศักราชโหรสยาม ๑๒๕ ดวงกับวันที่ ๒

เงินเสนสยาม ปีปิปรกทากุก ๒๐ เปนวันที่ ๑๒ ฤกูที่ ๒ ในชักกาลปัตจุบันนี้

จุฬาลงกรณ์ ร

| Name | Siamesische Aera | Christliche Aera | Dauer der Regierung |
|---|---|---|---|
|  |  |  | Jahre |
| 3. Somdetsch Pra Boroma-Racha-Tiraht . . . | 732 | 1371 | 13 |
| 4. Tschau Dö-Taung-an, Sohn des vorigen . . | 744 | 1383 | 7 Mon. |
| 5. Somdetsch Pra Rame-suan (der vorgenannte zweite König), ermordete den vierten König und bestieg abermals den Thron . . . . . . | 744 | 1383 | 15 |
| 6. Somdetsch Praya Pra Rahm, Sohn des vorigen | 759 | 1398 | 4 |
| 7. Somdetsch Pra Na-kaun In . . . . . . | 763 | 1402 | 17 |
| 8. Somdetsch Pra Boroma Racha-Tiraht, Sohn des siebenten . . . . . . . . . . | 780 | 1419 | 16 |
| 9. Somdetsch Pra Boroma Trai Lohkanaht, Sohn des achten . . . . . . . . . . | 796 | 1435 | 16 |
| 10. Somdetsch Pra Boroma Rahcha, Sohn des neunten . . . . . . . . . . . . | 811 | 1450 | 38 |
| 11. Somdetsch Pra Rahmah Tibaudi II. . . . | 849 | 1489 | 21 |
| 12. Somdetsch Pra Boroma Racha Mahah Putang, Sohn des vorigen . . . . . . . . | 871 | 1510 | 4 |
| Unter ihm wurde die siamesische Herrschaft über die Halbinsel Malakka befestigt und den Portugiesen Handelsfreiheit in Siam gewährt. |  |  |  |
| 13. Pra Ratsata Tirat, der fünfjährige Sohn des vorigen . . . . . . . . . . . | 875 | 1514 | 5 Mon. |
| 14. Somdetsch Pra Tschai Rahcha Tirat, Sohn des zwölften Königs, ermordet vom dreizehnten | 875 | 1514 | Jahre 14 |
| 15. Pra Yaut Fah, Sohn des vierzehnten . . . | 889 | 1528 | 2 |
| Kam in seinem elften Jahre auf den Thron und wurde von einem Usurpator namens Kun Wara-Wongsa-Tirat ermordet. Der letztere bestieg selbst den Thron und wurde nach fünf- monatlicher Regierung von Kun Pirenatep er- mordet. Er wird in der Liste der Könige nicht angeführt. Kun Pirenatep setzte den Prinzen Pra Tian Rahcha als König ein unter dem Namen |  |  |  |
| 16. Somdetsch Maha Tschakra patdi Racha Tiraht | 891 | 1530 | 15 |
| 17. Somdetsch Pra Mahinta Racha Tiraht, Sohn des vorigen . . . . . . . . . . | 917 | 1556 | 1 |
| Unter ihm wurde 918 die Hauptstadt des Landes von dem König Hongsa-Wabi der Pegu |  |  |  |

| Name | Siamesische Aera | Christliche Aera | Dauer der Regierung |
|------|:---:|:---:|:---:|
| | | | Jahre |
| eingenommen und Siam unter seine Herrschaft gebracht. 1579 wurde Siam jedoch wieder unabhängig. | | | |
| 18. Somdetsch Pra Maha Tama Rachh Tiraht . | 918 | 1557 | 21 |
| 19. Somdetsch Pra Nare-suahn, Sohn des vorigen | 940 | 1579 | 5 |
| 20. Somdetsch Pra Eka Totsarot, ein jüngerer Bruder des vorigen . . . . . . . . . | 945 | 1584 | 18 |
| 21. Tschau Ja Sri-sawa-paht, Sohn des vorigen und letzter der Dynastie Tibaudis . . . . | | | |
| Zweite Dynastie. | | | |
| 22. Pra Tschau Song Tam . . . . . . . | 964 | 1603 | 25 |
| Derselbe ermordete den einundzwanzigsten König und bestieg seinen Thron. Unter den Siamesen ist er als Entdecker der heiligen Fuß-tapfen Buddhas in dem Wallfahrtsorte Prahbat bekannt. Während seiner Regierung erschienen die Holländer in Siam, 1613 auch die englisch-ostindische Kompagnie, und erhielten Erlaubnis zur Errichtung von Handelsfaktoreien trotz des Gegendrucks von seiten der ansässigen Portugiesen. | | | |
| 23. Pra Tschetah Tiraht Otarot, ein älterer Bruder des Vorgängers . . . . . . . . . | 989 | 1628 | 2 |
| Der erste Minister, Tschau Praya Kola-hom Sri-suri-wong, ermordete den König und ließ dessen neunjährigen Bruder den Thron besteigen unter dem Namen | | | |
| 24. Pra Ahti-taya-wong . . . . . . . . | 992 | 1631 | 8 Mon. |
| Er war der letzte König der zweiten Dynastie. | | | |
| Dritte Dynastie. | | | |
| Die siamesischen Würdenträger und Edlen vertrieben den vierundzwanzigsten König vom Thron und erwählten den letztgenannten ersten Minister zum König unter dem Namen | | | Jahre |
| 25. Pra Tschau Prasaht Taung . . . . . . | 992 | 1631 | 25 |

| Name | Siamesische Aera | Christliche Aera | Dauer der Regierung |
|---|---|---|---|
| | | | Jahre |
| Unter ihm wurde Tenasserim erobert und die Stellung des siamesischen Reiches so gestärkt, daß es das mächtigste Hinterindiens wurde. | | | |
| 26. Tschau Ja Tschai, Sohn des vorigen . . . | 1017 | 1656 | 1 |
| 27. Pra Sri-susama Rachah, ermordete seinen Vorgänger . . . . . . . . . . . . . . | 1018 | 1657 | 4 Mon. |
| 28. Sombetsch Pra Narai, Sohn des fünfundzwanzigsten Königs, ermordete seinen Vorgänger . . . . . . . . . . . . . . | 1018 | 1657 | Jahre 26 |
| 29. Pra Pet Rachah, ein Usurpator und nicht offiziell als König anerkannt . . . . . . | 1044 | 1683 | 15 |
| 30. Pra Putta Tschau Sua, Sohn des achtundzwanzigsten Königs . . . . . . . . . | 1059 | 1698 | 9 |
| 31. Pra Tschau Ju Hua Tai Sa, Sohn des dreißigsten Königs . . . . . . . . | 1069 | 1708 | 25 |
| 32. Pra Tschau Ju Hua Boroma Koht, Bruder des Vorgängers . . . . . . . . . | 1094 | 1733 | 26 |
| 33. Tschau Ja Dauk-Madua, Sohn des Vorgängers, dankte zu Gunsten seines nachstehenden älteren Bruders ab. . . . . . . . . . . | 1120 | 1759 | 1 |
| 34. Pra Tschau Tinang Surija Marintara, der letzte König der Dynastie Prasaht Taung und der letzte vor der Eroberung und Zerstörung Ajuthias durch die Birmanen im Jahre 1767 . Die zerstreuten Banden des siamesischen Heeres wurden durch einen chinesischen Abenteurer, namens Pin Tat, wieder gesammelt und gegen die Birmanen geführt, die er überall schlug und schließlich aus dem Lande vertrieb. Die dankbaren Siamesen ließen ihn gewähren, als er die Regierungsgewalt an sich riß und sich unter dem Namen | 1120 | 1759 | 18 |
| 35. Prajah Tahksin auf den Königsthron setzte . Während seiner fünfzehnjährigen Regierung erholte sich das Land von den früheren Kriegen, große entvölkerte Gebiete wurden neu kolonisiert, die Herrschaft auf der Halbinsel Malakka | 1129 | 1767 | 15 |

| Name | Siamesische Aera | Christliche Aera | Dauer der Regierung |
|---|---|---|---|
| | | | Jahre |
| befestigt und neue Länderstriche im Norden von Hinterindien unter die Oberhoheit Siams gebracht. Prayah Tahksin wurde 1782 ermordet. Einer seiner Generale wurde der Gründer der | | | |
| **Vierten Dynastie** | | | |
| unter dem Namen | | | |
| 36. Somdetsch Pra Boroma Rahschah Pra Putta Yaut Fah . . . . . . . . . . . | 1144 | 1782 | 27 |
| 37. Pra Putta Lot-lah, Sohn des vorigen . . | 1171 | 1809 | 15 |
| 38. Prabaht Somdetsch Pra Nang Klao, Sohn des vorigen . . . . . . . . . . . | 1186 | 1824 | 27 |
| 39. Prabaht Somdetsch Pra Paramendr Mahamongkut, Sohn des siebenunddreißigsten Königs | 1213 | 1851 | 17 |
| 40. Prabaht Somdetsch Pra Paramendr Maha-Tschulalongkorn Klao, Sohn des neununddreißigsten Königs, der gegenwärtige Herrscher. | 1230 | 1868 | |

# Der Eisenbahnbau in Siam.

Wie in China, so geht es auch in dem benachbarten Siam seit einigen Jahren mit dem Eisenbahnbau rüstig vorwärts. König Tschula= longforn, dem sein Volk dereinst mit Recht den Namen „der Große" geben sollte, weiß wohl, daß für die Entwickelung und das Auf= blühen seines Reiches nichts so notwendig ist als die Schaffung von Verkehrsmitteln, und er verwendet in der That einen beträchtlichen Teil der Staatseinnahmen für diese Zwecke. Ob diese Einnahmen aber hinreichen werden, um die vielen projektierten Eisenbahnen zu er= bauen, bleibt abzuwarten. Früher oder später wird an die Regierung Siams doch die Not= wendigkeit herantreten, eine auswärtige Anleihe für Eisenbahnzwecke aufzunehmen, und da hoffentlich auch die deutsche Finanzwelt dazu herangezogen werden dürfte, so ist es inter= essant, die siamesischen Finanz= und Verkehrsverhältnisse zu untersuchen.

Eine siamesische Schöne.

Wenige Staaten besitzen ein so geordnetes Finanzwesen wie Siam. Früher flossen die Staatseinnahmen in die Kassen des Königs, der Herrscher war der absolute Gebieter über Wohl und Wehe des Landes wie seiner Einwohner und konnte nach Belieben über die verhältnismäßig sehr beträchtlichen Staatseinfünfte verfügen. Jetzt sind die Kassen des Königs und des Staates streng voneinander getrennt, die Finanz= verwaltung ist eine durchaus ehrliche, und trotz des siamesisch=französischen Krieges ist es bisher gelungen, Einnahmen und Ausgaben im Gleichgewicht zu halten, so daß Siam bis heute noch keinerlei Staatsschuld besitzt. Unter diesen Umständen dürfte es der Regierung nicht schwer fallen, eine Anleihe zu sehr günstigen Bedingungen aufzunehmen.

Die Einnahmen werden jedoch eine ungeahnte Höhe erreichen, sobald mit Hilfe einer derartigen Anleihe Verkehrsmittel ins Leben gerufen werden. Die Eisenbahnfrage ist vielleicht die wichtigste Lebensfrage für Siam. Das Land ist ungemein reich an Naturprodukten der verschiedensten Art, allein es ist bis heute geradezu unmöglich, sie auf die großen Märkte zu bringen. Siam besitzt keine befestigten Straßen, sondern nur primitive Feld= und Waldwege, auf welchen der Waren= und Personentransport in der trockenen Jahreszeit mittels Packtieren und Ochsenkarren möglich ist, die aber während der Regenzeit vollständig unpassierbar sind. Der Verkehr ist also vornehmlich auf die Wasserwege angewiesen; diese sind indessen nur unterhalb Ajuthia das ganze Jahr über befahrbar. Oberhalb dieser einstigen Hauptstadt des Landes fehlt es den Flüssen während sieben bis acht Monaten des Jahres an der erforderlichen Tiefe. Die vielen Kanäle sind größtenteils verschlammt und nur bei hohem Wasserstande des Menamstromes passierbar, so daß der Warenverkehr, hauptsächlich Reis und Teakholz, in jedem Jahre nur während mehrerer Monate möglich ist. Oft müssen die in den großen Wäldern des nördlichen Siam gefällten Teakholzstämme drei bis vier Jahre auf hohe Wasser= stände warten, ehe sie nach dem Menam transportiert werden können, verlieren dabei an Güte oder gehen durch Anfaulen gänzlich zu Grunde, wodurch dem Lande Schäden von Millionen erwachsen.

Aehnlich ist es mit den Transportverhältnissen in der ungeheuren Hochebene von Korat im nordöstlichen Siam. Dort wird vornehmlich Reis in Hülle und Fülle produziert, aber er kann wegen des Mangels an Verkehrswegen nicht zur Ausfuhr ge= langen. Auf den gegenwärtigen Routen kostet die Tonne Reis, auf Tragochsen von Korat nach Bangkok gebracht — eine Strecke von 265 Kilometern —, nicht weniger als 120 Ticals (etwa 140 Mark). Nur wertvollere Waren vertragen derartige Transport= kosten, und so sieht man denn auch auf den Märkten von Bangkok nur Häute, Car= damum, Gambodge, Seidenwaren 2c. aus der Koratebene. Rinder und Pferde, die ein Hauptprodukt der letztern bilden, kommen wohl ebenfalls nach Bangkok, allein da sie von Korat durch Wälder und Dschungel bei elendem Futter fünfzehn bis zwanzig Tage lang nach der Hauptstadt getrieben werden müssen, kommen sie dort gewöhnlich ermattet und abgemagert an. Die Eisenbahn wird sie in zwölf Stunden nach Bangkok bringen, die höheren Transportkosten aber würden durch den bessern Zustand und höhern Wert der Tiere reichlich aufgewogen.

Bisher hat der König in richtigem Erkennen der Zustände in seinem Reiche einer ganzen Reihe von Eisenbahnlinien das Tok=long erteilt, d. h. die betreffenden Konzessionsgesuche sind vom königlichen Tische heruntergefallen. Die Schriftstücke, welche der König genehmigte, wurden nämlich in früherer Zeit von diesem, nachdem er sie unter= fertigt, auf den Boden geworfen, und aus dieser Zeit hat sich das Wort „Tok=long“, d. h. heruntergefallen, für „genehmigt“ erhalten.

Zwei Bahnen sind bereits dem Verkehr übergeben worden, die allerdings nur 20 Kilometer lange Strecke Bangkok=Paknam und die 125 Kilometer lange Strecke Bangkok=Ajuthia=Gengkoi. Die erstere, einer dänischen Gesellschaft angehörend, hat ein

Kapital von 450 000 Ticals (heute etwa 530 000 Mark) erfordert und wirft fünf bis sechs Prozent ab. Der Personenverkehr auf den drei Zügen, welche täglich nach beiden Richtungen gehen, ist sehr lebhaft.

Die zweitgenannte Bahn, ein Teil der schon seit langem projektierten Linie Bangkok-Korat, wurde ganz aus Staatsmitteln hergestellt und am 1. April 1897 vom König selbst in feierlicher Weise eröffnet. Auch auf dieser Bahn überwiegt der Personenverkehr und ist in fortwährendem Steigen begriffen. So betrug die Zahl der Passagiere im April 1897 nur 10 000, im Januar 1898 aber bereits 42 000. Die wichtigste Fracht ist bisher der Reis gewesen; von allen Seiten strömt der Verkehr der neuen Bahn zu, und längs der Linie ist eine ganze Reihe neuer Dörfer entstanden, so daß die Betriebsüberschüsse, welche im ersten Jahre nur ein sechstel Prozent des Anlagekapitals betrugen, für das laufende Jahr auf zweiundeinhalb Prozent veranschlagt werden. Die bisher eröffnete, wie gesagt 125 Kilometer lange Strecke kostete dem Staatssäckel acht Millionen Ticals (oder 64 000 Ticals = etwa 70 000 Mark pro Kilometer).

Die Baukosten wären viel geringer gewesen, wenn die Bahn in ihrem ersten Teile nicht durch das große Ueberschwemmungsgebiet des Menam führen würde und die Erbauung eines 85 Kilometer langen, stellenweise vier bis fünf Meter hohen Dammes erfordert hätte. Dieser Damm ist aus weichem Thonboden aufgeschüttet, der bei den furchtbaren Regengüssen der nassen Jahreszeit dickflüssig wurde und abrutschte. Zeitweilig versanken ganze Dammstrecken in dem weichen, morastigen Untergrunde so plötzlich, daß die Schienen und Schwellen frei in der Luft hingen! Unter so schwierigen Verhältnissen war auch die Fundierung der zahlreichen Brücken von ungewöhnlichen Kosten begleitet. Wäre der Arbeitslohn — etwa 70 Pfennig pro Tag — nicht so gering, die Baukosten hätten möglicherweise das doppelte betragen.

Der Betrieb der Bahn steht unter deutscher Leitung, wie denn auch das ganze Eisenbahnwesen einem Deutschen, dem königl. preuß. Baurat K. Bethge, Generaldirektor im Ministerium der öffentlichen Arbeiten, untergeordnet ist. Auch in den Werkstätten sind zur Hälfte deutsche Beamte angestellt, während das Betriebspersonal zum größten Teil aus der englischen Sprache mächtigen Siamesen besteht.

Die Bangkok-Gengkoi-Eisenbahn ist, wie erwähnt, nur die erste Hälfte der Bangkok-Koratbahn, welche voraussichtlich bis zu Beginn des Jahres 119 siamesischer Zeitrechnung fertiggestellt sein dürfte. (Die Siamesen rechnen die Jahre von der Gründung Bangkoks und Einsetzung der gegenwärtigen Königsdynastie im Jahre 1781 christlicher Zeitrechnung.) Ursprünglich hatte man gehofft, die Bahn schon 1896 dem Verkehr übergeben zu können, allein dem Bau stellten sich fast unüberwindliche Schwierigkeiten entgegen. Einige Kilometer jenseits Gengkoi beginnt dichter Urwald und Dschungel, der auf eine Strecke von 60 Kilometern durchbrochen werden mußte. Die neue Linie eröffnet die bisher gänzlich unzugänglichen Thäler von Hinlap, Mnoklek und Pakdschong, überschreitet dann in einer Höhe von 680 Metern über dem Meere die Wasserscheide zwischen den großen Hauptströmen Siams, dem Menam und Mekong, und fällt dann allmählich nach der Hochebene von Korat. In der Gebirgsstrecke kommen Steigungen von 22 : 1000, Einschnitte bis zu 22 Meter Tiefe und Dämme bis 20 Meter Höhe vor, und da das zu durchschneidende Gebirge aus ungemein hartem Muschelkalk besteht, so kann nur mit Dynamit gearbeitet werden. Die größten Schwierigkeiten aber bereitet dem Bahnbau in diesen Gebieten Siams das Klima — Fieber und Dysenterie raffen die größtenteils aus Chinesen und Laoten bestehenden Arbeiter zu Hunderten dahin, und auch etwa 40 Europäer sind dem mörderischen Klima zum Opfer gefallen. Dazu sind die Monate vom November bis Mai vollständig regenlos, Brunnen und Wasser= löcher vertrocknen, und das für die großen Arbeitskolonnen erforderliche Wasser muß dann mittels Tragochsen oder auf Karren aus weiten Entfernungen täglich herbei= geschafft werden. Ursprünglich — im Jahre 1891 — hat sich neben einer englischen auch eine deutsche Gesellschaft um den Bau der Korat=Eisenbahn beworben. Das deutsche Angebot war jedoch um 1 200 000 Ticals (damals etwa 2 1/2 Millionen Mark) höher als das englische, und der Bau wurde demnach der englischen Gesellschaft zugeschlagen, was natürlich zur Folge hatte, daß nahezu das ganze Eisenbahnmaterial von England geliefert wurde. Die englische Gesellschaft begann den Bau der Bahn, aber die Schwierigkeiten, die sich entgegenstellten, waren derart, daß die siamesische Regie= rung im August 1896 den Vertrag mit den Engländern löste und die Fort= führung der Bahn auf Staatskosten selbst übernahm. Dank der Energie und Umsicht des gegenwärtigen Generaldirektors, Baurat Bethge, schreitet der Bau rasch vorwärts. Selbstverständlich wird auch die deutsche Industrie in Zukunft aus dem Bahnbau mehr Nutzen ziehen. Schon im März dieses Jahres wurden von Deutschland zwei Lokomotiven sowie beträchtliche Mengen von Schienen und Schwellen nach Siam geliefert.

Neben der Korat=Eisenbahn wird augenblicklich auch an der 55 Kilometer langen Strecke von Ajuthia nordwärts nach Lopbury gebaut. Diese Linie ist das erste Glied der großen Menamthalbahn, die in einer Gesamtlänge von 640 Kilometern von Ajuthia nach der Hauptstadt des nördlichen Siam, Tschingmai, führen wird. Der König ist willens, diese wichtigste Arterie seines Landes aus Staatsmitteln mit thunlichster Be= schleunigung herstellen zu lassen, aber es dürfte immerhin zehn bis fünfzehn Jahre erfordern, ehe sie zur Eröffnung kommt.

Ebenso wie die Bahn Bangkok=Ajuthia=Lopbury soll auch die Bahn Bangkok= Ajuthia=Korat in nördlicher Richtung verlängert werden, mit dem Zwecke, Bangkok mit der Stadt Nongkai am Oberlaufe des Mekongflusses zu verbinden. Das siame=ïsche Eisenbahnamt hat die 360 Kilometer lange Strecke Korat=Nongkai bereits studiert, und nach den Voranschlägen soll der Kilometer Eisenbahn dort auf durchschnittlich 55 000 Ticals zu stehen kommen, was eine Gesamtsumme von etwa 25 Millionen Mark erfordern würde.

Im kommenden Winter wird noch mit dem Bau einer dritten Bahnlinie, nämlich jener von Bangkok nach Petschabury im Südwesten von Siam, ebenfalls auf Staats= kosten, begonnen werden. Diese 175 Kilometer lange Strecke dürfte im ganzen nicht mehr als acht bis zehn Millionen Mark erfordern.

Alte und neue Transportmittel in Siam.

Neben den genannten Linien sollen demnächst noch Konzessionen an Private vergeben werden. Es handelt sich dabei zunächst um eine Bahn von Bangkok über Petriu nach der östlich von der Hauptstadt gelegenen wichtigen Handelsstadt Battambang, dann um eine Linie von Bangkok in südlicher Richtung nach dem gegenüber der Insel Kohsitschang gelegenen Hafen Auhin, und eine dritte Linie quer durch die Halbinsel Malakka von dem Hafen Quebbah (oder Kedah) nach dem am Golf von Siam gelegenen siamesischen Hafen Singora. Die letztgenannte Linie wurde bereits im Jahre 1893 von englischen Unternehmern begonnen, allein bald darauf wurden die Arbeiten wieder eingestellt. Der Hafen Quebbah, zu dem gleichnamigen unter siamesischer Oberhoheit stehenden Sultanat gehörig, hat vortreffliche Zufahrten und einen regen Handelsverkehr, vornehmlich mit Penang, von wo täglich Küstendampfer dahin abgehen. Der umliegende Teil der Halbinsel Malakka ist sehr reich an Naturprodukten. Quebbah würde sich im Falle der Errichtung einer Etappenlinie nach Ostasien für einen Kohlenhafen vortrefflich eignen.

Im ganzen genommen dürfte es sich bei den im Bau begriffenen oder demnächst zur Ausführung gelangenden staatlichen Linien um eine Summe von 80 bis 100 Millionen Mark handeln. Sollte Siam dieses Kapital im Auslande aufzunehmen gedenken, so wäre es zu wünschen, daß die Anleihe in deutsche Hände fiele, weil eine derartige Kapitalanlage bei den gesunden Finanzverhältnissen Siams eine sichere wäre, und weil damit auch die deutsche Industrie durch Lieferung von Eisenbahnmaterial Gewinn ziehen würde.

Siamesische Zollmarke.

Der Kronprinz von Siam.

# Vergangenheit und
# Zukunft von Siam.

Wie es in fast allen außereuropäischen Reichen bisher der Fall gewesen ist, so hat auch Siam seine Selbständigkeit und Unabhängigkeit erst dauernd bedroht gesehen, seit es den Europäern Einlaß in das Land gewährt hat. Gegen seine Nachbarreiche hat es sich im Laufe der Jahrhunderte wohl verteidigen können, denn es kämpfte mit gleichen Waffen und gegen die gleiche Kultur, ja es ist in den meisten Fällen aus seinen Kriegen als Sieger hervorgegangen. Aber ein anderes ist es, gegen Europäer zu kämpfen, vor allem gegen Engländer und Franzosen.

Daß besonders Frankreich seit Jahrzehnten danach trachtet, Siam unter den Daumen zu bekommen, unterliegt gar keinem Zweifel, denn es wurde häufig genug offen bekannt. Ja diese Versuche reichen in Wirklichkeit viel weiter zurück, als bisher angenommen worden ist. Nicht die Expansionspolitik Napoleons III. gab dazu den Anstoß, sondern schon unter Ludwig XIV. wurde der Versuch gemacht, in Hinterindien den Grund zu einem Kolonialreich zu legen, wie es England in Vorderindien mit so viel Erfolg zuwege gebracht hat. Damals war am Hofe des mächtigen Königs von Siam, Narai, ein griechischer Seefahrer und Kaufmann, Konstantin Phaulcon, zu großem Einfluß gelangt. Er leitete die Geschicke des Landes, und vielleicht mit der Absicht, Siam in die Hände Frankreichs oder den auswärtigen Handel, der bisher in den Händen der Araber und Holländer lag, in jene Frankreichs zu spielen, veranlaßte er den König, mehrere Gesandtschaften nach Frankreich, sowie an den Papst Innocenz XI. zu senden. Ludwig XIV. ging mit Freuden auf die geheimen Pläne Phaulcons ein und ließ den französischen Gesandten auf seiner Reise nach Siam von einem Geschwader von fünf Kriegsschiffen und einem starken Korps französischer Truppen begleiten, „zum Schutz des

Königs und der Regierung", wie es hieß. Glücklicherweise erkannten siamesische Patrioten die ihnen von den Farangs (Franzosen) drohende Gefahr besser als ihr König. Dieser starb plötzlich eines unbekannten Todes, sein Günstling Phaulcon wurde 1688 hingerichtet, und die Franzosen wurden schmählich aus dem Lande vertrieben. Damit war Siam für die folgenden zweihundert Jahre von der Fremdherrschaft befreit, und die Franzosen, aus Siam verjagt, versuchten nun unter Ludwig XVI. sich in Kotschinchina und Anam festzusetzen. Wegen der Ereignisse in Europa konnten sie ihre Eroberungen in Hinterindien nicht fortsetzen, und der asiatische Kolonialtraum ruhte bis zu Napoleon III. Am 1. September 1858 wurde ohne besondere Veranlassung von der französischen Flotte Turane in Anam genommen, am 17. Februar 1859 Saigon; am 5. Juni 1862 zwang Frankreich den schwachen König von Anam, ihm drei Provinzen und die Insel Pulo Kondor abzutreten; im Juni 1867 wurde der Rest von Kotschinchina annektiert; unter nichtigen Vorwänden wurde am 11. August 1863 der König von Kambodscha gezwungen, das französische Protektorat anzuerkennen; im Oktober 1873 drangen französische Kriegsschiffe unter Garnier in den Roten Fluß von Tonking ein, und während des folgenden Jahrzehntes verübten die französischen Truppen unter Garnier und seinem Nachfolger Rivière Grausamkeiten, welche für immer ein Schandfleck der europäischen Kolonisationsbestrebungen oder richtiger ausgedrückt, des französischen Länderraubes in Hinterindien bleiben werden. Die schrecklichen Greuelthaten der „grande nation" kosteten derselben freilich hunderttausend Soldaten und eine Milliarde Francs, aber Tonking war nun französisch. Der oberste Herrscher aller bisher unterworfenen Länder war der König von Anam. Durch die französischen Kanonen, welche Hué bombardierten, wurde auch er zur Unterwerfung und Anerkennung des französischen Protektorates gezwungen, und damit waren die Franzosen Herren des ganzen Ostens von Hinterindien.

Warum? Wozu diese ungeheuren Anstrengungen und gewissenlosen Kriegszüge? Doch nicht wegen des Handels von Anam und Tonking. Derselbe ist ja kaum größer als jener mit dem kleinen französischen Inselchen in Westindien. Das Geheimnis der französischen Unternehmungen sowohl wie der englischen in Hinterindien ist nicht Anam, Birma oder Siam, sondern einfach China, diese reichste und größte Beute, welche für die Europäer überhaupt noch zu holen ist und gegen welche selbst Indien in den Hintergrund gerückt wird. Der Südwesten Chinas besteht aus den großen Provinzen Yünnan, Szetschuen und Kweitschau, die hauptsächlich nur auf dem ungeheuren Umwege über Shanghai und durch den Jangtsekiang zu erreichen sind. Um den Handel dieses reichen, gewinnversprechenden Gebietes in die Hände zu bekommen, gehen die Engländer und Franzosen so rücksichtslos in Hinterindien vorwärts, denn durch Hinterindien führen die nächsten Wege nach Südchina. In den Hochgebirgen Südchinas liegen nahe bei einander die Quellen dreier großen Ströme: des Jangtsekiang, des Mekong und des Salwen. Der erstgenannte fließt bekanntlich nach Osten in das Gelbe Meer, ist also für die Schiffahrt vom Westen her viel schwerer zu erreichen als die beiden letzten, nach Süden fließenden: der Salwen durch Birma, der Mekong durch Siam. Den Salwen in die Hände zu bekommen, war einer der Hauptzwecke der

Engländer, als sie Birma eroberten und seinen König verjagten. Den Mekong in Besitz zu nehmen, war der Zweck der Franzosen, als sie Kotschinchina und Kambodscha eroberten und dem König von Anam ihr verhaßtes Protektorat aufzwangen; denn durch die beiden Ströme Salwen und Mekong suchten England und Frankreich eine Schiffahrtsverbindung mit Südchina. Das Um und Auf der Politik in Hinterindien ist nicht viel mehr als ein Wettrennen zwischen Franzosen und Engländern um den Handel mit Südchina.

England hat insofern einen Vorsprung vor Frankreich, als seine birmanischen Provinzen an China grenzen und mit Birma gleichzeitig auch bestimmte Rechte auf einzelne zwischen Siam und China gelegene Staaten erworben wurden. Frankreich wagte sich nicht gleich an den siamesischen Mekongfluß, um die Verbindung mit Südchina zu erzielen, sondern begann zuerst mit Tonking, dessen Roter Fluß ebenfalls in Südchina entspringt. Allein als Tonking erobert war, fand man, daß der Rote Fluß in seinem Oberlauf unschiffbar ist und somit keine Verbindung mit dem gesegneten Hunan bildet. Deshalb kam der Mekong an die Reihe; die Uferländer desselben wurden erobert, d. h. den angestammten Fürsten einfach mit den Waffen in der Faust abgenommen. Allein bald fand man, daß auch der Mekong in seinem Oberlaufe Stromschnellen und Wasserfälle besitzt, welche eine Verbindung Saigons mit Südchina auf diesem Strom unmöglich machen, und auch an eine Ablenkung des Handels von Siam und der Schanstaaten nach dem Mekong nicht zu denken sei. Nur der Menamstrom bildet die natürliche und beste Verkehrsader nach diesen Gebieten sowie auch zum oberen Mekong und damit auch nach Südchina, der Menam aber ist der Hauptstrom von Siam, die Hauptstadt dieses Reiches, Bangkok, ist an seinen Ufern gelegen. Damit war die Politik Frankreichs klar vorgezeichnet, und die wissenschaftlichen Forscher Frankreichs in jenen Gebieten, die Kolonialbeamten und Diplomaten Frankreichs, entblödeten sich nicht, offen die Besitzergreifung von Siam zu predigen. Bangkok muß an der Stelle von Saigon der Haupthafen von Französisch-Hinterindien werden, Siam muß gerade so wie Kambodscha, Kotschinchina, Anam und Tonking französische Kolonie oder französisches Protektorat werden, nicht nur weil sein Hauptstrom die Verbindung mit den Schanstaaten und durch diese mit Südchina bilden, sondern weil Siam selbst ein reiches, fruchtbares und somit begehrenswertes Land ist. Selbst der spätere Generalgouverneur von Indochina, Lanessan, sagt in seinem Buche „L'Expansion coloniale de la France,“ das 1866 erschien, folgendes: „Die Wasserscheide zwischen dem Stromgebiet des Mekong und dem Menam“ (obschon beide Ströme auf siamesischem Boden liegen) „muß von Frankreich als die natürliche Grenze seines indochinesischen Reiches gegen Siam angesehen werden. Nachdem wir die (siamesischen) Provinzen des großen Sees von Kambodscha und die Flußgebiete des Mekong und des (siamesischen) Semunflusses genommen haben, sollten wir die Unabhängigkeit Siams respektieren, und wenn notwendig schützen“, und dieser Mann, welcher das Protektorat über Siam der französischen Regierung empfahl, wurde im Mai 1891 Generalgouverneur von Französisch-Indien! Kein Wunder, daß die Staatsmänner von Siam nun vor dem Kommenden zitterten.

Die so gepredigten Schritte gegen Siam ließen auch nicht lange auf sich warten. Gewissen, Ehrlichkeit und Rechtlichkeit gegenüber den asiatischen Reichen hat es ja in Frankreich ebensowenig wie in England kaum jemals gegeben. Schon im November 1891 erklärte Ribot in der französischen Kammer, „daß alle Länder, welche östlich des Mekong liegen, von der chinesischen Grenze angefangen bis zur See, als zu Frankreich gehörig betrachtet werden müssen." Freilich waren auf allen französischen und anderen Karten diese, viele Tausende Quadratkilometer umfassenden Gebiete seit 1836 als zu Siam gehörig angegeben, die Behörden, das Militär, die Grenzbesatzung waren siamesisch und ein Zweifel ebenso ausgeschlossen wie etwa darüber, daß die Uhr, die Herr Lanessan in seiner Westentasche trug, auch wirklich ihm gehörte. Aber dem Straßenräuber, der im Bewußtsein seiner Stärke diese Uhr holen will, gelten alle Proteste des wirklichen Besitzers nicht viel. Er nimmt sie einfach. Nicht viel besser ging es auch mit den siamesischen Provinzen östlich des Mekong. Unter den nichtigsten Vorwänden wurden zwischen 1889 und 1893 französische Militärexpeditionen durch das ganze Stromgebiet des Mekong geschickt und jeder Widerstand der siamesischen Behörden in diesen Distrikten gegen diese unerhörten Gebietsverletzungen durch französisches Militär nur als Anlaß für weitere Expeditionen benutzt. Freilich protestierte das englische Kabinett wiederholt, allein was machen sich die Franzosen aus derartigen Papierwischen! Lord Rosebery's zahmen Depeschen, des englischen Botschafters Lord Dufferins zahmen Protesten gegenüber blieb doch alles beim alten; Siam, zu schwach, um den Franzosen mit den Waffen in der Hand zu begegnen und sie aus ihren Gebieten zu vertreiben, schlug ein Schiedsgericht vor. Dies wäre selbstverständlich zu Ungunsten der Franzosen ausgefallen, und so wurde es von diesen abgelehnt, gleichzeitig aber Siam erklärt, daß es die Folgen seines Widerstandes tragen müsse.

Siam blieben nun zwei Wege offen: entweder die Wegnahme der Gebiete östlich des Mekong unter Protest zuzugeben oder den Franzosen um jeden Preis Widerstand zu leisten. Siam entschied sich für das letztere, wie aus der Depesche vom 12. April 1893 hervorgeht, die das siamesische Ministerium des Aeußern an die Gesandtschaft in London richtete. Die Schlußworte desselben lauteten: „Die siamesische Regierung ist entschlossen, bis zum äußersten Widerstand zu leisten." Leider wurde diese Politik nicht von den siamesischen Truppen am Mekongfluß befolgt, sie zogen sich vor den französischen Truppen zurück, und bald war der ganze Mekong in den Händen der letzteren.

Damit war von den Franzosen das erreicht, was sie vorläufig beansprucht hatten, und die Streitigkeiten mit Siam hätten aufhören müssen; aber trotz der offiziellen Erklärung Frankreichs, daß das siamesische Gebiet westlich des Mekong respektiert werden müsse, trotz der Noten dieses Inhalts an die englische Regierung wurden mit den siamesischen Behörden westlich des Mekong Streitigkeiten bei den Haaren herbeigezogen, es fanden fortwährend Kämpfe mit den Franzosen statt, und Siam, einen Handstreich gegen die eigene Hauptstadt fürchtend, begann ernstlich zu rüsten, soweit dies bei den geringen zur Verfügung stehenden Streitkräften überhaupt möglich war. Der vortreffliche Reorganisator der siamesischen Marine, Admiral de Richelieu, brachte seine Schiffe in Ordnung, an der Mündung des Menamflusses wurden Forts angelegt und die schon

Partie der königlichen Tempelstadt in Bangkok.

vorhandenen verstärkt, alle verfügbaren Mannschaften wurden zum Dienst in die Land=
armee einberufen. Der kriegerische Geist der Siamesen wuchs während des Frühjahrs
1893 von Stunde zu Stunde, und obschon die englische Regierung, das rücksichtslose
Vorgehen der Franzosen wohl kennend, am 5. Juni ihren Gesandten in Bangkok anwies,
den Siamesen die möglichste Zurückhaltung anzuempfehlen, kamen im Norden des Landes
doch Kämpfe vor, welche zum Teil siegreich für die Siamesen ausfielen. All das war
den Franzosen hochwillkommen, denn es bot die Veranlassung, ihre in Hongkong ankernde
Kriegsflotte nach Saigon zu berufen, und am 10. Juli kündete der französische Gesandte
dem siamesischen Minister des Auswärtigen Prinz Dewavongse an, daß zwei französische
Kriegsschiffe an der Mündung des Menam eingetroffen wären. Der französische Admiral,
Humann, hatte sie nach Bangkok beordert, und der Gesandte bat demnach die siamesische
Regierung, den bestehenden Verträgen zufolge um Beistellung von Piloten zur Einfahrt
in den Fluß. Diese wurden ihm unter allerhand Vorwänden begreiflicherweise verweigert,
und die Forts an der Mündung des Menam, sowie die siamesischen Kriegsschiffe erhielten
den Befehl, das Feuer sofort zu eröffnen, falls die Franzosen die Einfahrt erzwingen
wollten. Am 13. Juli erschienen sie thatsächlich bei Paknam in der Flußmündung, die
Kanonade der Siamesen beschädigte sie wohl, konnte sie aber nicht aufhalten, und am
Abend desselben Tages ankerten sie vor der französischen Gesandtschaft in Bangkok.

Nun erschien den Siamesen jeder weitere Widerstand um so vergeblicher, als
weder die vorhandenen Truppen schlagfertig, noch die königliche Palaststadt verteidigungs=
fähig war und ein Bombardement sie in wenigen Stunden hätte vernichten können.
So begannen denn die Friedensunterhandlungen, Frankreich hatte sein vorläufiges Ziel
erreicht, und in seinem am 20. Juli von Paris eingetroffenen Ultimatum verlangte es
neben verschiedenen Entschädigungen im Betrage von fünf Millionen Francs die unbedingte
Abtretung aller siamesischen Gebiete östlich des Mekong. Siam verweigerte die Annahme,
was die Franzosen noch zu einer weiteren Verschärfung der Bedingungen veranlaßte,
denn am 29. Juli verlangten sie auch noch als Garantie: 1) die französische Besetzung
von Tschantabuhn im Golf von Siam, 2) das Zurückziehen der siamesischen Truppen
am westlichen Ufer des Mekong auf einem Landstreifen von 25 Kilometer Breite und
von den Ufern des großen Sees von Kambodscha. England, dessen Vermittlung tele=
graphisch angerufen wurde, wusch sich die Hände in Unschuld, und Siam blieb nichts
übrig, als das Ultimatum bedingungslos anzunehmen.

Wie im Osten und Süden gingen die Franzosen auch im Norden rücksichtslos
vor, obschon sie dort die Interessensphäre der Engländer in der empfindlichsten Weise
verletzten. Salisbury und Lord Dufferin erließen Protest über Protest, der französische
Minister des Aeußeren, Develle, und der französische Botschafter in London, Waddington,
gaben Versprechen über Versprechen, aber in Wirklichkeit schalteten die Franzosen im
Norden Siams doch, wie sie wollten, nahmen den Siamesen den tributpflichtigen Staat
Luang Prabang, und als die Engländer endlich zur Sicherung ihres Gebiets die Schaffung
eines Pufferstaates gegen das französische Gebiet vorschlugen, hatten die Franzosen die
Kühnheit, als Pufferstaat englisches Gebiet in Anregung zu bringen. Die „Wasch mir

den Pelz und mach mich nicht naß"-Politik der Engländer gestattete keine energische Zurückweisung dieses unverschämten Ansinnens, sie ließen einfach das Projekt des Pufferstaates fallen.

Vorläufig hatte Siam seine Unabhängigkeit mit gewaltigen Opfern nur dadurch gerettet, daß es bedingungslos das Ultimatum der Franzosen annahm, zum großen Aerger der letzteren, denn hätte Siam noch weiteren Widerstand geleistet, so wäre wohl als Garantie für Unterwerfung Siams die militärische Besetzung von Bangkok verlangt worden. England aber spielte sich seither gegenüber Siam als Retter seiner Unabhängigkeit auf, weil es in den Tagen, als die französischen Kriegsschiffe in Bangkok lagen, den Siamesen die Annahme der französischen Bedingungen empfohlen hatte.

Wohl kam noch im Mai 1896 der Vertrag zu stande, demzufolge Frankreich und England sich verpflichteten, die Unabhängigkeit und Neutralität Siams aufrecht zu erhalten, allein trotz aller Versprechen und Erklärungen Frankreichs, trotz der gewissenhaften Erfüllung aller Verpflichtungen von seiten Siams, halten die Franzosen noch immer ganze Provinzen Siams militärisch besetzt, und was Mac Mahon einstmals auf dem Malakoffturm sagte: „**J'y suis, j'y reste**", das scheinen sich die Franzosen auch heute in Siam zu sagen, ohne daß vorderhand Aussicht vorhanden wäre, sie aus dem Reiche des weißen Elefanten zu vertreiben.

Im Gegenteil: Das eingangs erwähnte Programm Lanessans dürfte früher oder später doch in irgend einer Weise zur Ausführung kommen, denn die kolonialen Heißsporne Frankreichs verlangen immer dringender das Protektorat über das ganze siamesische Reich, denn sogar Leroy-Beaulieu sagt in seinem letzten Werke: „Unsere Aktion soll das ganze Laosgebiet, ja selbst das ganze Königreich Siam umfassen." . . . „Wir sollten unser Protektorat über Siam ausdehnen." Dementsprechend werden auch in Siam die französischen Minierarbeiten unaufhörlich betrieben; Tausende von Laoten, Kambodschanern und Siamesen werden in der französischen Gesandtschaft in Bangkok als französische Unterthanen eingetragen, und jeder, der dazu irgendwie veranlaßt werden kann, wird dort mit offenen Armen als Franzose aufgenommen. Je mehr derartige „Franzosen" in Bangkok vorhanden sind, desto leichter wird es gegebenen Falls werden, einen neuen **casus belli** zu finden, mit einem Worte, langsam und sicher wird allen Verträgen zum Trotz der Streich gegen die Unabhängigkeit Siams vorbereitet.

Unter solchen Verhältnissen hat der König von Siam seine Reise nach Europa unternommen. Er hat bei allen Höfen, das ist wohl anzunehmen, diese Schwierigkeiten auseinandergesetzt und vielleicht in Vorschlag gebracht, daß auch die anderen Großmächte in irgend einer Weise den zwischen England und Frankreich abgeschlossenen Vertrag zur Unabhängigkeit und Neutralität Siams mit besiegeln. Ein solcher Schritt wäre nicht nur im Interesse Siams, sondern auch im Interesse des europäischen, speziell des deutschen Handels mit Siam freudig zu begrüßen. Die hinterindische Politik wird nicht in Bangkok und Saigon, sondern in Europa gemacht, und wenn etwas Frankreich auf seinem gierigen Beutezug gegen Schwache aufzuhalten im stande wäre, so sind es nicht die Protestnoten Englands, sondern die Vorstellungen der kontinentalen Großmächte.

Wie in ganz Ostasien, so ist auch in Siam neben Frankreich und England in den letzten zwei Jahrzehnten ein dritter mächtiger Faktor aufgetreten, das Deutsche Reich, das dort verhältnismäßig wichtige Handelsinteressen besitzt, wichtiger, als es jene von Frankreich sind. Deutschland hat dort einen immerhin ansehnlichen Handel und Schiff= fahrtsverkehr, gegen welchen jener Frankreichs als verschwindend bezeichnet werden kann. Deutschland hat somit alle Ursache, ein kräftiges Wort mitzusprechen, und dazu auch die Macht, dieses Wort nötigen Falls zu unterstützen. Die Unabhängigkeit Siams liegt im Interesse des Deutschen Reichs, und wenn dieses Interesse an maßgebender Stelle richtig erkannt worden ist, so wird Siam keinen besseren Freund in Europa haben als Deutschland. Siam kann sich aus eigenen Kräften gegen die Fangarme des gallischen Oktopus nicht schützen. Sein Volk ist kein Kriegsvolk, und alle Versuche, in Siam eine so tüchtige eingeborene Armee und Kriegsflotte zu schaffen, daß sie Frankreich mit Erfolg widerstehen könnten, würden vergeblich sein. Siam möge seine reichen Ein= künfte nicht so sehr der Entwickelung von Armee und Flotte, als der Hebung seiner Industrie, der Entwickelung seiner ungemein reichen Naturprodukte, der Schaffung neuer Verkehrsmittel und der Fortbildung seines Volkes widmen, nach dem Muster von Japan, sein zukünftiges Schicksal aber wird es am besten den in Ostasien interessierten Mächten überlassen. England allein wird dieses letzte unabhängige Reich Hinterindiens niemals gegen französische Uebergriffe zu sichern im stande sein, wohl aber im Verein mit den kontinentalen Großmächten. Jedenfalls ist es zu wünschen, daß Siam sich in ähnlicher Weise wie Japan unter der Regierung seines weisen Königs selbständig weiter entwickelt und einer ähnlich hohen Zivilisation entgegengeführt wird.

# Nachträge und Berichtigungen.

———→⊷←———

Seite  4, Zeile 27 von oben: Bei Paknam befinden sich nur einfache Bungalows (Sommerhäuser).

=  5,  =  5  =  =  Der Einfuhrzoll wird in Bangkok erhoben. In Paknam kommen nur Zollwächter an Bord.

=  5,  =  9  =  unten: Statt drei Meter lies „acht Meter".

= 11,  = 24  =  oben: Statt Balken lies „Pontons".

= 16,  =  1  =  =  Statt Name lies „Name und Würden".

= 20,  = 29  =  =  Statt Pferdebahnen lies „elektrische Bahnen".

= 23,  =  7  =  =  Statt rote Flagge lies „Königsstandarte". Dieselbe wird jeden Abend bei Sonnenuntergang unter den Klängen der Nationalhymne heruntergeholt.

= 36,  = 26  =  =  Das Wort „gegenwärtige" ist fortzulassen. Königin Wabdhana hat sich ganz zurückgezogen, und die zweite Königin ist zur ersten vorgerückt.

= 36,  = 37  =  =  Statt Sawang Wabdhana lies „die erste Königin namens Sana patpongse".

= 39,  = 22  =  =  Unter König Mongkut hat es eine bewaffnete Frauengarde gegeben.

= 42,  = 19  =  =  Die schwarzen Zähne der Siamesen können durch Putzen wieder in einigen Tagen weiß werden; die Zähne des Königs waren auf seiner Europareise weiß, wurden aber bald nach seiner Rückkehr durch das Wiederaufnehmen des Betelkauens wieder schwarz. Das Betelgefäß ist in Siam ein Abzeichen der Würde; so wird bei offiziellen Aufzügen jedem Phya ein goldenes, jedem Phra ein silbernes Betelgefäß nachgetragen.

= 47,  =  1  =  unten: Der gegenwärtige, stark verminderte Wert des Ticals ist etwa 1 Mark 16 Pfennig.

= 57,  =  9  =  oben: Nach Stirne einzufügen: „trinken davon".

Seite 57, Zeile 12 von oben: Nach Europäer einzufügen: „der nicht im siamesischen Staatsdienst steht".

= 58, = 10 = = Der gegenwärtige Ministerresident ist Freiherr Dr. von Selbeneck.

= 60, = 1 = = Statt wirkliche lies „successionsfähige". Alle Kinder des Königs sind „Königliche Hoheiten".

= 60, = 4 = = Die Worte: „den Titel Mun Luang; die männlichen Nachkommen der Mun Luang" sind ganz fortzulassen.

= 60, = 6 = = Statt Khun lies „Mun Luang".

= 60, = 16 = = Statt Khun lies „Phra". Herrn Müller wurde jüngst dieser letztere, höhere Titel verliehen.

= 60, = 19 = = Statt Luang lies „Phra".

= 60, = 37 = = Statt Krom lies „Tschau".

= 60, = 38 = = Statt Krom Khun lies „Phra ong Tschau, d. h. erhabenes Kind des Königs".

= 61, = 37 = = Die einzige wirkliche Adelsfamilie in Siam ist jene der Suriwongse, Nachkommen einer früheren siamesischen Königsdynastie.

= 65, = 4 = = Statt Turnverein lies „Gymnastic Club".

= 65, = 9 = = Die Eisenbahnen stehen unter deutscher Leitung.

= 68, = 14 = = Statt bis auf die letzte Zeit lies „bis vor etwa einem Jahrzehnt".

= 69, = 26 = = Hinter die Amtsstunden einzuschalten „im Auswärtigen Amt". (In den anderen Ministerien dauern die Amtsstunden von 10 Uhr morgens bis 4 Uhr nachmittags.)

= 71, = 8 = = Nach Befehle einzuschalten „wenn nötig".

= 71, = 12 = = Diese Verhältnisse sind seit einigen Jahren abgestellt worden.

= 71, = 39 = = Prinz Swasti hat sich ins Privatleben zurückgezogen.

= 73, = 4 = = Statt Schwester lies „Halbschwester".

= 74, = 30 = = Hinter noch einzuschalten „befestigte".

= 74, = 33 = = Hinter 1897 einzuschalten „bis Gengkoi".

= 76, Schlußsatz: Die deutsche Industrie ist inzwischen an dem Eisenbahnbau beteiligt worden.

= 114, Zeile 5 = = Statt Lederball lies „Ball aus Rattangeflecht".

= 115, = 1 = = Die Staatskassen sind von jenen des Königs streng getrennt worden.

= 127, = 12 = = Statt Prinzen lies „Würdenträger".

= 127, = 22 = = Statt vier lies „2,30".

= 128, = 1 = unten: Statt prinzlichen lies „hohen".

Seite 130, Zeile　9 von oben: Statt Prinz lies „Herr".
　＝　177,　＝　17　＝　＝　Statt oder Teakholzstämmen lies „oder auf Pontons".
　＝　182,　＝　12　＝　＝　Statt drei bis vier lies „sieben bis acht".
　＝　199,　＝　25　＝　＝　Die Glücks= und Unglückstage werden in jedem Jahre
　　　　　　　　　　　　von den offiziellen Astrologen festgesetzt und von den
　　　　　　　　　　　　Regierungsbehörden allgemein bekannt gegeben, damit
　　　　　　　　　　　　man sich bei allen Unternehmungen danach richten
　　　　　　　　　　　　kann, ja der König ist der erste, der darauf hält. So
　　　　　　　　　　　　z. B. sind für das Jahr 1898 als Glückstage fest=
　　　　　　　　　　　　gesetzt: Dienstag und Donnerstag jeder Woche, als
　　　　　　　　　　　　Unglückstage Montag und Samstag.

Druck von J. J. Weber in Leipzig.

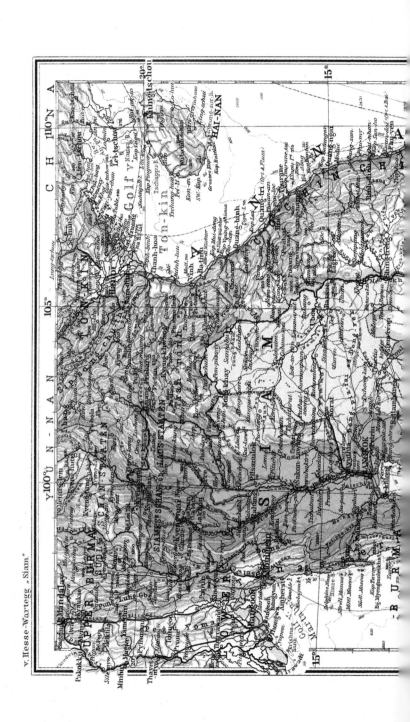

v. Hesse-Wartegg „Siam."

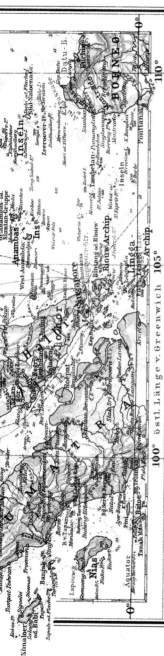

Aus E.Debes Neuem Handatlas. Erklärung: Fertige, — conzessionierte Eisenbahnen; ........ Telegraphenlinien; _____ Handelsrouten; _ _ _ _ Grenze des von England u. Frankreich garantierten siamesischen Gebiets; _____ Wirkliche siamesische Reichsgrenze. G=Gold, Z=Zinn, K=Kohle. —— Regelmäßige, ——— unregelmäßige Dampferverbindungen. Hafenplätze unterstrichen.

Maßstab 1:10.000.000

50   100   200   300   400   500 Kilometer

100° östl. Länge v. Greenwich 105°

Verlag von J. J. Weber in Leipzig.

# Im Pharaonenlande

Ein Lesebuch für Aegyptenreisende und Aegyptenfreunde von Conrad Beyer.

**Mit 25 Abbildungen und einer Karte von Aegypten. Preis 5 Mark, in Leinwand gebunden 6 Mark.**

## Inhaltsverzeichnis:

# Norddeutscher Lloyd, Bremen.

## Dampfschiffahrts=Gesellschaft.

Regelmäßige Schnell- und Postdampfer-Verbindungen zwischen

## Bremen und Ostasien.

Reichspostdampferlinie, alle 4 Wochen, Mittwochs, über Antwerpen, Southampton, Genua, Neapel, Port-Said, Suez, Aden, Colombo, Singapore, Hongkong nach Shanghai.

Anschlußlinien: **Hongkong — Yokohama,** alle 4 Wochen;

**Singapore — Neu-Guinea,** alle 8 Wochen.

Ferner Zweiglinie: **Singapore — Deli.**

## Bremen — Australien.

Reichspostdampferlinie, alle 4 Wochen. Anlaufhäfen bis Colombo wie auf der Ostasiatischen Linie, von Colombo weiter nach Freemantle, Adelaide, Melbourne u. Sydney.

Schnelldampferlinien:

## Bremen — Newyork.

Dampfer Kaiser Wilhelm der Große, Dampfer Kaiser Friedrich. Ozeanfahrt 5 bis 6 Tage. Dampfer Havel, Spree, Lahn, Saale, Aller und Trave 2 mal wöchentlich.

Ferner Dampfer der Barbarossaklasse von je 10000 Tonnen.

## Genua — Newyork.

Schnelldampferlinie. Dampfer Kaiser Wilhem II., Ems, Werra, Fulda.

**Bremen — Baltimore**
**Bremen — Galveston**

**Bremen — La Plata**
**Bremen — Brasilien.**

Verlag von J. J. Weber in Leipzig.

# Schantung und Deutsch-China

Von Kiautschou ins Heilige Land von China und vom Jangtsekiang nach Peking im Jahre 1898 von Ernst von Hesse-Wartegg.

Mit 145 in den Text gedruckten und 27 Tafeln Abbildungen nach Originalaufnahmen des Verfassers, 6 Beilagen und 3 Karten.

Preis kartoniert 14 Mark, in Originaleinband (mandarinblaues Leder mit aufgepresstem Mandarinbrustschild in Gold, Silber und 4 Farben) 18 Mark.

## Inhaltsverzeichnis:

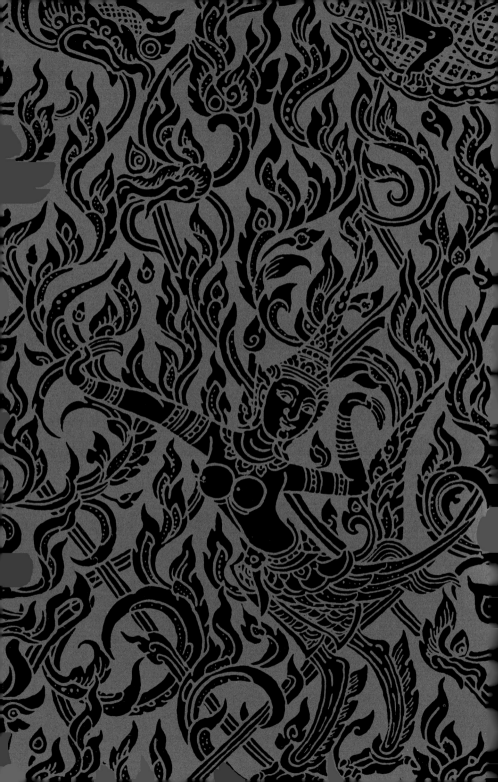